奄美文化の近現代史
―生成・発展の地域メディア学―

加藤晴明 *Kato Haruhiro*
寺岡伸悟 *Teraoka Shingo*

南方新社

はじめに

　奄美にはなんと豊かな文化があるのだろう。明治維新の原動力となった薩摩の国と、独立国としての歴史をもつ琉球という二つの強力な磁場に挟まれながら、薩摩とは遠くそして琉球とは近いが同一ではない、独自の文化世界をもった群島、それが奄美である。

　奄美は、その自然・歴史・文化の固有さや多様さのゆえに、旅人・芸術家・小説家を虜にしてきた。同様に、特殊な旅人である研究者をも虜にする島でもある。また島の人びと自身をも虜にし、その自文化への問いから始まる奄美研究も多い。奄美出身の研究者が、ある年齢を重ねると、時には専門領域を超えて自分の出身の島の社会や文化を研究し始める事も少なくない。そもそもこの小さな群島に「奄美学」と称する学が掲げられていること自体が、ひとつの文化現象であり快挙である。

　本書の執筆者（加藤晴明・寺岡伸悟）は、社会学・メディア学、地域社会学、観光学などを専門としている。そうした学問を背景にしながら、「メディア」「文化」という切り口から奄美と対話してきた。人口規模から考えてもすぐに終わると思って始めた研究が、もう10年近くも続いている。奄美には、会っても会っても尽きない程、いろいろな人がいる。研究が、ライフワークとなってしまったことに筆者ら自身も驚いている。見方を変えれば、奄美の島々には、ちょっと訪問して特定の人の話を聞いて物語が書けるほど単純ではない、歴史と文化と生活のふところの深さがある。

　奄美の文化を担う事業者を、本書では〈文化媒介者〉と名づけた。そうした"文化の担い手探しの旅"のひとつのまとめが本書である。最初に宣言しておかなければならないのは、本書は「文化の内容」ではなく、文化を媒介する人と事業、いわば「文化の装置」に着目していることである。そうした文化を媒介する人と事業はメディアである。つまり本書は「文化装置」としてのメディアという切り口から描く奄美の近現代史である。

　最近では、メディアを単なる媒介物としてだけではなく、媒介するプロセス

全体をとらえて、メディエーション（媒介過程）というひろい視点でとらえるようになってきている。装置というのは、装置を通じて担い手が実践するそうしたプロセスを含んだ概念でもある。

「文化装置」は奄美の語り部でもあり、「物語装置」と言ってもよい。奄美はただ奄美としてあるのではなく、奄美について繰り返し語られ、その島語りの"渦"が積層することで、奄美として在りつづけてきた。とりわけ、鹿児島や沖縄に翻弄されてきた歴史からも、奄美という島々は、自らの文化や存在自体を語らねばならなかった。日本の中で、「文化装置」「物語装置」をこれほど必要としてきた地域はないだろう。奄美は、奄美の人たちにとってはローカルな離島ではなく、かけがえのない自分の国なのだから。

「奄美という島の文化とは」「奄美文化の本質は」ではなく、奄美の文化は、誰によって、どのように継承されてきたのかが本書の切り口である。継承は、同時に変容でもある。文化は、決して同じまま伝承されるのではなく、それを伝える装置との関係のなかで変容し新しい形に創生されていく。

もっとストレートにいえば、近現代、文化はすべて意図的に媒介されて継承・創生されてきた。この「媒介する」ということがもっと意識されてよい。その最もわかりやすい担い手が、マスメディアも含めた情報メディア事業である。

あえて極端な言い方をすれば、現在の奄美の文化は、メディア文化でもある。さらに極論すれば、奄美の民俗文化も、今日ではメディアに媒介されたメディア文化であり、一種のポピュラーカルチャーである。奄美の文化の代名詞でもある島唄は、ポピュラー島唄となることで伝承・創生されている。

文化は〈メディア媒介的展開〉によって継承・創生されていく。この〈メディア媒介的展開〉という視点から、地域と文化に分け入る研究は極めて少ない。人類学・民俗学の膨大な研究があるのに、このあまりに当たり前のことが、なぜかほとんど正面から語られない。メディア文化といえば、若者文化や都市の消費カルチャーだけを意味すると思われているからだ。逆に、ポピュラーカルチャー研究もまた、古い島の文化は自分たちの最先端の文化研究の射程にはないと思っている。

ぽっかりあいた奄美研究のすきまがある。〈地域・文化・メディア〉を連環させて考察する研究だ。現代社会は装置としてのメディアを抜きには語れな

い。メディアが文化を媒介するからだ。こうした研究のすきまができたのは、メディアをマスメディアやせいぜいネット系メディアに限定して狭く考えてきたことにも原因がある。メディアをできるだけ拡張して捉え、「文化を媒介する装置」として捉えることが必要な理由でもある。

　文化はメディアによって担われ伝承・創生されるという視点から、奄美の島語り「文化装置」のすべてを俯瞰しながら、〈地域と文化とメディア〉を繋ぐ新しい学の地平を拓くのが筆者らの奄美研究のねらいである。

　そうした「文化装置」のすべてや装置を介した島語りの"渦"を表現するのに、本書では〈地域メディアの総過程〉や〈表出の螺旋〉という理論モデルを考えた。その島語りという表出は、とかく一人の象徴的人物の成功物語に還元されがちだ。それを防ぎ、文化活動の裾野を巻き込んだ"渦"を理解するためにも、生成するメディアを〈社会的想像力と文化活動の総体〉の帰結として捉えることに目配せしてきた。

　本書には恐れ多くも『奄美文化の近現代史－生成・発展の地域メディア学－』という壮大なタイトルが掲げられている。膨大な奄美研究の裾野とそれを担った数々の大家の偉業を考えれば、年齢を重ねた研究者であるとはいえ、さすがに気恥ずかしさに赤面する。

　それでもこうしたタイトルを選んだのは、狭い意味での奄美メディアの紹介本として捉えられたくなかったからである。メディア研究者だけではなく、奄美そのものに関心のある多くの方々に読んで頂きたい、奄美の高校生や大学生ら若者に奄美の「文化装置」の歴史を知って欲しいという願いから、「奄美文化の近現代史」というタイトルを掲げた。島唄、民俗文化研究の本家筋の方々からは、お叱りと研究の浅さを指摘されることを覚悟の上での選択である。

　繰り返すが、本書はどこまでも奄美の「文化装置」の近現代史である。現在活躍中のメディアとその担い手の物語であり、それを論じることはかなりの難しさが伴う。筆者らが、全くの島外者、旅ンチュだからこのような厚かましいことができたのかもしれない。各メディアの論述にあたっては、以下の3点を方針とした。
1) 個々のメディアについて批判的には書かない。中立的・客観的な立場で書く。
2) 奄美においてメディアが生成し発展することを書く。

3) 単なる事例紹介に留まらず、事例を通じてメディア研究の理論的発展を試みる。

　3) は、本書の理論指向の性格と関係している。研究の動機の一つに、従来の地域メディア研究は、「なぜ地域をちゃんと研究しないのだろう」という問いがあり、そのために選ばれた対象地が奄美だからである。

　断っておかねばならないのは、筆者らは私的には奄美が大好きである。しかし、島そのものに関心があったり、島好きなのではない。だから、二人とも島嶼学会にも所属していない。

　ひとつの地域に準拠することから始める新しいメディア学を模索してみたい。その地域をできるだけひろく理解した上で〈地域と文化とメディア〉の連環を考えるような学を試みたい。本文中で繰りかえし使っている〈奄美から始めるメディア学〉にはそうした意図が込められている。それは、奄美に準拠することで、リアルで、しかし一般性をもった理論を構築したいという意図でもある。

　本書でその意図が十分に成功しているとは思わない。この程度の理論的到達点ではまだまだ不十分だろう。こうしたテーマに関心のある次の世代の研究者が参戦し、より精緻な実証と理論の水準を切り拓いて欲しいとも思う。

○補足：本書での文化のとらえ方

　文化のとらえ方は三つある。
〈広義の文化定義：生活様式としての文化〉
　文化の最も一般的な定義は、生活のなかでの慣習的な行為の仕方＝パターンのことである。慣習、祭りなども含めて生活様式全般のことを指している。そうした生活の姿を成り立たせている規範や価値観、美意識、そうしたものを含めて文化という言葉が使われてきた。

　人びとが社会的な生活をしているということは、そこに文化的な要素が働いているからである。そこには、行為規範という文化が作動している。その規範を支える価値観が共有されているから、人びとの社会的行為は安定している。そうした行為のパターン＝文化がある。わかりやすくいえば、人びとの暮らしには生活の様式があり、それが文化である。社会学も、文化人類学も、民俗学

も、そうした生活の様式や暮らしのあり様としての文化を探ってきた。
〈狭義の文化定義：コンテンツとしての文化〉
　生活様式・行為パターンとしての文化という定義は、あまりにひろい。そうしたことから、最近の文化研究では、コンテンツに焦点を当てて文化を捉える定義が出てきている。とりわけ現代文化の研究では、さまざまなジャンルが登場してきている。そのジャンルに分かれた作品コンテンツを読み解くことで、その文化世界を研究することができる。描かれたもの、作品として表現されたもの、それを解読することで文化の特性を読み解く。それは、生活様式の茫洋としたひろさとは違い、対象を制限することで、研究する側にも、それを読み取る側にも「文化」とは何かがわかりやすい。
〈第3の文化定義：メディアに媒介されるものとしての文化〉
　こうした二つの文化の定義に対して、本書では、文化をさまざまな意思を持った担い手によって媒介されていくものとして捉えている。文化は、メディアによって媒介されることで、継承され創生されていく。生成や創生、発展や拡散のプロセスでもある。そうしたメディアを媒介とした文化の継承・創生のプロセスを〈メディア媒介的展開〉と名づけた。生活の様式一般でもなく、コンテンツでもなく、文化はメディアという「文化装置」（※本書では、語りに注目して「物語装置」とも使っている）によってダイナミックに変容していくプロセス（メディエーション）そのものとして捉えているからである。

○補足：文中の記述についての若干の説明

①文中で、直接インタビューした方々とその関係者には、本人の了解のもと実名に氏を付けている。それ以外の方々は氏名のみである。文中で、氏名に氏がついているものと、氏がないものがあるのはそのためである。現代史であり、現在活躍しておられる方々の記述であるため、そのような書き方を選んだ。
②文中で、執筆者を第一人称で記述する著作も増えてきた。本書では、「筆者ら」を用いた。「わたし」「われわれ」「著者」などの呼称もあるが、今回は筆者を選んだ。また、ある方法的な立ち位置や理論的な主張を強調する場合には、「本書では……」などの書き方をしている。
③これは狭い研究世界のことになるが、マスコミやメディア関係の研究世界で

は、最近インターネット時代を意識して、マス・メディアと中黒を入れて使うようになってきている。筆者らも論考によってはそうした使い方をしている。しかし、奄美に関心ある方々が読む教養書でもあることを意識して、読みやすいように「マスメディア」に統一した。

④本書のなかでは、ギデンズの「脱埋め込み」「再埋め込み」「再帰性」や、ホブズボウムの「伝統の創造」、カルチュラルスタディーズの「ディアスポラ」「オリエンタリズム」などの用語をキーワードとしてはほとんど使っていない。もちろん、そうした言説を知らないわけではないし、そうした立ち位置から書かれた研究もよく知っている。しかし、筆者らが最も避けてきたのは、最初に理論的フレームを設けて、○○の誕生として、それに合った事実を探して理論に流し込むという研究方法である。

　理論の構築を目指しつつも、フィールドワーカーであることや、フィールドの文脈の中から立ち現れる概念にこだわりたかったからである。かといって、単なるモノグラフ研究として描くことが終着点でもない。そうしたフィールド対話型の理論構築の可能性を模索してきたつもりである。

　準拠している理論パラダイムをあげるとすれば、1990年代後半に台頭した構築主義的自己論や自己物語論のパラダイムである。奄美という島の自己アイデンティティを構築する、自己物語のための文化装置としてメディアを位置づけ、その俯瞰図を描くことに努めてきた。

　だが、完全な構築主義の立場もとっていない。島の文化的な苗床を無視してすべてを言語に還元できるとは考えていないからである。それもまた、フィールドとの対話のなかで選ばれた選択である。またメディアそれぞれの関係については深く考察していない。せいぜい〈地域メディアの総過程〉や〈表出の螺旋〉という語彙で済ませてしまっている。その意味では、理論的抽象度が弱いことも自覚している。

　そうした立ち位置の選択や不十分さへの自覚のなかで、9年間で30回を超える奄美入りの中から、ようやく少し見えてきた、とりあえずある程度自信をもって語れることを形にしたのが本書である。

　本書では、奄美メディアの俯瞰図を描いている部分と理論的な考察の両方が扱われている。奄美のメディアの景観にだけ興味のある方は、1章から5章の実

証的な俯瞰図だけをお読みいただいても構わない。1章から5章だけでも、本書の企画意図は伝わるのではないかと思っている。
　各メディアの記述には、分量も含めて濃淡がある。取材をもとにしているからでもあり、また筆者らの関心や興味に応じた書き方になっているからである。

執筆分担：本書は、事例部分は、共同の調査にもとづく共同執筆。理論部分は、加藤晴明の執筆となっている。しかし、共同で議論を重ねてきたので、二人の研究者の合作の理論でもある。

研究助成：これまで幾つかの研究助成を頂いてきた。研究はメディアと文化（うた文化）との両面があり、両者をほぼ同時に進行させてきた。本書は、メディア研究の部分のまとめでもある。
2008〜2009：電気通信普及財団研究助成、加藤晴明・寺岡伸悟、「地域格差とインターネットによる情報発信の可能性に関する研究」
2009：中京大学特定研究助成、加藤晴明、「地域格差とインターネットによる情報発信の可能性に関する研究」
2011：中京大学特定研究助成、加藤晴明、「地域メディアの維持活性化と地域文化・地域社会に果たす役割：島メディアを準拠にして」
2012：中京大学特定研究助成、加藤晴明、「沖縄・奄美における地域メディアの文化振興・情報発信への寄与に関する研究」
2013〜2015：科研基盤研究（C）、加藤晴明・寺岡伸悟・久万田晋、「奄美における文化の伝承・創生のメディア的展開とアイデンティティ形成に関する研究」（細目：文化学、課題番号 25511016）
2016〜2018：科研基盤研究（C）、加藤晴明、久万田晋、川田牧人、「奄美における文化の〈メディア媒介的な伝承・創生〉とアイデンティティ再生の研究」（分野：人文学、分科：芸術学、細目：芸術一般、課題番号16K02345）

2016年11月30日
加藤晴明

目次

はじめに 3

序章　奄美、メディアが沸き立つ島　17
- 〈奄美から始めるメディア学〉を求めて　17
- なじみの薄かった南国・奄美　19
- 奄美の人口と産業の概要　21
- 独自の文化と九学会連合調査　23
- 自らを語る学としての「奄美学」の地平　26
- 〈表象としての奄美〉とその多義性　28
- 理論モデル：〈メディアの総過程〉と〈表出の螺旋〉　32
- 理論モデル：〈文化媒介者〉　34
- 〈島内のまなざし〉と〈島外からのまなざし〉　36

1章　奄美のメディア：歴史・印刷メディア編　41
1節　奄美メディアのメモリースケープ　41
- ヂンタと呼ばれた活動写真館と芝居小屋　41
- オリエンタル放送とミュージックサイレン　43
- 南国の簡易有線放送：親子ラジオの記憶　43
- 軍政下奄美の文化活動・メディア事業　46

2節　奄美の新聞メディア　50
- 戦前からの新聞の生成と発展の歴史　50
- 奄美には全国紙・県紙の取材体制がある　53
- 奄美の文化を支えてきた主要地元紙「南海日日新聞」　55
- もうひとつの地元紙「奄美新聞」　58
- 島の新聞の役割とは：報道だけでない多様な社会的役割　60

3節　奄美の雑誌メディア　63
　●過去の雑誌：『サンデー奄美』・『奄美グラフ』その他　63
　●草分け的なフリーペーパー『奄美大島探検図』　64
　●64ページを誇るフリーペーパー『奄美夢島』　65
　●中心市街地活性化から始まった『ｍａｃｈｉ－ｉｒｏ』　68
　●奄美の情熱情報誌『ホライゾン』　70
4節　奄美の出版メディア　74
　●奄美出版社の始点：永井竜一と白塔社（赤羽王郎）　74
　●活動家・藤井勇夫と道の島社　77
　●詩人・作井満と海風社　79
　●奄美の島語りを媒介する：向原祥隆と南方新社　81
5節　小括：かたる・つながる・つくる・ひろがる　83
　●再び：〈奄美から始めるメディア学〉の必要性について　83
　●四つの"発見"：〈かたる〉〈つながる〉〈つくる〉〈ひろがる〉　84

2章　奄美のメディア：テレビ・ビジュアルメディア編　91
1節　テレビ時代の到来とテレビ事業のひろがり　91
　●テレビ時代の到来　91
　●奄美のテレビ放送業界　93
　●地域メディアとしてのケーブルテレビ　97
2節　奄美の民間ケーブルテレビ　99
　●奄美大島のケーブルテレビ：奄美テレビ　99
　●奄美大島のケーブルテレビ：瀬戸内ケーブルテレビ　105
3節　奄美の公設ケーブルテレビ　108
　●徳之島：天城町ユイの里テレビ　108
　●沖永良部島：和泊町サンサンテレビ　112
4節　奄美の写真・ビジュアルメディア事業　114
　●写真による記録の始まり：芳賀日出男と奄美　114

●松田幸治と写真集：観光ガイドブックの誕生　117
　　●奄美初の映像プロダクション：越間誠とコシマプロダクション　126
　　●アマミノクロウサギの発見者：浜田太と映像事業　130
　4節　小括：かたる・つながる・つくる・ひろがる　135

3章　奄美のメディア：島外メディア編　141
　1節　島外メディアとしてのNHK　141
　　●〈島外からのまなざし〉による島語りがある　141
　　●NHKが放映した奄美番組　143
　　●マスメディアによる田中一村の発見と日曜美術館　145
　　●マスメディアとアマミノクロウサギ子育ての発見　149
　2節　NHKの紀行番組と奄美映画　153
　　●NHKの紀行番組　153
　　●奄美映画とは　157
　　●映画・ドラマにみる〈島外からのまなざし〉：奄美物語の3パターン　158
　3節　小括：奄美をめぐる〈表出の螺旋〉の多層性　162

4章　奄美のメディア：ラジオ局編　169
　1節　あまみエフエムに託されたミッション　169
　　●あまみエフエム・麓憲吾というオンリー・ワン　169
　　●あまみエフエムに託されたミッション　174
　　●開局にいたる経緯　179
　　●美意識の原点としての「結」　184
　　●麓氏の卓抜したリーダーシップ　187
　2節　あまみエフエムの個性　189
　　●幾つもの個性が融合したラジオ局　189
　　●個性1：島口・島文化発信ラジオ　190

- ●補足：奄美の標準語教育と方言禁止について　193
- ●個性2：〈奄美うた〉の文化発信ラジオ　196
- ●個性3：イベント発信ラジオ　197
- ●奄美豪雨災害と島外とのつながり　198
- ●ＮＨＫが描いたあまみエフエム　202

3節　ラジオの島：4局もある島ラジオ　204
- ●島のラジオ局を支える奄美通信システム　204
- ●日本初の公営型ラジオ・エフエムうけん　207
- ●エフエムうけんの番組構成　212
- ●エフエムせとうち：ラジオの島の難問を背負って　215
- ●エフエムたつごう：もうひとつの民間ラジオ局　217

4節　小括：かたる・つながる・つくる・ひろがる　221

5章　奄美のメディア：音楽メディア・ネット編　227

1節　島唄とイベント事業・音楽産業　227
- ●うたの島・奄美　227
- ●島唄という言葉の大衆化：ウタから島唄へ、そしてシマ唄へ　231
- ●島唄のイベント事業化：南海日日新聞と奄美民謡大賞　237

2節　島唄・新民謡・奄美歌謡と音楽レーベル　240
- ●奄美島唄のレコード化を担ってきたセントラル楽器　240
- ●戦後盛り上がった新民謡ブーム　245
- ●新民謡の停滞から奄美歌謡の拡大路線へ：セントラル楽器の挑戦　247
- ●山田米三・山田サカエとニューグランド　250
- ●奄美島唄のインディーズレーベル・ＪＡＢＡＲＡ　254

3節　奄美のポピュラー音楽産業　255
- ●奄美出身アーティストの活躍　255
- ●ライブハウスＡＳＩＶＩとサーモン＆ガーリック　257

- ●夜ネヤ、島ンチュ、リスペクチュ　260
- ●アーマイナープロジェクトとディ！レコード　262
- ●音楽メディアをめぐる小括　264

4節　インターネット時代のウェブ事業　265
- ●ウェブ時代の到来　265
- ●奄美の情報サイト群　268
- ●島唄サイト・ラジオ喜界島　272
- ●しーまブログ：ウェブ事業を起点に島の広告媒体企業へ　273

5節　小括：かたる・つながる・つくる・ひろがる　277

6章　奄美から始めるメディア学　281

1節　俯瞰図からの示唆：理論モデル構築に向けて　281
- ●（1）〈地域メディアの総過程〉の下位モデル　281
- ●（2）〈表出の螺旋〉理論　287
- ●（3）〈文化媒介者〉理論　290

2節　島を語るとはどういうことか　291
- ●島語りと〈自己コンテクスト性〉　291
- ●場所とアイデンティティと〈自己コンテクスト性〉　292
- ●〈再―場所化〉による〈自己コンテクスト性〉の創造　294
- ●島という集合的自己の自己語りとメディア　296
- ●メディアによる島語りと文化による島語り　297

3節　奄美から始める二つのメディア学　300
- ●（1）奄美から始める〈地域のメディア学〉　300
- ●（2）奄美から始める〈文化のメディア学〉　302

終章　〈地域と文化のメディア学〉に向けて　305
- ●奄美メディアへの旅を振り返って　305

●問い：類型学と先進事例探しを超えて　306
　●改めて〈地域と文化のメディア学〉へ　308
　●三つの方向での研究領域の拡張　311

資料A　本書の理論的背景　317
　1節　自己語りと島語りについて　317
　●自己メディア論とは　317
　●文化装置と下位概念としての物語装置　319
　●物語装置に溢れる島・奄美　321
　●島外からの島語り：神秘主義・原郷論・南島イデオロギー　323
　●地域・場所と〈自己コンテクスト性〉　324
　●〈苗床文化〉はあるのか？　327
　2節　地域メディア論の系譜について　329
　●〈格差是正の物語〉としての地域メディア論　329
　●地域メディア研究の起点：『地域メディア』（1983）　330
　●①「非マスコミ」の発見：専門家批判　330
　●②コミュニケーション・ひろばの思想　331
　●③地域コミュニティのメディア　331
　●④ニューメディアとの重なり合い　333
　●⑤地域メディアと文化変容（文化的平準化対文化創造）の視点　333
　●地域メディア論の展開：『【新版】地域メディア論』（1989）　334
　●コミュニティＦＭへの注目：『現代地域メディア論』（2007）　335
　●最近の地域メディア論　336
　●地域情報化論の展開　336

資料B　奄美のメディア・文化年表　339

初出一覧　347
引用・参考文献リスト　349
あとがき　357
人名索引　363

序章　奄美、メディアが沸き立つ島

● 〈奄美から始めるメディア学〉を求めて

　奄美大島を初めて訪れた者は、南海の離島に日刊新聞、ケーブルテレビ、コミュニティFMが複数あり、そして数々のフリーペーパーが山積みになっていることに驚く。さらには、空港の売店はじめ島内の多くの土産物店で、奄美に関する書籍や音楽CD、さらには映像DVDが数多く販売されていることに目が行く。奄美の人口は、140万人の人口を抱える沖縄の十分の一以下である。その奄美にこれほどのメディアがあることに、来島者は何か特別な文化力を感じさせられてしまう。

　メディアが数多くあるということは、島内での情報の流れが活発であり、また島から外に向けての情報発信が盛んな島ということでもある。島を語る人びと、語りたい人びとがたくさんいる島ということになる。"島語りメディアに満ちた島"、それが奄美である。

> 起点としての問い：いったい奄美には、いかほどのメディアが存在しているのだろうか。上空から島を見下ろすような、奄美のメディアの俯瞰図を描いてみたい。それらのメディア群は、どのように生成し発展してきたのだろうか。メディアを担う事業者たちは、何を思い、何を目指しているのだろうか。その文化装置としての情報メディア事業の背後に、どれくらい人びとの文化活動や表現活動の裾野があるのだろうか。その裾野とメディアはどう絡み合っているのだろうか。

　そんな素朴な問いから本書の研究は始まった。

そもそもあるエリアの中で、人びとはどのような情報メディアと接して暮らしているのだろうか。そこには、いかなるメディアが積層されているのだろうか。こうした〈あるエリアに焦点を当てて、そのエリアのことを語る全てのメディアを俯瞰する〉という研究は皆無に近い。

　確かに地域メディア研究といわれる学問領域はあるが、それらの多くは基本的にメディアを主語にした物語であり、〈地域・文化・メディア〉の連環を扱う学にはなっていない。筆者らは、この奄美というメディアに満ちた島が従来の日本の地域メディア学の臨界を超える研究の苗床になりえると考えてきた。既存の学を奄美に適用するのではなく、従来の理論を拡張するような〈奄美から始めるメディア学〉があるのではないだろうかと。

図0-1：奄美群島の地図

出所：神谷裕司（1997）『奄美もっと知りたい』南方新社より

いま多くの地域メディア研究者が、あまみエフエムという全国屈指のすばらしいコミュニティＦＭを訪ねて奄美にやってくる。確かに、全国に300局を超えるコミュニティＦＭがある中で、あまみエフエムが出色の存在であることは間違いない。しかし、理想のコミュニティＦＭを発見したと喜んで帰ってしまうには、あまりにも"もったいない"島が奄美である。奄美には、歴史上も、今日も、たくさんの語るべき素晴らしいメディア群があり、強いミッションをもった魅力的な事業の担い手たちがいる。可能なら、奄美という地域の中にある全てのメディア群と素朴に向かい合う試みがあってもよいのではないか。そのためには、特定の種類のメディアを主語にするのではなく、〈地域を主語にしたメディア学〉が必要である。

　〈奄美から始めるメディア学〉は〈地域を主語にしたメディア学〉であると書いた。そこで本書では〈地域のメディア〉という語を用いる。「地域メディア」では、メディアの種類学・類型学に閉じ込められてしまうからだ。本書で地域メディア学と言っているのは、厳密には〈地域のメディア〉学の意味である。

　また、地域の中にあるメディア事業の全域を〈地域メディアの総過程〉という言葉で表現する。〈地域メディアの総過程〉は、メディア事業者の総配置図と、それを受容する人達（情報消費者）とのコミュニケーションの総体という意味である。

　この場合のメディア事業は、〈情報を集め・加工し・発信する〉事業である。〈地域のメディア〉は、ある地域に焦点を当てたそうした事業である。

　〈地域メディアの総過程〉を俯瞰する本書の試みは、奄美研究だけを意図しているのではない。〈奄美から始めるメディア学〉を起点にして、従来の類型学的・静態的な地域メディア論をよりひろい視野へと拡張したいという狙いが込められている。本書の副題を〈生成・発展の地域メディア学〉としたのもそのためである。

●なじみの薄かった南国・奄美

　奄美の〈地域メディアの総過程〉にいきなり分け入る前に、奄美の島の特性について少し整理しておこう。奄美は、多くの日本人にとって近年まで馴染み

のある島とはいえなかった。最近ではメディアへの露出が急激に増えてきているとはいえ、伊豆大島と混同されたり、沖縄の一部と思われたりもする。沖縄本島や石垣島・宮古島などに比べればメディア露出は多いとはいえず、観光客も格段に少ない。日本国内で固定化されている"沖縄イメージ"に比べれば、"奄美イメージ"はまだまだ形成途上にある。

　昭和初期生まれの年配者なら、かつて隆盛を誇った大島紬の産地として知っているかもしれない。または昭和30年代後半にヒットした歌謡曲「島育ち」や「島のブルース」の舞台として馴染みがあるかもしれない。しかし、映画「島育ち」のヒロイン（主演・岩下志麻）も「島のブルース」を歌った三沢あけみも琉球風の髪型であった。奄美はこのように伊豆大島と混同されたり、さらに文化的には沖縄と同型とみなされてきた島なのである。

　小説に詳しい人なら、奄美と聞けばヤポネシアという語を使って独自の南方文化論を展開した小説家の島尾敏雄を思い起こすかもしれない。絵画に詳しい人なら日本のゴーギャンになぞらえられる孤高の画家田中一村の終焉の地であることを知っているだろう。しかし、島尾や田中の名前は近年増えつつある青い海の南国を求める若い来島者にはほとんど知られてはいない。

　奄美群島最大の島である奄美大島は、鹿児島から380Km、那覇からは330Kmあまり離れた南海に浮かぶ離島である。伊豆大島ではなく、沖縄県でもなく、鹿児島県の離島であると知っている者でも、そこに行く交通路を具体的に知っている人は少ないだろう。

　ちなみに空路の場合には、東京（羽田）、成田、大阪（伊丹・関空）、福岡から奄美空港への直行便が飛んでいる。航路は、大阪・神戸～沖縄間のフェリーか、鹿児島～沖縄間のフェリー利用となる。鹿児島県に属するため鹿児島との飛行機便、船便の利便性が高いのだが、就職・進学先としては、関西、東京、東海などに向かうことが多い。世代を問わず、東京など内地に行くことは「のぼる」という表現が使われる（※反対の表現は「島に帰る」）。

　100年余の歴史がある出身者の同郷の会である郷友会も、東京・関西に大きな会があり、東京・関西とのつながりは深い。つまり、鹿児島県の離島として孤立した島というわけではなく、鹿児島を通さないで東京・大阪・名古屋などの大都市と直接繋がる人ネットワークの回路をもつ島である。

奄美群島は、沖縄が日本に返還される1972年までは日本の最南端の島々であり、文字通り「南国」であった。群島最南端の与論島は、かつて若者に南の楽園ブームを巻き起こしたことがあり、団塊の世代にはかなり知られた島である。鹿児島や宮崎でもそうだが、奄美ではいまでも「南国」を戴く商号を見かける。海外旅行が一般化する前までは、「南国」は新婚旅行の対象となるほど日本人にとってエキゾチックな記号としての力をもっていたのである。

●奄美の人口と産業の概要

　奄美群島は、有人8島・無人6島からなっている。かつては奄美諸島の表記も使われたが、正式名称は奄美群島である。九州と台湾の間の島々を表す表記が南西諸島。種子島から与論島までが薩南諸島。薩南諸島のうち、奄美大島から与論島までの島々が奄美群島である。最大の島は奄美大島であり、面積が712km²で佐渡島（855km²）に次ぐ大きさの島である。沖縄島（1208km²）の約6割の面積の島といったほうが比較しやすい。群島の中核都市域は、奄美市名瀬地区である。名瀬地区は、2006年に笠利町・住用村と合併して奄美市となるまでは名瀬市であった。つまりそれまでは、奄美大島や奄美群島という言葉はあったが、自治体域として奄美という表記はなかった。そのため、他の島に行くと、とたんに大島という発話になり、奄美という発話はあまり聞こえてこない。

　人口は、群島を合わせて約11万人（2015年）。日本復帰4年前の1949（昭和24）年が人口のピークで22万6752人である。奄美大島だけでは、約6万人。そのなかで最大の人口密集地域の旧名瀬市に3万7000人と約6割以上が都市部に集住する構成になっている。人口密度だけをみれば、沖縄本島の十分の一程度である。沖縄を旅したことのある人なら、沖縄の離島の印象が近いであろう。

　奄美は日本の他の地域同様、人口の急速な減少にみまわれ、2005年から2010年までの間で7710人が減少している。群島全体で年に1500人程度が減少していることになるので、毎年小さな村一つが消滅している計算になる。

　1955年から2010年にいたる55年間での人口減少率をみると、とりわけ奄美大島の西部・南部の大和村・宇検村・瀬戸内町の人口減少率が6割を超え、宇検村では7割近くに達している。鹿児島県の人口が168万人であるから、県の中での人口の割合は約十七分の一。人口からいえば、鹿児島県の小さな一部という

群島に過ぎないのだが、その小さな島々に薩摩・鹿児島文化と大きく異なる独自の文化が蓄積されている。

産業は、島によってもかなり違いがあるが、かつては大島紬が主産業であった。現在は、黒糖焼酎、サトウキビ農業、畜産（肉用子牛生産）である。それに、南国系果物（たんかん・パッションフルーツ・マンゴーなど）、じゃがいも、花といった農産物、そして近年ますます期待が高まりつつある観光が産業の裾野を構成している。かつては航路の重要な中継地であったこともあり、名瀬・古仁屋には飲食業も多い。

かつて奄美の代表的な産業であった大島紬の起源は、約1300年前まで遡るといわれているが、技術革新が進んだのは明治になってからである。大正末期が大島紬の最盛期といわれている。戦争を挟んで、日本に復帰した1953（昭和28）年以降に再び活況となり、日本経済の高度成長期には高級な着物として大きな需要があった。

奄美群島最大の歓楽街である屋仁川（やにがわ）通りでは、景気の良い紬関係者がビールで下駄で汚れた足を洗ったという逸話が残っている。生産のピークはオイルショック直前の1972（昭和47）年で、それ以降、とりわけ1985年以降は急速な減産となってきた。奄美大島で1975年に200万反あった生産は、2011年には8000反未満（生産額で6億円余り）にまで落ち込んでいる。群島経済への大きな打撃が推察できる。

紬に次ぐ基幹産業として期待されてきたのが黒糖焼酎である。奄美群島にのみ許可されたサトウキビを原材料とする蒸留酒である黒糖焼酎は、1975年の移出額14億円に比べて2010年には78億円近くに伸びているが、これも焼酎ブームが過ぎた2006年以降は減少に転じている。

成田空港や関西空港からの格安航空の就航により近年観光客が急増しており、観光への期待は高い。奄美では今、世界自然遺産登録への期待の機運も高まっているが、それは滞在型・体験型・個人型・リピーター型観光への期待である。

表0-1：奄美群島の人口（2015国勢調査より）　　　　　　　（単位：人）

島	自治体	人口	島人口
奄美大島	奄美市	43,184	61.291
	龍郷町	5,809	
	大和村	1,529	
	宇検村	1,719	
加計呂麻島 請島 与路島	瀬戸内町	9,050	
喜界島	喜界町	7,213	7,213
徳之島	徳之島町	11,164	23,513
	天城町	5,980	
	伊仙町	6,369	
沖永良部島	和泊町	6,790	13,008
	知名町	6,218	
与論島	与論町	5,190	5,190
	合計	110,215	110.215

●独自の文化と九学会連合調査

　奄美は、鹿児島県に属するが、鹿児島とは大きく異なる独特の民俗文化をもっている。もちろん、鹿児島・本土から移入されたと思われる文化もある。他方で三線をはじめ琉球文化の影響を強く受けているが、かといって琉球と同じというわけではない。今日でも"内地"という言葉は、北海道・沖縄・奄美では使われる。しかしヤマトとしての内地日本に対する親近感・距離感のようなものも、沖縄とは異なる。それは日の丸・自衛隊に対する親近感・距離感の差でもある。

　言語は、最近では奄美語といわれるが、これは言語学的には奄美沖縄方言圏＝北琉球語圏（その中の奄美語・国頭語）という視点で捉えられている。基本的には、薩摩よりは琉球に近い文化でありながら、奄美固有の"地"の唄や踊りや食の文化がある。沖縄の場合でも、本島と八重山や宮古（南琉球語圏）ではかなり異なることを考えれば、奄美と沖縄に差異があるのも当然であろう。

　奄美イメージは、沖縄イメージほどには一般化していないことから、奄美を知らない人に奄美の自然・風土の情景を魅力的に語り伝えることはなかなか難

しい。鹿児島県の一部ではあるが、他にも多くの離島を抱える鹿児島県のなかで、奄美に旅行に行く鹿児島県の人びとが多いというわけではない。

　琉球文化圏といわれるが、沖縄の人びとにとって奄美は関心外であることの方が多い。ある那覇の地域文化に関心をもつコミュニティ放送関係者からでさえ、「奄美にあるものは、全部沖縄にあるから、わざわざ行く必要がない」と言われたことがある。沖縄の離島域としての奄美、それは沖縄の人びとの普通の感覚でもあるだろう。琉球の都であった首里から見れば、奄美はかつて琉球王国に征服統治された数ある離島の一つに過ぎない。

　ただ、この南海の小さな群島の独特の文化には、研究者を虜にする魅力がある。奄美民謡研究の第一人者である小川学夫は、1961（昭和36）年に東京の日本青年館で開催された「第十六回芸術祭全国芸能大会」で奄美の民謡を聴いた際の経験を後に次のように記している（※奄美のうた文化の歴史にとって記念すべきこの大会には、武下和平、森チエなど奄美を代表する唄者たちが出場していた）。

　『奄美大島の民謡と八月踊り』の舞台だけが、今も昨日のことのように思い出される。私にとっては単なる感動というより、こんな音楽がこの日本にあったのかというショックにも似た感動であった。（小川学夫、1984、12頁）

　奄美は、「日本の最南端」という地位こそ沖縄の八重山諸島に譲り渡したが、その濃厚な民俗文化の苗床において、そしてそうした民俗文化の現代的な継承において、今日の日本の中でも最も個性的で魅力に富む地域のひとつであろう。

　沖縄研究とは量的に比べようもないが、奄美も多くの郷土・地域研究を生み出してきた島である。戦後まもなく結成された学術団体の連合体であった九学会連合は、日本の各地で日本の風土の特性や均質化の過程をめぐって自然・文化・社会の総合研究を実施してきた。前期には離島などの特定地域、後期にはテーマ別の全国規模調査が試みられた。それらは、高度成長のなかで日本の国土の端々がどのように近代化・工業化・都市化していくのかを扱った一連の調査である。調査対象は、対馬（1954）、能登（1955）、奄美（1958）、佐渡

（1964）、下北（1967）、利根川（1971）、沖縄（1976）、奄美（1979）、風土（1985）、日本の沿岸文化（1989）、地域文化の均質化（1994）である。その中でも奄美は二度にわたって調査対象地となっている（※九学会連合とは、人類学、民族学、民俗学、考古学、社会学、言語学、心理学、宗教学、地理学の専門を異にする学者が集まって、共通のテーマをたて、フィールドワークの研究をする学術団体。1947年に六学会で発足し、1989年に解散。1994年に最終報告書を出版している）。

　奄美だけが二度も調査地に選ばれたのは、日本の基層文化と南方文化の相関関係を明らかにするためだったと言われている。九学会連合奄美大島研究調査委員会による調査は、1955年から58年と、1975年から1979年の二度実施された。1982年には、『奄美：自然・文化・社会』と題した大部な報告書が出版されている。

　こうした九学会連合の奄美調査（とりわけ第一次調査）は、地元の郷土研究者たちの研究に刺激を与えたとされる。奄美に移り住んだ作家の島尾敏雄は、「例の『九学会連合奄美大島共同調査委員会』による島外からの調査は、昭和三十年以来実施され、島内の研究者に大きな刺激を与えましたが……」（島尾、1976、552頁）と記している。九学会の成果については島尾のエッセイ集『名瀬だより』（1977）のなかでも何カ所か散見され、島尾が調査の成果を認識していたことが伺える。

　九学会連合の奄美研究のもうひとつの産物は、第一次の奄美調査に同行した民俗写真家芳賀日出男（※芳賀は、慶応大学在学中に民俗学者の折口信夫に出会い影響を受けている）の残した1万枚を超える記録写真である。1955年7月から1957年9月までの間のこの記録の一部は、『奄美の島々』（1956年）として出版されている（芳賀については、2章で取り上げる）。

　芳賀は、2011年に「1955-1957自然と文化　奄美」と題した写真展を開催している。その説明文には、人びとを惹きつける奄美の魅力が端的に記されている。

漁や稲作、ユタ（巫女）とノロ（祝女）制度、住居、冠婚葬祭、地形など細やかに調査は進められ、撮られた写真は時代や地域の色を強く映しだしたものでした。九州の南端から南方に伸びた奄美諸島は、本土から切り離された歴史や琉球王の統治下にあった過去もさることながら、亜熱帯の気候に属し、台風の多発する地域であり、地理的・自然的条件があまりに本土と異なるため、奄美独自の文化を築いていました。近年では消失してしまった、年中行事や宗教文化・儀礼が多々あり、血縁者だけではなく、島全体での深い繋がりを意識せざるをえません。謙虚に自然と向き合い、季節ごとに神を祀り、祖先を崇めるという、濃密に季節と調和して暮らす日本人の姿を垣間見ることができます。民俗学の視点で捉えた芳賀氏の「奄美」は、人びとが何を心の拠り所としていたのか、生活の何処に重きを置いていたのか、都市化と近代化によって失われつつある日本の習俗・文化の源流の意味を捉えています。（写真展・説明文より、JCIIフォトサロン、2011.8）

●自らを語る学としての「奄美学」の地平

　人口が20万人から10万人に激減してきた離島において、奄美の郷土研究者自身によって、また奄美に関心をもった人びとによって「奄美学」と呼ばれる学の地平が拓かれてきたことも注目に値する。九学会連合の調査が始まった翌年には、地元の奄美研究者である文英吉らと1955年に奄美に移り住んだ作家島尾敏雄によって奄美史談会が結成された。史談会は1958年には奄美郷土研究会へと継承されている。

　地方文化の復権が叫ばれた1970年代には、南海日日新聞社と鹿児島大学が共催して、「奄美学」の起点ともいうべき記念碑的なシンポジウム「奄美学に関するシンポジウム」が開催された（1974.9.23）。シンポジウムの冒頭で、民俗研究家の山下欣一は、「奄美学の確立のために」と題した問題提起をおこなった。「奄美学」とは、「島人による島の認識」学であり、そこには「奄美の人が奄美を認識し自己を規定していく奄美学を確立する時期にきている」というメッセージがあった。こうした自己認識の学は、その後山下欣一の鹿児島国際大学退職を機に『奄美学 その地平と彼方』（2005）に結実している。

表0-2：奄美研究の主要著作の例

著者	発行年	書名	出版社
坂口徳太郎	1921	奄美大島史	三州堂書店
昇 曙夢	1949	大奄美史	奄美社
文 英吉	1957	奄美大島物語	南島社
村山家國	1971	奄美復帰史	南海日日新聞社
恵原義盛	1973	奄美生活誌	木耳社
島尾敏雄編	1976	奄美の文化 −総合的研究−	法政大学出版局
九学会連合奄美調査委員会	1982	奄美−自然・文化・社会−	弘文堂
山下欣一・南海日日新聞社	1993	奄美学の水脈	海風社
西村富明	1993	奄美群島の近現代史	海風社
南海日日新聞社編	2001	それぞれの奄美論	南方新社
間 弘志	2003	全記録 分離期・軍政下時代の奄美復帰運動、文化運動	南方新社
松本泰丈・田畑千秋	2004	奄美 復帰50年	弘文堂
鹿児島地方自治研究所編	2005	奄美戦後史	南方新社
「奄美学」刊行委員会編	2006	奄美学 その地平と彼方	南方新社
喜山荘一	2009	奄美自立論	南方新社
須山 聡	2014	奄美大島の地域性	海青社

※奄美に関する著作は民俗学領域でかなりの蓄積があるが、このリストは、あまりジャンルにとらわれず比較的総合的ともいえる奄美に関する代表的な著作を列挙している。また山下欣一・南海日日新聞社が編集した『奄美学の水脈』には、120冊に及ぶ文献の解題が紹介されている。更に入佐一俊著『奄美関係資料目録』(1994)も出版されている。

　奄美の自己認識は、奄美出身者だけではなく、縁あって奄美に移り住んだ人びとを虜にしてきたことも興味深い。江戸時代に薩摩の上級武士であった名越左源太が奄美に島流しにあった1850年から55年の間に記した民俗誌『南島雑話』は、今日でも昔の奄美の風土を知る重要な資料となっている。江戸時代の名越以来、奄美は島出身者だけではなく、仕事で島に来て島と関わりもった教育者・知識人・研究者の関心をも惹きつけてきた。奄美出身か否かに関わらず、奄美に何年か居住した学校の教諭・新聞記者、在野の人びとによっても、奄美の自然・文化・社会に関する著作は次々に出版されてきたのである。

　こうした研究言説もひとつの奄美の島語りというなら、奄美では実に多くの島語りが生み出されてきた。島唄本も、楽譜も、音楽研究とは門外漢の島の唄関係者によってまとめられてきた。くり返すが、島の規模を考えればこれは驚くべきことである。奄美は、島語り人を生み出す島、寓話から学問まで島語り

を紡ぎ出す島でもある。1)

● 〈表象としての奄美〉とその多義性

　俯瞰図を描く前に、少し込み入った話になるが「奄美」という言葉そのものについても考察しておく必要がある。この「奄美」という言葉はかなりやっかいな言葉だからである。沖縄のように群島を統一した国王をもたなかった奄美では、「奄美」という言葉は、外との関係のなかでは奄美群島全域を指す言葉として使われつつ、奄美群島の内部では島々を統合するような総称となりにくいからである。行政制度としての大島郡はあるが、「奄美」はある明確な輪郭をもった地域の名称ではない。「複数の奄美」があるといったほうがよい。そうした不確かさの意味を込めあえて括弧付きで「奄美」と記述する研究者もいる。

　そもそも「奄美」という言葉がいつ頃から一般に使われ出しのかは曖昧である。奄美の歴史を記した書籍では、定番のように以下のような『日本書紀』などでの奄美についての記述が紹介されている。

　『日本書紀』には、「海見嶋」「阿麻弥人」という記述が、『続日本紀』では、「菴美」「奄美」という記述が見られる。それは、奄美大島及びその近隣の島々のことを指していたらしい。『延喜式』には、遣唐使船の中に「奄美語」を話す通訳を置くと定められている、といった古い記述の紹介である。

　このように遣唐使船の時代に航路として位置づけられていた奄美が、再び日本史の舞台に登場するのは、1609年の薩摩の琉球侵攻の通り道としてである。

　さらに人びとの生活の中で、自己を指し示す言葉として「あまみ」を頻繁に発話するようになったのは、明治になり海軍が地図を作りだしてからだという説や、もっと新しく奄美群島広域事務組合（1991年7月設立）が盛んに「奄美」という語を表に出すようになったからだという主張など曖昧なところがある。今日でも奄美の年配の世代は、日常生活で「あまみ」という語をあまり発話してこなかったという。

　「奄美」という語彙に表象される一つの実体はない。それゆえ「奄美」という言葉は、「奄美」というひとつのまとまりを仮構する「表象」や「仮象（virtual）」である。「奄美」は、ある種の抽象的で象徴的なカテゴリーのよ

うな言葉としてある。〈表象としての奄美〉という言い方をしたのはそのためである。誤解を恐れずに極論すれば、「奄美」の実態は「奄美イメージ」である。その意味では、〈表象としての奄美〉は〈奄美という想像の共同体〉を表す言葉でもある。

　また、沖縄島（沖縄本島）はあるが、奄美島や奄美本島という島はない。行政的名称も、鹿児島県大島郡であり奄美郡ではない。平成の大合併で2006年に奄美市が誕生したために、「奄美＝奄美市」というイメージが強くなったが、それまでは奄美は、群島内では、奄美群島や奄美大島といった使われ方をしていた。現在でも、喜界島や徳之島、沖永良部島、与論島など奄美大島以外の島にいくと、「あまみ」という発話を聞く機会は極端に少なくなり、「大島」という言葉の方を耳にする。

　奄美大島以外の島からみれば、「奄美」は奄美大島だけの範域を指す意味で使われ、しかも、大島郡の支庁があるにしても、意識の面では序列としての「本島」という感覚は少ない。とりわけ、徳之島のような規模の大きな島の場合には、奄美大島との対抗意識からも、島内で「あまみ」という言葉よりも徳之島という発話を耳にすることが多い。

　群島の中心都市部である〈名瀬のまなざし〉からみると、「奄美」という言い方であたかも群島全域を指示することが多い。しかし群島の各島々からみれば、「徳之島は徳之島」であり、「喜界島は喜界島」であり、それぞれの島の名前が表に出て、「あまみ」という言葉は背景のようになってしまう。沖永良部島や与論島なら、沖縄（国頭地域）への親近感からも、なおさら「あまみ」は遠い。

　ただ、群島外では奄美出身者の郷友会である「奄美会」に典型的に表されているように、奄美群島や出身者の総称として「奄美」は普通に使われてきた。「奄美」は、外部との境界を表す語彙として使われてきたのである。「奄美出身」「奄美に行く」「奄美に帰る」などの用法は、そうした境界に準拠した使われ方である。

　「奄美」とはまさに差異のカテゴリーだった。繰り返すが、「奄美」はひとつの仮象であり、奄美群島や奄美の人びと、あるいは奄美出身者の総称の意味内容で使われる。「奄美」という言葉を使っても、その輪郭や指示対象は、使

う人の立場やアイデンティティの準拠点によって微妙に異なってくることには留意しておく必要がある。

表0-3：三層の奄美

表象	範域	リアリティをもつ指示対象
奄美 （あまみ）	シマ	生まれた集落 故郷としてイメージする生活世界
	奄美大島	奄美大島とその周辺の島々 （加計呂麻島・与路島・請島）
	奄美群島	奄美大島・喜界島・徳之島 沖永良部島・与論島

　もちろん、社会移動や情報コミュニケーションが発達した今日では、「奄美」に限らず人びとと地域との関係は揺らいでいる。かつて地域の近隣関係を意味していたコミュニティという語彙を、ネット社会の関係とつながりを表す語彙として受け止めることが自然だと感じる世代も増えてきた。社会移動やコミュニケーションが多元的・多層的になるなかで、人びとの地域アイデンティティや地域イメージを所与の固定的なものとして想定することが難しい事態が生まれている。「〇〇地域」なるものは、確かにある地理的な範域として描くことができる一方で、それは「地域外」との関係のなかで定義されたり、人びとにとっての表象であったり、ひとつの意味域として成立したりする。

　何よりもやっかいなのは、社会移動やネット社会の深化によって、アイデンティティの準拠点としての"場所"の意味が揺らぐときに、「〇〇地域」なるものは、それぞれの人びとの人生のなかで、選択的にある一定の期間、限定的にかかわる場所にさえなってきていることだ。（※6章で〈自己コンテクスト性〉という概念を提起するのも、そうした地域の自明性のゆらぎをメディア学の視点から再定義したいからである。）

　そうしたなかで、おそらく「奄美」は日本のなかでも、伝統的な意味での〈地域というものの素朴な実感（リアリティ）〉がもっとも強く残る場所であろう。だがそこでさえも、「奄美」「あまみ」という地域を表す言葉は、多層な意味内容で使われる。

　沖縄同様、奄美出身者には、奄美2世、奄美3世という言い方が使われること

がある。島の人びとのなかでは、「あの歌手は歌がうまいでしょう。奄美2世だからよ」、そんな会話が自然に出てくる。この場合の「奄美」が何をイメージして言っているのかは会話の文脈によって異なるともいえる。「奄美」は、会話の文脈（コンテクスト）に応じて、時には自分の出身集落としてのシマのことだったり、アイランドとしての島のことだったり、あるいは群島全域のことだったりするからだ。

極端な言い方をすれば、「奄美」は実態としての地域というよりも、文化的な同質性や地域のまとまり、アイデンティティを表す言葉として使われている。2014年11月17日から、離島初のご当地ナンバーある「奄美ナンバー」がスタートした。奄美アイデンティティのシンボルが、奄美ナンバーに結実しているとみなすこともできる。奄美ナンバーは、明らかにひとつの奄美を仮構する強力な地域表象である。

述べたきたように、島の人びとが「あまみ」と発話した時に想起する時の「奄美」は、シマ、島、群島と三層ある。ただ一般には、「奄美では……」と素朴に使われる場合、アイランドとしての島ではなく、シマ（集落・自然村）、つまりコミュニティのレベルの生活世界を指して使われることの方が多い。「奄美」の民俗、「奄美」の風土、「奄美」の文化などと使われる場合、シマの生活を指している。それくらい集落としてのシマが生活のリアリティの基盤だったということであろう。

「奄美」という語の多層性を意識する場合、とりわけ制度的に群島全域を表す場合には、あえて「群島」という語彙をいれることにもなる。「奄美群島観光連盟」「奄美群島広域事務組合」「奄美群島振興開発特別措置法」などはその典型であろう。民間の場合でも、「奄美群島しーまブログ」のような使い方をする。

結局「○○地域」というものは、誰が誰に向かって何を表象しようとするかで、それが指し示す対象が異なる。地域は制度上の実体的なカテゴリーでもあるが、認知上のカテゴリーでもあるからだ。以後の章で描くメディアの俯瞰図は、基本的に奄美大島を中心とした配置図となるが、その都度奄美大島と断らずに奄美という仮象を使っていくことにする。（※この項目だけ、奄美という語の意味を考えるという目的のために、「奄美」と括弧付きの記述を多用した。）

●理論モデル：〈メディアの総過程〉と〈表出の螺旋〉

　奄美の地域特性、奄美研究、奄美という言葉について述べてきた。再び、メディアに焦点を当てて奄美を研究するという本書のテーマに戻り、改めて研究の視点を整理しておこう。

　奄美を代表する民俗学者であった山下欣一は、「奄美の人が奄美を認識し自己を規定していく」学問としての「奄美学」を提起していたが、奄美を発信し、自己を表現する媒体の裾野はひろい。学問的な著作や思想媒体が『奄美学』の一翼を担う一方で、より平易で多様な生活密着型のメディアによる奄美語りも次々に生まれ発展してきた。

　思想空間からメディア空間までの多層なひろがりのなかで、つまり物語性が高いものから日々の生活情報のレベルまでのひろがりのなかで奄美は語られてきたのである。くり返すが奄美という人口11万人余りの小さな群島（※面積は決して小さいとは言えない）に、実にたくさんのメディアがあり、島々をめぐる自己語りが盛んだ。さらに島内だけでなく、島外にも奄美を語るメディアがある。そうしたメディアの裾野と働きを捉えるために、〈地域メディアの総過程〉と〈表出の螺旋〉という理論モデルを提起しておきたい。

○理論モデル：〈地域メディアの総過程〉

　ある地域に焦点を当てて、その地域のことを語る全てのメディアの配置や機能のことである。地域の中には、全国ネットの放送への回路もある。その放送を通じて、当該の地域が語られたりもする。テレビ、新聞には特派員・地方記者がいて、その地域のことを外に向けて発信している。

　地域のメディアを、コミュニティのためだけのメディアに限定すると、そうした回路への視点は抜け落ちる。本書の中では、マスメディアと〈地域のメディア〉との相互準拠的・相乗的な関係を〈マスメディアとの接合・共振の回路〉という語彙で表現している。

　奄美の場合には、後に見るように、島外に奄美関係の著書を出す出版社もある。こうした島語りメディアも〈地域のメディア〉の俯瞰図に組み入れねばならない。

　さらに島をめぐる語りの総体や語りの"渦"を視野に入れるためには、逆にメディアそのものの概念を、情報メディアといったものから離れて、もっと広義

のものにしていく必要がある。本書自体は、装置としてのメディア事業に焦点を当てているが、その裾野にある文化を媒介する活動の全域を視野に入れ、そうしたものもメディアとして考えるなら、〈地域メディアの総過程〉の裾野は格段にひろくなる。

メディア事業のまわりには、自由で多彩な文化活動のひろい裾野がある。そうした活動は、時には余興であり、時には自分たちの楽しみのためのものである。それらの活動が、転じてメディア事業と共振するとき、地域語りの"渦"が生まれる。それは、結果として大規模なメディアイベントとなったり、コンテンツとして販売されたりする。そうした"渦"を具体的に捉える理論モデルが〈表出の螺旋〉である。

○理論モデル：〈表出の螺旋〉

多様な〈地域のメディア〉が、それぞれ個別に地域を語りながら、総体として地域の語りの渦を相乗的に拡張していくプロセスである。語りには学術、ジャーナリズム、芸術、商業上の語りまで多層なレベルがあるだろう。それらが、結果として相互に準拠しあいつつ、相乗しあって、総体として地域の語りを増幅させ、地域イメージをより拡大・拡散していくプロセスのことである。

そしてそうした多様なメディアによる多層な次元での語りが、相互に参照しあいながらさらなる語りを相乗的に生み出していく。メディアが奄美の文化を表現するという単純な話だけではない。その奄美の文化自体が、不動の固定された実体としてあるのではなく、次々に登場する奄美のメディアによって相乗的に語られることで、変容され、再生され、現代的な形で創生されていく。5章では、そうした事例として、奄美島唄のメディア媒介的な変容について説明する。

地域には、高尚文化から大衆風俗文化までを守備範囲とする多様なメディアが沸き立つ。確かに、県域としての地域にはたくさんのメディアがある。あるいは、県庁所在地から遠方の比較的独立した経済圏を形成している地域には日刊紙も含めてさまざまなメディアが成立しやすい。とりわけ沖縄には、沖縄を語り発信するたくさんのメディアが存在する。歴史的・経済的・文化的に独立した地域圏は、自らを語る自前のメディアを必要とするからだ。そうした地域におけるメディアの生成と発展の様相を捉えるには、〈地域メディアの総過

程〉と〈表出の螺旋〉という視点が必要である。

〈地域のメディア〉の〈表出の螺旋〉のプロセスでは、地域のメディア同士が相互作用し、新しい文化の様相を作り出す。それと同様に、文化とメディアも相互浸透しつつ変成していく。メディア同士が、メディアと文化が、互いに準拠しあうような相互準拠的関係でもあり、互いに分かちがたく融合しているという意味で相互浸透的な関係でもある。

〈地域メディアの総過程〉では、この〈表出の螺旋〉のプロセスによって〈地域のメディア〉の裾野が拡大していく。これが〈地域のメディア〉の生成と発展のプロセスである。〈地域メディアの総過程〉と〈表出の螺旋〉という視点から奄美を見渡す時、最初に述べたように、奄美にはこんなにもと思えるほどに、多くのメディア事業があり、それぞれのメディアが、直接・間接に「奄美とは」と語りつづけている。

いったい奄美にはどんなメディアがあり、それは誰が、誰に向かって、どのような考え方にもとづいて、どのような情報を集め、編集、発行、出版、放送、発信しているのか。こうした関心を起点に、続く1章からは、奄美メディアの俯瞰図を描く旅を始めてみたい。

各章の終わりでは、小括として、以下の四つの位相からメディアの俯瞰図を位置づけ直してみる。

(1) 〈かたる：地域のメディアには、島語りの位相がある〉
(2) 〈つながる：地域のメディアは、多様なベクトルで人と交叉する〉
(3) 〈つくる：地域のメディアは、文化の創生と結びついている〉
(4) 〈ひろがる：地域のメディアは、事業を拡張する可能性をもっている〉

●理論モデル：〈文化媒介者〉

〈地域メディアの総過程〉〈表出の螺旋〉という理論モデルは、これまでの類型学的・静態的な地域メディア論をよりひろく拡張すると同時に、メディアという概念自体を拡張するための戦略的な視点でもある。メディアと文化を切り離すのではなく、〈地域・文化・メディア〉を連環させるためである。

地域メディアの概念を、単に既存の情報メディアの類型学に押しとどめてしまうと、マスメディアの拡張としてネット系メディアを組み込む話で終わって

しまう。せいぜい、そうしたネット・ラジオ・映像といった情報メディアを積極的に利用し発信していくメディア・アクティビストの紹介話になる。そんなことは、インターネットの登場以来語られてきたメディア主体の物語の再現に過ぎない。

　従来の地域メディア論も、コミュニケーションメディア（つまり情報メディア）に空間メディアを加えることで拡張を図ってきた。しかし空間はそのままでは地域メディアではない。空間を舞台にした人びとの文化的実践があって、空間はメディアとなる。その文化実践とその担い手こそがメディアだからである。

　地域メディアを、情報メディアという範域に閉じ込めるのではなく、文化の実践も含むようなひろい概念として捉えれば、メディアを主語にするのではない、地域や文化を主語としたメディア学が可能となる。

　文化が、誰によって媒介され、伝承され、さらには創生されていくのか。そうした文化の伝承・創生といった媒介活動の営みを担う主体を、筆者らは〈文化媒介者（文化メディエーター）〉と名づけた。2)

　文化の伝承・創生といった媒介活動を担う主体とは、奄美に当てはめれば、ある目的をもって奄美の文化（内容）を発信し伝える営みの担い手である。

　島語りは、島のさまざまな文化活動を通じてなされているからだ。もちろん、島のメディア事業者の多くが、それぞれ島を思い、島のために情報を集め・加工し・発信している。その意味では多くの事業者も〈文化媒介者〉である。しかし繰り返すが、それは、情報メディアの事業者に留まらない。メディアが主語ではなく、文化を主語にした地域メディアの拡張を目指した場合、文化を媒介するという視点からみると、既存の情報メディアの一部だけではなく、島唄の教室だったり、学校での伝承活動であったり、奄美歌謡の教室だったりする。公民館講座も大きな役割を担ってきている。その活動のなかで、紙媒体やメディア媒体としての情報メディアが利用されることもある。また新しい情報メディアが生まれることもある。

　このように〈文化媒介者〉の視点から浮かび上がるのは、文化活動のひろい領域である。もっと裾野をひろげれば、島では、クラフト（大島紬グッズ等）や食（島料理・島野菜）にかかわるショップも多い。こうしたショップは、奄

美の素材・文化を付加価値にして記号化されたマーケティングを展開する。
　これは、奄美という場所に関わるイメージ（場所イメージ）のレベルではあるが、生活文化という位相での奄美語りでもある。こうした領域もまた、〈文化媒介者〉というひろい意味での地域メディアということができる。情報消費者は、そこからなにがしかの奄美メッセージを感じ取るからである。文化を表現する媒体が文字であるか、モノであるか、味であるかの違いである。そして、モノも味も、しばしばそれを説明するシンボル（言語や写真）とミックスして表現されている。（※こうした〈文化媒介者〉を扱うには、別途、〈文化のメディア学〉を主題にした実証的・理論的研究を展開する必要があるだろう。）
　奄美うた文化をめぐって奄美群島全域の〈文化媒介者〉の俯瞰図を描く作業と〈文化メディア学〉の理論的構築は、本書の次に企画されている「奄美うた文化の近現代史〜生成・発展の文化メディア〜」で本格的に展開する予定である。本書は、〈地域のメディア学〉に焦点を絞って奄美の生成と発展のメディア動態を実証的・理論的に考察していく。〈奄美から始めるメディア学〉の片面の作業ということになる。

● 〈島内のまなざし〉と〈島外からのまなざし〉

　本書のなかでは、他にもいくつかのキーとなる概念を使っている。3章では〈島内のまなざし〉〈島外からのまなざし〉の二項図式を取り入れている。〈島内のまなさじ〉は島ッチュ（※島っちゅやシマッチュも使う）としてのアイデンティティから出てくるまなざし、〈島外からのまなざし〉は、旅ンチュからのまなざしと単純化できるかもしれない。
　こうした二項対立図式は過度の単純化やステレオタイプを招く恐れがあるが、分かりやすくするメリットは否めない。中心・周縁図式や内と外図式もその典型である。奄美を考える場合にも、この中心−周縁図式や都鄙図式、さらに内と外図式はある程度の威力を発揮する。
　ただそうした図式は単に地理的な範域を表すのではなく、その背後に都市化・近代化に伴い社会変容というもう一つの隠されたテーマを抱えている。都市化に伴い〈まなざし〉は変容する。〈島外からのまなざし〉は島人にも当て

はまる。

　都市集積した歴史が長い奄美市名瀬地区では、都会っ子が多い。「あまり市外に行かないから」という女性さえいる。奄美大島笠利地区は、最近「こじゃれた感」のあるカフェなどが建ち並ぶ。コロニアルな風景というのだろうが、都市的なこじゃれた感の飲食店には、観光客だけではなく、奄美の女性たちも詰めかける。奄美では、学校を卒業した後で、都会に出て生活してきた若者が多い。都市的な感覚を身につけて帰って来ているのであり、山の手感覚ともいえる「オシャンティ」な店を求める感覚は変わらない。本書5章で紹介するしーまブログの女性誌事業などはそうしたセンスを基本にしている。

　青い海、亜熱帯のジャングル、癒やしの島、神の島といったフレーズで、エキゾチックな南国の魅力を語る観光的な目線、旅ンチュの語りの目線がある。こうしたエキゾチズム感覚、〈楽園さがし〉や〈原郷探し〉の感覚にもとづく視線を〈島外からのまなざし〉とした。〈ヤマトからのまなざし〉というよりも、〈南国へのまなざし〉なのだろう。奄美は、都市化した日本が失ったものが残る原郷であったり、南国のアナザーランドとしてのまなざしを浴びる。そうした〈島外からのまなざし〉は、都市からのまなざし、東京からのまなざし、マスメディアからのまなざしと重なる。それは、周縁に理想のアナザーランドを求める図式でもあるので、中心－周縁図式、都鄙（とひ）図式に基づいている

　筆者の一人（加藤）は、2015年に大学の社会調査実習という科目で参加したゼミ生6名と、奄美映画、NHKの奄美番組を1年間かけて分析した。その成果は、3章島外メディア編で少し紹介している。多くは、神の島、神秘の島、原郷で、都会で疲れた人びとが再生・再起する物語である。この〈島外からのまなざし＝南国へのまなざし〉は、観光客の中だけではなく研究者の中にもある。奄美は日本の最後の秘境でもあり、人類学・民俗学・民族学系の研究者が多く訪れるのもそのためだ。

　しかし、島の人にとって、島は周縁ではない。中心－周縁図式は、自己という視点からみれば、周縁にいる人びとにとって周縁は自己の中心世界である。島の人びとは島への強い思いがある。そうした島出身者の故郷への思いの中から出てくるものの見方や思考法、心情があり、そうした立ち位置から見えてく

る奄美、語られる奄美がある。それが〈島内のまなざし〉である。沖縄同様、奄美も強いパトリオティズム（郷土意識）がある島なのである。こうした、かけがえのない自己の準拠点としての奄美、パトリオティズムの準拠点としての奄美といった回路を内包した視線を〈島内のまなざし〉とした。

表0-4：奄美の主なメディア

ジャンル	種類	事業名
印刷系	新聞	南海日日新聞、奄美新聞（旧大島新聞） 朝日新聞奄美支局、南日本新聞奄美総局など
	タウン雑誌・印刷	奄美大島探検図、夢島、ホライズン（休）、 まちいろ広告社
	出版	南方新社、海風社、まろうど社 道の島社（廃）、白塔社（廃）
	行政広報	奄美市、瀬戸内町、龍郷町、宇検村、大和村
音声系	有線放送他	オリエンタル放送（廃）、親子ラジオ大洋無線（廃）
	コミュニティFM	あまみエフエム、エフエムうけん エフエムせとうち、エフエムたつごう
	県域放送	ラジオの支局はない
映像系	地上波テレビ	NHK奄美報道室、MBC支局、県域放送記者
	CATV	奄美テレビ、瀬戸内ケーブルテレビ
	制作プロダクション	コシマプロダクション、中央電化（前）
音楽系	音楽制作	セントラル楽器、アーマイナープロジェクト JABARA、ニューグランド（廃）
	ライブハウス・ 音楽スポット	ASHIBI、ぶるーす屋、MA・YASUCO、JUICE、 いそしぎ、サバニ、ゆたしゃ、かりゆし等
ネット系	物販サイト(代表例)	やっちゃば、奄美のめぐみ、 奄美いいもの商店街等
	情報サイト(代表例)	しーまブログ、あまみんちゅドットコム（休） のんびり奄美、ぐーんと奄美、あまみっけ 奄美大島探検マップ、ラジオ喜界島等

※2008-2015で調査した限りでの表である。（廃）は、廃業。
※奄美の地域メディアの総覧といった場合には、こうした情報発信・流通に直接関わるメディアに加えて、イベント・メディアの企画主体や各種の文化事業なども加味して考える必要がある。メディアイベントの多くは、メディア企業によって営まれるが、行政が主体となって営む文化事業、公民館事業（社会教育事業）や、奄美パークのような公的会館での事業、さらに民間の企業による文化事業なども含まれてくる。（※奄美の中で、観客を入れてメディアイベントができる場所と席がどれくらいあるのかは今後の研究課題としたい。）

奄美を考えるまなざしは、他にもある。分かりやすい中心－周縁図式、都鄙図式も、奄美群島の中では、幾層にも重なっている。
中心－周縁図式①〈島外からのまなざし〉〈島内のまなざし〉
中心－周縁図式②〈奄美大島からのまなざし〉と〈各島のまなざし〉
中心－周縁図式③〈名瀬のまなざし〉と〈他地域のまなざし〉
中心－周辺図式④〈名瀬・古仁屋のまなざし〉と〈シマのまなざし〉

本書で取り扱う奄美のメディア事業のほとんどは名瀬にある。それ以外は、鹿児島・大阪・東京である。その点では中心－周縁図式①にもとづく議論ということになる。

■注
1）島語りは、シマッチュだけによるわけではない
　前述したように、そうした島語りは、島人（シマッチュ）だけによってなされてきたわけではない。奄美に赴任したり、奄美とかかわった者は、奄美について語りたくなるようだ。たまたま縁があって奄美に赴任したり住み着いた人が、島語りの本を書いたりする。そうした著作も多い。奄美語りは、奄美と深いコンテクスト（意味的な関与）をもった人びとによって生み出されてきたのだ。
　たとえば、古くは大正時代に奄美の郷土史に関する名著『奄美大島史』をまとめた大島中学校地歴科の教諭（※著書発行時は鹿児島県第一師範高等学校教諭に転任）の坂口德太郎は、愛媛県出身である。1917年の5月に大島に着任し、奄美大島の郷土史研究の必要を強く感じた坂口は、急遽奄美を研究し、なんと翌年の18年の8月には大著を脱稿し、第一次世界大戦後の混乱が収まりつつある1920年に鹿児島の書店から出版している。
　また、『名瀬だより』を書いた島尾敏雄もそうだが、現代奄美の紹介本として知られている『奄美、もっと知りたい』（1997、南方新社）を書いた神谷裕司も島外者である。神谷は、朝日新聞の記者として94年から97年まで奄美に赴任して奄美の記事を書き続けている。『奄美まるごと小百科』（2003、南方新社）を執筆した蔵満逸司は、奄美に赴任した教員の息子であり、また後に自らも奄美の小学校の教員に赴任した時にこの優れた奄美紹介の本をまとめている
　このように、メディアによる奄美語りは、奄美出身者に限られるのではない。教師などで奄美に赴任したり、赴任した教師の子息だったり、あるいは何かの出来事を契機に奄美に関心をもつ人びとによっても語られる。その意味では奄美は、奄美を郷土とする人びととの自己語りに満ちた島でもあるとともに、"島ッチュ"以外の者にとっても、魅了された島を語りたくなる島なのである。奄美のある高名な知識人の先生が、「奄美には先生が多い」と笑っておられた。自然も文化も、語りたくなる固有の魅力に溢れているのだろう。
2）〈文化媒介者〉の概念は、ポピュラー音楽研究の理論から援用している。
　キース・ニーガスや東谷護は、メディエーションという概念を使って、生産と消費を「つ

なぐもの（こと）」に着目することの重要性を指摘してきた（東谷護、2008、ⅱ頁）。

　ニーガスは、媒介（メディア）の意味内容の一つに、「複数の事象のあいだに入る、またそれらを仲介するなにかという考え方がある」事を指摘する。この「仲介行為としての媒介」という考え方は本書にとっても示唆的である。彼は、レコード産業関係者の活動を文化媒介者として捉えている。それは、「生産と消費のあいだや企業と消費者のあいだ、あるいはアーティストと聴衆のあいだに入る文化仲介者」であり、マスメディア研究におけるゲートキーパーのようなものだと定義づける。ただその媒介活動は一方的なものではなく、「入り組んだ相互作用と媒介実践」があることも指摘する。（ニーガス、1996=2004、112頁）

　ポピュラー音楽研究者の高橋美樹も、ニーガスの媒介者概念を援用して、「媒介者とは、録音メディアを介したポピュラー音楽生産過程で、複数の事象を媒介しながら自己実現を果たす人物」と定義している（高橋美樹、2012、176頁）。

1章　奄美のメディア：
　　　歴史・印刷メディア編

1節　奄美メディアのメモリースケープ

●ヂンタと呼ばれた活動写真館と芝居小屋

　1章では、限られた範囲だが、戦前から戦後に続く奄美にあったメディアの景観を遡ってみる。市町村史や郷土史では文化までは取り扱うがメディアを取り扱うことは少ない。それでも『名瀬市誌』や、名瀬の昔の思い出を綴った幾つかの書籍から部分的に当時のメディアの景観が浮かび上がってくる。

　人びとの記憶に残る戦前の奄美のメディアの景観は、なんといっても映画館（活動写真館）と芝居小屋である。泉俊義は『奄美物語』（1976）の中で、名瀬の街のそうした情景を思い出として語っている。大正年間、名瀬には日活映画の常設館である八千代館という活動写真館と朝日座（後に朝日館）という芝居小屋があった。その八千代館の2階には、5人から6人編成の楽隊がいて、チンタッタ、チンタッタと盛んに音楽を流していたので「ヂンタ」と呼ばれていた。他の弁士・旗持ちなどと行列を組んで町中を宣伝のために練り歩いた。後に「島育ち」などの奄美の名曲を世に出す作曲家三界稔も、若い時にその楽団にいたという。（泉俊義、1976・指宿良彦、2004）

　朝日座は、沖縄芝居や本土からきた芝居を上演していた。泉の記憶では、1回だけ地元の芝居（大島芝居）が上演されたこともあり、女優は男性が女形として演じたという。戦後の軍政下の奄美では劇団活動が盛んになるが、思い出話を読む限り、戦前の名瀬にそうした演劇の土壌があったのかどうかはよくわからない。

　娯楽の少なかった島にも、戦後は様々なメディアが生まれた。島でメディア

の調査をしていると、戦後の名瀬を賑わした幾つものメディアの思い出が懐かしそうに語られる。そうしたメディア群の中には、現在も事業継続されているものもあれば、最近まで営まれていたものもある。

　今日でもそうだが、奄美の海岸に点在する集落を訪れる者はその静けさに魅了される。波の音や生活の中の唄や踊りの太鼓は、まさに自然と調和した心地よい音の景色だ。他方で、奄美の東京ともいえる名瀬は、メディアによる二次的な音が別の音景観=サウンドスケープをつくりだしていた。作家の島尾敏雄は、戦後の名瀬の騒音を手厳しく描いたが、その筆力からは当時の騒々しい音の景観がありありと浮かびあがる。

> 　名瀬は喧噪な町だ。それは時としてひとつの混乱だとも思える。騒々しさが町の生活を支配し、島の古いおだやかな習俗も名瀬ではもはや見つけることがむつかしい。まるで長い鎖国の状態が今とつぜん解き放たれたかのように、東京と阪神と鹿児島のあらゆる流行現象がなだれこんでくる。町に足をふみいれてまず戦慄するのはそのすさまじい音響の氾濫だ。（島尾敏雄、1977、49頁）

　島尾が、「島のなかの町の現実」として例示したのが、おがみ山から流される広告放送の拡声器、映画常設館（市内に5カ所あった）の屋根の上の拡声器、宣伝放送車などである。

　島尾は、「名瀬の市街地にある二つの高等学校と二つの小学校は、それらの音響が放出されはじめると、まずまともな授業はできなくなる。終日、町の全体を覆うように、流行歌のメロディとそのなげやりな歌詞が流されている状態は、暗い感じのものだ」と騒音のひどさを嘆いている。島尾が東京で体験した敗戦後の街頭の拡声器放送は、南西の離島群にも押し寄せていると記している。彼は、静かな集落にも発電装置をもって山の上から拡声器による雑音を被せていると憤慨している。

　メディア史的にみれば、そうした拡声器による広告放送会社が奄美にもあったことがわかり興味深い。日本の戦後の農村の有線放送がそうだったように、奄美でも名瀬だけではなく、各町や集落にそうしたスピーカー放送の施設が

あったのである。（※そうした施設は、内地では戦時下の空襲警報用のラッパ型スピーカーの設置から始まったことが多い。）

●オリエンタル放送とミュージックサイレン

　戦後、奄美の名瀬市（現奄美市）の市街地を見下ろすおがみ山の上に大きなトランペット型の拡声器をおいて、さまざま伝達（お知らせ・連絡・広告など）放送をしたメディア事業があった。オリエンタル放送である。放送会社はおがみ山のふもと（現在の市役所脇のNTT社屋の裏側）にあり、入り船・出船の連絡、落とし物、迷子から火事に至るまで様々な生活情報を放送した。時には、深夜に献血を募る放送などがあったという。当時は、血液の保存ができなかったので手術のたびに血液が必要となったからである。株主は、笠井（県会議員・奄美大島商工会議所初代会長）、亀井（建設会社社長）、そして後に奄美島唄・奄美歌謡のレコードの制作・販売を手がけることになる土産物店ニューグランドの山田米三であった（楠田哲久、2012、36頁）。オリエンタル放送のスピーカーがあったおがみ山の麓には名瀬小学校があり、拡声器の音が騒音であるという苦情から事業は長くは続かなかった。

　このオリエンタル放送の後に登場したのが、1958年に名瀬市がおがみ山の上に設置したミュージックサイレンである。これは、それまでの消防署の時報サイレンに代わって、時をつげる音楽を流す装置であった。設置費用は、名瀬市からの出資と寄付でまかなわれたという。朝の6時には「吹け春風」、昼12時に「埴生の宿」、夕方5時「ラルゴ（家路）」、夜10時に「ブラームスの子守歌」が流れた。セントラル楽器がメンテナンスを担当していたが、不安定な電力事情などによりよく故障したり誤放送することから69年には放送が中止されている（指宿良彦、2004、73頁）。

●南国の簡易有線放送：親子ラジオの記憶

　奄美の放送文化、とりわけ声のメディアの思い出の定番は、ラジオの共同聴取・自主放送の簡易有線放送事業である「親子ラジオ」から流れる地元の情報と歌の音世界である。とりわけ島唄・新民謡は、なつかしい奄美らしい音世界として記憶されている。

もちろん、今日ではなつかしい音の思い出として語られるが、前述の島尾敏雄は、やはり騒音として生々しく描いている。

> 名瀬や古仁屋の町には「親子ラジオ」という聴取形式がはやっている、というより町のラジオのすべてはその親子ラジオだといっていい。……（地元の新聞に番組表がのらないので）いきおい、ラジオはスイッチをいれたままで放置されることになる。……眠ってしまえばスイッチはそのまま、ひと晩中地虫のように低くつぶやき通して、やがて翌朝の最初の放送が開始されると、それは目覚まし時計の役割も演じることなる。そしてその日もまた終日鳴り続けるわけだ。（島尾敏雄（1977）『名瀬だより』54-55頁）

奄美群島の各地に親子ラジオがあったが、名瀬には最近まで大洋無線という親子ラジオがあった（高橋正晴、200・坂田謙司、2005）。島尾の記述に出てくる親子ラジオがおそらくこの大洋無線である。契約世帯数は、大島紬の最盛期と重なるように1972年が最大時で約3500で、それ以降は紬産業の衰退と歩調を合わせるかのように加入者も減少し、2004年に1500、最終的には600と減少し続け、2012年に放送を終了した。料金は、加入時3000円、月額1050円である。実に親子二代61年間も事業を継続したことになる。

戦後全国的にラジオの共同聴取と自主放送を組み合わせた有線放送事業が立ち上がる。鹿児島以南では、親子ラジオと言われた。今でも群島の各地で文化とか放送の名前のついた電気店を見かけるが、たいていこの事業の名残である。岡源八郎氏が1951年10月に軍政府の許可のもとで軍の払い下げ機材を利用してこの名瀬で始めた放送事業が大洋無線である。ただ、奄美群島の親子ラジオが全部軍の払い下げ利用ということではなく、私財を投じて本土から機材を購入して立ち上げた知名有線放送のような親子ラジオの例もあった。会社は市の繁華街である末広町にお

写真：壁に取り付けられた親子ラジオのスピーカー（撮影：加藤晴明、2008.3.8）

かれ、後に郊外の鳩浜町に移転する。親子ラジオで流されていた情報は、主にお知らせ告知情報である。住民からの依頼情報や交通関係の情報、さらに島で重要であった港への入船・出船情報、地域ニュース、市議会中継などである。経営者と社員数名が、取材・原稿書きからアナウンスまでこなしていた。

『名瀬市誌』では、第7章第2節の「文化」の中に「親子ラジオの登場」の項目を設けて、当時の様子を次のように紹介している。

> 戦後、名瀬市内にも親子ラジオが姿をあらわした。……一九五一年十月に発足した。翌十一月には四〇〇戸以上に子ラジオをとりつける盛況であった。……文化施設に恵まれなかった当時において、この親子ラジオの登場は、市民の文化レベルを高める以上に不可欠の施設として、画期的な企業であった。岡氏をはじめ市内の有識者たちは、将来これを民間放送局へ発展される意図をもっていたようであった。（『名瀬市誌』2巻、歴史編、1996、49頁）

発足から2年後の1953年11月26日付の南海日日新聞には、市内のラジオ聴取者が432軒、親子ラジオ聴取者が1080軒、両者合わせて100軒のうち20軒がラジオを所有していたという記事が掲載されている。ただ、沖縄の親子ラジオは芸能に関わるイベント事業なども展開していたところが多かったが、奄美の文化的催しの記録の中に大洋無線の名前はあがってこない。放送だけのメディアだったのかは不明である。

大洋無線の放送時間は、午前5時〜6時に始まり、終了は午後11時〜午前0時であるが、このラジオは、地域のニュース以外は「四六時中島唄を流す」放送と受け止められていた。最大の聴取者は名瀬の大島紬の織子さんらで、彼女らは島唄・新民謡などを聴きながら紬を織った。島唄のリズム（多くは2拍子）と単調な機織り作業と相性がよかったという（取材：2004.2.24、2008.3.4）。

親子ラジオから流れる音世界は、単なるBGMであったというよりも、楽器店やみやげ店から街頭に流れる島うた同様に、生活に密着して形成される音環境（サウンドスケープ）であった。それゆえ今日でも、人びとが必ず思い出す懐かしさの景観（メモリースケープ）を形成しているのである。

大洋無線の開業の年は、くしくも徳山商店によって最初の島唄レコードが販

売された年でもある（※このレコードは、セントラル楽器に販売が引き継がれていく）。島唄文化は、レコードや放送事業・音楽プロデュース事業・メディアイベントといったメディアを媒介とした展開のなかで、なつかしい島の固有な文化の記憶として人びとの中に沈殿されてきた。興味深い点が二点ある。

一点目は、奄美でテレビ放送が開始されるのは1963年である。しかし受像器が高かったこともあったであろうが、テレビの台頭でいきなり衰退するのではなく、紬産業の成長にそって1972年までは加入者が増え続けている点である。本土では、すでに1960年代にラジオはテレビによって大打撃を受け、その後深夜ラジオという若者向け番組（リスナー・セグメンテーション）による復活劇（ラジオルネッサンス）を経験している。テレビの影響で他の親子ラジオが廃業していくなかで、名瀬の場合には、紬産業の"ながら聴取"という受容のニーズがあったことが、他の地域とは異なる音声放送事業の持続を可能にしていたといえよう。

二点目は、21世紀まで続いた大洋無線の後期の時期は、地域のラジオ放送としてのコミュニティFMが台頭してきていた時期である。奄美でも、親子ラジオ事業はコミュニティFMにそのまま移行することはなかった。この要因としては、親子ラジオ事業者が、同じ声の放送であるコミュニティFMには関心がなかったということ、そして両者は収益モデルが違ったということも考えられよう。ケーブルを敷設した加入者契約システムにとって、電波による無料放送は事業モデルとして相容れないからである。

同様のことは沖縄でもいえる。沖縄はラジオが元気な土地柄であると言われる。その沖縄のラジオ文化の土壌のひとつに親子ラジオがあるという指摘は、沖縄のラジオ関係者に取材するとよく出てくる。しかし、奄美の例から考えると、親子ラジオとコミュニティFMは、音の風景としては連続性があっても、両者の間は放送事業としては非連続的なのである。

奄美の親子ラジオ大洋無線は紬産業の衰退に合わせるかのように加入者減に見舞われ、2010年代に入り約60年の歩みを終えた。

●軍政下奄美の文化活動・メディア事業

奄美群島は、1946年の「プライス通告」を経て、「二・二宣言」により北部

南西諸島という行政範域として米軍統治下に入った。「二・二宣言」とは、連合国最高司令官総司令部（ＧＨＱ）が「若干の外郭地域を政治上、行政上日本から分離することに関する覚え書き」を発表し、「北緯三十度以南の琉球、南西列島」を日本の範囲から除外した宣言である。その軍政下の奄美では奄美ルネサンスと名づけられるほどに文化運動が盛んだった。

今日の奄美にはたくさんの文化活動やメディア事業があるが、軍政下の文化・メディア運動は、奄美のその後の文化活動・メディア事業が展開する原点・苗床だとみなされている。こうした時代の文化を振り返って「あかつち文化」の時代とも言われる。

軍政下の奄美の文化活動に関しては、里原昭によって『琉球弧・奄美の戦後精神史――アメリカ軍政下の思想・文化の軌跡』（1994）、『アメリカ軍政下の奄美大島における「文化活動年表」』（1994）がまとめられており、当時の文化活動・メディア事業を垣間見ることができる。また最近では、永田浩三の『奄美の奇跡　「祖国復帰」若者たちの無血革命』の第2章「奄美のルネッサンス」でも、当時の様子が当事者への取材に基づいて紹介されている。

里原は『文化活動年表』の付記のなかで、収集した軍政下の紙誌の一覧を列挙している。

○〈新聞〉
「鹿児島日報特報」（45・9〜）
「南海日日新聞」（47・2〜）※鹿児島日報特報から事業継承
「奄美タイムス」（46・10〜）
「民衆通信」（49・5〜）
奄美の新聞の流れについては次の項で再整理する。
○〈雑誌・機関誌〉
「自由」名瀬市自由社（46・1軍政府許可）
「奄美評論」奄美評論社（47・1軍政府許可）
「教育大島」奄美大島連合教育会機関誌（47・2軍政府許可）
「新青年」新四谷青年団機関誌（49・4　軍政府許可）→50・8より、
「奄美大島連合青年団機関誌」

「文明」奄美文明社（49・11軍政府許可）
「ジンミンセンセン」奄美共産党機関誌（非合法出版）
「大島農報」奄美農業技術協会（50・1創刊）
「校内新聞」大島高等学校自治会機関誌（50・6）
「道標」大島高等学校文芸機関誌（50・12）
「奄美通信」奄美通信会機関誌（51・1軍政府許可）
「あゆみ」大島高等学校第一部自治会機関誌（51・4軍政府許可）
「郡政のしおり」奄美群島政府機関紙（51・7民政府許可）
「こみち」大島実業高等学校文芸部機関誌（52・1）
「婦人会報」名瀬市婦人会機関誌（52・1民政府許可）
「婦人生活」婦人生活擁護会機関誌（52・1民政府許可）
○〈文化団体・劇団など〉
「奄美文化協会」（1945・11）
「奄美芸能協会」（46・11）：名瀬町青年団の演芸活動から商業劇団に転換
「文化劇場」こけら落とし（47・1）
劇団「熱風座」結成（47・6）（演出：伊集田 実、第1回公演「やちゃ坊」）
劇団「演技座」結成（47・8）（演出：碇山隆二郎、第1回公演「恩讐の彼方に」）
「あかつち会」解散（48・7）
「タイガー（群島初のダンスホール）」開店（48・8）

　1953年までアメリカ軍政下にあった奄美で、1950年5月に『大奄美年鑑』（文明社）が刊行されている。その中で各種企業案内に「言論界」の項目があり、そこには南海日日新聞社外11社の名簿が列挙されている。南海日日新聞社（名瀬市）、奄美タイムス社（名瀬市）、奄美時報社（古仁屋町）、民衆通信社（古仁屋町）、月刊雑誌自由・自由社（名瀬市）、奄美評論社（名瀬市）、月刊雑誌文明・文明社（名瀬市）、月刊雑誌・教育と文化（発行所：奄美大島連合教職員組合）、法律時報社、新生社、中央農業会報。ここまでが言論界11社ということになる。教育と文化までは、電話番号が記載されている。他には、政府広報、南日本新聞大島総局、朝日新聞名瀬通信部、日本琉球各新聞雑誌取り次ぎ店などの名簿が載っている。またメディアに関しては、「文化団体

平和団体」の項目があり、映画館・劇場・写真館・肖像画師・広告看板店があげられている。

このように、里原の研究や『大奄美年鑑』などによって、軍政下の奄美の文化活動・メディア事業のほぼ全域を知ることができる。こうした表現活動の一斉の開化は、戦後復興の願いが強かった日本中で沸きあがっていたことであるが、軍政下におかれた奄美では、とりわけ切実さがあったということであろう。

今日でも、奄美の年配者に軍政下の奄美の文化活動の記憶を尋ねると、村田実夫が活躍した新民謡と伊集田実（脚本・演出家）に代表される演劇の思い出が必ず語られる。

> 戦後の奄美のルネサンスと形容される時期の端緒を開き主導したのが、戦後の演劇活動であり、それとの同伴的立場から、社会・思想・文学の諸活動が活性化していった。（里原昭 b、1994、65頁）

伊集田実らが劇団「熱風座」を立ち上げたのは、1947年6月、その後毎月のように演目を代えて公演している。第1回公演「野茶坊」（6月）、第2回公演「熱風の街」（7月）、第3回公演「コレヒドール隧道」（8月）、そして第4回が、地元の南海日日新聞の演劇評で「会心の作」と言わしめ、今日まで名作として語り継がれている「犬田布騒動記」（9月）である。里原は、「熱風座の「犬田布騒動記」は文化劇場での初演以降、朝日館での長期公演や沖縄公演でも上演し、「恐らく数万人の人が観たと推測されている」と記している。

このように華々しい演劇活動（※当時は、演劇運動という言い方がされていた）の一方、出版された雑誌の数も多い。大部な労作『全記録　分離期・軍政下時代の奄美復帰運動、文化運動』（2003）をまとめた間弘志は、1940年代後半から50年代前半にかけての時期を「雑誌の時代」と名づけ、「分離期、軍政下の現状を何とかしよう、復興大島を願うエネルギーにあふれた文章が多い」と指摘している（間弘志、2003、175頁）。

新聞・雑誌などのメディアは、文化事業ともかかわっている。軍政下の文化運動に関しては、間の『全記録』第2部「文化運動編」に詳細な記録が整理さ

れている。言論、報道、出版、あかつち会、政党、文学、音楽、演劇、美術、映画、郷土研究、青年団、教育、農民組合・労働組合、婦人団体、官公庁、図書館・博物館・貸本屋・書店、各種催し物・話題と実に19項目に分けて網羅されている。

　音楽活動は、他のメディア事業のなかでも複合的に展開されている。例えば、新聞社以外が主催するものとしては、雑誌の自由社、奄美評論社、青年団、オリエンタル社等が主催して、のど自慢大会や歌大会が行われた。自由社は49年に創立2周年記念として「新作新民謡発表会、舞踊の夕」を催している。また50年3月号では、新作歌謡入選作を発表している。さらに軍政下初期の文化活動としては「あかつち会」がよく知られているが、その活動のひとつがレコード・コンサートであった。

2節　奄美の新聞メディア

●戦前からの新聞の生成と発展の歴史

　第二次世界大戦の戦時下における一県一紙政策もあり、日本では全国紙・県紙以外に、地方都市に根ざした日刊紙は多いとは言えない。とりわけ離島に日刊紙が複数あるといった、島の人びとにとって"あたりまえ"のようなこと自体が研究者以外には意外と知られていない。

　奄美大島には、数多くの新聞記者がいる。台風の通り道ということもあって、取材仕事があるからである。全国紙・県紙から社員として派遣されている場合もあれば、地元の契約社員、あるいは地元のメディア事業との業務契約という形もある。朝日新聞、読売新聞、毎日新聞、共同通信、南日本新聞、西日本新聞が発信拠点をもっている。それに地元日刊紙が2紙。地元紙以外の販売部数ははっきり分からない部分もあるが、住民の多くは、奄美にある二つの日刊紙である南海日日新聞と奄美新聞を購読している。両紙は販売でも競い合っている。発行部数は、それぞれのホームページによれば、南海日日新聞が2万3875部（2014年5月15日）、奄美新聞は1万1000部（2015年4月30日）とある。つまり南海日日新聞が奄美新聞の倍くらいの発行部数ということになる。両紙は戦後発刊されているが、奄美の新聞はそれ以前の歴史がある。

○〈戦前・戦中の奄美の新聞〉

　戦前・戦中の奄美の新聞の歴史は、昇曙夢『大奄美史』(1949)に明治大正時代の言論機関の項目としてまとめられている（昇、2009、復刻版、540-542頁）。『名瀬町史』(1943)やそれをもとに補足して書かれた『名瀬市誌』(1998)、間の『全記録』にも大まかな流れが解説されている。

「大島新報」：1907（明治40、※発刊を1909とする地元史もある）～1926（大正15）⇒譲渡継承され「大島時事新報」（1929（昭和4）まで）⇒譲渡継承され「大島新聞」（1929～）⇒新聞統合政策により、「大島日報」（合資会社、1939）に統合⇒国策により、「鹿児島日報大島版」（1944）⇒「鹿児島日報大島版特報」⇒「南日本新聞大島版特報」⇒「南海日日新聞」

「南島時報」：1910頃発行～1926（大正15）廃刊

「大島朝日」：1922～1938

「大島日日」：1934頃～1935

「奄美新聞」：1936～1939⇒「大島日報」に統合

「國防新聞」：1937頃～⇒「南西國防新聞」（～1942）※軍事基地のあった古仁屋で発行されていた。

　『名瀬市誌』は、戦前の新聞史を、初期：新聞創業時代、中期：隆盛時代、後期：統制時代に区分してその歴史を詳細に紹介している。とりわけ中期の昭和初期から1939年くらいまでは「大島朝日新聞」「大島新聞」の2新聞の隆盛期であったという。

> 新聞記者は文化の先端を行き、スマートな蝶ネクタイをしめ、どんな会場へも自由に、しかも、上座に陣取り、みなから重要な職務として受けいれられていた（『名瀬市誌』1998、53頁）

　また郷土史家の東健一郎も、奄美の郷土研究史を網羅した『近代奄美の郷土研究』(2008)のなかで、明治・大正の新聞・出版についても2カ所で触れている。

> 　明治末期創刊の『大島新聞』、『南島時報』が社会的事業を取り上げ、新聞の使命を自覚して世論を喚起し、中正な道を歩むようになる。武山宮信主宰の月刊郷土誌『奄美大島』が創刊され、凡そ二〇年続く。アナーキストの指導者・武田信良氏は同志と共に旬刊誌『奄美タイムス』を発行、奄美大島古仁屋を根拠地に広範囲な活動を展開するが、始期については「大正の始め頃」という証言があるものの、詳細は不明。（東、2008、6頁）

　東も指摘するように、武田信良らの動きからは、奄美でも大正デモクラシーの影響が及び、社会主義・労働運動などの影響がみられたことがわかる。武田は、同志とともに1924年に、瀬戸内の蘇刈に社会主義者の大杉栄の追悼碑を立てたことでも知られている。武田ら奄美のアナキストは、1927（昭和2）年の昭和天皇の奄美行幸（※古仁屋にあった奄美大島要塞司令部視察）前に一斉に検挙されている。

○〈戦後の奄美の新聞〉

　「鹿児島日報大島支部」は、戦後「鹿児島日報」の本土引き上げに伴い会計独立採算の「鹿児島日報」大島総局となり、「鹿児島日報大島版特報」（1945）として発刊が続けられた。⇒本社の改称に伴い「南日本新聞大島版特報」（1946・2）⇒「南日本新聞大島版」（46・7）⇒「南海日日新聞」（46・11）と引き継がれて今日に至っている。

　戦後「南海日日新聞」の他に、復帰運動の立役者の一人中村安太郎を中心とする人びとによって、1946年6月に「奄美タイムス」が創刊された（1955年頃まで）。最初は、郵便はがきの倍くらい大きさの第三種郵便物として創刊され、51年頃から日刊となっている。その後、「奄美新報」（1953年頃創刊）と合併している。

　その「奄美タイムス」が終刊したのち、2年ほどした1959年7月に「南海日日新聞」の元社員たちが担うかたちで「大島新聞」が創刊された。「大島新聞」は、大島新聞社から奄美新聞社へ社名変更して「奄美新聞」（2008年～）として今日に至っている。この他に、徳之島には「南海日日新聞」の草創期に活躍した記者小林正秀が始めた夕刊紙「徳州新聞」（徳州新聞社）があった（※現在の医療の徳洲会グループが発刊している徳州新聞とは別の新聞である）。

●奄美には全国紙・県紙の取材体制がある

　離島にも日刊紙がある。これは、石垣島、宮古島も同様で、しかも複数の新聞社が競合している。これは意外なことではあるが、朝に全国紙・県紙が届かないという離島の配達事情や海に隔離された日常生活圏を考えればその存在理由が理解できる。また島は、日常生活においてある程度完結した情報世界でもある。行こうと思っても道伝いに行けない他の地域の出来事はリアリティが薄い。新聞には島の生活の文脈（コンテクスト）に沿ったリアリティある情報が掲載される必要があるからだ。島にいる記者が〈情報を集め、加工し、発信する〉という情報事業の回路が島で完結する必要があるのである。

　ただ、当然のことながら、全国の出来事、県域の出来事も紙面に盛りこまれる。島にとって、読者にとって大事だと編集部が判断した島外の記事は、新聞社の〈島内のまなざし〉によって取捨選択され、加工されて、島の新聞紙面として〈島内のまなざし〉でもって新聞を読む読者に届けられる。奄美の地元紙は、奄美の島ッチュのための奄美語りであろう。

　ここまでは、島に島だけの新聞があることの理由である。しかし、島にはもうひとつ別の新聞事業者が存在している。それらは〈島外からのまなざし〉のための新聞事業である。島には、県紙や全国紙のための新聞記者も在住していて、島の情報を集め、加工し、本社に発信している。契約や派遣の記者であるが、いわば一人事業者と言えなくもない。奄美語りは、島にいるそうした記者を通じて島外に発信され、〈島外からのまなざし〉というフィルターによって県域や九州域・全国域という別の文脈の中で編集されて、よりひろい読者に向けて語られる。つまり新聞というメディア事業において、〈マスメディアとの接合・共振の回路〉があるということだ。そうした奄美の語り部を視野にいれるためにも、コミュニティメディアや地域メディアではなく、〈地域のメディア〉という視野が必要になる。

　彼らの記事は島では発刊されないが、鹿児島市で発刊される南日本新聞や福岡市で発刊される全国紙で奄美を語ることになる。そうした記事が直接地元の新聞に環流することは少ないだろうが、系列のテレビ局を通じて放送電波の中での奄美語りに結びついたりもする。

2章、3章でも触れるが、奄美の人びとも日常のテレビは鹿児島経由で全国ネットのものを見ているのである。地元だけで循環する情報の流れと、島外に出て〈島外からのまなざし〉から発信されて島に環流し、島の人にインパクトを与える情報の流れもある。〈情報を集め、加工し、発信する〉という情報事業は、島内向けと島外向けとに分かれるが、その情報事業や情報の流れは相互浸透しており螺旋的である。

表1-1：島の新聞事業者・記者（2015.11.15現在）

全国紙・県紙	地元の新聞・支局・記者	スタッフの様態
読売新聞（西部本社・福岡）	記者（契約）	元地元紙の記者
朝日新聞（西部本社・福岡）	支局（社員）	西部本社から派遣
毎日新聞（西部本社・福岡）	記者（契約）	元地元紙の記者
時事通信（本社・東京）	いない	
共同通信（本社・東京）	記者（契約）	元地元紙の記者
西日本新聞（本社・福岡）	南海日日新聞社と契約	元地元紙の記者
南日本新聞（本社・鹿児島）	総局（社員：総局長と記者・契約記者） 徳之島にも記者（契約）	社員と契約、計4名
―	南海日日新聞（徳之島総局、沖永良部総局、鹿児島総局、東京支社）	地元出身者、島外出身者
―	奄美新聞（徳之島支局、沖永良部支局、鹿児島支局、東京支局）	地元出身者、島外出身者

※奄美のマスメディア関係者への取材に基づいている。日々変化もあるので、ある時点での大まかな配置として表にした。

当然のことなのだが、地域メディアとして地元の新聞だけを見てしまうと、こうした外へと開かれた情報の流れやその担い手を見逃してしまう。しかも、島に在住する新聞記者は、記者クラブのネットワークを通じて競いあいつつも相互に準拠しあっている。

またそうしたメディア人材は、島の地域メディアの間で職場異動（転職）していることが多い。表1-1からもわかるように、島外新聞社の契約記者は、元地元新聞社記者であることが多い。新聞社の雇用は、たとえ契約であっても高学歴者にとっての貴重な雇用の場となっているからである。島の新聞記者と島にいる県・全国紙の新聞記者は、相互の交流を通じて島の情報を語っている。

こうした島の新聞における記事の発信の多層性もまた〈表出の螺旋〉の一様相といえよう。

●奄美の文化を支えてきた主要地元紙「南海日日新聞」

　こうした経緯を経てきた奄美の新聞メディアであるが、やはり今日でも奄美群島を代表する地元新聞は1946年11月1日に創刊された「南海日日新聞」である。『南海日日新聞五十年史』（1997）には、同社の歴史が詳細に整理されている。歴史は1907（明治40）年の「大島新報」に遡る。いまの形になったのは、戦後すぐの1946年である。戦時下での一県一紙体制のなかで、奄美の新聞が「鹿児島日報」に統合されたが、戦後すぐに鹿児島の支局としての「南日本新聞大島版特報」から分かれ、46年11月1日に「南海日日新聞」として創刊されたのである。

　2014年段階では社員総数68名（社員・契約社員）。編集部31名（報道部本社13名、他支局数名、編集部15名）である。支局は、東京・鹿児島・徳之島・沖永良部島にある。記事配信は、共同通信・時事通信から受けているが、ほかに沖縄タイムス、琉球新報、鹿児島の南日本新聞などと記事交流がある（取材：2014.3.11）。

　離島の新聞の特徴は、全国紙や県紙と基本的に競合しないことである。沖縄本島の「琉球新報」「沖縄タイムス」だけでなく、石垣島の「八重山日報」「八重山毎日新聞」、宮古島の「宮古毎日新聞」「宮古新報」、奄美大島の2紙など、限られた人口の島に日刊の新聞があり、しかも圧倒的な購読率を誇っている。奄美の場合、島外の新聞を読むのは島外からの転勤族か官公庁くらいと言われている。

　「南海日日新聞」編集局長の松井輝美氏（1950～）は、筆者らの取材に対して、こうした島の新聞や文化が開花してきたことの起点として軍政下で活発であった言論活動や文化運動を指摘する。文化には、前近代から続く古層のような民俗文化の苗床があるが、他方現代には現代の苗床があるということであろう。

　『南海日日新聞五十年史』は、当時の状況を次のように記している。

> 新聞・雑誌は軍政府の検閲の下、用紙配給ストップの不安と必要量の確保、報道・論評のあり方のはざまで、生き残りをかけた駆け引きも強いられた。南海日日新聞、奄美タイムスの両紙はどうにか異民族による言論封殺の時代を乗り切った。（106頁）

　軍政下の言論統制の中で、無血復帰運動の世論喚起を果たしたメディア、その栄光の軌跡として語られる歴史は、奄美の報道メディアの正統性と存在意義を支える物語ともなっている。「南海日日新聞」の創設者である村山家國、軍政下の文化運動を理論的に支えたといわれる「奄美タイムス」の中村安太郎、彼らはまさに復帰運動という奄美史にとっての"最も大きな物語"の主役たちであったからである。

　奄美の言論界が背負った栄光の物語は、その後の奄美ジャーナリズムの"背骨"（※あるいは姿勢や精神的・倫理的態度といって良いかもしれない）を形成してきたように思われる。編集局長の松井氏は、南海日日新聞のアイデンティティについて、「先代（創業者）の意思は、『あかつち』の臭いのする新聞」だと語る。

　「南海日日新聞」は、もうひとつの新聞事業を抱えている。独立採算事業ではなく、社員が兼務する形で発刊している「月刊奄美」である。日刊紙のダイジェスト版であると同時に、本土に散居している奄美出身者の親睦組織である郷友会の活動紹介記事を満載したタブロイド新聞である。これには、各地の郷友会などにおかれている通信員から集まる記事も掲載されている。出身者向けの新聞という性格から、「なつかしさ（※奄美にはかつて「なぐるさ」という言葉があった）」を呼び起こすような奄美の芸能活動、とりわけ島唄関係の記事も多い。3000部という部数であるが、購読者は、奄美に深くコミットし続けたい出身者であるという意味では"濃い"購読者ということになる。実際、この新聞への期待は高く、到着が遅れるとすぐ問い合わせが来るほどだという。奄美は人ネットワーク・情報ネットワークにおいて楕円の構造をしている。在島の人びとと、島外に出た奄美の人びととの関係が切れずにつながっている。「月刊奄美」は、そうした楕円的な人と情報のネットワークを担うメディアである。

写真:南海日日新聞社の社屋(撮影:加藤晴明、2014.3.11)

　「南海日日新聞」の大きな特色は、報道やイベント事業に加えて、なんといっても文化記事の充実や文化事業に力をいれていることであろう。とりわけ「南海文化賞」と「奄美民謡大賞」は同社を象徴する文化事業であると同時に、奄美の文化史のひとつの重要なシーンを形成してきた。
　『南海日日新聞社五十年史』は、このように軍政下の復帰運動の三人衆の一人であった初代社長の村山家國自身が文化人であったことが、同社の文化重視の起点となっていることを誇らしく語っている。

> 　焼土と化し祖国と分離された中にあって、民族の誇りを忘れず、各分野の新しい創生を目指すものであった。……初代社長・村山家國(作詞)、村田実夫(作曲)のコンビによって生み出された数々の新民謡は、不朽の名作として今なお歌い継がれている。(271頁)

　「南海文化賞」は、奄美の各分野において優れた業績を残し、郷土の発展に寄与した人材を顕彰する事業として1972年から始められ、ある意味では奄美の最高栄誉のひとつとさえなっている。出版・文化部門、郷土・民俗部門、産業・経済部門、教育・文化部門、社会福祉部門、行政部門、地方自治部門、医

療部門などひろい範域の中から毎年2〜3名が顕彰されている。
　もうひとつの文化事業の柱が、音楽関係の大会である。かつてはクラシック部門（南海音楽コンクール）もあったが、今日では島唄の大会主催者としての実績が注目される。
　「南海日日新聞」は、長い歴史を通じて、多くの言論人や島語り人を輩出する文化的な苗床でもあった。2章で紹介する写真家をはじめ島で活躍する奄美文化の語り部には、南海出身者が実に多い。新聞社は自身が文化を発するだけではなく、文化的な人材を涵養する場でもあるからだろう。
　そうした意味でも「南海日日新聞」は、地域に根ざした良質な新聞として奄美の言論メディアのメインストリームを形成してきたと同時に、直接・間接に奄美の文化を幅広く発展させてきた〈文化媒介者〉そのものである。
〈主なイベント事業（ＨＰより：2015.5.15）〉
1月　　南海日日旗争奪少年サッカー大会
　　　　南海日日旗争奪 6人制バレー選手権大会（男子）
2月　　南海日日旗争奪 6人制バレー選手権大会（女子）
3月　　新1年生と保護者の集い
　　　　南海日日旗争奪ソフトテニス大会
5月　　南海日日旗争奪中学サッカー大会
　　　　奄美民謡大賞
7月　　奄美祭り協賛島唄大会
8月　　南海日日旗争奪小学生バレーボール大会
11月　　南海文化賞贈呈式
　　　　南海日日旗争奪奄美市地区対抗野球大会
　　　　南海さわやかジョギング大会
12月　　南海日日旗争奪社会人サッカー大会

●もうひとつの地元紙「奄美新聞」
　奄美で発刊されているもうひとつの新聞が1959年に発刊された「奄美新聞」である。「大島新聞」が、ケーブルテレビの奄美テレビを中心とした企業グループに引き継がれ2008年から「奄美新聞」（奄美新聞社）に改名したので

ある。社員は約40名。本社には報道部、制作部、印刷部、営業部、総務部の5部がある他、支局が鹿児島、徳之島、沖永良部島、東京にある。報道8名、編集7名、支局に4名のスタッフがいる。98％が宅配。大島新聞時代の購読者が継続されているという。全国記事は、読売新聞と提携している（取材：2014.3.10）。

　南海日日新聞のような有名な文化事業はないが、営業局が中心となりサッカーを始め各種のスポーツ大会を開催している。

写真：奄美新聞社の社屋（撮影：加藤晴明、2014.3.14）

　奄美新聞になってからの大きな特徴は、「社説」を持たないことである。
　「社説のない新聞は新聞ではない」という従来の考え方に対して、「社説を掲載すると社説に記者がとらわれ、社説に反する自由な表現ができなくなる恐れがある。新聞社にこそ言論の自由があるべきだ」という考え方から、各記者が署名記事、コラムで自由に書くという方針をとっている。
　地方のニュースを徹底して掘り起こすのが地方紙の使命という編集方針の下、地元のブログサイトのしーまブログと連携したりしながら、地元密着記事の強化に努めている。こうした戦略は、倍くらいの社員数を抱える地元競合紙との差異化を図るとともに、全国ニュースはテレビ・ネットでというメディア環境の変容を踏まえて選ばれた戦略といえるだろう。

〈主なイベント事業（ＨＰより：2015.5.15）〉
2月　　奄美新聞社杯小学校卒業記念ソフトボール大会
　　　　奄美新聞社杯バスケットボール大会
3月　　奄美新聞社旗争奪奄美選手権男女9人制バレーボール大会
　　　　奄美新聞社杯小学校卒業記念サッカー大会
4月　　奄美新聞社杯春季職域クラブ対抗テニス大会
9月　　奄美新聞社杯敬老記念ゲートボール大会
　　　　奄美新聞社南三島ゲートボール大会
11月　　奄美新聞社杯夫婦グラウンドゴルフ大会
　　　　奄美新聞社旗争奪奄美地区対抗9人制男女バレーボール大会

●島の新聞の役割とは：報道だけでない多様な社会的役割

　島で次々に新聞が創刊され続けてきたということは、新聞を執筆する「記事を書くリテラシー」をもった人びとがいるということである。なぜ、新聞が必要とされ、そしてそれを担う資本と人材がいたのであろうか。奄美の新聞業界に長く身を置いたＯＢの方への取材などを通じて浮かび上がってくるのは、以下のような背景にある土壌である（取材：2014.12.18、2015.3.16）。

①軍政下での言論運動の隆盛から引き続く言論文化の土壌（人材の土壌でもある）
②陣営よりの新聞を欲する政治闘争の土壌（※大島郡は全国唯一の一人区として、保徳戦争と言われる激しい選挙戦が展開された。）
③郷土史研究などによって醸成されていく人材輩出の土壌
④大島紬によって蓄積されていた地元資本力・購買力の土壌
⑤大島紬によって経済的に支えられた高学歴子弟教育の土壌（Ｕターンして記者となる土壌）

　離島に日刊紙があり、島で生活する人びとにとっても基本的に新聞とは地元紙のことである。では、「南海日日新聞」に準拠して考えた場合、島の新聞は島でどのような役割を果たしているのだろうか。報道機関としての通常の役割は当然のことだが、「奄美民謡大賞」のような島唄の振興事業に代表される〈文化媒介者〉としての役割も小さくない。ある意味では、メディア事業自体

が文化変容の当事者そのものである。

また、島のメディア・文化活動のひろい範域の各所で、「南海日日新聞」に在籍したことのある人材に出会うことが多い。新聞社は、優秀な人材のプールとなってきた。このように、新聞を「記事の送り手」「報道ジャーナリズム」といった狭い次元でだけ捉えるのではなく、新聞社事業を一種の社会的事象として捉え、ひろい意味での新聞社という事業体（アクター）の役割を考えてみる必要があるだろう。とりあえず奄美に準拠して、四つの役割を指摘しておきたい。

a）紙面（記事）の提供者としての新聞社（メディアの送り手）

新聞紙面の制作・発行（情報発信）という次元でみた場合にも、紙面にはさまざまな質の記事が掲載される。それは他の地方紙同様であるが、奄美の新聞の場合には、港の出入港に加えて市況データや会葬記事（告知やお礼）などが離島らしい情報として掲載されている。記事に関してはいろいろな分類が可能であろうが、新聞の紙面は報道的な記事（記事1～記事3）と読み物的な記事（記事4、記事5）とが組み合わされて構成されている。

奄美の他のメディアもそうであるが、奄美は鹿児島県の一部ではあるが、独特の経済・社会・文化圏として対外的な境界を形成している。そのため、新聞も県紙と同様の記事が求められる。そこが、他の地方都市の新聞とのひとつの差異である。奄美のメディアの多くは、「奄美とは何か」（過去・現状・未来）という自己アイデンティティについての問いに直面する。

規模は違っても、県紙同様の次元でいやそれ以上の自意識のなかで、奄美という集合的な自己について常に問い続けなければならない。とりわけ、言論機関としての新聞は、その最先頭に位置しているといえよう。「南海日日新聞」をみると、元旦の分厚い特集記事は、毎年のように「奄美とは何か～奄美の過去・現在・未来～」そのものを論じる問いを発している。

記事1：ニュース報道（全国ニュース）
記事2：地元ニュース・生活情報（いわゆる地だね）
記事3：スポーツ報道（全国記事、地元スポーツ大会）
記事4：解説・社説
記事5：文化記事：典型が正月特集の質の高さ

b）イベント事業主催者としての新聞社（文化事業者としての新聞社）

「南海日日新聞」「奄美新聞」ともに、数多くのイベント事業を展開している。それをまた記事として掲載することにより、読者とのコミュニケーションが図られている。奄美は島唄・奄美歌謡といったうた文化の他に、野球・相撲、さらには余興文化など身体に関わる文化が盛んな土地柄でもある。新聞社によって開催される各種スポーツ大会は、そうした奄美のもうひとつの身体文化をより盛んにしている。

ただ、新聞社はなんといっても「奄美民謡大賞」に象徴されるように、奄美の代表的な民俗文化の伝承活動の担い手自身でもある。そして、その大会のもつステージ化によって島唄文化自身が変容していくという意味で文化の当事者でもある。「地域メディアは地域文化を担う」という意味は、記事内容だけでなく、メディア事業という視点から、さらにはメディア企業の存在が果たすひろい役割から理解されねばならない。

c）人・ネットワークの結節点としての新聞社

ケーブルテレビやコミュニティFMもそうだが、地域のメディアにはいろいろな人が訪れる。研究者、芸能人、さらに文化人、学生・生徒をはじめ、いろいろな活動を発信したい人は、必ずといっていいほど地元のメディアを訪れる。記者によって取材されるだけでなく、いろいろな人が新聞社を訪問すること自体が記事として掲載される。島を訪れた人、島内外で活動しようとする人びとにとっては、新聞社は、訪問を記事として掲載する「広報」という役割とともに、「新聞に掲載された」という信頼を与える役割を担ってくれる。このようにメディアは情報を発信したい人びとが自ずと集まる機関である。新聞社は、いわば人・ネットワークの〈結節点〉のような役割を果たしている。地元の情報をいちばん知っている機関であると同時に、情報を求めて、情報の発信のために人びとが訪れる結節点だからである。

d）人材プールとしての新聞社（優秀な人材育成・輩出機関としての新聞社）

地元の新聞社は、単に日日の報道や事業イベントの主催者として重要な役割を担うというだけではなく、優秀な若者の地元へのUターン就職の貴重な受け皿であるという側面がある。NHK特派員として有名であった『あの日あの時』（1996）の著者である実島隆三氏、奄美を記録し続けて『奄美二十世紀の

記録』（2000）や『奄美静寂と怒濤の島』（2002）で知られる写真家の越間誠氏をはじめ奄美で活躍する文化人には「南海日日新聞」に在籍したことがある者が多い。つまり、新聞社は結果として奄美の文化・知識人の人材育成の苗床（インキュベーター）や人材プールの役割を果たしてきた。こうした優秀な人材のプールという視点から地域のメディアとその雇用を考える視点も必要であろう。（※かつては地元の学校教員・郵便局職員も、そうした地方の文化・知識人の受け皿となってきたことに留意したい。）

3節　奄美の雑誌メディア

●過去の雑誌：『サンデー奄美』・『奄美グラフ』その他

　近年、奄美単体の観光ガイドブックも増えてきた。最近の離島ブームや南の島ブーム、そして個人旅行やスローライフ志向のなかで、『スローライフ奄美』（2006）、『奄美大島に行きたい』（2013）、『地球の歩き方JAPAN奄美大島』（2015）、『ＯＺmagazine47奄美』（2016）、『唄う島へ行こう』（2016）など次々に出版されるようになってきた。

　ただ、奄美に旅行する者が手にするもっともポピュラーな観光雑誌は、『るるぶ屋久島・奄美・種子島』と『まっぷる屋久島・奄美大島・種子島』である。世界自然遺産登録後の観光客ブームが持続し続けている希有の事例が屋久島である。その人気のある屋久島とセットで、後半のページを埋めているのが奄美紹介のページである。種子島・屋久島を中心とした大隅諸島と奄美群島を一括した薩南諸島というくくりである。

　このように最近増えてきているとはいえ、少し前までは島外で手にする奄美の紙媒体の情報は限られていた。過去にさかのぼってみると、奄美にもグラビア誌のような大きさで、写真・記事・広告で構成された郷土雑誌があった。これらは、観光客相手というよりも、島内・出身者を対象にした地元経済誌のような側面をもっていた。

　『サンデー奄美』（森村元栄四郎・サンデー奄美新聞社（東京））は、復帰10周年の1963に創刊され1995年まで続いている。295号まで収録した上下の縮刷版まで出されている。1972年（復帰20周年の前年）には、浅野要が月刊

郷土誌『奄美の島々』を発刊した。『奄美の島々』は、途中1984年（復帰30周年の次の年）には、1981年に創刊された『奄美観光グラフ』（牧宏育編集発行）と合同誌となり、1990年の106号まで続けられている。1984年の85号が600円の値段である。

同様に、グラビア誌的な『奄美グラフ』（宏洲一男編集発行）が1983年に発刊され1998年に53号、2000年には特集版として55号『奄美本島ガイドブック』が出されている。55号が最後であるが、84年の17号段階で1冊800円である。また徳之島では元公務員で『徳之島郷土研究会報』も出していた水野修が1991年に『潮風』（潮風出版）を発刊し、93年まで7号を発刊している。『奄美の島々』と『潮風』は比較的執筆記事も多く雑誌風、これに対して『サンデー奄美』や『奄美グラフ』はグラビア雑誌風である。こうした雑誌は、新聞社出身のジャーナリストではない個人によって発刊され、定期購読料ではなく広告を元に運営された。

最近の奄美では、いくつものタウン誌や観光フリーペーパーが空港・レンタカー・飲食店などの各所におかれている。ジャンル的には、大きくは、外向け、つまり観光ガイド的なフリーペーパーや有料ペーパーと、いわゆる島内向けのタウン誌がある。奄美にはこれまでもたくさんのタウン誌や観光冊子がつくられてきた。しかし他の地域のフリーペーパーがそうであるように、それを事業として持続させるのは容易ではない。

2010年から2016年の間でいえば、奄美大島の中で目にすることの多い冊子は、『奄美大島探検図』『奄美夢島』『ｍａｃｈｉ－ｉｒｏ』『ホライゾン』の４媒体である。他にも印刷会社発行のフリー冊子などもあるが、主要な媒体ということでこの四つの紙媒体に焦点をあててみよう。（※過去には、出版の項目で紹介する海風社が出版していた『月刊南島』のような雑誌もあるが、この節ではグラビア誌や観光用のタウン誌を取り扱う。）

●草分け的なフリーペーパー『奄美大島探検図』

1988年設立の奄美の草分け的な観光ガイド企業である観光ネットワーク奄美が発行しているフリーペーパーである。ウェブサイトの「あまみ便り」も運営している。現在の奄美ではもっとも老舗的なフリーペーパーであり、2016年

夏号段階で37号（年2冊発行）を発行している。『奄美大島探検図』の上下に「シマッチュ（島の人）とつながるパスポート」「島を楽しむ、シマ暮らしの情報誌」というサブコピーが掲げられている。観光用のフリーペーパーであるが、奄美の観光ガイドブックといっていい情報量を盛りこむとともに、レイアウトや記事の配置のなかに、「選び抜いた情報を通じて奄美を紹介する」という強いこだわりが感じられるフリーペーパーである。

　島ラジオの周波数一覧、バス、フェリー、レジャー、植物の持ち出し、猫害、公共施設連絡先、商店街の位置情報、タクシー、さらに奄美らしい食材・料理まで、観光ガイドでもあり、奄美初心者にとっての生活と文化のガイドでもある。「シマ暮らし」というサブコピーが語るように、Iターンをはじめとする奄美暮らしをする人の第一歩にかなり役立つ内容となっている。そうした内容の配置自体に"奄美を語る"のだという強いメッセージ性が溢れている。

　スタッフ2名の事業であるが、設立時より観光ガイドを務める水間忠秀氏（1964～）が制作を担当している。水間氏は、ホームページの自己紹介で次のようなプロフィールを公開している。「奄美市笠利町生まれ、名瀬育ち。高校卒業後シマを離れるが12年後にシマに帰り、シマを学び始める。元々本好きだが、ガイド資料として奄美関連の書籍を集め、奄美に関することなら自然だけでなく歴史・民俗などなど、"広く浅く"から"広く深く"へと日々勉強中」（観光ネットワーク奄美ＨＰ:2015.6.1）」。

　現在、奄美で「島の文化を担う人びと」「島を語る人びと」「島をプレゼンする人びと」（※本書ではひろく〈文化媒介者〉として捉えている）として活躍する多くの人がそうであるように、水間氏もまたUターン以降に島のことを学び始め、語りの実践家として自身を構築してきている。島唄をはじめ奄美の文化・自然に造詣が深い奄美語り人の発行するフリーペーパー『奄美大島探検図』は、奄美へのこだわりが詰め込まれた個性的な冊子である（取材：2008.3.3、2016.9.9）。

● **64ページを誇るフリーペーパー『奄美夢島』**

　奄美の島内で最も見かけることの多いフリーペーパーが、2007年に創刊され創刊10年を超えた『奄美夢島』である。群島ではなく、奄美大島だけを対象

にした観光冊子で初年次以外は年に1回発行されている。写真を中心にしたレジャー・物販・飲食カタログ情報を満載した64ページの分量を誇る充実した内容のカラフルなフリーペーパーである。ヘッドコピーに「奄美の優良店を徹底ガイド」とあるように、店の写真と80文字程度の店の特徴を紹介するコメント記事、そしてクーポンで構成されている。

　基本は観光客相手の観光情報満載の冊子ではあるが、島内者にも重宝されている。4月に新年度版（表紙の色が変わる）が出た時には島の人びとも手に取る。また忘年会シーズンなどにも重宝される。広告を見ればすぐわかることだが、観光客とは関係のない島内者向けの広告も載っているので島内ニーズがあることがわかる。つまり大げさにいえば、島中の各所に置いてありクーポンもついているので、必要な時に必ずといっていいほど手に取る冊子である。

　ページ構成は、奄美が堪能できるように詳細なジャンルに分けられた構成となっている。奄美の伝統行事、自然体験、文化体験、アマミブルー、北部ダイビング、エリア情報（大和村・南部・北部）、奄美の島みやげ、本場奄美大島紬の奇跡、アマミアンオリジナルグッズ、奄美的Tシャツ図鑑、アマミガールズセレクション、オーシャンビューグルメ、島シェフの入魂ダイニング、屋仁川ナイトクルーズ、推しメングランプリ、奄美地鶏特集、奄美地魚特集、奄美の魂島唄特集、郷土料理特集、リラクゼーション＆ビューティー特集、地図（大和村・全島・名瀬東部・名瀬朝仁・古仁屋・名瀬市街地・名瀬中心部・南部・北部）。

　こうしたジャンル別にインデックスが付き、奄美の観光資源を網羅する構成であり、ジャンルの分け方に編集者の個性があるともいえる。『奄美夢島』は、過去には名瀬の歓楽街である屋仁川通りを対象にした夜のお店のガイドブック『夢島Night』も数冊出していた。

　冊子を発行するY氏は、冊子のコンセプトを、①市販の旅行雑誌に勝る情報の質と量であること、②中途半端でない冊子と位置づけている。いわば地域に密着しつつ、しかし地縁に依存しないで宣伝効果という"掲載店の利"に依拠した冊子をつくることを目指してきた。このビジネスモデルは、氏が大都市での広告業界や沖縄の離島での同様のタウン誌発行を経験しながら修得して身につけたものである。

写真:『奄美夢島』2016年度版(提供:奄美夢島編集部)

　Y氏が立ち上げた『奄美夢島』編集部は、こまめな営業を続け、広告主に直接取材し、自ら写真を撮り、集金することで、奄美の店舗情報を網羅し、人ネットワークの網をひろげてきた。奄美の店舗情報を網羅している冊子であるから、ある意味ではこの編集部がいちばん奄美の観光ビジネスの現場を知っているともいえる。また効果のある広告の作り方のプロでもある(取材:2010.9.14、2016.9.14)。

　冊子は島で知らない人がいないほどに目立つ存在だが、編集部はあくまで裏方に徹し控えめな存在として島では目立たない。メディアに登場することもないので、『奄美夢島』は知っているが、その発行人を知っている人は広告主以外には少ないだろう(※もちろん、広告主は過年度も含めて非常に多いのだが)。新しい店が出来て広告依頼に訪れると、「あ〜、こんな風に来るんですね」といった具合に初めて存在を知られることになる。

　島外出身者であるということは、血縁・地縁・学縁には頼れないので、『奄美夢島』は広告効果というビジネスの原則だけを武器に事業を継続をしてきたことになる。逆にいえば、そのビジネスの基本は極めてシンプルで分かりやすい。Y氏は、広告主となるお店は、「効果がなければ載せない」と断言する。つまり広告効果は、そのまま自分のビジネスに跳ね返る。お店の人に「いろんな広告を出したけど、……客が来たよ。効果あったよ」と呼び止められた時がうれしいという。

　氏は社会の表に出て奄美最大のフリーペーパー発行者としての活躍を喧伝することもない。観光産業の黒子として、どこまでも"広告料に見合った効果"、つまり広告効果という掲載店の実利だけに準拠したメディア事業に徹する。

観光客には有益な観光情報を提供する。その情報は飲食店情報だけではなく、アクションプログラムであったり、買物情報だったりする。観光客には役に立つ情報で喜ばれ、広告主の店には売り上げで貢献し、その見返りとして広告料をもらうことで冊子が持続する。フリーペーパーは、広告を出しても客が増えなければ次の年の広告出稿に跳ね返ってしまうシビアな事業でもある。三者にとって喜ばしい循環があったからこそ、全くの島外者によるメディア事業が10年以上も島で持続したということだろう。

繰り返すが、掲載店の実利に準拠したフリーペーパー発行ビジネスの循環サイクルをつくっていくことが事業の持続に繋がる。そのことを氏は強く意識して編集・発行を続けてきた。

広告主の店に観光客が来て、その観光客ができるだけお金を使うことは、マクロには島の経済に貢献することでもある。つまり、観光冊子というのは私企業の活動ではあるが、結果として島の経済の好循環につながる。奄美最大のフリーペーパー『奄美夢島』の編集部は、黒子のような存在だが、10年以上にわたって確実に奄美の情報発信者であり観光文化の語り人の一翼を担ってきたのである。

●中心市街地活性化から始まった『machi-iro』

観光冊子が外向けの情報発信媒体であるとすれば『machi-iro』は、奄美市名瀬（旧名瀬市）の典型的なタウン誌である。冊子のコピーにも「なぜまちと奄美の情報誌」「なぜまちから奄美の情報を発信」と掲げられている。年4回と特別号、あわせて5号発行している。もともとは中心市街地活性化のプロジェクト（なぜまちカンモーレプロジェクト）の情報発信部会の活動（2007年）から生まれたタウン誌である。雑誌作りに関しては未経験の商店街・飲食街の若手メンバーによって、継続的な雑誌の発行というメディア事業が選択されたのである。

補助金終了後も、雑誌発行の継続のための運営母体として、特定非営利活動法人まち色が結成された（2008年）。まちづくりＮＰＯ法人があってその事業のひとつとしてタウン誌を発行するのではなく、タウン誌発行があってのＮＰＯ法人まち色である。名瀬のタウン誌ではあるが、1万部を全島100ヵ所に配布

している。

　一般にタウン誌の継続は難しいが、『ｍａｃｈｉ-ｉｒｏ』が持続してきたのは、中心となる恵大造氏（1969〜）の奮闘に加えて、ＮＰＯ法人の企業会員の機関誌という基盤と、冊子以外での収入（広告・写真撮影・企画デザインなど）を確保することで収益事業として継続してきた。いわば「まち色」編集部は、小さな広告企画企業でもある（取材：2011.3.9、2015.5.24）。

　冊子の特性は、都市的な街の文化を前面に出していることである。25歳〜45歳くらいのサイフの紐をあずかっている女性を対象に、またＵターン者、Ｉターン者に伝播力のある「奄美でも都会的なものを享受できる」ような冊子づくりを目指してきた。都市からのＩターン者の人にも通用するおしゃれなタウン誌。そうした狙いの冊子である。ターゲットも、アラサー世代の若い女性向けとなっている。実際にＩターン者として、一時期編集にもかかわっていた女性は、初めてこの冊子を手にした時に、「あっ、島にはこんな面があるんだ」と驚いたという。

　タウン誌としての店舗紹介の他に、「奄美グルメ部」「シマノイエ」「シマライフ」「美ランナースタイル」「女が輝く、男も輝く」「女子会のススメ」などのトレンドな特集に加えて、地元の奄美研究者による「奄美探訪（シリーズ）」「里の味めぐり」などの連載記事も掲載されている。

　現在、名瀬の中心市街地は、再開発中のため空洞化が進み商店数の減少に見舞われている。そうした店舗数・商店会の会員数の減少の一方で、最近ではエリア外の会員も入ってきて会員数を維持している。

　市街地活性化のための商店会をベースにした『ｍａｃｈｉ-ｉｒｏ』であるが、観光向け冊子の側面も打ち出している。自然ばかりではない奄美の魅力を発信したい、それを街中観光にもつなげたい。そうした観光と市街地活性化をつなぐような冊子を意識している。言い方を変えれば、『ｍａｃｈｉ-ｉｒｏ』は、名瀬中心地商店街だけのタウン誌から「島のタウン誌」へと変化してきている。

　また「シマッチュが、奄美の今をお届けするウェブマガジン」を掲げるウェブサイトは島外からのアクセス（だいたい島内25％、島外75％）が増加している。つまり島内向けのタウン誌といえども、アクセスという点でも実質的に観

光雑誌的な機能を果たすようになってきたのである。自然だけではなく、島外における奄美への関心の高まりと個人旅行の増加という流れの中で、島の中心市街地も観光の対象となってきているということでもある。

冊子は名瀬の市街地だけではなく、空港のレンタカー店にもおかれ、観光客が手にする。最近では、裏表紙にクジラの写真を掲載することで、ホエールウォッチングをイメージさせたり、「女子一人旅」などを特集に盛りこんだりしている。市街地活性化のために生まれたタウン誌は、島内のハイセンスな女性向け冊子を基本方針としつつも、女性観光客目線を組み入れた複眼的なまなざしをもった冊子へと発展しつつある。

●奄美の情熱情報誌『ホライゾン』

　冊子媒体にも、それぞれの目的と個性がある。奄美最大のフリーペーパー『奄美夢島』が広告効果に準拠した奄美の観光冊子であるとすれば、「奄美の情熱情報誌」をコピーとして掲げる『ホライゾン』はある意味では奄美を公式に表現する観光冊子であった。編集を担当してきたのがホライゾン編集室である。編集室は、奄美群島観光連盟の公式観光冊子ともいえる『奄美群島観光ガイドブック』（1999,2001,2009）なども編集や発行をしている。

　ホライゾン編集室は、もともと東京の大手の出版社に勤務したキャリアをもつプロの編集者でもある浜田百合子氏（1953〜）が写真家でもある浜田太氏（1953〜）とともに運営してきた事業である（※浜田太氏は、アマミノクロウサギの巣穴子育て撮影で著名な写真家であり、その事業については2章で取り上げる）。浜田夫妻は、奄美大島内の町勢要覧・市勢要覧や、イベント情報誌『奄美ネシア』（7年間）などを手がけながら、群島の情報誌を発行できる体制を整えてきた。『奄美ネシア』も、イベント情報誌からはじまり、特集を組み込みそして文化を特集できる冊子へと発展してきたが、そのコンセプトを更に発展させた冊子が『ホライゾン』であった（取材：2009.8.19、2015.11.14）。

　『奄美ネシア』につづく観光冊子『ホライゾン』は、1995年6月に第1号が出され、年2回発行され20年間で40号を重ねてきたが、2014年末に終刊している。インターネット時代となり、奄美からの情報発信の形も多様化するなかで

役割を終えたと考えての終刊であった。

　『ホライゾン』は、紙面内容の文化的質の高さからも、奄美群島の観光情報を代表する紙媒体という位置を担ってきた冊子である。誌面の特徴は、見える素材としての自然だけではなく、"文化や人間"（※つまり"自然と文化とそこに生きる情熱的な人びと"）を特集してきたところに特徴がある冊子である。文化や人間に焦点をあてたそのすぐれた特集は、浜田百合子氏・浜田太氏が二人三脚で残した現代奄美の貴重な記録である。

　浜田百合子氏は、『ホライゾン』の教科書としてＪＴＡ機内誌『コーラルウェイ』や雑誌『サライ』のサライインタビューをイメージしたという。奄美を公的に語るビジュアル誌ということもあり、高画質の紙と美しい写真が特徴の冊子である。目指したのは、「研究書はともかく、外から来た人間が奄美を知るための入門書がなかったので、勉強して、奄美を知らないけど知りたい人に伝える」ような雑誌である。文化のなかでも、絵で見るものは紙面に入れられるが、音や踊りを伝える紙面づくりは難しかったという。

　取材にもとづく各号の特集は、奄美の文化の紹介でもあり、苦労して集めた写真や記録的な価値のある記事が盛りだくさんの構成となっている。執筆者も、第1号から、著名な民俗写真家である芳賀日出男をはじめ島の知識人が記事を並べ、当初から文化的な価値の高い冊子であった。特集号からもわかるように、内容は自然から文化・人・歴史まで多岐にわたっている。

『ホライゾン』の特集一覧（特集や表紙に列挙されたコピーの数々）
VOL.1：古代の奄美が語りはじめた
VOL.2：海中の異星人を追って
VOL.3：島を詩う、謳う、唄う
VOL.4：ユンヌ。とーとぅがなし／田中一村が愛した奄美の植物たち
VOL.5：アンダーグランド・パラダイスへ／奄美新民謡ラプソディ
VOL.6：ヤポネシアのざわめき／奄美群島バードウォッチング入門
VOL.7：アウトドア特集　奄美マングローブ大紀行
VOL.8：奄美群島郷土芸能大全　島々の祭りに酔う
VOL.9：森と海の不思議な生物たち

VOL.10：奄美・シマ唄の世界へ
VOL.11：サーファーたちの海・奄美
VOL.12：奄美古代王国はあったか／黒糖焼酎ものがたり
VOL.13：アマミアン・サンセットに染まる／ハブ博士、奄美の森をゆく
VOL.14：加計呂麻島・ゆめ案内／森の守り神 巨樹は語る
VOL.15：奄美の天と地を染め織る／奄美魂・熱いこころが走る島
VOL.16：島々を描いた文学・歌遊びの魅力 三味線は語る／奄美のフルーツ大特集
VOL.17：ネリヤカナヤの見える海／蘇れ、思い出のあの日、この歌
VOL.18：奄美を彩る 四季の花々／写真が語る素顔の奄美 駆け抜けた熱い風たち
VOL.19：郷土料理をみしょれ／奄美・島々の天地創造
VOL.20：蝶の舞う島々／ノロの祈り／特産品の歴史を語る
VOL.21：沖永良部の旅
VOL.22：奄美のおいしい魚たち／ごまの威力／歌うことは生きること／喜界島の旅
VOL.23：奄美の森に生きる／与論島の旅
VOL.24：メッセージ of 島ンチュ／徳之島の旅
VOL.25：奄美の水中世界へ／お取り寄せ情報／奄美大島〈北部〉の旅
VOL.26：奄美のクロマグロ、空を飛ぶ／特攻花の咲く島で／奄美大島〈南部〉の旅
VOL.27：画家・田中一村と奄美／奄美芋いも賛歌／芭蕉布を創る
VOL.28：宇宙を感じる島・奄美／島を遊ぼう
VOL.29：太陽と月に抱かれる島・奄美／黒糖焼酎・蔵巡り
VOL.30：奄美諸島・歴史入門
VOL.31：Iターン・旅ンチュ特集／奄美の貝ものがたり
VOL.32：ウミガメの島々／聖なる歌の島・奄美
VOL.33：島々の妖怪大全／奄美群島のパワースポット
VOL.34：聖なる奄美の踊り／黒糖焼酎のおいしい飲み方
VOL.35：ミステリアスな鳥たち／相撲の奄美文化論
VOL.36：奄美の海・再発見／奄美に平家落人は来たか！？

VOL.37：奄美のカトリック教会を訪ねて／船で行く奄美新発見と出会い旅
VOL.38：米軍政下の奄美／奄美ゼミの魅力
VOL.39：奄美の行事食／戦争遺跡は何を語るのか
VOL.40：中新世の方舟にのって／奄美の民話・世界の民話／さよならホライゾン

写真：『ホライゾン』VOL.40 終刊号の表紙
（提供：ホライゾン編集室）

　ホライゾン編集室は単独事業というよりも、ホームページの入り口が「エアポートＴＶネットワークジャパン」（※空港におけるモニターＴＶによる映像広告媒体事業）となっており、メニューには浜田太写真事務所なども並ぶ。またアマミノクロウサギやリュウキュウコノハズクなどのぬいぐるみグッズの販売なども手がけており、奄美の情報を発信する広告企画のファミリー企業である。ちなみに、2009年版の『奄美群島観光ガイドブック』の発行も「エアポートＴＶネットワークジャパン／ホライゾン編集室」となっている。このように『ホライゾン』は、地元出身の写真家男性と東京の出版社で編集の経験のある女性がパートナーとして協働したかたちで生まれ発展したメディア事業だった。

　繰り返すが、終刊になったとはいえ20年間にわたり奄美の自然・文化・人をビジュアル誌という形で表現してきた『ホライゾン』という雑誌があったことは、奄美の記録としても意義深い。寄稿された記事の数々は、最初の狙いどおり奄美を深く学ぼうとする者にとっての優れた入門書であるとともに、研究書とは違った意味での一次的な史料・記録として今後も参照に足る価値を持っている。

とりわけ特集コピー・記事、連載寄稿や写真の数々は、奄美のメディア表象（奄美イメージ）を研究するうえでは貴重な資料となろう。その点では、『ホライゾン』は、単なる情報誌やフリーペーパーとは異なる、ビジュアルでナラティブな島語りの雑誌であった。特集や連載として掲載されてきた写真や記事は、限られたスペースのなかに凝縮された現代奄美の証言である。

4節　奄美の出版メディア

●奄美出版社の始点：永井竜一と白塔社（赤羽王郎）

　島にも出版社がある。沖縄にはボーダーインク、石垣には南山社というよく知られている出版社があるが、奄美群島内には出版社らしい出版社はない。地元の有名書店である楠田書店や南海日日新聞社などが出版を手がけることもあるが、いわゆる編集部を抱えた出版社とは言えない。しかし島外には、奄美の本を集中的に出版する出版社がある。奄美の出版メディア史の生成と発展を追ってみよう。

　島に限らず地方における出版事業は、多くの場合郷土研究と結びついた郷土本であることが多い。明治以降の近世奄美の郷土研究と刊行物の歴史に関しては、郷土史家である東健一郎の詳細な研究『近代奄美の郷土研究』（2008）がある。東の研究によれば、明治に入り、鹿児島県勧業課の役人であった白野夏雲、大島支庁長の新能忠三、笹森儀助らによって調査報告書などの形で郷土資料が整備されている。

　永井竜一（※龍一の表記もある）は、そうした歴史的な資料を公刊するという出版メディア事業を意識的に行った最初の人物であり、奄美の出版事業史の始点に位置する。永井は、郷土資料の収集と頒布によって郷土研究に貢献した。

　『大島喜界島代官記』（1932）に始まり、『南島雑話』（正編・補遺篇）（1933、昭和8）、白野夏雲の『七島問答』（1933）、『南島方面絵巻』（1934）などの貴重本をガリ版刷り（謄写刷）で次々と複写・出版している。永井は、後に北京の国立北京新民学院大学の教授となるが、1932（昭和7）年から1938（昭和13）年までの7年間に精力的に出版活動を展開した。

　永井竜一の郷土研究を詳細に研究した東健一郎は、その業績を3点にまとめ

ている。
　①代官記等の編纂
　②都成植義著『奄美史談話』、同『南島語及文学』の発行
　③『南島雑話』の編纂

　永井竜一は名瀬で生まれ育ち、明治・大正・昭和の変動期に、奄美教育界の現場で、そして視学と言う役職で奄美教育界の重鎮として活躍した。その永井が精力的な歴史・民俗研究の資料収集と出版活動をしたのは、鹿児島での鶴嶺高等女学校に赴任した1931（昭和6）年以降である。この鶴嶺高等女学校に赴任した時期、とりわけ1932（昭和7）年と翌年に集中的に郷土史料の編纂を行っている。

　これらの本は、白塔社から発行されている。白塔社は、信州白樺派の教育者の中の異才といわれた赤羽王郎が1932（昭和7）年に鹿児島市内で興した事業である。信州生まれの赤羽は、偶然ともいえる縁で奄美を訪問し、そして職を求めるなかで視学であった永井と出会う。偶然から始まった出会いであったが、この放浪の教師はその後何度か教育者として奄美の教壇に立つなど奄美と深い関わりをもった。赤羽は永井の鹿児島転勤を追うように奄美から鹿児島に移り、やがて鹿児島の女性と結婚し教員として勤める一方で出版事業を手がけたのである。

　赤羽は、出版事業が軌道にのるや1933年8月には故郷の信州にもどり松本白塔社を設立している。つまり赤羽は、

写真：白塔社版『南島雑話』の表紙
※永井竜一と赤羽王郎の偉業である。

鹿児島在住の1932年の春から1933年夏までの短い期間、「帝展（現、日展）工芸部門の入選疑いなし」と評された謄写技術をもとに謄写印刷の白塔社を立ち上げ、『南島雑話』をはじめとする数冊の復刻本と『子供新聞』を発行したことになる。

こうした経緯は、永井の側からの物語は、東健一郎の研究によって、そして赤羽の側からの物語は、今井信雄の『この道を往く 漂泊の教師赤羽王郎』（1988）に詳しく描かれている。

信州白樺派教師たちが教育実践のなかで身体化していた謄写印刷というメディア技術が、不思議な運命の出会いを通じてたまたま鹿児島の地で奄美郷土史料の出版という形となって結実した。永井と赤羽の出会いの物語は、奄美の出版メディア史上の興味深いエピソードのひとつである。

> 永井氏は、優れた教育者であると共に謄写技術を得意とする懇意な赤羽氏に『南島雑話』（正編、補遺篇）の発行を依頼して、宿望を果たしたのであった。赤羽氏の係わる奄美関係の発行文献は大庭秀景著『奄美大島植物誌』を加えて三冊となる。（東健一郎、2008、59頁）

> 『南島雑話』は三二九頁、『南島雑話補遺篇』が一七八頁の大冊で、いずれもさし絵がふんだんに挿入された和本である。王郎が松本へ移り住む直前に完成した。……原本の在りかを探し始めた永井竜一は、十四年後に部分的に割愛してある写本を手に入れ、その不備を補って刊行したのが、上記の二書である。（今井信雄、1998、193-194頁）

また、1936（昭和11）年には鹿児島民俗研究会が発足している。この時期は、昇曙夢や伊波普猷（※当時、沖縄県立図書館長）らの南島研究が盛んになる時期でもあった。永井竜一は、昇とはかなり文通もしていたという。また永井は、1934年に専門家21名で行われた十島探検隊による「十島、奄美の調査」の案内役なども務めている。このように、多くの郷土・民俗研究家との交流のなかで多産な南島史料編纂や著作が生まれたといえる。永井は、研究者でありつつ、その執筆を自ら出版するメディア事業者としても活躍したことになる。

写真:『南島雑話』の最初のページ
※謄写印刷、いわゆるガリ版刷りである。

●活動家・藤井勇夫と道の島社

　復帰後の奄美では、藤井勇夫(1943〜2004)が立ち上げた「道の島社」(鹿児島市)が、1980年代前半に何冊もの奄美関係本を出版している。藤井は、東洋大学の全共闘運動のリーダーとなり新宿騒乱(1968)の7人の被告の一人でもある。全共闘運動や住民運動の闘士として全国的に知られた人物であり、刑務所の中で身につけた写植技術を活かして鹿児島でも写植屋を営み、その後立ち上げたのが道の島社である(※故人であることから、親友であった前平彰信氏に取材。2016.9.14)。

　道の島社から、『シマヌジュリ：奄美の食べものと料理法』(南日本出版文化賞)(1980)に始まり、『えらぶの古習俗』(1981)、『ごまめの歯ぎしり』(1981)、『奄美文化の源流を慕って』(1982)、池野夢風の『奄美島唄集成』(1983)、

『わたしにもゆめがあるんですか』（1985）、南日本新聞社編著『アダンの画帖：田中一村伝』（1986）など優れた書籍を集中して出版している。出版物の発行年をみる限り、道の島社の活動は、1980年（37歳）から1986年（43歳）までの6年間ということになる。

　経営の才能が十分ではなかった藤井は、結局出版事業に失敗したのち、奄美大島に帰り故郷の笠利で郷土料理店を開いている。永井竜一が戦前の出版史の始点であるとすれば、藤井勇夫は、ある意味では現代奄美の出版事業の起点に位置する。

　藤井は東京にいた時から枝手久島をめぐる反対運動でも活躍し、鹿児島に戻ってからも九州の住民運動をまとめあげるような親分肌の社会運動家として知られていた。その影響力・存在感は、彼をめぐる新聞記事から読みとることができる。奄美で郷土本を扱っていることで知られている古書店『あまみ庵』店主の森本眞一郎氏は、南日本新聞に次のような追悼の文を寄せている。
（『南日本新聞』、2004.6.23）

　奄美大島の生まれ。東京では全共闘運動の中心的存在で、あだ名の「アマミ」は全国版だった。新宿騒乱の指導者として逮捕、投獄される。出獄後は鹿児島市に移り、九州各地の住民運動と連帯して、奄美大島の石油基地や、徳之島の核燃料再処理工場の反対運動を組織し、勝利に導いた。
　一方で、アニは「道の島社」を興し、名著を生んだ。『ごまめの歯ぎしり』『わたしにもゆめがあるんですか』などは、鹿児島県の環境や人権をテーマにした出版活動の先がけとなった。母親つゆさんのシマ料理の本『シマヌジュウリ』は、南日本出版文化賞に輝いた。アニを地域出版の先達と仰ぐ南方新社の向原祥隆さんは、祭壇に報告した。「藤井さんのような人はもう出ないでしょう」。『えらぶの古習俗』『奄美の四季と植物考』『奄美島唄集成』『奄美文化の源流を慕って』……アニは地域固有の文化を照らしつづけた。『アダンの画帖』（南日本新聞社編）では、無名の田中一村にも光をあてた。しかし、一村の画集出版などに失敗して倒産。家族は離散し、路頭に迷った。奄美（シマ）に還り、「島じゅうり亭」を開業。過疎ジマの区長として、Iターン者を歓迎し奄美を全国に発信した。

朝日新聞のIターン者の住まいを紹介した「『強い自然』の中、自分を再生」の記事の中で、藤井は郷土料理店を営む、Iターン者への土地の貸し主として登場している。

> 　18歳で島を出て、東京へ。学生運動に明け暮れ、大学は2年ほどで中退し、東京や鹿児島で反公害闘争などに取り組んだ。「住む場所や家にこだわるのは小市民的だと、断固、拒否していたけど」。鹿児島で出版事業に失敗。借金を抱え、妻子に去られ、生きる気力をなくした。島に帰ったのが40歳すぎ。金の有無や利害に関係なく接してくれる友人がありがたかった。「土地の持つ力というか、共同体の力というのかなあ、それで生かされていたと感じた。」（朝日新聞朝刊、2004.1.10）

　この他の出版社では、東京の根元書房（本店）があり、奄美叢書を出している。奄美図書館（鹿児島県立図書館・奄美図書館）の蔵書リストでは、1976年から1985年にかけて15冊ほどの奄美関係、奄美関係者の書籍を発行している。奄美の詩人・郷土研究家である藤井令一も、詩集『女影』を奄美叢書として1982年に出版している。奄美島唄研究の第一人者である小川学夫も、1981年に奄美叢書として『奄美の島唄　その世界と系譜』を出している。この他にも島外に様々な出版社が存在し、奄美内で個人的に本を出す際には、地元の印刷業である広報社などが使われてきた。

●詩人・作井満と海風社
　現在の奄美に関する出版の双璧は、なんといっても100冊近くの南島叢書を刊行し続けている「海風社」（大阪市）と、藤井勇夫を先達と仰ぐ向原祥隆（1957～）が立ち上げた「南方新社」（鹿児島市）である。この2社は、奄美本といえるさまざまな学術書や一般書を次々に出版し続けてきている。こうした出版社があることが、「奄美学」を標榜するほどの知的な文化の裾野を拡大させ続けている。奄美を対象にこれだけの出版数を誇る出版社が2社（海風社・南方新社）もあること。それは奄美にとって幸せなことだ。

詩人でもあり全共闘世代に属する故作井満（1934～2003）が、34歳の時（1981年）に立ち上げたのが海風社である。作井は編集プロダクションを立ち上げた後に、奄美関係の書籍を出版するために海風社を設立したのである。海風社の偉業は、なんといっても「南島叢書」（1982～）の刊行である。それ以外にも、『月刊南島』（1987～）も出版していた。作井は思想的信念と意思、そして優れた企画力をもって奄美の書籍を事業として次々に出版した。
　南島叢書の最後のページに掲載された「〈南島叢書〉刊行に際して」で、作井は自身の企画意図を次のように表明した。

　今日の出版・文化状況に欠落しているものは何か。明治百年の近代に限っていえば、それは、明らかに被抑圧者側からの真実の声を不当に封殺したまま埋もれつづけさせたことです。……近代的な日本語文脈がとりのこしてきた闇の領域です。……南島への関心が高まりつつある今日、〈南島叢書〉は、多くの読み手と共に、さまざまな問題を根源的な方向に深めていきたいと考えています。中央志向でもなく、無自覚的な郷土礼賛でもなく、日本的な近代文脈が果たしえなかった南島の位置づけを求めて、独自の発想と新鮮な企画で、多くのすぐれた図書を刊行していきます。ご愛読ください。　（作井満、1982）

　南島叢書前期50巻は、1989年に沖縄タイムス出版文化賞を受賞している。また国書刊行会から出版されている「沖縄文学全集」も企画・編集は海風社である。
　1993年に作井自身が書いたエッセー「南島叢書と私」では、奄美・沖縄・宮古・八重山の4領域に関わる南島叢書について、「思想的根拠としての南島的出版」として次のように語っている。

　日本の文化を考えるとき、固定的なヒエラルキーにこり固まった発想ではなく地方や下部構造からの、これまで不当におとしこめられていた底辺や辺境からの逆攻にも似たまなざしが取り込まれていくようになれば、ささやかな試みであれ私たちの実験もそれなりに意味をもったということができます。　（作井満、1993）

作井自身も明らかにしているが、南島叢書の仕掛け人の一人は、当時琉球大学助教授だった関根賢司である。関根との交流を通じて、作井の視野は奄美を超えて南島に拡がった。

　南島叢書には、安達征一郎（※今村昌平の映画『神々の深き欲望』の原作作家といわれる）、『祭りの海・前・後編』、恵原義盛『奄美のケンモン』、小川学夫他『奄美と六調をめぐって』、長田須磨『わが奄美』、武下和平・清眞人『唄者武下和平のシマ唄語り』など貴重で優れた著作が並ぶ。作井は55歳の若さで病に倒れるが、海風社の事業は夫人の作井文子氏に引き継がれて奄美に関する書籍の刊行が続いている。

●奄美の島語りを媒介する：向原祥隆と南方新社

　「南方新社」は、東京で広告・出版関係の仕事に携わっていた向原祥隆氏が1994年に立ち上げた地方出版社である。創設10周年には自社の10年を振り返る記念書籍『地域と出版』（2004）を出版し、南方新社をたちあげた経緯や初期の出版物について詳細に紹介している。もともと大学時代に学生新聞を経験していた向原氏が、東京の広告出版会社勤めを経て地元鹿児島に帰って創設したのが南方新社である。

> 　社名の「南方新社」は、いまさら日本の中央を見ることはやめよう。むしろずっと太古から海の道を通じて交流のあった南を向いて行こうという意思表示であった。……あえて「新社」と名づけたのは、この地が新しく生まれ変わることに同伴したいという願いからである。（向原祥隆、2004、24-25頁）

　向原氏を貫くのは、開発・原発・農薬汚染に象徴される文明批判であり、地域の自立への志向であり、地域の文化へのまなざしという歴史意識である。とりわけ中央の権力に占領され組み込まれてきた南九州・鹿児島の先住民である隼人や奄美への深い共感である。また、小学生時代を徳之島で過ごした氏は奄美へのこだわりも強い。つねに鹿児島・奄美と併記する記述にも彼の思想が伺える。

　最初の出版は会社設立2年目の1995年に出した『滅びゆく鹿児島』である。

この本には、さまざまな角度から鹿児島・奄美の社会問題を検証した12本の論考が掲載されている。奄美に関しては、「蘇れ、奄美の英雄」（籾芳晴）と「奄美　自立への試論」（前利潔）の2本の論考が寄せられている。

それ以後、『奄美、もっと知りたい』（1997）、『聖堂の日の丸』（1999）、『それぞれの奄美論・50』（2001）、『全記録』（2003）など初期の10年ですでに30冊あまりの奄美関係の本を精力的に出版している。南方新社は、その後も次々に奄美関係の本を驚くべきペースで出版し続けているが、そこには向原氏の出版人としての優れた目利きと営業力に加えて、奄美への深い思いがある。

> それ（薩摩・琉球の支配）以前は、誰の支配を受けることのないのどかな風景が思い浮かぶ。望んで日本になったわけではない以上、それ以前の日本ではなかった時代に返るという選択肢もあっていい。国を離れることを考えるのは実に愉快なことである。……奄美が日本である必然性はなかったし、ましてや鹿児島県である理由もなかった。ただ力によって無理やり組み込まれたのである。奄美の人口は十三万人。世界には数万人の国だってある。いずれ奄美が独立する日が来てもおかしくはないと、私はまじめに思っている。（向原祥隆、2004、60-61頁）

向原氏は奄美について、「奄美はほんとひとつの国ですよ。国としての意識が高いし、本に対する需要も高い……」と語る。それは長く鹿児島と奄美を見続けてきた実感でもあり洞察でもある。興味深いのは、誰が本を執筆し、誰が読むかということだ。氏は、学者だけではなく奄美の普通の人びとが本を書く意識の高さと、本に対する需要の高さを指摘する（取材：2011.3.11）。

学校の教員が10年間研究して本を出す。新聞記者、普通のサラリーマン、おばちゃん、タクシーの運転手が本を出す。そうした奄美関係の本は奄美群島内や奄美出身者・奄美に興味ある人びとに売れる（※空港売店の書籍コーナーは、奄美本販売の重要な場所のひとつだ）。ひとり当たりの、本の消費量が違うからだ。向原氏はそうした普通の人びとの出版のエネルギーのすごさを指摘する。奄美の人たちの自己語りのパワー、そして自己の歴史・社会・文化への関心の高さ。「奄美の人が本を出し、奄美の人が読む」、そうした自産自消と

いえる奄美の自己語りの循環がある。その循環には、出版社という媒介者が必要である。南方新社は、まさしく奄美語りの循環を支える〈文化媒介者〉である。

5節　小括：かたる・つながる・つくる・ひろがる

●再び：〈奄美から始めるメディア学〉の必要性について

　何度も繰り返すが、奄美は島語りメディアに満ちた島である。島語りメディアをめぐる理論的考察は、6章で改めて展開する。1章から5章は、その具体的な実証編にあたる。1章の歴史・印刷メディア編のあとは、2章放送メディア・ビジュアルメディア編、さらに3章島外メディア編、そして4章ラジオ局編、5章音楽メディア・ネット編へと俯瞰図を拡張していく。

　序章でも書いたが、奄美に準拠して始めた「ある特定の地域のメディアを俯瞰する」という研究が目指しているのは、奄美を知るということとともに、これまでの地域メディアをめぐる研究の拡張である。具体的には、従来の研究に対する以下のような"問い"から始まっている。

①地域メディアの新しい種類探しとその類型図づくりという従来の枠をどう超えるのか？
②先進事例探しとその紹介を記述するという水準をどう超えるのか？
③市民メディア論という理想から事例を裁断するという排他性をどう超えるのか？
④市民メディア実践のような、主宰者の手のひらの上のメディア（主宰者の自己メディア）づくりに過ぎないような臨界をどう超えるのか？

　これまでの地域メディアや市民メディアの研究は、地域メディアという固有メディアを求め、そこにマスコミとは別の理想を付託し、さらにその類型学に終始してきた側面がある。市民メディア論に多い、研究者・運動家の勝手な理想を地域実践にフィルターとして被せ、"ボランティア多用の放送局だからすばらしい"といった美談を情緒的に語るのもあまりに乱暴で単純な議論である。あるモデルの過剰な美化はそれに沿わない実践の排他につながる。そして、理想のケーブルテレビ、理想のコミュニティＦＭ探しの旅が続くことにな

る。

　こうした研究や実践が、過剰なまでにアンチ・マスコミ型モデルを追求するのは結局はマスメディア研究のフレームから抜け出せないことの反映でもあるからだ。そのことを指摘する研究も皆無に近い。

　メディアは地域の中で、地域の人びとの思いと手腕で生成し発展する。研究者の理想のモデルのために自生するのではない。坂田謙司は、『「声」の有線メディア史』（2005）で、有線放送電話を対象にそうしたメディアが沸き上がる物語を、「自主メディア」という視点から描いてみせた。地域からの内発的なメディアの胎動とメディアの生涯に着目する坂田の研究は、地域メディア学の数少ない貴重な成果である。

　序章で、地域の〈地域メディアの総過程〉と〈表出の螺旋〉という理論モデルを提起した。奄美では、これまで、そして今日、いかほどのメディアが生み出され、どのように関係し合い、互いに準拠・相乗化しながら奄美の物語を紡いできたのだろうか。情報メディアを使って語るだけではなく、その語りをイベント事業や伝承教室という形に拡張することによって、地域の文化を伝承し創生してきたのだろうか。

　メディアは文化を語り、文化を創る装置でもある。このメディアという装置に着目する研究の最大のメリットは、奄美の文化の本物をめぐる議論（※ほんとうの奄美文化とは何か）から距離をおくことができる点にある。メディア研究は、文化の内容ではなく文化を語ってきた媒体やそれを担う人を視野に入れる研究である。〈地域のメディア〉研究は、とりわけ社会背景・文化背景とのかかわりのなかでそのメディア実践を読み解いていくことを目指している。1章では、歴史・印刷メディアに焦点を当てて奄美における文化装置の俯瞰図を描くことを試みてみた。[1]

●四つの"発見"：〈かたる〉〈つながる〉〈つくる〉〈ひろがる〉

　1章の小括として〈地域のメディア〉の四つの特性を列挙しておこう。図式化できないほどに抽象度が低いのだが、文字通りフィールドとの対話のなかから"発見"されてきた特性ではある。わかりやすく、〈かたる〉〈つながる〉〈つくる〉〈ひろがる〉と表現しておく。

(1) 〈かたる：地域のメディアには、島語りの位相がある〉

　島語りの裾野は、マスメディアからウェブ媒体に至る情報メディア（※いわゆる媒体）事業による直接的な島語りもあれば、文化活動による間接的な島語りもある。両者は密接に結びついて地域の文化を継承し創生していく。その担い手である〈文化媒介者〉には、メディア事業者もいれば、文化事業者もいる。

　本書自体は、そのうちの情報メディアによる直接的島語りを扱っている。さらに1章は、歴史・印刷メディアによる直接的島語りである。

　そして、そうした直接的島語りの場合にも、情報の内実には四つの次元がある。①ストーリー次元、②エピソード次元、③表象（シンボル）次元、④素材次元である。

　印刷メディアの場合にも、ストーリー性の高い奄美学を標榜する学術書もあれば、あるいはエピソード集のような奄美紹介本もある。そして『ホライゾン』のような読みごたえのある観光冊子から、『奄美大島探検図』のようなIターン者にも役立つ地域情報紙、そして『奄美夢島』のような比較的お店の紹介に徹した実際に役に立つフリーペーパーといった具合に情報内容の位相はさまざまだ。

　思想空間からメディア空間まで、ストーリー性の高い印刷物から素材の配列に近い物語まで幅はあるが、重要なのはそうした多様な島語りが相互に準拠・

1-2：島語りの情報位相

情報次元	説明	番組・記号例
a. ストーリー次元	奄美に関する著作 奄美をテーマにした番組	『奄美学』『奄美大島物語』 放送ディ！学（ラジオ）
b. エピソード次元	生活のよもやま記事 イベントの報道、お店の取材	新聞の日々の記事 生活ワイド番組の情報 「ナキャワキャ島自慢」（ラジオ） 「やんごでGO」（テレビ）
d. 象徴（シンボル）次元	奄美を象徴するようなシンボル（言葉・図像）	おがみ山・平瀬マンカイ ショチョガマ・奄美民謡大賞・屋仁川
d. 素材次元	新聞記事、放送内容のなかに出てくる奄美に関する一般的なデータ	地名、店名、特産物 イベント案内、ニュース 告別式、、空の便、海の便

※もちろん、各次元の境界は、かなり流動的である。例えば、素材次元の地名や店名・商品名も、やはりそれぞれ象徴的な記号なのであり、両者の区分はかなり曖昧で流動的である。

参照し合いながら〈地域メディアの総過程〉のうねりとなって、奄美語りの渦をつくっていることだ。そうした生成と発展の渦が〈表出の螺旋〉のプロセスである。

(2) 〈つながる：地域のメディアは、多様なベクトルで人と交叉する〉

メディアは〈情報を集め・加工し・発信する〉事業である。その情報事業には発信する方向＝ベクトルがある。つまり、誰が誰に向かって情報の流れを作っているのかということである。その情報の流れは、地産地消という閉じた単純モデルだけではない。島と島外とのつながり＝ネットワークは開かれている。その開放形のネットワークのなかで、メディアが生成し発展する。

それは、メディアによる情報の発信と消費の回路が、島内・島外で交叉している場合もあれば、そのメディア事業そのものに島の人と島外の人が交叉することでもある。そうしたつながりは、場合によっては〈マスメディアとの接合・共振の回路〉として交叉している。〈地域のメディア〉とマスメディアは、対抗的・断絶的というよりも、連続的な関係にあることの方が多いのである。

例えば、奄美の地元新聞は島外の情報と島内の情報の複合で成り立っている。通信社や他の全国紙とも提携し東京・鹿児島に支局も置いている。島内には、全国紙・全国放送の支局や記者もいる。奄美のニュースは、奄美の人びとだけに地産地消されるわけではない。テレビ放送ならなおさら、そうした島外にある情報メディアを介して島の人びとに島の情報が届けられる。

フリーペーパーも、島内者向けと観光に来た島外者向けとに単純には分けられない。『奄美夢島』は基本は観光客向けではあるが、島内の人達にも必要とされている。『ｍａｃｈｉ-ｉｒｏ』も、地元商店街だけのタウン誌だけではない性格も持ち出している。それらの冊子媒体は、ウェブ版として公開されることで、なおさら島外者からもアクセスが増えてきている。

〈地域のメディア〉は、主に地域に暮らす人びとにとってのメディアでありつつ、地域に関心ある人びとに開かれたメディアである。人は島内・島外に住んでいるかを問わず、奄美というテーマで繋がる。「地域とはテーマ（関心）である」からだ。[2]

〈情報を集め・加工し・発信する〉ことを基本型にしたメディア事業と発信された情報を受け取る人びととの関係もコミュニケーションである。〈地域のメディア〉は、地域内の人びととのコミュニケーションを形成するとともに、地域外の人とのコミュニケーションのうえにも成立している。既に指摘したように、奄美の場合には、島外に出身者の郷土コミュニティが郷友会や卒業学校ネットワークなど多層に成立していて、島内・島外が楕円的なコミュニケーション構造をもっている。さらに奄美に関心のある人を加えれば、メディアを媒介にしたつながりは多層となる。

　〈地域メディアの総過程〉や〈表出の螺旋〉といった理論モデルは、そうした多層な情報コミュニケーションの流れを照らし出す戦略概念でもある。この点も6章で再考する。

(3) 〈つくる：地域のメディアは、文化の創生と結びついている〉

　この章では、いわゆる媒体としての情報メディアの俯瞰図に焦点を当ててきた。しかし、いま奄美でおこっていることは、奄美固有の伝統的な民俗文化自体が、〈メディア媒介的展開〉を遂げつつあるという現代的な文化変容の姿である。極論すれば、民俗文化も現代メディア文化のひとつとして継承・創生されつつある。この〈メディア媒介的展開〉は、奄美島唄の変容を見据えながら考案されたキー概念である。

　ただ、音楽メディアだけではなく活字メディアである新聞メディアも、そこに大きくかかわっている。具体的な事例は5章で取り扱うが、奄美の島唄の伝承・創生は、南海日日新聞社主催の文化事業である「奄美民謡大賞」抜きには語れない。もちろん、伝承・創生に力を注いできたアクターは新聞社だけではないが、その大会が奄美島唄の登竜門となっていることは否めない。

　スポーツ大会の振興もまた新聞社抜きには語れない。奄美の文化は、島唄に象徴されてしまうが、奄美の人びとは独特の身体能力の高さがある。腰から下のバネの力を必要とするようなバレー、野球、体操などが得意だと言われている。うた文化もひとつの身体表現文化であるが、こうした身体文化というひろい視点から奄美の文化を見ることもできよう。新聞社によるスポーツ大会主催は、そうした身体表現の文化に形を与える役割を担っているのである。メディ

アは直接・間接に文化をつくる。メディアのコンテンツ自体もひとつの文化であるが、文化活動を媒介すること、〈文化媒介者〉となることで他者の表現活動をより形のあるものへと創生していく。それもまたメディアの特性である。

(4) 〈ひろがる：地域のメディアは、事業を拡張する可能性をもっている〉

　(3)の〈つくる〉で述べたような身体表現活動にジャンルや制度を与えることは、イベント事業を通じて展開される。それは、送り手と受け手をつなぐ事業の拡張である。拡張というのは、メディアにはコンテンツをつくる事業、つまり紙面をつくる、雑誌をつくる、本をつくる、放送番組をつくる事業にとどまらず、人と人をつないでいく側面があるということである。

　その代表例がイベント事業であろう。

　それだけではなく、取材を通じた人ネットワークづくりのプロセスのなかでは、新聞や雑誌、書籍そして放送の事業者は、キーパーソンとしてそのネットワークの結節点になっていく。メディアはコンテンツづくりだけを意味しない。島に住む人、島に来る人、島に関心ある人、そうした人びとをつないでいくキーパーソンとしても〈文化媒介者〉なのである。人為的な場ではなく、ある意味で自然に派生するコミュニケーションの渦の結節点となるのもメディアである。新聞を筆頭に、メディア事業をしているということが、メディア内容を超えたメッセージ性をもつ。それはメディア事業者（アクター）であること自体のメッセージ性であろう。

※　　　　　　※　　　　　　※

　〈地域のメディア〉は、情報コンテンツだけではない特性をもっていることを四点指摘した。〈かたる〉〈つながる〉〈つくる〉〈ひろがる〉である。

　このような特性を視野にいれれば、〈地域メディアの総過程〉や〈表出の螺旋〉も、情報の流れの次元だけでないひろがりをもつことがわかる。人と人のつながりや、事業・イベントのつながり、〈地域メディアの総過程〉はそうしたひろがりをもつ理論モデルである。

　そして〈表出の螺旋〉も、情報の〈収集・加工・発信〉といった次元だけではなく、イベントも含めてメディア事業の企画実践の総体を含む、さらには文化活動へのひろがりをもつ理論モデルとして理解していく必要がある。そうし

た視野に立つことで、ケーブルテレビ・コミュニティＦＭといった業種に準拠した地域メディアの類型学や、理想的モデル探しや規範軸による裁定といった排他的メディア論を超えていくことができる。

2章以降で奄美の様々なメディアを俯瞰した後に、6章で、こうした特性も含めて再び〈地域のメディア学〉の理論フレームを再考したい。

■注
1) 文化装置、物語装置について：これらの概念については資料Aで改めて定義する。
2) 地域概念について：〈地域とはテーマ（関心）である〉と書いた。地域の定義については「資料A本書の理論的背景」で取り扱うが、本章の補足として地域の概念について若干説明を加えておこう。

地域は地理的範域だけではなく、コンテクストがあるところに成立する。自己による意味付与があれば地域は成立する。これを意味的な文脈ということで〈自己コンテクスト性〉と名づけた。〈自己コンテクスト性〉は、関心、意味付与から生まれる。だから、〈地域はテーマ（関心）〉なのである。

地域に住んでいる人びとにとっては、〈素朴実感的リアリティ〉、つまり地域が自明のものでありすぎるので、テーマ（関心）だとは映らない。逆にいえば、住民でなくても、テーマ（関心）とする人びとにとって地域＝〈奄美コンテクスト〉は成立する。地域は、そしてそうした関心・テーマの次元で地域の人びとにとっても、地元外の人びとにとっても成立するのである。ネット社会の情報とコミュニケーションの拡大・拡散は、そうしたテーマとしての地域を急速に実質化してきている。

奄美外の鹿児島や大阪に所在地をおく南方新社や海風社といった出版社も、テーマ（関心）に基づいているので奄美の〈地域のメディア〉として位置づけられる。もちろん、そうした出版社の事業は、奄美関連本だけを出して事業をしているわけではないことも留意しておく必要がある。

ほんの少し、地域のメディアの特性をみただけでも、地域の中でのメディアの生態は多層的で複合的である。こうした視点からも、ケーブルテレビ、コミュニティＦＭなどメディアの種類による類型学としての地域メディア論ではなく、メディアのダイナミックな生態に視野を広げられる〈地域メディア総過程〉や〈表出の螺旋〉の理論モデルが必要になってくるのである。

※付記
・新聞の歴史や現況については奄美の新聞業界に長く関わっておられた邦富則氏に、出版の歴史については南方新社社長の向原祥隆氏に教えていただくことが多かった。記して感謝としたい。

2章　奄美のメディア：
　　　テレビ・ビジュアルメディア編

1節　テレビ時代の到来とテレビ事業のひろがり

●テレビ時代の到来

　戦後の奄美の中で、1953年の日本復帰に次ぐ記憶に残る年のひとつが1963年（昭和38年）である。復帰10周年のこの年、奄美でもテレビ放送が始まった。そのテレビと深く結びついた大衆歌謡の世界では、田端義男が歌った「島育ち」と三沢あけみの「島のブルース」、そして朝丘雪路が歌う「永良部百合の花」の3曲の奄美を舞台にした曲が第14回NHK紅白歌合戦（1963.12.31）で流れ、島の人びとの記憶に深く刻まれることになった。

　1963年の地元新聞には、テレビ関係の記事が多くみられる。南海日日新聞の紙面にその盛り上がりの様子を追ってみよう。

2月6日：「"テレビ商戦"活発化　早くも七百台予約？」という見出しのもと、数台のテレビが見本用として届いたことが報じられている。販売業者が二倍に増え、大手家電メーカーからの宣伝員やセールスマンの到着など、販売が混戦模様となりそうなことや、遺族生協、学校関係者生協などでは20カ月から30カ月の月賦販売の仕組みを整えていることなども詳細に紹介している。
6月9日：6月に入ると、NHKの試験放送（6月8日）に興奮する人びとの様子を次のように伝えている。

〈初の番組放送にわく　待ちこがれたテレビ　今日も試験的に〉
　午前十時これまでのテスト・パターンにかわってニュース、ついで法律相談室、科学時代などの番組が放送され、町の電気屋さんや家庭のテレビの前はたちまち黒山の人だかり。……午後五時から再び番組が中継放送され、こどもニュースやマンガがこどもたちの人気をさらったが、はじめてテレビをみる人も多く、町の電気屋さんや家庭のテレビの前はテレビの話で持ち切りだった。同夜は「プロ野球ナイター」が放送されるとあってNHK中継所にはこのままぜひ続けてほしいという電話が殺到、係の職員は断るのにてんてこ舞いだった。（南海日日新聞：1963.6.9、〈　〉は見出し）

　6月10日：開局の日は、「復帰十周年　待望のテレビきょう開局　はなやかに祝賀式典」の見出しで記事が掲載された。ただ、この段階では総合放送のみが開局したということで、教育放送の開始はマイクロウェーブ回線ができた9月からである。
　開局式以外にも、午後から桟橋前広場を出発して、約一時間にわたって市内の目抜き通りを関係機関の自動車約50台が行進することを報じている。昭和30年代半ばのテレビの普及期は、街頭テレビ体験も含めて日本中がテレビを熱狂的に受容した時期である。なかでも国民が熱狂して見入った皇太子ご成婚パレードのテレビ中継は、1959年4月10日である。それから遅れること4年、奄美に「本土並み」の放送メディアが入ってきたことになる。
　6月11日：開局の翌日の南海日日新聞は、テレビ開局祝賀行事にわく名瀬の様子を次のように語っている。

〈これで本土なみ　開局式典　関係者の努力たとう〉
　祝電披露のあと祝宴に移ったが参加者は、「これでやっと本土並みになった。十年の遅れを一気にとりもどせる」と喜んでいた。（南海日日新聞：1963.6.11、〈　〉は見出し）

このころ名瀬には、「奄美映劇」「朝日館」「名瀬東映」「中央会館」の四つの映画館があり、新聞の広告欄にも映画の宣伝が大きなスペースを占めていた。6月9日のテレビ記事の下には、市内の映画館がテレビ放送を機にその影響を懸念して、洋画上映の割合を増やしたり人気映画のロングラン公演、ナイトショーの復活などの対策を練っているという記事も掲載されている。
　その年の年末には、MBC（南日本放送・東京放送系列）が民放として初の伝播テストも実施している。ただ奄美で民放が映るようになるのは、MBCとKTS（鹿児島テレビ放送・フジテレビ系列）が本放送を開始する1976年まで待たねばならなかった。つまり奄美では13年間、NHKだけのテレビ生活をしていたことになる。KKB（鹿児島放送・テレビ朝日系列）は1989年、KYT（鹿児島讀賣テレビ・日本テレビ系列）は1996年に本放送を開始している[1]。
　NHKがテレビのカラー放送を開始したのは1960年である。その後1964年の東京オリンピックを経て、1971年10月に総合チャンネルの全放送時間のカラー化が実現している。その前年の大阪万博が開催された1970年がカラー化の時代といわれているので、奄美ではNHKがカラー化した後に民間放送が開始されたことになる。

●奄美のテレビ放送業界

　テレビ時代の到来は、やがて各地の地方都市で大都市のような民放のチャンネル数が欲しいというモアチャンネルの欲望や、さらに自分たちの町のテレビ局が欲しいという欲望と結びついて、地元ケーブルテレビ局開設の動きへと発展した。県庁所在地にしかないテレビ局を「おらが町」で開局することは、自前のテレビ番組を制作して放送できるということである。
　日本におけるケーブルテレビの定着は、a）難視聴対策の共同聴取施設から地方都市ケーブルテレビ開局、b）アメリカをモデルにした都市型ケーブルテレビの移入、c）農村の農事情報提供を目的とした公設型のケーブルテレビの開設という三つの流れの総体としてある。しかも、途中で、通信事業（インターネット・プロバイダや電話事業）を取り入れることで収益の多角化・安定化を図ることで定着してきた。ケーブルテレビもすでに国民全世帯の50％を超えて普及しているが、この普及が難視聴対策の社会的基盤となり、さらには地

上波デジタル放送の開始をスムーズに推し進めるのに大いに貢献したともいわれている。

今日ケーブルテレビといえば、b)のような、ジェイコム系や大阪・関西・東海といった大都市圏における大企業系列の多チャンネル放送局が一般的である。だが、a)の流れは日本のケーブルテレビの始発の風景として重要である。今日のように大都市・大規模な都市型ケーブルテレビ局が大きく成長する以前は、難視聴対策によって始まった有線テレビが、その共同聴取施設に自主チャンネルを加えることで、ゆっくりとではあるがケーブルテレビを普及させてきた。それが、町の電気屋さんなどによって生まれた再送信・モアチャンネル型の小規模ケーブルテレビ局である。

その後、アメリカの多チャンネルをモデルにした大資本・公的資金を投入しての都市型ケーブルテレビの開局が始まり、全体でのケーブル業界を飛躍的に拡大させてきたのが日本のケーブルテレビの発展の歴史である。

他方で、戦後に有線放送電話のような自主放送施設(最盛期2600施設)を開局してきた前史のある農村では、農水省関係の補助事業を使ったりしながら、有線放送電話の映像版ともいえる全戸加入型の有線テレビなども各地に登場してきた。これが、c)の流れである。

奄美群島でのケーブルテレビの開業は、民放が入って10年あまり経てからである。ちなみに現在の奄美で、映像コンテンツを制作できるおもな事業者は以下の六つである。①奄美テレビ(奄美大島・奄美市)、②瀬戸内ケーブルテレビ(奄美大島・瀬戸内町)、③コシマプロダクション(奄美大島・奄美市)、④浜田太写真事務所・エアポートＴＶネットワークジャパン(奄美大島・奄美市)、そして公営のケーブルテレビである、⑤天城町ユイの里テレビ(徳之島・天城町)、⑥和泊町有線テレビ＝サンサンテレビ(沖永良部島・和泊町)。奄美群島内だけで、これだけのテレビ・映像事業者が存在することは驚異的なことである。

留意しておかなければならない点は、奄美をめぐるテレビ事業者が、こうした島内のテレビ・映像メディア事業者という〈島内のまなざし〉から奄美を被写体としてフレーム化する事業者だけではないことだ。奄美にはＮＨＫ、鹿児島放送、鹿児島テレビ放送、南日本放送の支局や記者が在駐している。新

聞は南海日日新聞と奄美新聞という地元2紙が読まれているが、日常のテレビは、鹿児島からの放送が見られている。

　現在の奄美には、ＮＨＫに加えて鹿児島の南日本放送（ＭＢＣ／東京放送系列）、鹿児島テレビ放送（ＫＴＳ／フジテレビ系列）、鹿児島放送（ＫＫＢ／テレビ朝日系列）、鹿児島読売テレビ（ＫＹＴ／日本テレビ系列）の民放4局も放送されている。放送はされていないがテレビ東京系列の取材業務を担う映像プロダクションもある。これは、島内情報の発信・流通に関して、〈マスメディアとの接合・共振の回路〉があるということ、マスメディア経由で島内に再帰する回路があるということである。新聞もテレビもそれぞれそうした回路をもっている。

　ＮＨＫに加えて、民放の五つの局はそれぞれ島に固有の局員や業務契約の事業者を抱えているので、島から県域局やキー局への情報発信のルートはできているといえる。島にはテレビメディア関係者が何人も常駐しているのである。少し複雑なのは、こうした鹿児島や福岡・東京からの奄美報道は、〈島外からのまなざし〉にもとづくテレビ報道ではあるが、その内実では〈島内のまなざし〉を経由していることである。もちろん、島内出身の記者であってもカメラを向ける目線自体は、〈島外からのまなざし〉として対象をフレーム化しているかもしれない。こうした奄美報道の場合には、奄美を舞台にした映画などと異なり、両者のまなざしは相互浸透的であるともいえる。

　そうした相互浸透的な関係を通じて、鹿児島からのローカル報道のなかに、さらに本局・キー局から配信される報道のなかに、奄美発の映像ニュースが取り入れられる。奄美の映像ニュースは、基本的には鹿児島の放送局発という形で奄美の人に届くことになる。種子島・屋久島の場合には鹿児島市から直接取材が可能であるのに対して、遠方にある奄美の場合には、島にスタッフが常駐して鹿児島に奄美のニュース映像を送る必要がある。そのニュースが、奄美の人びとに環流してくる。つまり映像ニュースの場合には、ケーブルテレビのような地元で生産・消費される映像情報の流れもあれば、鹿児島県エリアでの映像情報の流れもある。〈マスメディアとの接合・共振の回路〉があるといっても、テレビと新聞ではかなり情報の回路が違うことになる。

　ＮＨＫの場合には、地元報道室に1人のスタッフ（前2代は島内出身者。現在

は島外出身者)がおり、報道室からニュース番組の企画が鹿児島の放送部にあがる形で事前打ち合わせが行われる。その後に取材し放送されるという流れになっている。ただニュース話題は、事前の相談過程があるとはいえ、実質的には「地元スタッフまかせ」ではある。取材されたニュースは、基本的にはなんらかの時間帯に報道される。ニュースによっては、福岡総局から配信されたり、全国ニュースのなかで配信されたりする。鹿児島放送局の中では、離島では奄美にだけ報道室がある。2)

　奄美にいるNHKや鹿児島の民放の支局員・記者の存在を指摘したのは、地域メディア論の盲点だからでもある。〈地域のメディア〉は、地域の人にとって重要である。新聞、ケーブルテレビ、コミュニティFMなど地域メディアの存在意義を語る際に、奄美であれば〈島のまなざし〉が重要であることは当然だ。島の魅力を強力に発信するメディアとして、島の新聞、島のテレビ、そして島のラジオ(※あまみエフエムのようなコミュニティFM)が全国的に注目されている。もちろん、地域の語り部としての放送メディアを考えると地域内のメディア事業は重要である。

表2-1：奄美大島のテレビ放送・映像関係事業者

キー局	鹿児島県のテレビ局	地元のテレビ・映像支局・記者	スタッフ規模
NHK	NHK鹿児島	報道室	1（鹿児島出身）
日本テレビ系列	鹿児島読売テレビ（KYT）	奄美テレビ	-
テレビ朝日系	鹿児島放送（KKB）	記者	1（元地元紙の記者）
フジテレビ系	鹿児島テレビ放送（KTS）	記者	1（元地元紙の記者）
東京放送系	南日本放送（MBC）	支局	1（元地元紙の記者）
テレビ東京系	-	コシマプロダクション	-
-	-	奄美テレビ	約17
-	-	瀬戸内ケーブルテレビ	約6
-	-	コシマプロダクション	約8
-	-	エアポートTVネットワークジャパン	約2

　しかし島のメディアを俯瞰しようとした場合、〈島のまなざし〉をもちながらそれを外に向けて発信し、外から放送し、外で制作される番組という文脈の

なかで奄美を語り、そうすることで奄美に環流してくる情報の流れがある。それは報道ニュースであることが多いが、県内・全国に奄美を放送する大きな役割を果たしていることも事実である。

〈地域のメディア〉をより包括的・網羅的に理解していくためには、地域メディアを地域内の地産地消という狭い定義に閉じ込めるのではなく〈マスメディアとの接合・共振の回路〉を含めるためにも、そうした県域局や広域局・キー局の一翼としての島の記者の存在、彼らの役割をも視野にいれる必要がある。本書が狭い意味での地域メディアではなく〈地域のメディア〉を強調しているのもそのためである。

●地域メディアとしてのケーブルテレビ

〈地域のメディア〉という視点を前提にしながら、狭義の地域メディアとして常に注目されるメディアであるケーブルテレビに焦点をあててみよう。奄美群島には、奄美大島に民間ケーブルテレビが2局と、徳之島、沖永良部島に公設ケーブルテレビがそれぞれ1局、群島で4局のテレビ局がある。琉球弧でみれば、他には沖縄・那覇に1局、宮古島、石垣島に各1局がある。つまり南西諸島7局のうちの4局が奄美群島にあることになる。

日本のケーブルテレビの歴史についてはすでに述べたように三つの流れがあるが、奄美群島の場合には民間の2局が前述 a) の共同聴取施設発展型・地方都市のケーブルテレビ型であり、徳之島と沖永良部島の2局が前述 c) の公設型である。

日本のケーブルテレビは、ケーブルビジネスと自主番組制作という形でのテレビ局（番組制作・配信）事業という、二つの機能を合わせもってきたところに特徴がある。ケーブルビジネスの部分は、次第に多チャネル化と電話・インターネットのトリプルサービスを提供するケーブル・インフラ事業として成長することで収益を確保してきた。その意味では地域の放送メディアというよりも通信インフラビジネスになってきており、自主番組（ローカルテレビ局としての収益）で事業収益が成立しているわけではない。自主番組を事業存立の基盤にするような地域メディアの旗手は、自主制作率が高くかつ主な収益を放送広告に依拠して事業が成立しているコミュニティFMにシフトしているといえ

る。

　日本全体でみればケーブルテレビの加入者は全世帯の50％を超えて増え続けているが、他方で2012年以降は専門チャンネルによる収益は伸び悩んでいる。一方で、衛星放送（とりわけＢＳ放送）は着実に市場規模を拡大してきている。つまりケーブルテレビの多チャンネル化の魅力（収益源）は、次第に衛星放送にシフトしつつあることになる。このようにケーブルテレビの事業環境は厳しさを増しているのだが、他方で地上波デジタルの難視聴を補完する機能を担ってきたのもケーブルテレビであり、それが加入増にもつながっている。

　いずれにしても、多チャンネルモデルとしてのケーブルテレビの魅力は減少するなかで、改めて地域に密着した番組づくりがその存在意義の要となってきている側面がある。とりわけローカリティが高い地方のケーブルテレビや農村多元情報システム（ＭＰＩＳ）として導入されたケーブルテレビは、自主制作番組を核として地域番組（ローカルコンテンツ）の提供に努めてきた。そうした地方・農村のケーブルテレビの活躍に対しては、①地域住民の連帯、②地域コミュニティの醸成、③地域の活性化などの評価が与えられてきた。3)

　もちろん、地域に定着し地元住民から「おらが町」「おらが村」の大事なメディアとして評価された局がある一方で、そうでないものまで多様である。かつて全戸加入型で、自主放送の質で全国的に有名になった大分県の大山町（現在、日田市）は、もともと"梅栗つくってハワイに行こう"というスローガンのもと、6次産業化の先駆けとして有名になった村である。かつて地域活性化のモデル県である大分県が展開した一村一品運動のモデルともなった町でもある。人口5000人ほどの町の農業情報の提供を掛け声に始まったその町営ケーブルテレビは、1987年に小規模再送信施設を統合するかたちで始まった町営のテレビ事業である（※農村多元情報システムであり、新農業構造改善事業として展開）。この大山町の町営ケーブルテレビは、町内の身近な情報をニュースとして提供する自主放送に力をいれ、地域に定着し住民の多くが「おらが町のテレビ」意識をもち、それが定着した景観は地域の文化的情報化とさえ言われた。

　こうしたケーブルテレビの経緯や今日的な動向のなかで、奄美群島のケーブルテレビはどのような位置と現状にあるのだろうか。結論を先取りすれば、奄

美の民間ケーブルテレビは、これまでもそうであったが、ますますその自主放送に放送メディアとしての存在意義を求めていくことになるように思われる。いずれにしても群島の四つのケーブルテレビ局は、「町のテレビ」として親しまれてきたのであり、またこれからも町のテレビとしての固有のコンテンツが重要となる。

　各ケーブルテレビ局が放送するローカルなコンテンツが、島の人びとに意味あるものと思われる限り、事業は支持されていく。奄美の場合には、大都市のケーブルのように通信事業にウェイトをおくような展開にならなかったことが、逆に「町のテレビ」としてのケーブルテレビのあり方を規定してきたともいえる。島のケーブルテレビは、一般的な意味でのローカルな出来事の提供というだけでなく、島独特の自然・祭りのようなコンテンツを通じて昔の島の暮らしを知る高齢者に"なつかしさ"を提供したり、島外の出身者と島を繋いだりする独特のコンテンツを提供してきている。

　奄美のそれぞれのケーブルテレビは、「島がむる大好き」というほどに郷土意識の強い地域で、そこに生きる人びとに共感される"奄美らしい"番組に特化することで契約者の期待に応えてきたのである。

2節　奄美の民間ケーブルテレビ

●奄美大島のケーブルテレビ：奄美テレビ

　奄美テレビ（ＡＴＶ）は、大都市型ケーブルテレビの隆盛期以前に開局されたいわゆる難視聴対策・再送信に自主チャンネルを加えた地方都市型のテレビ局である。設立は1987年、開局は1988年である。奄美大島の北部を対象にした北大島局は1995年開局である。従業員は約17名。契約世帯は、約3000世帯。インターネットプロバイダ事業は展開していない。業務提携として、読売テレビの奄美支局を担当しているほか、MBC南日本放送とも協力関係にある（取材：2008.9.8、2014.3.10）。

　ケーブルテレビの自主番組は、通常「まちのテレビ局」として、①ニュース番組（日常の出来事）、②企画番組（地域を取材したテーマ番組や特別番組）、③イベント番組（録画・中継）の三つのコンテンツから成り立ってい

る。また、そうしたイベント録画をパッケージとして販売したりもする。

　奄美テレビの場合には、こうしたケーブルテレビの典型といえよう。もうひとつの特徴は、奄美テレビが、傘下・関連の企業グループ（ＡＴＶグループ）を形成していることである。島の成功した企業が多角経営の企業グループ化していくことは、長く奄美で教育調査を続けている駒沢大学須山聡研究室の調査でも明らかにされている。須山研は、奄美最大の企業グループのひとつであるマルエーグループが、個人の大島紬と黒糖の製造卸問屋から出発して海運事業や黒糖焼酎醸造事業を軸に20社に及ぶ企業グループへと発展していく経緯を紹介しながら、次のような見解を述べている。

> 　奄美大島では、成功した企業が他分野に進出し、事業の多角化を志す例が多い。これは一種のフルセット型指向であり、資本が地域全体に十分に行き渡らない場合において、少ない資本を一点に集約しようとする動きによって形成される。（須山聡編著『奄美大島の地域性』、255頁）

　フルセット型産業構造とは、全ての産業分野を一定レベルで一国内に抱え込んでいる経済構造のことで、戦後日本の経済構造の特徴として指摘されてきた。つまり域内での企業間のつながりを密にして経済を回していくという指向である。奄美にあてはめてみれば、島という限られた域内で、グループ企業間の関係を密にして資本を有効に集約利用して企業グループを発展させていく指向である。

　島の場合には、一つの業種から得られる利益が限られていることからも、関連する業種も含めて多種類の事業を展開しない限りは、企業規模の拡大には限界がある。事業規模と資本を拡大することを指向する場合には、いきおいフルセット型にならざるを得ないと言ってもよいのかもしれない。

　マルエーグループのこうしたフルセット型指向は、規模は小さいが奄美テレビの事業展開にもあてはまる。奄美テレビは、単なるケーブルテレビ事業の枠を超えて、ＡＴＶグループとして不動産・新聞（奄美新聞）・観光・飲食・旅行・精糖・ネットなどの多角的事業への拡張を試みてきた。もちろん全ての事業が順調に拡大するということではないだろうが、出色の企業グループである

ことは確かだ。

　地上波デジタル時代になり、地方のケーブルテレビはさまざまな変化を余儀なくされているが、2013年に創設者から2代目に社長が交代したことを機に奄美テレビも5つの方向での転換を図っている。
　(1)　自主制作番組の強化：オールバラエティ化
　2013年の4月から番組制作の方向は、ニュースから企画番組中心へと大きな転換があった。30分ニュースの時間を縮め、それ以外は自分達が企画するというかたちで制作に力を入れ始めている。スタッフ17名中、制作が正規雇用・非正規雇用入れて4人。社長・専務ともに制作に関わりながら、さまざまな番組を制作している（2014.3月取材時）。この転換は、専務のY氏によれば、「奄美テレビオールバラエティ化」という路線なのだという。つまり従来のニュースを中心とした番組制作から、自主的につくる企画番組とイベント中継（あるいは録画）への転換を図り始めたのである。
　たとえば後に示す「プチ探検に出かけよう」は、30分番組を2週間に1番組制作する。コンテンツ制作の表をみればわかるが、限られたスタッフでたくさんの番組を制作しており、スタッフの負担はかなり高いことが読み取れる。
　企画番組の強化は、3000世帯規模の地方ケーブルテレビ局にとって、時代の趨勢に対抗しての生き残り策ともいえよう。ケーブルテレビが地域のニュースメディアとして価値があった時代は終わったという認識でもある。「おもしろい番組」「人に見てもらえる番組」、それらを通じてスポンサーを集め放送していく。奄美テレビの番組のテレビ欄をみても、地域に準拠した奄美発の娯楽番組が数多く制作されていることがわかる。このように、そうした地域発の娯楽番組を発信する放送局への脱皮を図っている。
　こうした自主番組の強化は、ジャーナリズムからの後退というよりも、もともと島の報道ジャーナリズムは新聞が担っていることを意識し、速報性で競合するのではなく、独自の娯楽的ジャーナリズムのようなものを開拓しようとしているようにも思われる。実際「幸ちゃんのやんごOH！OH！」などの番組などを見ても、島役者を使った娯楽番組でありつつ、テレビでしかできない娯楽による奄美の地ネタ情報の伝達の形を模索しているように思われる。番組には島役者のF氏をキーマンにして、「奄美で芸能をつくる」という狙いが込め

られている。

(2) 中継力の強化

中継機材の強化が図られている。中継車、6カメラのマルチスイッチング機材等、ライブで画面を切り替えながら中継する本格的な機材体制が整ってきている。加入者をつなぎとめ、スポンサーを確保するためには「面白いものをつくらないとダメ」という発想は、こうした中継力強化にも反映されている。

(3) ネット配信への積極的展開

奄美テレビでは、ネットへの発信も熱心に展開している。テレビ放送から3日後にはネットに上げる。そうした放送とネット配信とを組み合わせつつある。視聴者が競合しないという判断からでもある。実際、YouTubeにはアマミテレビ名で数々の番組がアップされている。ネットとの結びつきとして、ユーストリームを使う中継も試みられている。奄美まつりの舟こぎ競争では、インターネット配信で3300ＰＶを記録したという。離島にとってインターネットは、本土に対する発信を可能にするメディアであることがしばしば語られてきた。しかしその環境を有利に展開し続けられるかは、「何をつくるか」にかかっている。奄美テレビもそのことを意識して、島ならではの面白い番組づくりにこだわっている。

(4) 他企業とのコラボレーション

新しい試みとして、地元の他のメディア事業とのコラボレーションによるコンテンツづくりの試みがある。他のメディア関係の事業者と一緒にひとつのコンテンツをつくり発信する試みである。ネットインフラ企業の「オーシャンブロードバンド」、ブログ企業の「しーまブログ」、音楽産業の「セントラル楽器」、そして地元のクリエーターなど規模は小さいが島に存在する各種のメディア事業と組み合わさることで、それぞれのメディアの優位性を生かした情報発信を指向している。

島のさまざまな事業のリーダー達の語りに共通することでもあるが、取材に応じた専務のＹ氏の語りにも、島に残った者でもやりかたで「面白いことはできる」そんなメッセージを読み取ることができる。確かに「幸ちゃんのやんごＯＨ！ＯＨ！」などの娯楽番組は、余興番組でもある。余興文化は奄美の文化のＤＮＡでもある。芸能の余興、この文化が島唄だけではなく奄美テレビの番

組の中にも表現されていることが興味深い。

〈地域のメディア〉は、地域を語るメディアである。地域の自己語りの文化装置と言ってもよい。そうした視点からみると、奄美テレビの放送は、企画番組を通じた直接的な島語りとイベント放送を通じた間接的な島語りに満ちていることがわかる。「総エンターテインメント化」という方針からもわかるように、それは速報にもとづく報道を重視する新聞ジャーナリズムや、論説という形での新聞ジャーナリズムとは異なる、娯楽的な番組からの奄美の情報発信への試みである。限られたスタッフと制作資源に見合ったというだけではなく、地域内のケーブルテレビという映像メディアの特性に見合った、また視聴者のニーズに対応した制作戦略ということでもあろう。

映像制作は、確かに番組企画者らを中心にした限られたスタッフによる奄美語りではある。しかし視点を変えれば、それでもなおそうした番組によって、濃厚な奄美の映像アーカイブスが日々形成され蓄積されている点は注目されねばならない。〈地域のメディア〉が、全国メディアや県域メディアと異なるのは、発行域や放送域が限られているだけではなく、そもそもそうしたメディアが存在しない地域も多いことである。視聴（聴取）可能域が限られているからである。地域にメディアがないことを考えれば、地域にメディアがあることの意味は大きい。

写真：奄美テレビ社屋（撮影：加藤晴明、2014.3.10）

表2-2：奄美テレビの番組例1

ニュース	どぅしのどぅしはぁ～みんなどぅし！（30分）
企画番組	ほっとけトーク（30分）：テーマ「創立20周年記念　進化する奄美看護福祉専門学校」／国民文化祭を見に行こう／Nanは何しに奄美へ（30分）／かしましおめかし（30分）／幸ちゃんのやんご OH！OH！（60分）：居酒屋ならびや／シマ・トーク（60分）：役者・中村京次の自分史／東日本大震災×生きる／アニメ編～Vol.4／奄美大島の地方創生とバニラ効果／独占！クボタツＴＶ（60分）：癒やしの島は移住の島になる！？／冬の奄美でテニス！？／投稿☆おもしろ奄美（30分）／プチ探検に出かけよう！（30分）：むちゃ加那の碑を求めて青久集落へ／いにしえの歴史の薫り　手安集落／油井から小名瀬の史跡めぐりの旅／阿室釜・篠川・白浜への旅／たおやかな風、ゆるやかな時、宇検への旅／人びとの、産業の、集落の歴史　大棚への旅／奄美の白糖の歴史伊目集落編／花天集落の今と昔／故郷忘れがたし管鈍集落編／芦花部集落編その1／神秘の西古見集落編その2／ちょびへいの MUSIC GAPPA！（30分）／いにしえの島唄：翔たけ歌かけの抄／ユムグチ800！（60分）／SP編～奄美-東京間どうなるの？／BOND&JUSTICE（60分）／東北関東大震災支援の記憶 結ノ島CAMP2015（60分）／奄美市議会議員選挙に伴う立候補予定者による政策発表（150分）／沖縄からの情報発信ジャーナリズム論特別講義（60分）／島っちゅベイサイドミュージック（30分）／アマミックスミュージックス

※南海日日新聞：2015.10.5（月）～10.19（日）までの2週間のテレビ欄から作成

表2-3：奄美テレビの番組例2

| イベント番組 | さたぜぇないとふぇすてぃバル2015（60分）／Vol1.～Vol.3／奄美市民文化祭～舞台発表1日目（60分）／2日目・昼の部／2日目夜の部／しゅみち長浜節世界大会 in 喜界島（120分）／AMAMIAN SURFING CLASSIC 2014（30分）／Vol.1～Vol.3／第47回大島北高文化祭2015（60分）／Vol.1～Vol.3／第8回奄美歌謡のど自慢まつり（60分）／第52回奄美まつり舟こぎ競争大会2015（120分）／Vol1.～Vol.5／第5回奄美市民体育祭（60分）／第4回奄美市民体育祭（60分）／5周年記念ASA大島ジュニア新体操クラブ発表会（60分）／第5回奄美紅白歌合戦2014（120分）／唄と踊の共演～笑顔を届けようチャリティショー（120分）／第10回奄美歌謡選手権大会2014（120分）／平成23年度奄美市名瀬・住用地区生涯学習講座閉校式（120分）／全国奄美人大会（2013）／沖縄大学土曜教養講座「世界遺産と沖縄」（120分）／うまいんピック2013～島ごはんの祭典（60分）／平成22年度奄美市立小湊小学校ビューぐるバンド（60分）／奄美市立小湊小学校創立140周年記念式典（60分）／奄美市立小宿中学校吹奏学部～第12回定期演奏会（60分）／第10回緑球会小学校対抗親善軟式野球大会2013（60分）／奄美高校吹奏学部定期演奏会第11回定期演奏会（60分）／第51回和泊町農業祭むら自慢芸能大会（120分）
第36回奄美市民文化祭（120分）／2日目・昼の部・夜の部 |

※表2-2と同じ

奄美テレビが、奄美の映像制作力において他のメディアを圧倒していることを考えれば、この点での地元テレビの果たしている役割は大きい。これらの日日の番組が、データとして蓄積されていることは、奄美の記録・記憶としても大きな意味をもってくることになる。それは、いずれ時間を経て生活風俗資料としても貴重なものになる。
　これらの番組の一部はすでにＹｏｕＴｕｂｅ配信というかたちでネットに上げられて、奄美在住以外の人に、さらには未来の視聴者に向けて公開されている。

●奄美大島のケーブルテレビ：瀬戸内ケーブルテレビ

　奄美大島の南端の町の瀬戸内町にも、瀬戸内ケーブルテレビ（ＳＣＴ）がある。もともと各集落にあった難視聴用の共同組合アンテナの施設のメンテナンス会社であったのが、1988年にケーブルテレビ会社として発展して1989年に開局した企業である。つまり小規模再送信施設を統合するかたちで生まれた典型的なローカルなケーブルテレビである。奄美テレビ同様、母体は社長の武原正夫氏（1940～）が1960年代前半に始めた電気店・電気工事店である。
　加入世帯2500、スタッフ11名程度である。朝の10時から夜の12時まで、人口減少の激しい地域で、月1570円という日本一安いケーブルテレビをめざして格闘する地域に根ざした家族的な雰囲気をもつ放送局である。地元では「1ちゃんねる」として親しまれている（取材：2009.08.17、他多数回）。
　また瀬戸内ケーブルテレビには、音響装置を持参して展開するイベント会社としての顔がある。瀬戸内町だけではなく、島内のあちこちの集落イベントなどで活躍している。それは同時に、放送番組の収録の機会ということでもある。
　瀬戸内ケーブルテレビは、ニュース番組がなく番組表がないことが特徴でもある。住民同士が互いに顔見知りである狭い町内では、不幸な出来事はニュースにしにくく、「なぜ、人の不幸を……」と苦情がくるという。そうした報道は新聞の役割と割り切って、お知らせ放送、イベント収録・放送と環境映像、そして島唄などの音楽放送に徹している
　集落のイベントに行って「ただ人を撮ってきて」それを放送する。あるいは関西などの郷友会のイベントへ出かけてそれを撮影し島内で流す。社長の武原氏は、「島と関西をうちの電波で結んでいるのです」と語る。

「島を出て行った若い人が、たまに帰って来て、うちのおとうさん、おかあさんの面倒を見てくれてありがとう」と言われる。テレビを通じて、島に残った人びとが寂しさを忘れるように、ある意味では映像放送を通じて人びとの面倒をみているような役に立ちかたをしているテレビ局である。

幼稚園・保育園の入園式や遊びシーンを取材し、やがてそれを成人式の放送の際に編集して組み込んだりする。時には視聴者からは、「うちの子が映らない」と文句が役所に来たりする。

狭い地域、ほとんどが家族のようになんらかのつながりのある地域では、角がたたない放送が求められる。放送のなかでは、競合相手のお店のコマーシャルも困ることになる。そのため、テレビCMもお祭りの時にだけ流す。

瀬戸内ケーブルテレビにとって、奄美の文化としての島唄は極めて重要なコンテンツとなっている。武原氏自ら、「われわれとお客様を結ぶのは島唄ですよ」と語るように、自主放送の100％は島唄（※この場合には、新民謡も含めてひろい意味での島の唄）と結びついているという。

悲しい時にも島唄、嬉しい時にも島唄があればもっと盛り上がる。「ここの人間は、島唄と切れない関係にある」とまで言い切る。そうした島の唄を環境映像とともに流していく。島唄をかけながら、いろんな景色を流すことで、契約者である年配者が癒される。その意味では、島唄・新民謡を流しつづけることで、音環境や音による癒しを提供していた親子ラジオのような存在でもある。

奄美の島唄文化の基本的な特色は、「なつかしゃ」であるといわれるが、古い映像を流すという意味では、瀬戸内ケーブルテレビの放送自体が「なつかしゃ」という文化的な特質をもった放送といえるのかもしれない。古い番組に対しては、「よかったね。ありがとう」そんな感謝の電話もかかってくる。また、瀬戸内ケーブルテレビでは、「10人くらい集まっているから、あの放送をまた流してよ」といったリクエストに応じて古い番組を流すこともある。たくさんある音源を使ったリクエスト番組なども放送することがある。

このように契約者の心の琴線に沿った「なつかしゃ」な環境映像や島唄・新民謡の音源を媒介にしたかかわり。それは高齢化が進む地域でのメディアによるケアの実践であるのかもしれない。「（年配者への）子守です」という武原氏の語りはこのケーブルテレビの特徴をよく物語っている。実際、調査で接し

た町内のある高齢者は、この放送（1チャンネル）しか見ないという。

写真：瀬戸内ケーブルテレビの社屋（撮影：加藤晴明、2015.7.5）

　もちろん、選挙速報も放送する。各陣営と等距離を心がけ、どの事務所にも顔を出し、開票の際には開票所の発表をそのまま流す。それは、まさに視聴率100％の放送となる。

　瀬戸内ケーブルテレビでは、自社企画の文化事業として民謡歌手を連れて集落に出向いての夏祭りも企画する。文化事業はもうからない。そのもうからない文化事業を通じて、地域の住民に喜んでもらう。それが会社が存在する価値でもあるという。

　戦後の瀬戸内町の歴史とともに生きてきたともいえる武原氏。ある意味では町長よりも長く、町の有名人であり続けてきたことになる。政治的に偏らずに、地元に喜ばれる「なつかしゃ」に徹した自主番組づくり。それは、かなり間接的な奄美の語りであるが、しかし奄美文化の核心に沿ったぶれない島語りでもある。「みなさんに喜んでもらえれば」という語りが、何よりもこのテレビ局の立ち位置を物語っているのかもしれない。「みんなに好かれる人がやらないとダメだ」というのは、〈地域のメディア〉の現場でしばしば語られる言葉である。武原氏の語りからは、そのことばがそのまま当てはまるような人柄が滲み出ているようである。

　イベントの中継や環境映像の記録は、そのまま町の歴史でもある。奄美テレビ同様に、島のなかでこうした映像が数十年に渡って蓄積されてきていること

の意味も、これからますます高くなってくる。実際、役所の担当者が代わった時などでも、そうした記録映像は威力を発揮している。「地域に地域メディアがあることの幸せ」、それは、瀬戸内町のようなローカルな町であればあるほど大きいともいえよう。

3節　奄美の公設ケーブルテレビ

●徳之島：天城町ユイの里テレビ

　奄美・沖縄には全部で、七つのケーブルテレビ局があるが、そのなかで公設の有線テレビに属するものが、徳之島・天城町の「天城町ユイの里テレビ（ＡＹＴ）」と沖永良部島・和泊町の「和泊町サンサンテレビ」である。

　両局は、全国各地にある公営テレビで、農村情報システム（※注3を参照：ＭＰＩＳは農水省の補助事業として農村を中心につくられた有線テレビ。業界団体として社団法人日本農村情報システムがあった）としてスタートしている。再送信に加えて、農業情報をはじめとする行政域内のさまざまなお知らせ情報やイベントなどを放映する。

　ケーブルテレビは、ケーブル事業と放送事業の融合形態であるが、両局もそれぞれ両方の事業を展開している。出発点は同じだが、天城町は、現在（取材時：2016.8.4）も町企画課による町営であり、和泊町のテレビは途中から放送事業の一部（制作・配信等）を民営に切り替えている。

　徳之島・天城町の「天城町ユイの里テレビ（ＡＹＴ）」は、「ユイの心で繋がる11テレビ！（ゆいのこころでつながるいいてれび）」として、世帯の8割以上が加入し、町民にはＡＹＴの呼称で親しまれている地域密着の公営テレビである。正職員は、企画課に所属する一般職員と臨時職員を合わせて6名ほどの体制。そのうち制作は2.5人の陣容である。徳之島の三つの町の中で、唯一のテレビ局でもあり、他の町の人達からうらやましがられる存在でもある。

　1998年の開局時の町の広報紙「広報あまぎ」（1998年4月号、No.348）の表紙には、テレビ局の新社屋の写真とともに、「いよいよ放送開始　天城町ユイの里テレビ（ＡＹＴ）町民のくらしに密着した情報を発信」の文字が躍る。また翌月の「広報あまぎ」（No.349）には、「町民一人ひとりが、スタッフの

自覚を」と題して、4月25日の開局記念式典での記念講演で、農村情報システム協会の部長が「一番大事なものは、町民がＡＹＴを愛し、町民一人ひとりがスタッフだという意識をもつことです」と述べたことが紹介されている。翌1999年の新年号の広報（No.358）では、昨年の10大ニュースの1位に、「町のニュース満載　天城町ユイの里テレビ4月に開局！」「町民みんなのテレビ局」とある。

　こうして始まったＡＹＴは、総務省の補助金を使い2013年から地上デジタル化に対応し、町内全域に光ファイバー網を整備し、自主放送、地上デジタル放送、衛星放送の再送信、ＩＰ告知放送、そしてインターネットサービス（プロバイダは別途契約）を開始している。

　興味深いのは、デジタル回線を通じて有線でラジオ放送が5局聴けるようになっていることだ。ただ、既存のラジオに有線で接続する必要があるので、畑や車でラジオを聴くことができない。そのため実際に聴く人は少ないのだが、その番組構成からは、島の放送文化を伺い知ることができる。その構成は、ＮＨＫ鹿児島のＦＭ放送以外は、沖縄のＦＭとＡＭ（ＮＨＫ-ＦＭ沖縄、ＦＭ沖縄、琉球放送、ラジオ沖縄）であり、鹿児島の民放ラジオは入っていない。

　そもそも徳之島以南の島々では、デジタル化される前には、ラジオ・テレビともに実質的に沖縄の放送文化圏といってもよく、人びとは沖縄の電波を受信するかたちでテレビ・ラジオ放送と接していた事情がある。つまり行政域と放送域がズレているのであり、このズレは島の文化的アイデンティティを考えるうえでも興味深い。

　自主放送の構成は、隣島である沖永良部島和泊町のサンサンテレビと似ている。メイン番組として、行政からのお知らせやさまざま催物やイベントの紹介などをニュースとしてまとめた30分程度の番組「結んちゅだより」を週3日制作し、それを放送・再放送している。この番組は、週末には1本にまとめて「ワイワイわいど！」として再放送される。

　その他に、人気番組として昔の映像や町民の思い出の写真を流す番組「あんとぅきーや（意味：あのころは）」を週に1本制作して放送・再放送している。この番組で使われている昔の音を覗き込むという意味を込めためがねのようなポーズは、島の子供たちにも定着しているという。

表2-4:天城町ユイの里テレビの自主番組(2016)

番組名	結んちゅだより	あんとぅきーや	ワイワイわいど!
内容	ニュース	思い出の写真・映像	ニュースのまとめ
放送日	月・火・木・(金)	水	土・日
1回目	19:30	19:30	07:00
2回目	22:00　(再)	22:00　(再)	12:30
3回目	翌07:00　(再)	翌07:00　(再)	15:30
4回目	翌12:30　(再)	翌12:30　(再)	19:30
5回目	翌15:30　(再)	翌15:30　(再)	22:00

　ケーブルテレビで特番の定番は議会中継である。動画中継がある自治体では、どこの議員もテレビ映りを意識してかなり熱のこもった姿勢で臨む(※徳之島の場合、3町とも議会のユーストリーム中継はすでに実施している)。こうした姿は、テレビ・映像効果のひとつとして各地で指摘されているが、天城町でもそうした効果を語る声は多い。

　ケーブルテレビはどこでもそうだが、限られたスタッフで多様な番組をつくらなければならない。それこそ「番組をみんなでつくる感じ」だという。限られたスタッフで、土日に多いイベントの取材なども含めて日々の番組を制作するのは容易ではない。どのケーブルテレビ、コミュニティFMもそうだが、運動会や祭りさらに学校関係の行事などのイベント放送が多い局では、スタッフにはかなりの負担がのしかかる。

　例えばAYTでも、期日が同じなので取材調整が大変な小学校の運動会、町の祭り、それに特番、そして有名な徳之島トライアスロン大会の生中継などイベントは多い。そうした取材活動に対しては、住民たちも協力的であるという。そして自主放送番組は町民によく見られている。

　AYTは、鹿児島の民放やNHKとも繋いで月1回鹿児島からの放送のなかで情報を発信している。この鹿児島経由の放送によってAYTのアナウンサーは、天城町だけではなく徳之島全島の中でよく知られた存在になっている。

町民は、この町営テレビを普段の生活の中ではＡＹＴと呼んでいるが、町民に親しまれているこのテレビは、設立時に掲げた「町民みんなのテレビ局」として十分機能しているようにみえる。自分たちの生活を伝え語るメディアがあることの幸せを住民が享受しているからこそよく見られているといえるだろう。

　もうひとつ重要な情報番組が、市況情報である。市況情報は奄美大島で発刊されている南海日日新聞や奄美新聞にも掲載されているが、全戸が新聞を読んでいるわけではないので、自ずとテレビの文字情報による市況情報が重要になる。島の住民にとっては、市況全部の情報が必要なわけではなく、牛の競り市の価格など、島の特産品に関する価格だけがわかればよい。

　興味深いのは、ある町には町営のテレビがあり、隣の町にはないということである。公設・公営テレビの費用は税金でまかなわれていることになるわけで、その選択は政策的な判断にゆだねられている。地元の議会では年間のランニングコストのことが議員の大きな関心事になる。費用対効果や、コストと地域への貢献といった点を比較する指標はないが、時間をかけて町に定着したテレビは、それがあることが当たり前の"誇らしいメディア"として町民の生活に定着している。（取材：2014.8.18、2016.8.6）

写真：天城町ユイの里テレビ（撮影：加藤晴明、2014.8.18）

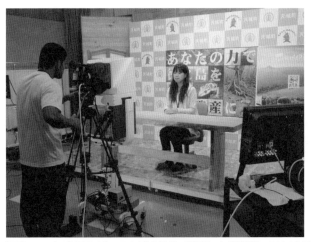
写真：ユイの里テレビのスタジオ風景（撮影：加藤晴明、2014.8.18）

●沖永良部島：和泊町サンサンテレビ

　和泊町有線テレビ（サンサンテレビ）は、1996（平成8）年農業情報の放送施設（ＭＰＩＳ）として開局したケーブルテレビである。2014年に制作（取材・編集・放送）に関して民間業者（ＥＲＡＢＵサンサンテレビ（株））に業務委託している。

　加入率は90％程度である。契約料（1500円／月）の徴収などの契約者の管理から伝送路の管理までは町で行っているので、事業の形としては公営テレビの派生型といえるかもしれない。20代から30代のスタッフ7～8名で運営している。南の島のケーブル系のメディアの場合には台風による被害が大きいが、そうした復旧などもすべて町で管理しているので、基本的には公設公営に近いメディアである。インターネット事業は、回線を民間事業者に開放することで、ＮＴＴ西日本が提供するサービスを利用している。

　放送内容は天城町ユイの里テレビと同様、鹿児島・沖縄の地上波放送、衛星波放送、ＣＳ放送などの再送信（一部有料）と自主放送（コミュニティチャンネルと気象チャンネル）である。沖縄は四つの地上波放送全てが映る。自主放送は、町内イベントのトピックス（「タウントピックス」・20～30分）を週4回と、大きなイベントの長編番組とをリピートで放送している。町民体育大会

(10月)と議会中継(年4回)はライブ中継を行っている。文字広告などは入れているが、営業を伴う事業体というほどには至っていない。

写真:和泊町サンサンテレビの社屋(撮影:加藤晴明、2015.9.10)

　町内イベントのトピックスといった放送ではあるが、お知らせに加えて、小中高校の入学式・卒業式から、芸能大会、セレモニー・講演会、時節ものなど盛りだくさんの構成になっていて、町の中で実施されているあれこれのイベントはほぼニュース形式で放送されている。情報の流れという点では、沖州会(※沖永良部島出身者の郷友会)から映像が送られてきてそれを町内向けに流すことはあるが、サンサンテレビから外向けに積極的に発信することはない。ほとんどのケーブルテレビがそうであるように、基本的には域内向けのメディアといえる。

　ちなみに沖永良部島では鹿児島のラジオ放送の電波はほとんど入らない。よく聴こえるのは沖縄の民放一局であり、ラジオに関しては沖縄の文化圏にある。サンサンテレビでも、天城町のケーブルテレビ同様に、分配器を使ってケーブルをラジオのアンテナ端子に繋ぐことで鹿児島・沖縄のラジオ放送を聴くことができるようにしてあるが、移動して使えないので、そこまでしてラジオを家で聴くリスナーはほとんどいない。農業が主産業の島であるので、ラジオは畑で聴くことも多いからである。

　奄美大島のケーブルテレビと異なり、徳之島・沖永良部島のケーブルテレビは加入率が極めて高い公設公営メディアであり、ほとんどの住民が見ている。

すでに指摘したように、そうした高視聴率のメディアが、隣り合う一方の自治体にはあり、他方にはない。住民の9割が見るようなケーブルテレビがある町とない町が隣り合っている。時間が経過するにつれて地域の映像アーカイブスという点での差が出てくるが、それ以上にどのような差が生じるのか、これからの〈地域のメディア〉の意義を考えるうえで興味深いテーマでもある。

　ケーブルテレビから考えさせられることは、「地域の中にメディアがある」とひとことで言っても、それぞれ向きの違う放送が積層していることである。沖永良部島では、東京からの放送、鹿児島からの放送、町の放送、そして沖縄からのラジオが積層している。それは、北（ヤマト）から来る放送と、地元放送と、南（琉球）から来る文化との積層でもある。奄美では、そうした放送文化の積層の中で住民がそれぞれを使い分けながら受容している姿がある。（取材：2015.9.10、2016.3.12）

4節　奄美の写真・ビジュアルメディア事業

●写真による記録の始まり：芳賀日出男と奄美

　地域におけるビジュアルな表現事業としてはケーブルテレビがすぐに思い浮かぶのだが、写真も含めたビジュアル表現の事業としては、写真家や写真館さらに現代では映像制作事業なども含まれてくる。戦前、そして戦後、奄美のなかでどのような写真館が誕生したのかも興味深いテーマではあるが、そうした写真家・写真館が家族写真や商業写真以外に、メディア表現・文化表現として島を語るようになったのはそう古いことではない。

　写真による奄美語りは、まず〈島外からのまなざし〉から始まった。奄美の民俗写真の記録として最も初期の作品群は、九学会連合調査に同行した写真家・民俗研究家の芳賀日出男氏（1921～）らによって撮影され公刊された。1955年の第1回調査は、7月中旬から数カ月間行われ、九学会連合（※たぶん芳賀氏が担当したと思われる）側が5000枚と毎日新聞写真部員が4000枚を撮影した。この成果の一部250枚が、九学会連合奄美大島共同調査委員会編『奄美の島々』（毎日新聞社、1956発行）に収められている。現在国指定重要無形民俗文化財となっている「諸鈍シバヤ」も、戦後途絶えていたものが、この撮影の

ために復活して演じられたという。『奄美の島々』のあとがきには、毎日映画社から「奄美の島々」と題した16ミリフィルム3巻の記録映画も販売されていることが記されている（※動画撮影がなされたのかは不明）。

　1955年4月から1957年8月までの撮影は、その後、九学会連合奄美大島共同調査委員会編『奄美　自然と文化　写真編』（学振刊、1959）として刊行された。写真集の序には、調査委員会の名で奄美を調査地に選んだ理由が次のように語られている。

> 　奄美の島々は、日本の基層文化と南方文化との相関関係を明らかにする地理的・文化史的位置にある。……しかも過去においていく度か本土との交通が断たれ、また最近においても長く母国からはなれていた。そうした歴史的関係から奄美の文化は相対的に独自の発展をしている。……最後にわれわれの調査に際し……島の方々の心からなる御協力、さらに編集委員とくに高木宏夫・芳賀日出男両氏のはらわれた献身的努力に対して深甚の謝意を表する。（『奄美　自然と文化　写真編』序）

　序の文からは、芳賀氏を含むこの時のチーム日本ともいえる学術調査団が、奄美を日本の基層文化と南方文化が交錯する場所と位置づけ、独自の自然と文化を育んできた歴史をもつ島を照らし出すという目的をもっていたことが明確に語られている。奄美の本格的なビジュアル表現はこうした目的から始まったのである。

　芳賀氏自身は、1962年に『そこに何かがある　秘境旅行』と題する写真・旅行の旅ガイドのような本を出版している（秋元書房　トラベルシリーズ43）。この新書サイズの旅行案内本は、北海道ノサップから沖縄久高島まで17の地域が紹介されているのだが、表紙裏の写真だけのページは全15ページ全ての写真が「南の果て奄美群島」と題した奄美の写真である。そこには芳賀氏の奄美への強い思い入れを読み取ることができよう。その「南の果ての奄美群島」の解説に芳賀氏は次のように書いている。

> 私はこのかずかずの島をめぐって百八十日ほどをすごした。島の村人と語りあい、写真を写した昼や夜の想出を、今なお忘れえない。日本人の人なつかしさを、今なおひそめているような気がするからだ。アマミキヨというこの群島の女祖神は、島人に本土の人たちの知らない生きる楽しさをわかち与えたのだろうか。（『秘境旅行』、1-2頁）

奄美群島のなかで、秘境として芳賀氏が選んだ島は、沖永良部島である。「南海の亜熱帯、珊瑚の島　沖永良部島」と題された章の中で、次のように島について語っている。

> 古生層の島には島人が何よりもおそれている毒蛇ハブがいる。珊瑚礁の島には一匹もいない。だから島民は夜明けから日没まで野良で働き、青年が夜蛇皮線やギターでセレナーデを鳴らして村の少女達を散歩にさそう。……奄美群島は日に日に新しくなりつつあるようだ。私は沖永良部島の近代化に期待する。おそらくそれは島の人の生活を豊かにし、孤島苦のわびしさからも解放されるだろう。その日になっても、俗悪に染まらない珊瑚礁の島の風光の美しさ、旅人を素直に迎えてくれる村人のやさしさがかわらないことを望みながら。（昭和三十、三十一、三十二年調査）（243頁）

その後、芳賀氏は奄美で刊行された公式観光ガイドブックともいえる『ホライゾン』に「シマを撮る」と題した寄稿を連載している。2号では、「群倉よよみがえれ」と題して当時の感動した様子を思い起こしている。

> 昭和三十八年八月の末、私は大和村大和浜の群倉の前に立った。屋根を連ねて建ち並ぶ高倉の見事さ、その下では稲刈り脱穀がはじまっている。働く島人の喜びの唄声が聞こえてきそうな風景を、私は感動しながらカメラにおさめた。その後、この写真は様々な出版物に何回も、くりかえし掲載されてきた。……奄美にはこのような生きている古代文化の宝物がまだまだあるはずだ。（『ホライゾン』VOL.2、1995、16-17頁）

続く3号では「一重一瓶」という文を寄せて、奄美の美風を紹介している。

> 夕映えの西陽が南海の地平線に沈みかかるころ、吹き寄せる風が涼しくなった。三線がひかれ、島唄がはじまる。少女が扇を開いて踊りだした。こんな時の流れを至福というのだろうかと、私は南の島に来た喜びを知った。……奄美の家毎にある心のこもった一重一瓶の美風を失いたくない。（『ホライゾン』VOL3、1996、8-9頁）

　芳賀氏のこうした奄美をめぐる表現は、〈島外からのまなざし〉のある種の典型例でもある。そこには、戦前の沖縄における方言論争のような民俗学の視点からのある種の懐古趣味や農本主義、さらにオリエンタリズム（※東洋趣味・古代日本の原像としての南島文化趣味）のように感じられないわけでない。南島に、近代化されない文化の残滓や秘境を見出すような語りは今日も続く。それは極めて都市的な文化消費の欲望である。
　そうした語りは自然と人間の有機的な結びつきが残っている文化に憧れるというロマン主義の系譜に属する。こうしたロマン主義的な志向は、精神的な世界と身体表現とを結びつけることで文化消費の裾野を全国的に拡大してきている。
　〈地域のメディア〉の存在意義ということに立ち返って考えてみた場合、今日大事なことは、そうしたロマン主義的な〈島外からのまなざし〉に基づくメディア表現が間違っていると主張することではない。大切なことは、今日まで続く観光客から研究者をも虜にする〈本源的なるものへの憧れ〉や〈ロマン主義的憧憬〉による島語りだけではなく、〈島内のまなざし〉によるメディアが必要だということである。島人自身による島語りの〈文化装置〉としての〈地域のメディア〉が必要であり、そうした二つのまなざしの相互準拠や相互浸透といった相乗的なプロセスが島語りを螺旋的に増幅させていくということだ。こうした相互浸透と拡散も島語りにおける〈表出の螺旋〉のプロセスといえる。

●松田幸治と写真集：観光ガイドブックの誕生

　芳賀氏の少しあとに、同じように島外者ではあるが奄美に魅せられた写真家がいる。広島で商業写真の仕事をしていて、36歳で家族とともに奄美

に移り1974年から3年半沖永良部島に住んで奄美の写真を撮り続けた松田幸治氏（1938〜）である。松田氏は、移ってから1年後の1975年には『奄美の世界』と題した写真集を西日本新聞社から出版する（取材：2016.07.25、2016.08.17）。

写真集の帯には、宮崎在住の詩人である南邦和の言葉が寄せられている。

> 海鳴りの底から生まれた136点（カラー）
> 　奄美の自然は、確かに美しく、見るものをしてある旅立ちを決意させるほど魅惑的な一面を持っているが、生活者としての眼でそれを捉えるとき、この自然は、貧しく、厳しく、まいとおしい、日常的な襞をあらわにする。島での生活と同化への心情が、奄美の古代文化への関心となり、この一冊に結実したといえる。——南邦和（詩人）（本の帯より）

　この本は、芳賀氏の『秘境旅行』から13年後に出版された。沖縄返還（1972）やオイルショック（1973）を経た時期の出版である。松田氏はあとがきのなかで、その思いを以下のよう語っている。

> 奄美は今もなお古い日本の姿を残し続けている。しかし、ここ数年の生活様式の変化と過疎現象はひどく、古俗は急速に失われつつある。……南へ来ると私は心のやすらぎをおぼえる。海は碧く、太陽はかがやき、花は咲きみだれ、果実は豊富だ。人情は厚く、私たち旅人にも親しくほほえみかけてくれる。私はこの奄美に残存する古代文化を求め約一ヶ年、目で見、耳で聞き、足で歩いて記録しつづけてきた。（『奄美の世界』あとがき）

　松田氏によれば、当初奄美大島への転居も考え準備を進めていたが、子供達のことを考えてハブのいない島として選んだのが沖永良部島であった。和泊町に借家を借り、以後3年半奄美群島各地の写真を撮り続けた。そうした写真は、島を訪れていた鹿児島県立短期大学で奄美を研究していた長澤和俊氏（東洋史研究者）の目にとまる。長澤氏が当時在籍していた鹿児島県立短大には、

その頃「南日本文化研究所」があり、所長の長澤氏が編者となって1974年に西日本新聞社から『奄美文化誌―南島の歴史と民俗―』が出版されていた。そうした縁から、松田氏が西日本新聞社に知己を得て出版したのが、『奄美の世界』(2000部)である。4000円という当時では比較的高価な本であった。

九学会連合奄美大島共同調査委員会の『奄美 自然と文化 写真編』から17年あまりを経て発刊されたこの本は、本格的な奄美の写真集としては二冊目の本である。九学会の本が特殊な学術書であることを考えれば、一般書としては初の奄美写真集といってもよい。当時、このような本はなかったという。

○〈キャリアといきさつ〉
　松田氏は、広島の人である。その意味では〈島外からのまなざし〉によるメディア事業ともいえるのだが、沖永良部島・鹿児島と合わせて10年間ほど奄美や屋久島・種子島との関わりをもっているので、単純に〈島外からのまなざし〉の人とはいえない。松田氏の奄美・鹿児島在住は、九学会連合の1975年から79年まで続く第二次奄美調査(※第一次調査は1955年〜58年)の時期と重なっており、現地案内などを通じて研究者や地元郷土史家らとさまざまな親交があった。前述したように、第一次調査は写真家芳賀日出男氏を同伴したが、第二次調査が写真家松田氏との関わりを生んだことは興味深い。氏は、こうした交流を通じて奄美や他の島々の生活や文化を研究し自身の壮大な日本文化論を深めている。そうした知見にもとづく被写体に対するまなざしは内在的であり深い。

1938年：広島で生まれる(小中学と山口県での疎開生活を体験)
1958年：日本写真専門学校(大阪)
1961年：広島での広告代理店勤務を経てフリーのカメラマンに
1974年：家族(妻・子供2人)を連れて沖永良部島に移住(36歳)
1977年：鹿児島に移住(1980年頃、個人出版から南國出版へ変更)
1984年：広島に戻る(10年間の「南西諸島放浪の旅」(本人の記述)が終わる)
1987年：喫茶店「南蛮茶屋」開業(現在に至る。南國出版も継続している)

どのようないきさつで、松田氏が奄美に転居し写真集を出すことになった

写真：『奄美の世界』の表紙（提供：松田幸治氏）

のか。氏の語るところによれば、以下のような経緯である。松田氏は、広島で生まれたが戦争疎開や父親の転勤などで宮崎・大阪などを転々とした。高校卒業後、大阪の日本写真専門学校（※現在の日本写真映像専門学校）で写真技術を学んだ後、広島にもどり地元の大きな広告代理店に勤め、さらに独立したフリーのカメラマンとして家族を養っていた。高度成長期の日本で、サラリーマンの収入の3、4倍程度の収入はあったという。

しかし30代半ばになり、そうした商業・依頼写真の仕事に見切りをつけて、たまたま観光で立ち寄ったことのある奄美に魅了されて、オイルショックの翌年の1974年2月にある程度の自己資金をもって家族と奄美に転居する。取材用の軽のジープと当時の沖永良部島には1台もなかったマツダ製のロータリーエンジン搭載車を島に持ち込んでいるから、そうとう目立った島入りであったことが想像される。氏は、後に自伝冊子の中で奄美入りという人生の転機について次のように書いている。

> 仕事といっても発注先の言いなりのものしかなく、三十代半ばになると、何となく、バカらしくなってきた。このままでは、一地方都市のカメラマンで人生が終わってしまう。何か、後生に残る仕事をするには、子供の小さい今しかない。こう考えた私は、昭和49年2月に、突然、琉球文化圏の一つの島である沖永良部島へ女房子供を連れて移住したのである。（松田幸治、2016、2頁）

転居する2年ほど前、たまたま観光で訪れたのが奄美との最初の出会いで、

「ここは日本か？」と思うほどのカルチャーショックを受けたという。当時、沖縄は写真家東松照明が手がけており、ならば自分は奄美へという思惑もあり、奄美に移り住む決意をしたのである。

○〈観光ガイドブックの出版事業へ〉
　松田氏はその後、広島での広告関係の仕事の経験を活かして、写真をベースにしつつ、地元郷土史家への依頼原稿を盛りこんだ独自の観光ガイドブックシリーズ『南の島々シリーズ』（全7巻）を刊行する。最初の頃の出版は松田幸治の個人名で、鹿児島に居を移してからは南國出版という出版社名で発刊している。印刷は広島で行っている。南國出版は、現在も広島の氏の経営する喫茶店「南蛮茶屋」に所在地があり、日本書籍出版協会のデータベースに登録されている。（※その意味では奄美の出版・印刷のメディア史にも書き加えねばならない事業でもある。写真をベースにしているということから、ビジュアル事業として本章で紹介しておく。）
　この観光ガイドブックは、高画質のカラー写真に加えて、さまざまな項目についてかなりの文字数の郷土史家による記事が掲載されていて読み応えがある。依頼原稿には全て原稿料を払ったという。読み応えという点では、『るるぶ』『まっぷる』に代表されるイメージ先行型の現代のビジュアル系観光ガイドとはかなり異なっている。
　松田氏は出版した観光ガイドブックを、日本地図共販（株）を通じて流通に乗せてもいるが、通常は書店ではなく奄美航路のフェリーの売店や島内の土産物店という独自の販売ルートを自ら開拓している。その意味では、氏の観光ガイドブックの出版事業はひとつのビジネスモデルの開拓でもあった。与論島、沖永良部島、徳之島、奄美大島、喜界島と島ごとの観光ガイドブックは、奄美群島初のものであり、「他所から来た人が、いいものを作ってくれた」と評価されたという。広告も多いが、広告掲載料をとらずに、数十冊を買い取ってもらうような形で普及を図った。自治体の首長が訪問者へのお土産用に購入したり、東京・大阪の郷友会がまとめ買いしたりと、新版、最新版と版を重ね、100冊単位で部数が捌けたようである。ちなみに、与論島では1973年沖縄の日本復帰前後に一大観光ブームがあり、累計で2万5000部ほど売れた。他の島の

ものもそれぞれ累計1万部ほどは印刷したという。

氏は、奄美群島の後は、1977年に鹿児島市内に居住して種子島・屋久島に通いつめ、それぞれのガイドブックも出している。鹿児島には6年半ほど居住しているが、その間に、奄美のガイドブックシリーズの改訂を行ったりしながらその販売で生活を支えていた。その後、広島に戻ってからは「五島列島〜自然と文化〜」も手がけている。五島列島のガイドブックは長崎からのフェリーの売店でも販売した。

沖永良部島からはじまり屋久島までは「観光ガイドブック」、その後の種子島・五島列島のガイドブックでは「南の島々シリーズ」と銘打っているが、「自然と文化」というサブタイトルは変わらない。このサブタイトルは、九学会連合調査の写真編のサブタイトルと同じである。こうしたサブタイトルへのこだわりからも、南島文化・離島文化への氏の関心やこだわりを垣間見ることができる。

松田氏が奄美を起点に行ったメディア事業は、写真家が自ら制作した本を販売する出版社を立ち上げるという全国的にも珍しい事例である。1976年に地方・小出版流通センターをたちあげた川上賢一は、『「地方」出版論』(1981)の中で松田氏の出版について次のように紹介している。

> 九州は、各々の県が独立した気風を持ち、特色のある出版社が多い。鹿児島は春苑堂書店出版部が出版点数が多い。同地に所在する南国出版は写真家松田幸治氏の運営するもので南島の写真入りガイドブックを刊行している。同じく道の島社は創立間もない出版社で奄美大島の料理の本を出し、奄美でたちまち売り切れてしまったという。(『「地方」出版論』、24頁)

『「地方」出版論』で紹介された道の島社については1章で紹介した。1980年に『シマヌジュリ：奄美の食べものと料理法』を出し1986年まで鹿児島を拠点に出版活動をしていた出版社である。松田氏は1984年まで鹿児島にいるので、同じ鹿児島市内で二つの出版社が互いに面識のないまま奄美関係の本を出版していたことになる。

松田氏以外に奄美の観光ガイドブックを発刊した事例としては、公的な機関で

ある奄美群島観光連盟が1980年度事業として発刊した『奄美群島観光ガイドブック』(1981.3)がある。この本は233頁に及ぶ厚いものであるが、ほとんど名所旧跡のリストとデータ集によって構成されていて、一般の人が購入して読むことを想定しているようには思われない。その後の奄美群島観光連盟のガイドブック発刊は、島でたちあがったホライゾン編集室が担っていくことになる。

1章で紹介したように、奄美ではホライゾン編集室によって1980年代後半から7年間『奄美ネシア』が発刊され、それを引き継ぐかたちで『奄美の観光情報誌 ホライゾン』が1995年から2015年まで年に2回のペースで40号まで発行された。その間に、独立した冊子として『奄美群島観光ガイドブック』が1999年、2001年、2009年に発行されている。それは島内出身の写真家の浜田太氏の写真をふんだんに使い、島外出身で東京の大手出版社での勤務を経験してきた浜田百合子氏というプロの編集者が手がけた観光ガイドの誕生でもあった。

ちなみに、奄美の草分け的な観光用フリーペーパーの『奄美探検図』が発刊されたのが1988年である。現在奄美大島内でもっとも目にすることが多いフリーペーパー『奄美夢島』は2007年である。こうした観光ガイドの発刊経緯を少し振り返っても、奄美は1980年代後半までは観光ガイドブックが少ない穴場的な場所であったことがわかる。そこに、松田氏の1974年からの10年間に及ぶ奄美群島、種子島・屋久島の「自然と文化」シリーズの独自性とビジネスチャンスがあったのである。

松田氏の観光ガイドブックの起点は『松田幸治写真集 奄美の世界』(1975)にあるが、それは九学会連合の第一次奄美調査時に刊行された写真集から17年後、コシマプロダクションの設立の3年後ということになる。次に紹介する越間誠氏の二つの写真集でも、1960年代後半から70年代半ばの写真が数多く掲載されている。越間誠氏が変わりゆく時代という課題意識から古い民俗的な景観にフォーカスを当てたことを考えると、高度成長からオイルショックを経験するこの時期の奄美は、古さと新しさがせめぎあう社会変容のなかで民俗的な記録にとっての大きな分岐点であったと想像される。[4]

繰り返すが、奄美に数年間在住し奄美と深く関わった松田氏の目線は、単なる〈島外からのまなざし〉のそれではなく、〈島内のまなざし〉とも対立して

いたわけではない。むしろ、そうした島外者による奄美に内在しようとした表現が刺激となり、島人・Uターン者による島発見という形でのメディア表現が展開されていく。次に紹介する越間誠氏は、芳賀氏の次の世代として島の中に留まり続けながら、島の人びとと意識を共有することでより内在的に島の民俗的風景や変わりゆく島の姿を記録し続けてきている。

表2-5：松田幸治の出版事業

発行年	書　名	著　者	発　行
	【沖永良部島和泊町居住の時期】		
1975.9	松田幸治写真集　奄美の世界	松田幸治	西日本新聞社
1975.9.25	観光ガイドブック　沖永良部島~自然と文化~	松田幸治	松田幸治
1976.3	観光ガイドブック　徳之島　~自然と文化~	松田幸治	松田幸治
1976.5	観光ガイドブック　与論島　~自然と文化~	松田幸治	松田幸治
1976.7	観光ガイドブック　奄美大島　~自然と文化~	松田幸治	松田幸治
1977.5	観光ガイドブック　喜界島　~自然と文化~	松田幸治	松田幸治
	【鹿児島居住の時期】		
1977	与論島、徳之島を増刷り	松田幸治	松田幸治
1978	奄美大島、与論島、徳之島を増刷り	松田幸治	松田幸治
1979	観光ガイドブック　屋久島~自然と文化~	松田幸治	松田幸治
1980.4.20	奄美大島（最新改訂版）	松田幸治	南國出版
1982.5.1	与論島（最新改訂版）	松田幸治	南國出版
1982.8.1	屋久島（最新改訂版）	松田幸治	南國出版
1982.12	南の島々シリーズ　徳之島の闘牛	松田幸治	南國出版
1984.2.11	南の島々シリーズ　種子島~自然と文化~	松田幸治	南國出版
	【広島に戻って以降】		
1986.5.1	日本の島々シリーズ　五島列島~自然と文化~	松田幸治	南國出版
1996.6.15	松田幸治非小説集成「島の生活」	松田幸治	南國出版
2004.2.11	松田幸治非小説集成II「闘牛研究」	松田幸治	南國出版
2007.3.15	松田幸治非小説集成III「島を語る」	松田幸治	南國出版

○〈その後の南國出版と「しま」を語る会〉

　最後に、松田氏は現在も広島市内で喫茶店「南蛮茶屋」を営む傍ら南國出版を続けている。以前はこの喫茶店を拠点に「『しま』を語る会」や南島研究会を主催し、旅の冊子「しまリポート」を年に数回発刊し、店は一時広島の島に興味のある人びとの文化サロンのような場所であった。「『しま』を語る会」の誕生前夜については、自費出版の小冊子『正史南蛮茶屋物語』で次のように語っている

> 　沖縄・奄美の琉球文化圏では、自分の生まれ育った集落を、私の「しま」と言う。そこは完結した世界である。小宇宙であり、「しま」を語る会は、ミクロ的・マクロ的、生活空間を旅した感想を語り合う場である。平成五年秋に地球規模でのネットワークづくりを目指し、「地球トラベルライターズクラブ」と改称した。（松田幸治、1977、40頁）

　そうしたサロンに出入りしていた一人で奄美地方の方言禁止について研究していた日本語史研究者の西村浩子（松山東雲女子大学・教授）は、『松田幸治非小説集成Ⅲ　島を語る』（南國出版）に次のような跋を寄せている。

> 　松田さんは、島で長い時間を過ごし、島の日常的な営みの中で島内外の知識人・研究者と交流してきた。その時間の中で、黒潮の影響を考えさせる諸々のものを、その眼で見、耳で聞き、肌で感じ取って、確信したのだろう。その確信によって本書は生まれたと思う。今、私は松田さん自身が、黒潮だと思う。……黒潮の親玉は、多芸多才である。……松田さんの黒潮は止まらない。南蛮茶屋という潮の流れは、止まらないのである。（松田幸治、2007、75頁）

　松田氏は南國出版として出す本以外に、自費出版として様々な自著を出している。『正史南蛮茶屋物語』（1997）や、南蛮ツイッターカフェシリーズとして、『ちょいと通信』（2014）『平成らくがき帖』（2014）『流れ星通信』（2015）『十六夜百合通信』（2016）等を出し、さらに『老人病「白内障」を越えて』（2010）や自伝ともいえる『独居下流老人の「家計簿」』（2016）

『高齢老人の生きる道』（2016）などを出し続けている。

●奄美初の映像プロダクション：越間誠とコシマプロダクション

　映像制作のプロダクションがある。個人事業ではなく、会社として自社ビルをもち10人近いスタッフを抱える制作会社である。写真家でもある越間誠氏（1939〜）が創業したコシマプロダクションである。通常こうした映像制作会社が、県庁所在地や地方の大きな都市にしか存在しないことを考えれば、そうした企業が島にあるということ自体が驚異的なことである（取材：2013.3.11）。

　創業者の越間氏は、島出身者であり島を出ることなく活躍してきた、まさに〈島のまなざし〉を体現した写真家である。氏は、『奄美　二十世紀の記録』（2000）、『奄美　静寂と怒濤の島』（2002）という非常に優れた民俗写真集を出版していることで知られている。奄美の文化を撮ることに焦点を当てた表現者としては、芳賀氏の次の世代の写真家であり、前述の松田氏とはほぼ同じ世代（生年で1年違い）の写真家である。

　また、写真だけではなく、映像で撮られた奄美の映像は、プロダクションからDVDパッケージとして販売されている。役所の奄美に係わる映像制作なども手がけてきているので、いわば、奄美の映像記録の膨大なアーカイブスを保持している事業者ということになる。ケーブルテレビが放送用の記録であるのに対して、それらは民俗写真家としての視点をもって撮られた写真・映像のアーカイブスである。

　紬事業の家に生まれた越間氏は、名瀬市役所勤務の時に趣味の写真の技術を磨き、その写真の腕をもって地元の南海日日新聞社に写真担当の記者として入社している（1964）。その後、南日本放送の嘱託名瀬支局長（1969）を経て、1977年に株式会社としてコシマプロダクションを設立した。経歴からすれば、南海日日新聞勤務のあとに、いわばフリーランスの写真家として独立したことになる。「人が好む写真ではなく、自分が好む写真を撮りたい」という思いがあったという。

　氏は、南日本放送の通信員として映像の腕を磨く。そうしているうちに奄美に民放が放送されるようになり、コマーシャルも営業・制作するようになり、

やがてコマーシャルで1本立ちということで、自らのプロダクションを興したのである。この創業年である1977年は、写真家の松田氏が奄美から鹿児島に転居した年である。また、フィルムからビデオに代わっていく時期でもある。基幹産業の大島紬が全盛で、コマーシャル制作の営業がやりやすい時期でもあった。

越間氏はコマーシャルや請負の記録映画などのほか、民俗映像の記録保存にも力を入れていく。それは氏のライフワークでもあるからだ。奄美の文化を記録し発信し伝えていくというミッションは、まさに奄美の〈文化媒介者〉のそれである。

氏の写真集には、よくその現場に入り込んで撮れたと思わせるくらいに、古い奄美の生活の貴重な写真が並ぶ。それは島に住む同じ生活者として、島の人びとと意識を共有することで撮影できた貴重な奄美の記録である。氏は単なる形の記録ではなく、「祭りに象徴されるような人の祈り、願い、神への畏敬と感謝、そうした精神世界を表現できたらいい」とその思いを語る。「風土性をもっと濃密に記録された形のものを撮りたい」とも。

奄美に生きている人の喜び、哀しみ、苦悩がにじみでるような写真。氏が目指したのは、そうした奄美の生活と精神世界を表現するようなビジュアル記録である。

越間氏は、『奄美　二十世紀の記録』（2000）の「私の伝えたいこと―あとがきに代えて」で、その撮影のスタンスを次のように書き表している。

> この写真集は1959年から2000年までおよそ四十年間にわたる奄美群島の記録である。……五穀豊穣、豊作と無病息災などを神に祈り、感謝する奄美の祭り。いま稲作の衰退や人の志向の多様化、過疎、高齢化などにより伝承の危機にある。その中でも祖先から受け継いだしきたりを守り抜こうとする人たちがいる。……本書はいわば奄美の四十年の一つの断層である。そして風景や祭り、人の暮らしなどを現象のみでなく、願わくば、それに関わる島人の心の絆、神への祈りと感謝、そしてしたたかな生命力を、いささかなりとも感受していただけたらと願う。（『奄美　二十世紀の記録』、214頁）

続く2年後に刊行された『奄美 静寂と怒濤の島』(2002)の「島を撮る、レンズの内と外—あとがきに代えて—」では次のように語る。

> 人が生き、安寧と豊かさを願って神に祈る。喜びや悲しみ、また、いさかいが絶えないこの世のうねりの中で、思いやり、悲しみの心、頑張る力。人間のみならず世の万物の息吹、ドラマを見つめ、それらの姿を、写真に撮るという行為を通して人びとに伝えていくことができるならばと願っている。(『奄美 静寂と怒濤の島』215頁)

越間氏の語りからは、奄美への強い思いと奄美を撮ることへの自覚のようなものを読み取ることができる。そうした思いは、写真という個人の趣味を起点にしながら、次第に商業写真・映像を撮ることを生業とするメディア事業へとひろがっていったにも関わらず、氏の奄美への"まなざし"(誰が誰のためにメディア表現するのか)の通奏低音となっている。越間氏のビジュアル表現活動もまた、奄美の中でわき起こった一人のすぐれた〈文化媒介者〉のそれといえよう。

越間氏が撮影した奄美の映像は、前述したようにコシマプロダクションから販売されている。メディア表現が、趣味から事業へと展開している点では奄美のメディア事業の貴重な一翼を形成しているといわねばならない。

奄美に関する映像作品は、島内の中央電化やセントラル楽器などでも制作販売されているが、網羅的な内容・分量という点では、出色の活動実績である。一つの島にこれだけのメディア表現事業があったことは、新聞・活字とは違った意味で貴重な記録を残したことになる。

ジャンルは、①芸能・祭、②観光・産業、③民俗・信仰・伝説、④奄美の達人達に分けられている。販売作品では各集落の八月踊りが多いが、他には島唄や芸能祭のライブ映像などが並んでいる。単発的な映像作品の販売はあるが、これだけシリーズで作品をつくり販売するのは、映像事業がなければできない。その意味でも奄美に映像プロダクションがあること、それは奄美にとっても幸せなことである。代表的な作品を紹介しておこう。

表2-6：コシマプロダクションが販売している映像ＤＶＤ

発行年	タイトル	概要
1990	シマのムンバナシ	奄美大島の伝説や伝承を古老に取材
1990	奄美の民間説話　Vol.1 Vol.2	奄美の説話伝承（昔話・伝説・神話）
1990	砂糖の勝手世騒動　丸田南里	砂糖の自由売買運動の指導者
1991	奄美の衣・食・住のくらしと人と	奄美の衣・食・住などの風土の暮らし
1991	島唄探訪	有名唄者による野茶坊の住みか探訪
1992	奄美のしまうた　名人大競演　'92沖縄ライブ	奄美の島唄名人21人による沖縄ライブ
1992	日本復帰の父　泉芳朗	復帰運動の指導者
1993	ウル島・奄美　ニライからの贈物	奄美各地の伝統漁法
1993	奄美　島じまの風景	群島の見所・風物・産業など
1993	奄美が生んだ世界の法学者　泉二新熊博士	奄美が生んだ法曹界の先駆者
1994	六調　奄美・佐仁の手踊り唄	佐仁に伝承されている手踊り唄
1994	柔道に生きた　徳 三宝	徳之島生まれ。講道館の鬼と言われた
1995	響（とよ）め太鼓	太鼓をテーマにした芸能交流の記録
1995	龍郷の八月踊り　各集落編	龍郷町の八月踊りを集落ごとに編集
1995	芦検の豊年祭　待ち網漁	芦検集落の豊年祭と古式漁法
1996	奄美民謡　徳之島のしまうた	徳之島の唄者2人の競演
1997	大島紬育ての親　丸田兼義	大島紬育ての親
1998	宇検村の八月踊り　各集落編	宇検村の八月踊りを集落ごとに編集
2000	祭りの唄がきこえる　~奄美の祭りと芸能~	群島各地の祭りや芸能の紹介
2001	奄美の八月踊り　~笠利町佐仁~第1集・第2集	笠利町佐仁集落の八月踊り各13曲
2006	石原久子の島唄「なつかしゃ」	石原久子の島唄のＤＶＤ
2009	石原久子の島唄「うむい（想い）」	宇検・奄美の風景・祭りと島唄

※HPより作成：2016.7.20

　コシマプロダクションは、現在、東京の番組制作会社で仕事をしてきた子息、越間公世（48歳）氏が帰郷して業務を継いでいる。東京時代のキャリアを活かし東京のテレビ局の仕事も引き受け、奄美と東京を行き来しながら業務を営んでいる。奄美のメディアが、奄美だけではなく、外部の仕事を併用して成り立つ。島内の市場が限られているとはいえ、そうした仕事の成り立ち自体が興味深い。

●アマミノクロウサギの発見者：浜田太と映像事業

本書では、奄美の自然・文化・社会をミッションをもって発信していく担い手を〈文化媒介者〉と名づけてきた。そうした一人として写真家でもありホライゾン編集室の浜田百合子氏の夫でもある浜田太氏（1953～）を挙げないわけにはいかない。浜田氏もまた島出身者として奄美に強いこだわりをみせる〈島内のまなざし〉の体現者である。

奄美大島の龍郷町出身の浜田氏は、東京の写真大学を卒業後に講談社写真部勤務やフリーカメラマンのキャリアを経て奄美にスタジオを開業する。このスタジオから後に夫人の浜田百合子氏が運営する「ホライゾン」編集室もたちあがり、1章で紹介した『ホライゾン』が発刊されている。浜田氏は結婚式などの商業写真の傍ら、奄美の自然と文化を撮り始める（ＨＰより）。

奄美の観光情報誌をうたい文句にした「ホライゾン」の企画制作を1995年にスタートさせ、翌年の1996年には有限会社浜田太写真事務所に社名を変更している。浜田氏は「もうひとつの郷土史」といえる雑誌「ホライゾン」の写真撮影をするかたわら、アマミノクロウサギというライフワークと出会い、アマミノクロウサギの生態を写真や映像で記録し研究者として活躍していく。ホームページの印刷部門には、浜田太写真事務所とホライゾン編集室が並んでいる。浜田氏は、写真家として奄美に在住しながら次々に写真集や印刷物を出すことで奄美を発信してきた。

表2-7：写真家・浜田太の主な作品集

発行年	タイトル	出版社
1994	写真集「TROPICAL～奄美から南風～」	小学館
1998	写真集「時を超えて生きるアマミノクロウサギ」	小学館
2000	「生命をめぐる島・奄美」（共著）	南日本新聞社
2001	「奄美ネリヤカナヤの人々 村 」	南日本新聞社
	「奄美群島観光ガイドブック」	ホランゾン編集室
2004	写真集「奄美 光と水の物語」	小学館
2012	「奄美の食と文化」	南日本新聞開発センター
2015	「糧は野に在り」（共著）	農文協

※ＨＰから作成、2016.8.10

アマミノクロウサギの生態を追う動物写真家として、テレビ局のテレビ番組の撮影に協力するだけではなく、浜田氏自身が主役で出演するテレビ番組なども作られている。その意味では浜田氏は全国的な知名度をもつまさしく奄美を代表する写真家である。コシマプロダクションの越間氏が、〈島内のまなざし〉に徹底的に準拠し奄美の生活世界の泥臭さにこだわった優れた民俗写真家であるとすれば、浜田氏は優れた動物写真家であるだけではなく、東京的＝マスメディア的なまなざしと接合・共振しやすいセンスと回路、その意味で〈島外からのまなざし〉を兼ね備えた優れた写真家である。（※浜田氏のアマミノクロウサギの子育て発見とNHKとの関わりは、3章「奄美のメディア：島外メディア編」でとりあげた。）

　この東京＝〈マスメディアとの接合・共振の回路〉は、奄美からの情報発信を考えるときに忘れがちな回路の一つでもある。奄美情報は、奄美内で地産地消されるだけではなく、東京・マスコミを経由して、島外の一般の視聴者・読者のまなざしに届けられる。この回路の存在は〈地域のメディア〉を考察する際にしばしば忘れられがちな側面でもある。

表2-8：浜田太が撮影・出演するテレビ番組

放送年	出演・撮影など	局など
1999	「TV 生きもの地球紀行 初めて見るアマミノクロウサギの子育て」撮影を担当	NHK
2001	「素敵な宇宙船地球号」	テレビ朝日
2003	「地球ふしぎ大自然 奄美太古の森・なぜ生き残った黒ウサギ」制作	NHK
2007	「浜田太 アマミノクロウサギ 神秘の生態に挑む」	NHK
2011	「奇跡の地球物語 生きた化石を撮る」	テレビ朝日
2013	「ダーウィンが来た！珍獣アマミノクロウサギ びっくり子育て術」	NHK
2013	「どーんと鹿児島 いのちの島 奄美」	南日本放送

※HPから作成、2016.8.10

　浜田氏は琉球新報の「落穂」欄に寄せた記事（2002）で、奄美の価値への自問とアマミノクロウサギとの出会いを次のように述べている。

> 「地元の人がこれじゃな……」旅人に言われたことばである。……私は「奄美は何処に行ったらおもしろいですか」と尋ねられ、咄嗟に「奄美におもしろいところなんてありますかね」と答えてしまったのである。そして、冒頭の言葉が返ってきたのである。（琉球新報、2007.7.11）

　奄美でも、郷土の文化が新聞・ラジオを通じて誇らしく語られる時代は21世紀的な動向である。学校でも、方言禁止の教育から、文化としての方言尊重教育に変わった。しかし標準語教育を被ってきた世代は、浜田氏に限らず奄美島唄の唄者の場合でも、本土での生活経験や本土から来た人との接合といった〈本土のフィルター〉（豊山宗洋、2012、23頁）を経て、奄美と奄美人である自己のアイデンティティを問うような螺旋的な回路をたどることが多い。〈本土のフィルター〉を媒介にして、島の価値の再発見への視野を広げていくような実践が始まる。それもまた〈マスメディアとの接合・共振の回路〉と読み替えることができよう。
　奄美の宝と浜田氏の出会いは、ある夏の夜に訪れる。

> そして、1986年7月のある日、家族で名瀬市の近郊の大浜海岸で夕日を眺めている時、頭をよぎったのが「アマミノクロウサギに会いたい」だった。……奄美の森にはケンムン（キジムナー）が棲んでいると言われ夜に森に入る人などいない頃だった。……林道の真中に何やら黒いかたまり見えてきた。ゆっくり車を進めるとライトで目がルビー色に光った。「アマミノクロウサギだ」。思わず叫んだ。全身に鳥肌が立ったことを今でもハッキリ覚えている。旅人との苦い出会いとアマミノクロウサギとの出会いがその後の私の人生を決定付けたのだった。（琉球新報、2002.7.11）

　浜田夫妻の大きな貢献の一つは、奄美の森の価値を発見し発信したことにある。二人が1991年に制作した奄美の神秘的な雰囲気の森の中にモデル女性が立っているポスター（写真）は、コーラルな海だけではない奄美の森の魅力をビジュアルに表現したことで知られている。浜田氏は、奄美の森の魅力を次のように語っている。

> 白い砂浜と美しいサンゴ礁に彩られたこの島は、実は85％も森の木々に覆われているにもかかわらず、悪名高いハブの住処と恐れられていて人の出入りはあまりない。……このような豊かな森は、水という血液で育まれ、川の生き物に養分を与え海へ流れ出る。そして豊かな海もこの水によって育まれているのである。奄美の森と海の豊かさを、アマミノクロウサギが私に教えてくれた。（琉球新報、2002.7.25）

このポスターについては浜田自身が次のように説明している。

> 91年末、このヒカゲヘゴの中にモデルを入れた観光ポスターを発表した。朝霧に包まれたヒカゲヘゴの中で妖精がおいしい空気を吸っているというコンセプトだった。発表されるやポスターがあちらこちらで盗まれ話題になった。（琉球新報、2002）

写真：ポスター「風になれ。」（提供：浜田太写真事務所）
※奄美の森の価値を知らしめた記念碑的作品である。

一枚の写真が奄美の再発見につながる。それは島のアイデンティティの再生でもある。メディアはまさしく物語装置であり、文化装置でもあるからだ。
　こうした奄美の森の価値の代弁者であり、アマミノクロウサギの写真・映像作家以外に、浜田氏にはもう一つのメディア事業者としての顔がある。エアポートＴＶネットワークジャパンという映像表示装置設置事業者としての顔である。このため2005年に、有限会社エアポートＴＶネットワークジャパンに社名を変更している（※2008年に株式会社化）。ホームページには、空港スカイビジョン、屋外ＬＥＤビジョン、沖縄情報ＴＶの入口が並ぶ。空港スカイビジョン、沖縄情報ＴＶは、奄美空港、鹿児島空港さらには沖縄の空港などの荷物受け取り場や待合室におかれている観光ガイド用のモニターシステム事業である。ご当地の映像・広告がリピートで表示される。
　これは、テレビ放送という形やＤＶＤ販売という形ではないが、奄美の映像の表現事業であり、観光客にとっては島に到着して最初に出会う奄美映像でもある。屋外ＬＥＤビジョンは、奄美市内のビルに取り付けられた大型の映像表示装置である。この映像メディア事業が語り示しているのは、奄美という鹿児島の離島に位置しながら、鹿児島・沖縄での映像事業へと展開していくビジネスの痛快さでもある。
　コシマプロダクションも、エアポートＴＶネットワークジャパンも、島のひとつのファミリー事業ではある。その事業が、島の限られた経済圏を超えて外部との接続のなかで事業を展開する。本書ではそれを〈マスメディアとの接合・共振の回路〉と名づけてみた。もっと大きな概念としては〈島外経済との接合・共振の回路〉なのだろう。それは限られた経済エリアの制約が生んだ逆説であるかもしれない。地域には、地域メディアという単純なジャンルにとどまるメディア事業があるだけではない。浜田氏のケースは〈地域のメディア〉は"地域外とのネットワーク"のなかで、つまり〈マスメディア（あるいは外部経済）との接合・共振の回路〉を持つことでより持続的に発展し、それによってより広域での地域語りが可能になることを示唆している。

4節　小括：かたる・つながる・つくる・ひろがる

　2章では、奄美群島におけるテレビ放送事業とビジュアルメディア事業を俯瞰してきた。これまで、そして今、写真や映像を通じて奄美がどう表出されてきたのかの一端を提示できたのではないかと思う。2章も、奄美の全てのメディアをその担い手のミッションや立ち位置に分け入りながら網羅するという作業の一環である。

　そもそもひとつの地域には、どれほどのメディアがあるのだろうか。それを誰が担っているのだろうか。そうした関心から、〈地域メディアの総過程〉という理論モデルを考えた。また、地域にある多様なメディアが競合・連環しながら、全体で大きな地域の語りのうねりを生成・発展していくような渦を〈表出の螺旋〉という理論モデルで捉えてきた。

　この2章では、渦というよりもまだ羅列にしか過ぎないが、奄美のテレビ放送メディアやビジュアルメディアを可能な限り俯瞰してきた。まだ他にもネットを舞台に活躍するような写真・映像表現者がいるだろうし、これから出て来るだろう。次の10年で少し景観が変わるかもしれない。

　筆者らが島を初めて取材した際には、映像メディアとしては島にケーブルテレビがあることしか知らなかった。島の多くの人も自分の身近にあるケーブルテレビしか知らないだろう。

　かつて奄美が誰によって撮影され、ビジュアルコンテンツとして表現されたのか。また現在形として表現され続けているのか。ケーブルテレビとは別に、写真から始まるもう一つのビジュアル表現による島語りのストリームがあることは、筆者らも島を訪れるようになってしばらくして知った。

　九学会連合調査と民俗写真の撮影が同時に開始され、日本を代表する民俗写真家である芳賀日出男氏の起点がその時の奄美同行にあったことなども写真の世界以外ではあまり知られていないだろう。さらに、九学会調査の後期の時期と重なるように松田幸治氏の観光ガイドブック発行の活躍があった。いま島で松田氏の事業を詳しく知っている人はほとんどいない。発行されたガイドブックも、全部が奄美図書館に収まっているわけではない。かろうじて広島にいる

という松田氏の所在を知ることができ、本書に間にあうぎりぎりのタイミングで広島で取材をすることができた。奄美初の本格的観光ガイドブック事業はこうして明らかになったのである。

そして民俗写真では、越間誠氏の奄美に腰を据えた優れた活躍がある。だれも奄美にかくも本格的な映像プロダクションがあるとは思わないだろう。浜田太氏は、アマミノクロウサギの写真・動画撮影者として知られている。その面は、3章でも再びとりあげる。しかし、アマミノクロウサギだけではなく、もっとひろく写真を通じて奄美の森の価値を呼び覚ました人でもある。さらに、今は奄美に拠点をおきながら、鹿児島・沖縄と映像事業を展開している企業人である。こうした現代的な映像事業も、島でほとんど知られていないだろう。

奄美語りの戦線はひろい。新聞・出版は確かに陣容が厚い。活字の世界の島語り人は、自ら文字による奄美の文化を生成し発展させる力をもっている。しかし写真・映像もまた厚い。県庁所在地から遠い南の離島にこれだけ映像制作・発信力があること。まずそのことを伝えるのが2章の役割であった。

　　　　　　※　　　　　　　　※　　　　　　　※

1章の歴史・印刷メディア編では、奄美との対話のなかから発見されたメディアの特性を4点指摘した。

（1）〈かたる：地域のメディアには、島語りの位相がある〉
（2）〈つながる：地域のメディアは、多様なベクトルで人と交叉する〉
（3）〈つくる：地域のメディアは、文化の創生と結びついている〉
（4）〈ひろがる：地域のメディアは、事業を拡張する可能性をもっている〉

テレビ・ビジュアルメディアについて、同じ4点から小括を試みてみよう。

（1）〈かたる：地域のメディアには、島語りの位相がある〉

ビジュアルな島語りにも、すでに指摘してきたストーリー次元、エピソード次元、象徴次元、素材次元という情報の位相の4分類があてあまる。島のテレビでいえば、島の日々の出来事の紹介は、エピソード次元の島語りであろう。それは、素材や象徴次元の映像クリップで構成されている。写真集なら、間接的ではあるが全体でひとつのメッセージ性をもつことを考えれば、それもまた

ストーリー次元の島語りと言ってよいだろう。島の八月踊りなどに代表される各種の無形民俗文化の紹介のような映像は、象徴次元の情報表現ということになろう。

　写真・映像は、多様なレベルの情報が組み合わされることで、具体的には文章、写真を説明するキャプション、映像のナレーションと組み合わされることで島を語っている。つまり、文字・音声・ビジュアルの記号が組み合わされることで、島を語る文化装置として作動していくのである。素材次元や象徴次元のビジュアル記号が編集され組み合わされることで、より強いメッセージ性をもった作品としての島語りが生みだされていく。

（2）〈つながる：地域のメディアは、多様なベクトルで人と交叉する〉

　放送メディア編では、〈島外からのまなざし〉〈島内のまなざし〉という2分法的な視点を取り入れた。これを意識する必要があったのは、一般的なテレビ放送では島に駐在する記者が送った奄美の出来事の映像が、鹿児島経由・福岡・東京経由で、県内・全国に放送されるからである。島の人びとにとって、新聞は島の新聞を読む（※新聞を購読していない家庭も少なくない）が、テレビは、通常は鹿児島放送局経由の一般的なテレビを見る。奄美を取り上げたニュースは島の人も見るのである。島の情報が、島に環流する。

　奄美が〈島外からのまなざし〉によっても表象される。それは、映画が典型である。3章で紹介するように奄美を舞台にした映画は多いが、奄美の人びとが制作する奄美映画は現在のところ皆無に近い。映画は〈外部からのまなざし〉が、そのまま作品となって奄美イメージを全国に発信する。加計呂麻島を舞台にした「寅次郎　紅の花」や与論島を舞台にした「めがね」が典型である。そうした映画に魅せられて奄美を訪れる観光客も少なくない。

　報道の場合には、映画とは異なり〈島内のまなざし〉が島外に出て、それが島外の編集のまなざしのなかで取捨選択されて放送される。つまり、島内のメディアではないが、島に駐在する島出身の記者から鹿児島・東京にあがるテレビ報道の流れが、〈島内のまなざし〉〈島外からのまなざし〉の相互準拠や相互浸透を経て島に環流する。

　また、群島内のケーブルテレビによる〈島内のまなざし〉にもとづく島内向

けの奄美語りと、島内発でありながら〈島外からのまなざし〉というフィルターを経由した奄美語りは、多様な形でクロスしている。

　写真の場合、浜田太氏のように、島出身者でありながら〈島外からのまなざし〉を習得することで、島に帰島し、〈島内のまなざし〉と〈島外からのまなざし〉を融合させていく例もある。浜田氏の外に向けた発信力の強さは、東京の出版社勤務で磨かれたものであろう。〈島外のまなざし〉というよりも、島外の技術資源の島への環流といった方が正確なのかもしれない。

　奄美のもっとも初期の写真集を出した松田幸治氏にしても、広島で広告写真の仕事を経験しており、氏独自のビジネスモデルはそうした広告関係の仕事の上に生み出されたものである。島のメディア事業は島の人びとだけによって、島の技術資源も含めた〈島内のまなざし〉だけによってではなく、〈島外からのまなざし〉とクロスすることで成立している面がある。

　こうした情報の流れや技術・人・モノ・金の交叉を視野にいれるために〈マスメディアとの接合・共振の回路〉というキー概念もつくってみた。繰り返すが、地域内のメディアによる情報の地産地消だけに焦点を当てる狭義の地域メディア論ではそうしたことが射程に入ってこないからである。

（3）〈つくる：地域のメディアは、文化の創生と結びついている〉

　筆者らはこれまでの一連の奄美のメディアと文化研究で、〈文化媒介者〉の重要性を強調してきた。映像や写真は、島の対象をフレーム化しそれに意味を与えていく作業という点では、それ自体文化事業でもある。日々の報道ニュースは、島の日々の暮らしの綴れ織りという、日常の生活文化の切り取りである。また写真集は、対象に沿った取材、そして選び抜かれた選択という意味でも文化的なメッセージ性が強い。それは、島の暮らしと資源の再発見でもあろうし、後生に伝える文化メッセージでもある。

　メディアを先に設定するのではなく、文化を媒介するという視点からみれば、さまざまな島のメディアが文字通り"寄ってたかって"島の文化（※高尚な文化から生活風俗的な文化まで）を再構成し続けている。そうした文化メッセージは、たんに情報として報道・発信されるだけではなく、それを受け止める島の人びとの自己イメージ＝アイデンティティの再定義にも結びついてい

く。

(4) 〈ひろがる：地域のメディアは、事業を拡張する可能性がある〉

　写真・映像などのビジュアルな情報に関わるメディア事業は応用範囲がひろい。島のテレビ局やビジュアルメディア事業は、まさにそうした展開をしてきた好例である。

　島の中でフルセット型の産業を展開した奄美テレビはその典型であろう。そこまで大規模ではないが、例えば、写真家の松田幸治氏の写真家から出版への展開、越間誠の写真家から映像ビジネスへの展開、浜田太氏の写真家から出版・映像ビジネスへの展開なども同様である。

　メディアには、ジャーナリズム、議題設定機能、地域形成機能など多様な役割がある。ただ、メディア本来のそうした機能だけではなく、こうしたメディア事業の拡張も、メディアが地域のなかで活躍する一面である。それは、島という限られた経済的なパイのなかで、パイ（雇用と売り上げ収入）自体を拡張する手法でもあるからだ。こうした事業の拡張は特殊なことなのではなく、メディア事業のもつ生成と発展の可能性として積極的に評価されていく必要がある。

　最後に、テレビも含めて、ビジュアルメディアという視点を入れることで浮かび上がるのは、アーカイブスの機能とその重要性である。写真集は、貴重な時代の記録となる。映像も、記録媒体の劣化との闘いであり、各ケーブルテレビや他のビジュアルメディア事業者も、保存・管理に苦労しているが、それでも島の貴重なアーカイブスとなっている。人事異動によって担当者が交代する役所では、ビジュアルな資料の継続的な保管はできない。図書館のアーカイブス機能は、主に活字に限られる。

　島にアーカイブスの機能をもった文化とメディアのセクターがない以上、ビジュアルデータの保管・管理は、どうしても個々のビジュアルメディア事業者にゆだねられている現状がある。島の文化遺産の継承にとってそうしたメディアセクターの重要性が改めて浮かび上がるとともに、島のビジュアルメディア事業の存在が、報道や発信という日々の島語りだけではなく、島語りの記憶と記録にとって重要な存在であることも強調しておこう。

■注
1) 奄美における民放の影響については、鹿児島の研究者である古川義和や九学会連合調査に参加した加藤義明（当時、東京都立大学）による調査が行われている。
　　古川義和（1978）「名瀬における民間テレビの放映開始の影響について—事後調査報告Ⅰ」『南日本文化』鹿児島、11号。古川義和（1977）「名瀬における民間テレビの放映開始の影響について—事前のテレビ視聴実態報告Ⅱ」『鹿児島短期大学紀要』20号。古川義和（1977）「名瀬における民間テレビの放送開始の影響について—事前のテレビ視聴実態報告Ⅲ」『鹿児島短期大学研究紀要』21号。古川義和（1982）『名瀬市における民放テレビ放映開始の子供たちへの影響』南日本文化所。加藤義明（1982）「民放テレビ開設と視聴行動の変化」九学会連合奄美調査委員会編（『奄美　—自然・文化・社会—』弘文堂、528-554頁
2) ＮＨＫの記者の実島隆三氏は、1954年から1994年まで実に40年間記者を務めている。奄美におけるＮＨＫの顔であっといえる。実島氏は、退職後の1996年に南海日日新聞に連載した記事を補正・加筆・改訂した単著『あの日あの時』を南海日日新聞から出版している。本の帯には、「南海日日新聞社創刊50周年記念　記者生活40年の目で"奄美の素顔"に迫る　奄美に根ざした記者がまとめた異色の好著！！」とある。
3) 農村多元情報システム（Multi Purpose Information System）は、農林省が主導した地域情報化事業である。「情報化による農業経営の高度化」を明確な目的として掲げ、比較的標準化した有線テレビ・情報提供システム事業を展開した。有線放送電話の更新として導入されることも多かったため、有線放送電話が多かった長野県などで数多く事業展開された。業界団体として、水産省・総務省・経済産業省所管の社団法人として農村情報システム協会があったが、不祥事により2009年に破産している
4) 1970年代と80年代の奄美の観光・旅ガイドブックを「ガイド・奄美」をキーワードに国立国会図書館で検索すると、表のように20年間で10冊だけが列挙される。それ以降、1990年代に入ると急増している。

表2-9：1970年〜1980年代に発刊された奄美のガイドブック

発行年	タイトル	シリーズ等	出版社
1972	奄美	S・T・S シリーズ	慶応義塾大学学生旅行協会
1973	沖縄・奄美：宮古島・石垣島・西表島・奄美大島・徳之島	ポケットガイド；35	日本交通公社
1974	南九州・奄美：宮崎・日南・指宿・えびの高原・知覧・鹿児島・屋久島	ブルーガイドパック	実業之日本社
1974.3	沖縄・奄美（再販）	ポケットガイド；35	日本交通公社
1975	沖縄・奄美：海洋博覧会	ポケットガイド	日本交通公社
1977.9	新日本ガイド.40（沖縄・奄美）		日本交通公社
1978.8	南九州・奄美	ポケットガイド	日本交通公社
1979	南九州・奄美：宮崎・日南・えびの高原・鹿児島・指宿・知覧・屋久島	ブルーガイドパック	実業之日本社
1982	南九州・奄美	ブルーガイドブックス；145	実業之日本社
1989.7	南九州・奄美	Uガイド；41	昭文社

※ちなみに現在の最も一般的な奄美ガイド本である『るるぶ種子屋久奄美』（ＪＴＢ）は、1997年5月発行のものから国立国会図書館に蔵書されている。『まっぷるマガジン　鹿児島：霧島・指宿・屋久・奄美　2005-2006』（昭文社）は、2005年5月からと比較的新しい。

3章　奄美のメディア：島外メディア編

1節　島外メディアとしてのNHK

● 〈島外からのまなざし〉による島語りがある

　2章のテレビ・ビジュアルメディア編では、群島内におけるケーブルテレビ局や写真・映像事業をとりあげた。その際に、島内にいる駐在員・記者を通じて取材された報道ニュースが、鹿児島・福岡・東京経由で放送され島内でも視聴される環流の構図があることを指摘した。

　〈地域のメディア〉には、〈島内のまなざし〉だけではなく〈島外からのまなざし〉と共振する回路もある。それを、〈マスメディアとの接合・共振の回路〉として表現した。

　メディアがさまざまな作品を通じて奄美を語る際には、奄美という地域そのものを語る場合もあれば、南の離島・南国・独自文化の島などのイメージを利用してメディア作品の物語構造を強化する場合がある。そこでも〈島外からのまなざし〉が作動している。こうした外部のメディアによる奄美語りという視点は、狭義の地域メディア論では射程に入ってこない。

　3章では、そうした〈島外からのまなざし〉に基づいて奄美を語る島外メディアをとりあげる。極めて当たり前のことだが、奄美を語るメディアは外部にもある。ある意味ではテレビや映画などのマスメディアの方が、影響力をもって奄美という地域の物語を構築していく。それは〈島外からのまなざし〉であるとともに、全国的に放送・上映されることで〈島内のまなざし〉自体にも影響を与える。さらに、島のメディアと関わることで島人のアイデンティティ形成にさえも影響を与える。

地域の出来事や物語は、東京キー局、あるいは県庁所在地の地方局のまなざしによってフレーム化（被写体化・撮影・編集）され放送される。ニュース、ドキュメンタリーや紀行もの、そして映画・テレビドラマなどが制作され、地域外の人にも公開されていく。〈地域のメディア〉を考える際には、この〈島外からのまなざし〉と〈島内のまなざし〉の両輪のメディアの存在や関係が意識されなければならない。両者は分断していることもあれば、フォーマルな制度の中で、あるいは私的・個人的なかかわりの中で交叉し、記事・番組が発信されていく。

　2章の「テレビ・ビジュアルメディア編」で紹介したように、奄美にはこうしたマスメディアの出先事業者として、本社・本局といった上位局から直接派遣された社員以外に、現地で採用された特派員や記者がいる。彼らを介して取材された奄美の記事・映像は、奄美から鹿児島へ、福岡へ、さらには東京へと送られて、鹿児島県域・九州域・全国に報道・放送される。台風や事件などの際に、奄美からの映像が送られ、奄美と無縁の一般の視聴者の目にとまることになる。奄美の特派員は元新聞記者が多いが、そうした記者が月に1、2本のレポート映像を記事とともに鹿児島に送り、多くは鹿児島版の番組の中で放送される。

　こうした「奄美→県域→全国域」という情報の流れ以外に、奄美の映像（あるいは音声）が外部の視聴者・観客に公開される流れがある。奄美を舞台にした映画やテレビ番組がそれである。テレビ局・映画といったマスメディアの企図＝フレーム（まなざし）から切り取られ、ストーリー化されて公開される。言い方を変えれば奄美外の文化産業によって、マスメディアのまなざしによって、奄美が定義づけられていく。

　奄美に対する原作や制作者の元々の奄美イメージがあり、その奄美イメージをもとに完成した作品を起点にして新たな改訂版の奄美イメージがつくられていく。それは、島外の視聴者、都市の視聴者を魅了するだけではなく、同時に奄美の視聴者にも見られることで、奄美の人びと自身の自己イメージと交叉する。奄美作品の視聴からは、演出を優先させた誇張された描き方に対する反発も起これば、島に対する自己イメージの再定義も生まれる。

　テレビに話を絞れば、外部のマスメディアで奄美を日常的に取り扱うのは鹿

児島の放送局だが、それは同じ地域の出来事ということでの紹介や企画番組ということになる。いわば鹿児島ローカルである。これに対してナショナルなレベルで奄美を語るのが、NHKや民放キー局が制作する奄美をテーマにしたテレビ番組である。

●NHKが放映した奄美番組

NHKは開局以来、どれくらい奄美番組を制作してきたのであろうか。NHKの番組の年代記ともいえるNHKクロニクルを検索すると、番組表ヒストリーで1867件、保存番組で255件の番組が出てくる（2016.12.31）。鹿児島大学の気鋭の映像文化研究者中路武士は、奄美の映像アーカイブス研究の視点からNHKの番組に注目している。

南海日日新聞はこうした貴重な奄美の地域映像アーカイブスの研究作業を進める中路の投稿記事を掲載している。

> このような地域映像アーカイブスとともに、公共放送であるNHKのアーカイブスの映像もたいへん重要だ。２０１６年現在、２３４本もの奄美に関する映像が保存されている。……番組タイトルや番組内容の記述だけでも言語学的に時系列を追って分析すると、戦後７０年を通して日本本土が奄美にどのような「まなざし」を向けてきたのかがわかる。（南海日日新聞、2016.2.19）

奄美での民放放送の開始の遅さを考えれば、このNHKの映像は貴重な文化資産である。それがどのような変遷をたどってきたのかは、これからのメディア研究によって明らかになっていくと思われる。

中路の指摘によれば、NHKの番組の年代によって焦点の当て方、つまり奄美へのまなざし（フレーム＝物語の作り方）が違ってきているという。氏からは以下の示唆をいただいた（2016.3.1、南海日日新聞2016.2.19）。

1950年代：「日本本土への復帰」がニュース番組で報告されるのみ。
1960年代：「ハブ」の対策、「台風」被害、「貧困」に苦しむ人びとの姿が描かれる。
1970年代以降：奄美の番組数の増加、『新日本紀行』シリーズが始まる。つま

り、「日本・ふるさと」「伝統・伝承」などのキーワードのもと、奄美の「自然の豊かさ・美しさ」が表象される。
1985：田中一村の発見。『日曜美術館　黒潮の画譜』
2000年代：元ちとせや中孝介の登場。島唄への注目。

　中路は、奄美へのまなざしが、「社会問題・自然災害を抱えた島」から「大自然に囲まれた南国特有の文化をもつ島」へと移行してきていると指摘する。

　このようにNHKの奄美番組を振り返れば、〈島外からのまなざし〉による奄美への語りが時代とともに変遷していく過程を跡づけることができるだろう。奄美の人びとの奄美語りは、奄美内部で循環しているのではなく、本土（東京・大阪）のまなざしや〈本土のフィルター〉との媒介的な関係のなかで生まれていく。その関係生成の過程は、〈相互準拠的〉・〈螺旋的〉・〈往還的〉なプロセスである。

　想像されるのは、高度成長までの農事番組・災害番組などの機能的な番組。そして地方の時代・地域主義や地域学が語られる中で、失われつつあるなつかしい日本の原風景（原像）としての奄美の風土、民俗文化の紹介と称賛。さらに高度情報社会において、逆に仮想化されない・記号化されない本物志向、スピリチュアル・霊性志向の対象としての南島。そうした変遷が予想される。それは奄美で島唄・島ことば・島料理が復興するプロセスと重なる。

　少し丁寧に補足しておこう。奄美の島外では1960年代に奄美ブームがあり、内地の流行歌手によって奄美が歌われた。島のスターである大島ひろみが1959年（昭和34年）に奄美のセントラル楽器からレコード化した「島育ち」は、田畑義男が歌うことで1962（昭和37）年から翌年にかけて全国的にヒットした。同年、三沢あけみの「島のブルース」もヒットし、2人は年末の紅白歌合戦に出場している。復帰10年の年である。「島育ち」は岩下志麻主演で映画化され、喜界島でロケも行われた。こうしたテレビや映画を通じて"奄美"は、全国にイメージづけられた。ただ、紅白歌合戦における三沢あけみと岩下志麻の着物姿は大島紬ではなく、琉装である。つまり、当時の日本にとって奄美は、沖縄が返還される前の「南国」（オリエンタル）を代表する表象であった。

　宮田輝が司会し、名瀬小学校の体育館で中継されたNHKの「ふるさとの歌まつり」が1967年（昭和42年）である。そこでは、南のエキゾチックな島とし

て奄美は構成されていた。こうした島外からの奄美イメージを読み解くには、別途詳細な研究が必要であろう。ただ重要なことは、島外において、ＮＨＫが最も多く奄美の映像を番組化してきたということである。東京、あるいは大阪や鹿児島のまなざしで奄美が描かれる。そして、それは奄美の人びとも視聴者として受容する。「自然豊かな、独自の文化をもつ、南の島」は、全国の視聴者だけではなく、奄美の人びと自身の自画像をも規定してきたのかもしれない。

　この点からも、〈島外からのまなざし〉による地域の情報の発信という情報流があることを忘れてはならない。つまり〈地域のメディア〉、あるいは地域に焦点を当てたメディアというひろい視点が必要ということでもある。

　田中一村とアマミノクロウサギを例にとり、〈島外からのまなざし〉と〈島内のまなざし〉が交叉し共振していくプロセスを振り返ってみよう。

　写真家の松田幸治氏が発行した『観光ガイドブック：奄美大島〜自然と文化〜』（南國出版・鹿児島）の1980年版（最新改訂版）には、田中一村もアマミノクロウサギも登場しない。奄美大島のマップに、かろうじて「アマミのクロウサギ」（※のはひらがなが使われている）の文字と絵が出ているだけである。奄美群島観光連盟が1981年に出した『奄美群島観光ガイドブック』では、奄美の自然の中の「動物・植物」の項目のひとつに国指定天然記念物としてアマミノクロウサギが取り上げられている。「耳が短く毛が黒褐色のウサギ。後ろ足と尾も短く、カラダは普通のウサギより小さい。……生きた化石といわれる。奄美大島、徳之島の山岳地帯に生息するが、夜行性で用心深い動物のため、生態についてはまだはっきりわかっていない」とあるだけである。田中一村については触れられていない。つまり〈島内のまなざし〉のなかでは、田中一村もアマミノクロウサギも、1980年代初期のこの段階では文化資源や観光資源として視野に入っていない。

●マスメディアによる田中一村の発見と日曜美術館

　ＮＨＫの番組の功績のひとつに田中一村（1908〜1977）への着目がある。生前に脚光を浴びることのなかった孤高の画家は、文字通り〈島外からのまなざし〉であるメディアによって発見され、全国に流布されることで一躍人気画家として生まれ変わることになった。

ＮＨＫクロニクルの保存番組の中の田中一村番組を列挙してみると七つあることがわかる。10年間に1から2本であるから決して多いわけではないが、〈奄美・美術・田中一村〉という定番の記号セットは出来上がっているといえる。
　田中一村が逆境のなかで没したのが1977年（69歳）。この中央画壇に認められず無名に近かった画家は、南日本新聞の記事やＮＨＫの「日曜美術館」で紹介されたことで"発見"された。1984年12月9日に教育テレビで放映された「日曜美術館　美と風土（2）黒潮の画譜　異端の画家　田中一村」である。この番組制作に至るいきさつについては、田中を初めてマスメディアで紹介した南日本新聞記者の中野惇夫が「それぞれの胸に育む『私の一村』」（『田中一村作品集　新版』）の中で紹介している。

> 　翌一九八〇（昭和五十五）年夏、ＮＨＫ鹿児島放送局に在任中の松元邦暉ディレクターが奄美の海の採録で訪れた。その折、たまたま一村の絵が目にとまり、取材を進め番組となった。まず鹿児島の十五分番組で紹介、さらにその秋「九州80」（三十分）で放映された。そして一九八四（同五十九）年十二月十六日の教育テレビ「日曜美術館」の「美と風土」シリーズで「黒潮の画壇－異端の画家・田中一村」と題しての放送につながった。（中野惇夫、2001、7頁）

　1984年の日曜美術館の放映以後、たまたま番組をみたＮＨＫ出版の大矢鞆音（おおや・ともね：1938〜）の働きかけにより翌年の1985年には画集が出版された。『田中一村作品集〜ＮＨＫ日曜美術館「黒潮の画譜」』（日本放送出版協会）である。
　中野は南日本新聞奄美支局赴任中の、自身の田中との出会いや記事のことも書き記している。

> 　その年（一九七八年）の秋、私は町の話題を拾うつもりで、名瀬市大熊にある「奄美焼」の窯場を訪ねた。そこで窯元の宮崎鐡太郎夫妻から、前年の秋亡くなった画家の話を聞いた。それが田中一村と出会うきっかけだった。そのときは、すでに亡くなった画家の話が記事になるだろうかと、なにげなく聞き流していた。（中野惇夫、2001、5頁）

中野は一村の遺作を見せてもらい話を聞くうちに一村への関心を強め、翌年ついに南日本新聞地方面のトップに一村の画業と人生と死を記事として載せる（1979.3.13）。一村の死後2年後のその記事は、それでも大島発の情報というローカル記事としてであった。

> 【大島】名瀬市有屋で奄美大島の植物や鳥類を二十年も描き続けていた画家が、二年前人知れず異郷の地で六十九歳の生涯を閉じた。画壇から遠く離れ、孤独の人であったため、その画業が知られず埋もれようとしているが、恵まれぬ生活の中で絵筆ひと筋に打ち込んでいた晩年を知る数少ない人たちは、ことし九月の三回忌に「ぜひ遺作展を……」と話し合っている。（南日本新聞、1979.3.13）

　1979年の秋（11.30～12.2）になり、中野の奔走や宮崎鐵太郎ら生前に田中と懇意にしていた地元の人達の努力によって、名瀬市中央公民館で『田中一村画伯遺作展』が開催され3日間で3000人の市民が訪れた。大きな感動と驚きを与えたという。〈島内のまなざし〉の中にようやく少し田中が入ってきたのである。しかし無名の画家の作品展は鹿児島では開催されることはなかった。中野は、「無名の画家を世に送り出すことの難しさを思い知らされ、作品群はそのまま千葉の遺族に返すことになった」（中野、2001、7頁）とその無念さを記している。

　鹿児島の放送、九州の放送と徐々に拡大された田中を紹介するＮＨＫの番組は、1984年ついにＮＨＫの全国番組「日曜美術館」の中で放送される。その年、ＮＨＫ出版が出した『田中一村作品集』（1985）をもとに開催した全国巡回展は100万人近い人を集め、田中は一躍脚光を浴びる。この年の5月から9月、中野は南日本新聞に「アダンの画帖―田中一村伝」の連載をしている。この連載は、奄美の出版史に名を刻んでいる藤井勇夫が興した道の島社（鹿児島）から、1986年に『田中一村伝　アダンの画帖』（南日本新聞編集部編）として出版された。これが田中一村の最初の評伝である。一村に関する著作は1980年代はこの2冊があるだけである。

　その後90年代に入り、1995年に新版の『アダンの画帖　田中一村伝』が南日

本新聞社から出される（※この本は、1999年に小学館文庫から『日本のゴーギャン　田中一村伝』として再刊された）。更に、1996年に小林照幸が『神を描いた男―田中一村』を、1997年に加藤邦彦が『田中一村の彼方へ　奄美からの光芒』を出している。その他の出版は、2001年の奄美パークでの田中一村美術館開館時かそれ以降のものである。

　こうした経緯を振り返ると次のようになる。ＮＨＫ鹿児島放送局のディレクターの松元邦暉が1980年に"たまたま"奄美で一村の一枚の絵と出会い、それから取材を進めることで、田中一村はマスメディアによる放送という舞台にあがることになった。番組は、初めは鹿児島放送局の15分番組、そして九州域での30分番組へと拡大され、ついで1984年にＮＨＫの「日曜美術館」へと至る。教育番組とはいえ、この番組によって田中一村の存在が全国民に流布されたのである。このように一村の全国的な発見はテレビ放映が出版に先行した。

表3-1：ＮＨＫの田中一村関係の番組

放送日時	番組名	チャンネル
1984.12.09	日曜美術館　美と風土（2） 黒潮の画壇　異端の画家　田中一村	教育テレビ
1989.10.16	黒潮の画壇　～田中一村の世界～	ハイビジョン
1995.03.12	日曜美術館　奄美の杜　わが心深く ～田中一村の世界～	教育テレビ
2002.02.24	新日曜美術館　田中一村・亜熱帯の理想郷 ～立松和平　奄美の旅～	教育テレビ
2010.09.12	日曜美術館　田中一村　奄美の陰影	Ｄ教育１
2015.04.01	みつけよう、美「田中一村"海老と熱帯魚"」	Ｄ教育１
2015.04.12	日曜美術館「アートの旅スペシャル　見つけよう美」	Ｄ教育１

※Ｄはデジタル放送

　現在田中一村研究の第一人者であり田中一村美術館開館に向けて尽力した大矢鞆音は、ＮＨＫ出版で美術書の企画・編集に関わり、「現代日本画家素描集」（全20巻：1977～1981刊行）という空前のヒットを生み出した辣腕の編集

者である。このNHKの辣腕美術書編集者が1984年の放送を見て、その意義を直観し急遽『田中一村作品集』をNHK出版から出版する。そして、それをもとにした全国巡回展が開かれ、一村の名は見に来た100万人近い人へと拡散していったのである。こうして田中一村の名は、その孤高の人生をめぐる物語性によって増幅されつつ、奄美イメージを代表する画家として、"日本のゴーギャン"や（田中ではなく）"一村"として表象されていく。

〈島外からのまなざし〉であるNHKの美術番組が契機となり、田中一村という奄美の文化資源が発見され、それはやがて「日本のゴーギャン」というオリエンタリズムを彷彿とさせるようなシンボリックな表現で表象化・記号化されていく。それは田中一村をめぐって、1980年代半ばから1990年代半ばに奄美の外と中で起こったひとつのメディア的出来事＝〈メディア媒介的展開〉だった。

●マスメディアとアマミノクロウサギ子育ての発見

田中一村が、国民的な範域での社会的認知という意味でNHKという放送メディアによって"発見"されたとするなら、アマミノクロウサギもまた"発見"である。それは、太古からの生き物としてのクロウサギを育む奄美の太古の森の発見でもあった。NHKの「いきもの地球紀行　奄美大島の森　初めて見るクロウサギの子育て」は、大きな反響を呼び、アマミノクロウサギを一躍全国に知らしめた。

現在、奄美市公式キャラクターの「コクト君」にもなっているアマミノクロウサギは、幕末の薩摩藩士名越左源太の奄美大島地誌『南島雑話』では「大島兎」の名で登場する。「耳短くして倭の兎と異なり猫に似る」と説明されている。しかし、地元では1920年までは肉が食用とされたり、婦人病の薬になると信じられていたという。1921（大正10）年に国の天然記念物第1号に指定され貴重種として認定されたのだが、ハブの生息する夜の森に分け入ってその生態を調べようという研究者はいなかった。

奄美の最初の市販写真集『奄美の世界』を出版した松田幸治氏によれば、島で撮影に明け暮れた1970年代半ば頃は、一部の動物学者にしか関心をもたれておらず、地元の関心もなかったので写真の対象にしようとも思わなかったとい

う(※田中一村も同様で、絵のうまい染色工がいるという紹介であったため、観光ガイドブックの表紙挿絵を依頼することもしなかったという)。

　そのメディア上の発見は、別稿で紹介した奄美出身・在住の写真家である浜田太氏の存在抜きには語れない。アマミノクロウサギの社会的認知は、NHKというマスメディアと地域メディアとしての浜田太氏の写真・映像事業との出会いと相互作用のなかで認知が拡大していった好事例である。アマミノクロウサギもまた、オリジナルな文化的苗床が、〈メディア媒介的展開〉をすることで、国民的な社会的事実として認知されていったのである。

　しかも表3-2 からもわかるように、NHKの番組の中で、〈島外からのまなざし〉のみによってアマミノクロウサギを撮影して番組にしたのは最初の「生きもの地球紀行」(1995)だけである。それ以降は、地元の写真家である浜田太氏と出会い、浜田氏に依拠するかたちで、あるいは両者のコラボレーションによって番組が成立している。浜田氏は、アマミノクロウサギと出会ってから実に8年後にようやくアマミノクロウサギの子育ての巣穴を発見している。さらに、1996年にようやく巣穴での子育ての動画撮影に成功している。この感動的な映像が、その後のアマミノクロウサギの社会的認知に大きな貢献をすることになった。

　ホライゾン編集室が編集し、奄美群島観光連盟発行の『ホライゾン』Vol.2 (1995)では、「奄美民話美術館 アマミノクロウサギとハブのお話」(文:嘉原カヲリ・写真:浜田太)が見開き2ページの写真・記事として割かれている。見開き2ページの四分の三をしめる写真は、アマミノクロウサギの巣穴からハブが出て来て、その隣にアマミノクロウサギ自体が顔を出している決定的なシーンの写真である。巣穴の発見は1994年であり、その次の年にNHKは初めてアマミノクロウサギを取り上げて、「生きもの地球紀行 奄美大島 亜熱帯の森にクロウサギが跳ねる」を放映している。さらに、「生きもの地球紀行 奄美大島の森 初めて見るクロウサギの子育て」が放送されたのが1999年であるから、最初の出会いから実に13年の歳月を費やしている。

　つまり、奄美の文化資源としてのアマミノクロウサギは、地元の写真家浜田太氏の文字通り人生を懸けたとさえ言ってよい長年の奄美の森通いによる撮影という営み抜きには、〈メディア媒介的展開〉がされなかったと言えるのでは

なかろうか。困難を極める撮影は、アマミノクロウサギの声なき声を人間社会に伝えたい、奄美の自然の豊かさや貴重さを伝えたいという浜田氏の強いミッションと長年の撮影努力の蓄積の上で花開いている。今日では誰もが貴重な自然遺産として認知する奄美の森とアマミノクロウサギだが、浜田氏によれば、それに関心を向けることは当時の奄美ではかなり特殊なことであっという（メール取材：2016.7.22）。

> 1980年代後半まで奄美の森はハブがいて一銭の値打ちもないと言われていた時代でしたので山で泊まって撮影など気狂のやることだと言われさげすまれてきました。ですのでアマミノクロウサギの生態などを調べる研究者もいませんでしたし一般の人たちもアマミノクロウサギに興味は持っていませんでした。
> でも自分の道はこれしかないと心に決めて、いつか、ＮＨＫの自然番組でやりたいと夢を持って生態解明に取り組んでいました。（浜田太、2016.07.22）

浜田氏の奄美への思いは深い。写真集『時を超えて生きる　アマミノクロウサギ』に「奄美大島―森の曼荼羅」というエッセーを寄せた立松和平は、浜田氏について次のように評している。

> 浜田太さんは生まれ故郷の奄美大島を愛する、根っからの奄美人である。奄美を生涯のフィールドワークの場所と決めた浜田太さんと、奄美大島を旅することは楽しい。……奄美の消えゆこうとしている美しい風景やら人の営みに向ける眼差しが限りなくやさしく感じられ、こちらも心がやさしくなるからである。……奄美の自然と人の営みを撮影するのが浜田さんのライフワークであるが、それは奄美人として故郷に生きようという覚悟からくるものだ。（立松和平、1999）

このように、浜田氏のなかには〈島内のまなざし〉が身体化している。しかし同時に、その活動の成果はＮＨＫによる番組という〈島外からのまなざし〉と共振することで注目され拡帳した。言い換えれば、アマミノクロウサギの子育て発見は、地元の写真家による〈島内のまなざし〉からの〈メディア媒介的展開〉と〈島外からのまなざし〉による〈メディア媒介的展開〉がコラボレー

表3-2：NHKのアマミノクロウサギ番組と写真家浜田太との関わり

放送日時	番組名（+番組内容）	チャンネル
1986.07	※備考：浜田太　金作原原生林近くの林道でアマミノクロウサギと出会う。	
1994.11	※備考：浜田太　アマミノクロウサギの子育ての巣穴発見（撮影の失敗）する。	
1995.07.10	生きもの地球紀行　奄美大島　亜熱帯の森にクロウサギが跳ねる（※語り：宮崎淑子）	総合テレビ
1996.11	※備考：浜田太　アマミノクロウサギの子育ての巣穴を発見し写真撮影に成功する。	
1998.05	※備考：浜田太　アマミノクロウサギの子育ての巣穴を発見し動画撮影に成功する。	
1998	※備考：浜田太写真集『時を超えて生きるアマミノクロウサギ』出版・小学館	
1998.12.08	※備考：記者発表し、多くのニュースメディアに取り上げられる。	
1999.01.04	生きもの地球紀行　奄美大島の森　初めて見るクロウサギの子育て（語り：柳生博）（浜田太写真事務所HP：「撮影を担当」とある）	総合テレビ
1999.7.21	※備考：絵本「とんとんとんこのこもりうた」（作・絵：いもとようこ、協力：浜田太）出版・講談社	
2002	※浜田太　小学館ウィークリー天然記念物シリーズ「アマミノクロウサギ」を担当。	
2003.06.09	地球・ふしぎ大自然　なぜ生き残った？黒いウサギ　奄美大島　太古の森（※語り：武内陶子）（浜田太写真事務所HP：「制作」とある）	総合テレビ
2003.06.09	同上（再放送）	D衛星HV
2005.05.12	知られざる野性アマミノクロウサギ　森に潜む生きた化石（※放送内容：貴重な映像を紹介する。語り：塚原愛）	D衛星HV
2006.04.05	同上（再放送）	衛星第二テレビ
2007.03.07	ハイビジョン特集　日本人カメラマン野性に挑む　浜田太・アマミノクロウサギ神秘の生態に挑む（※番組内容：奄美在住の動物カメラマン、浜田太さんが、観察されたことすらない謎の生態、求愛や交尾の撮影に挑む。…浜田さんの挑戦を軸に、クロウサギの神秘の生態を解き明かす。出演：浜田太、語り：内田勝康・鹿島綾乃）	D衛星HV
2007.05.07	同上（再放送）	D衛星HV
2008.09.02	はろ～！あにまる「九州・沖縄1～アマミノクロウサギ（1）」（※出演：水樹奈々、野川さくら）	D衛星HV
2008.09.03	はろ～！あにまる「九州・沖縄1～アマミノクロウサギ（2）」	D衛星HV
2015.06.11	ハイビジョン特集　日本人カメラマン野性に挑む　浜田太・アマミノクロウサギ神秘の生態に挑む（再放送）	DBSプレミアム
2016.02.15	ワイルドスペシャル　「世界の希少な生きものたち　知られざる素顔に迫る！」（※番組内容："希少生物の宝庫"奄美大島をアナウンサーが訪れ、地元の動物カメラマンと、日本の天然記念物アマミノクロウサギの撮影に挑戦する。出演：浜田太・久保田祐佳アナ）	DBSプレミアム

※Dはデジタル放送、HVはハイビジョン放送

ションした好例である。

　それは、まさに〈マスメディアとの接合・共振の回路〉そのものであろう。いまやアマミノクロウサギは、奄美の森の世界自然遺産登録の貴重な切り札となろうとしている。つまり〈メディア媒介的展開〉は、ナショナルな評価の次元から、グローバルな評価へと拡張されようとしている。

　少し強引なまとめ方をすれば、田中一村とアマミノクロウサギという奄美の文化資源＝メディアコンテンツ資源は、1980年代半ばに一部の先駆者たちによって発見され、気がつかれ、1995年くらいに開花し初期の〈メディア媒介的展開〉を始めた。つまり国民的なスケールでの両者の発見は、この1990年代半ばである。そしてさらなる〈メディア媒介的展開〉は、この二つの資源が繰り返しメディアに登場する2000年代に入ってからである。

2節　NHKの紀行番組と奄美映画

●NHKの紀行番組

　NHKは、2016年1月に「新日本風土記　奄美」を放送した。現在の奄美の魅力や島で活躍する重要な人物を幾人も盛りこんだ力作である。NHKは、これまでさまざまな紀行・風土記番組を制作してきたが、この節では「新日本風土記　奄美」に焦点をあてて、〈島外からのまなざし〉について若干の考察を試みておく。

　同じ〈島外からのまなざし〉であるとはいえ、「新日本紀行」の時代の奄美の描き方と現在の奄美の描き方には差がある。「新日本紀行　与論島」は、2007年2月24日に39年ぶりに再放送されている。映像では、人びとや自然に焦点が当てられ、離島での厳しい暮らしが綴られている。高度成長に取り残された南の離島。独特の文化・風習、そして人びとの苦難、それが当時の奄美を描く表現の作法であった。

　ちなみに、奄美の島唄とメディアとの交叉の歴史を振り返ると、奄美のうたの歴史にとって最も大きな出来事のひとつである築地俊造が日本テレビ主催の第2回日本民謡大賞全国大会で日本一に輝いたのが1979年である。「新日本探訪　島の唄　母の唄」（1993）に登場する坪山豊が南海日日新聞社主催の第1回

奄美民謡大賞で優勝するのが1980年、中野律紀が日本民謡大賞で優勝するのが1990年である。15歳の中野の優勝はテレビを通して奄美でも視聴された。

　こうした奄美のメディアと文化の歴史（文化メディア史）を振り返れば、1970年代は〈島外のまなざし〉によって、奄美の自然と暮らしが"日本の辺境"として描かれた時代である。1980年代は、〈島外のまなざし〉である日本民謡大賞を通じて、〈島内のまなざし〉のなかに島唄が文化的な地位を上げていく時代。90年代は、「新日本探訪　島の唄　母の唄」のように奄美の文化としての島唄が若干注目され始める時期といえよう。ただ、90年代以降も、他の番組タイトルをみる限り、漁・長寿・民俗舞踊・祭りなどが並ぶ。

　番組内容を検討していないので限られた解釈しかできないが、タイトルからいえることは、2000年代とりわけ2010年代の変化であろう。この時期から、奄美は現代に続く独特の民俗文化、島唄・歌謡曲の盛んな島、そして癒される旅の対象の島、大自然に囲まれた島、南国特有の独特の文化をもつ島といった、大都市にとっての癒しの対象となるようなオルタナティブな島として表象されていく。その象徴的な番組例、ある意味では極限の形が、2016年に放送された「新日本風土記　奄美」である。

　今回の「新日本風土記　奄美」は完成度の高さや〈まなざし〉において、これまでとは違う明確で新しいメッセージ性をもっている。内容分析は本書の課題ではないが、結論からいえば、そこに描かれているのは「神秘の島」「神の島」としての奄美の物語化である。（※このフレームは、加藤晴明研究室の社会調査実習において、6名の参加学生たちと共同で展開した奄美研究プロジェクトの成果として発見されたものである。2015年度実施）[1]

　同時に、この番組は奄美の魅力要素として、民俗的な要素、神秘的な要素、島の文化ムーブメント（※島口復興ムーブメントの先頭に立つ島のラジオ）と、ある意味では奄美エッセンスをもれなく盛りこんだ構成になっている。故郷（ふるさと）という魅力要素もたくさん盛りこまれているが、「南の島」である奄美の独特さとして、そうした故郷的要素も神様と結びついていることが強調されている。

　奄美の精神世界は、いわば奄美の文化の基盤・土台であり、個々の具体的な民俗文化（文化的行為）の基層である。つまり「新日本風土記　奄美」は、他

の「新日本風土記」がどちらかといえば風土を土壌にして、その土壌の上で生きる人びとのドラマが描かれることが多いのに対して、各コーナーでの人びとの映像クリップを通じて奄美の精神世界の魅力が静かにしかし力強く語られる構成になっている。

　確かに、筆者らの奄美研究が始まった2008年以降をみても、奄美の書店に奄美のユタ神様の本が増えている。都市のまなざしという〈島外からのまなざし〉にとっては、奄美の固有の文化（うた・食・クラフト）も重要であるが、それらの文化のアイテムは、単なる郷土アイテムではなくより象徴的で神秘的なものでなければならない。それがこの番組で強調された「神の島」という基調である。その周辺にそれを媒介する具体的なアイテムとして配置されているのが儀式・風習の数々である。無形民俗文化財としての祭り、先祖崇拝の行事、神事としての相撲、先祖の迎え、墓への祈り、神聖な場所、そして歌い継がれてきた島唄や島口などである。

　こうした宗教性や精神性や奄美の文化的固有性（島唄・島口）は、〈島外からのまなざし〉による21世紀の奄美の表象のされ方の大きな作法とさえなってきている。それは河瀨直美の映画「2つ目の窓」が「神の島」として奄美をシンボリックに描いたのと似ている。これらは、これまでの南島イデオロギーやオリエンタリズムというまなざしよりも、都市型社会の成熟の帰結として理解したほうがよいだろう。もちろん、奄美にはそうした表象を感じさせる苗床がまだ残っている。それが観光客だけではなく、メディア制作者、知識人や研究者をも惹きつける。

　極論すれば、「癒しの島」や「神の島」としての奄美は、都市化した現代社会やデジタル化したメディア社会へのカウンターを求めるという、いわば〈都市のまなざし〉を通して探し出され構築された奄美である。その意味では、奄美は21世紀になって再び"発見"されたのである。

表3-3：NHKの紀行・風土記系の番組（島唄・歌謡関係の番組を除く）

放送日時	番組名（+番組内容）	チャンネル
1965.11.23	NHK放送文化財映画　稲霊がなし　奄美の民俗と芸能	教育テレビ
1968.02.26	新日本紀行　与論島～鹿児島県～	
1969.05.05	新日本紀行　奄美の海、初夏～鹿児島県～	
1970.04.06	新日本紀行　永良部花の島～奄美・沖永良部島～	
1972.03.06	新日本紀行　奄美のふる里～加計呂麻島～	
1973.03.12	新日本紀行　南島冬景色～奄美大島～	
1975.01.06	新日本紀行　奄美の歳月～鹿児島県奄美大島～	総合テレビ
1977.08.22	新日本紀行　夏・尼っ子の街～兵庫県尼崎市～	総合テレビ
1978.08.16	新日本紀行　南の島々の物語（1）　さんご礁の狩人～奄美・与路島～	総合テレビ
1979.08.16	新日本紀行　黒潮ロマン（3）　碧い道路～トカラ列島往来～	総合テレビ
1986.09.15	南の島の長寿村　～奄美大島・龍郷町円～	総合テレビ
1989.10.21	日本列島ふるさと発スペシャル　実録・仮面の舞～奄美大島・諸鈍シバヤ～	衛星第一テレビ
1991.07.21	新日本探訪　母たちの応援歌～奄美喜界島～	総合TV
1993.12.10	新日本探訪　島の唄　母の唄～奄美大島～	総合テレビ
1994.10.09	新日本探訪　"上人（ウンチュ）"が笑った～奄美大島・長寿村の敬老の日～	総合テレビ
1996.02.07	ETV特集　伝説の名人たちそして男は海になった	教育テレビ
1996.09.18	ETV特集　老いをふるさとの海で～奄美・待ち網漁～	教育テレビ
1997.07.21	ETV特集　わがヤポネシア詩人　高良勉、琉球弧からのまなざし	教育テレビ
1997.11.02	ふるさとの伝承　南島の八月新年・奄美大島の豊年祈願祭	教育テレビ
1998.09.13	ふるさとの伝承　田の神・稲の神	教育テレビ
2005.05.31	九州沖縄スペシャル　ウタは海の恵みに育まれ　奄美大島　佐仁・秋名	D総合1
2008.05.29	民俗記録映画　海上の道　奄美群島　第1部	
2012.12.18	にっぽん紀行　島の紅白歌合戦～鹿児島　奄美大島～	D総合1
2013.07.28	小さな旅　青い海のなか～鹿児島　奄美大島～	D総合1
2013.10.13	のんびりゆったり路線バスの旅「太陽と笑顔につつまれて～鹿児島　奄美大島～」	D総合1
2016.01.15	新日本風土記　「奄美」	DBSプレミアム

※D：デジタル放送

●奄美映画とは

　沖縄映画があるように、奄美映画というものがある。正確には、奄美がテーマや舞台になる作品であり、その「奄美のシーン（※ロケ地が奄美であるか否かを問わず）が物語の中で登場人物やストーリーにとって、あるいは作品のメッセージにとって重要な意味を持つ作品」と定義できるだろう。

　沖縄映画については、〈島外からのまなざし〉による優れた紹介本がまとめられている。世良利和『沖縄劇映画大全』（2008）である。世良は、「何らかの意味で沖縄がテーマや舞台、あるいは物語の背景となっている作品」と定義している。ただその大半は島外者・島外資本という〈島外からのまなざし〉によって制作された映画である。この点について世良は、「日本映画」と比較しながら「沖縄映画」の特徴について次のように語る。

> 　しかし「沖縄映画」の場合は事情が異なる。たとえば「沖縄がテーマや舞台になる映画」の大半は、本土の監督やスタッフ、俳優によって制作された本土資本の作品だ。使われる言葉も本土の共通語が基本で、沖縄側から見れば違和感のあるケースも少なくない。逆に「監督や主なスタッフ、俳優が沖縄出身で、沖縄を描いた地元資本によるウチナーグチの作品」と厳密に定義すると、その数は極端に少なくなる。（世良利和、2008、4頁）

　世良は、戦前・戦後の劇映画まで遡りながら沖縄の映画について詳細な資料を紹介している。その中で、『男はつらいよ　寅次郎　ハイビスカスの花』（1980）を最初の作品として、1980年代に沖縄が「癒しの島」「望郷の島」として描かれていくことを指摘する。

> 　そして本土から来た主人公たちが沖縄で何かを見つけたり、誰かに出会ったりして成長し、美しい南島の自然と人情に心癒されるというパターンは、この八〇年代を通して定番化される。……『メイン・テーマ』（八四）では、……ただし映画自体は万座ビーチホテルとタイアップし、そのリゾート地としての魅力を全面的に描く露骨な観光ＰＲ映画だった。『マリリンに逢いたい』

> （八八）は、……東京で結婚の準備を進めていた女が座間味の美しい海に心癒され、島の若者に心惹かれていくという内容だ。（世良利和、2002、42頁）

　厳密な意味では奄美映画、つまり世良の表現を借りれば、「監督や主なスタッフ、俳優が奄美出身で、奄美を描いた地元資本の島口の作品」といったものはない。ひとつの例外は、龍郷町教育委員会・郷土教材映画制作委員会が企画・制作した『愛加那　浜昼顔のごとく　シマの心、受け継ぐ強さ』である。西郷隆盛生誕180年を記念して2007年に制作された郷土学習用の映像作品である。ＤＶＤパッケージには、次のような説明がある。

> 　西郷隆盛の妻であり、西郷菊次郎の母である、奄美大島龍郷出身の愛加那の生涯を振り返り、明治維新を為した西郷隆盛の志、身体的なハンディキャップをものともせず社会に貢献した西郷菊次郎の郷土と母への想い、彼らを支え続けた愛加那の愛情とたくましく生きる姿を映像化し子供たちの愛郷心や生きる指針となるように制作しています。

　こうした郷土教育用の作品は例外として、わかる範囲で奄美映画・テレビドラマをまとめたものが表3-4である。（※奄美が重要な舞台になっているもの、原作に奄美の作家がからんでいるものなど、少し範域をひろくとって作表した。）

●映画・ドラマにみる〈島外からのまなざし〉：奄美物語の３パターン

　既に指摘してきたように島外メディアによる奄美語りは、場合によっては国民的な規模で奄美イメージを形作る。ニュース番組のなかでの個々のトピック話題だけではなく、映画やドラマは強い物語性やメッセージ性をもってそうしたイメージを形作ることになる。〈島外からのまなざし〉の理解の補助線として、奄美映画・ドラマの中の共通の物語構造について簡単にふれておこう。

　そこに共通にあるのは、基本的には奄美に来島することによる〈再生の物語〉の構造である。再生は、〈救済・再生〉と理解してもよい。さらにその救済と再生には3パターンがある。（Ａ）人生の再スタート、（Ｂ）命の継承、

(C）成長である。

表3-4：奄美映画・ドラマ

公開年	タイトル・番組名・説明	ロケ地	制作
1956	怪傑耶茶（やちゃ）坊　（前・後編）	なし	日活
1960	エラブの海	沖永良部島他	日本映画新社
1963	島育ち	喜界島	松竹大船
1965	絶対多数	不明	松竹大船
1968	神々の深き欲望（※奄美出身の安達征一郎の小説が原作の一つといわれている。）	南大東島・石垣島	今村プロダクション
1971	儀式	与論島	創造社　ATG
1973	青幻記・遠い日の母は美しく	沖永良部島	青幻記プロダクション
1990	死の棘	加計呂麻島	松竹
1993	きこばたとん	沖永良部島他	鹿児島テレビ他
1995	男はつらいよ　寅次郎紅の花	加計呂麻島	松竹
1997	虹をつかむ男　南国奮斗編	奄美群島	松竹
2004	島の唄　Thousands of Islands	奄美群島	制作委員会
2004	フーチャー旋律の彼方へー	沖永良部島	KAERU CAFE
2007	ジャッジⅠ　Ⅰ　島の裁判官　奮闘記	奄美大島	NHK総合
2008	ジャッジⅠ　Ⅱ　島の裁判官　奮闘記	奄美大島	NHK総合
2009	余命	加計呂麻島	制作委員会
2013	島の先生	加計呂麻島	NHK総合
2014	2つ目の窓	奄美大島	WOWOW他

　そもそもこの〈救済・再生の物語〉という構造は、インターネット普及期にしばしば制作されたネット恋愛の物語構造と酷似している。ネット空間というアナザーランドを入口にして、そこでの偶発的な出会いにより、いまある制度的自己から解放され、ほんものの自己と親密さに出会うという物語構造である（加藤晴明、2001、2012）。

　ネット恋愛においては、メディア空間での異質な他者との偶発的な出会いが、自己の再生の転機であった。奄美映画・ドラマではこのメディア空間が、南の島に置き換わる。南の島自体がメディア（※筆者（加藤）は、メディアを「自己を仮託する文化装置」と位置づけてきた。2012）となり、そのメディアとの出会いが"人生の転機"となり新しい自己が生成・再生していく。

表3-5：奄美映画・ドラマの物語構造（奄美物語の構造）

（奄美と対比される）現代社会のネガティブ		
文明・開発の世界	都市の世界	仕事の世界
↓		
来島・（帰島） 奄美の魅力要素＝〈奄美エッセンス〉に出会い、それが〈人生の転機〉となる。		
再生の物語（救済と再生）		
物語パターン１	物語パターン２	物語パターン３
人生の再スタート	命の継承	成長
人がこれまでの人生をやり直す。人生の敗者復活戦＝リベンジが可能となる。	生命の神秘が宿る島で、命が次の世代に引き継がれていく。	少年や若者が、幼さから脱皮し、人として成長していく。性的にも大人になる。
作品例：死の棘、ジャッジ、島の先生、男はつらいよ、神々、めがね等※ただ、神々は、さらに逆転して、開発の逆襲が待っている出口のない物語構造をしている。	作品例：余命、２つ目の窓ヒロインなど	作品例：２つ目の窓主人公など

◎奄美と対比されるネガティブな世界

奄美（南島）と対比される現代社会のネガティブが措定される。そこでは、①文明・開発の世界、②都市の世界、③仕事の世界が設定されている。主人公は、そうした世界から離れ奄美に来島することで、奄美の魅力要素、つまり〈奄美エッセンス〉と出会う。そしてそれが"人生の転機"となる。

◎救済と再生の物語構造

（Ａ）人生の再スタート：主人公がこれまでの人生をやりなおす。いわば、人生の敗者復活戦として再生する。
（Ｂ）命の継承：生命の神秘が宿る島で、命が次の世代に引き継がれていく。
（Ｃ）成長：少年や若者が、幼さから脱皮し、大人へと成長していく。

奄美映画・ドラマのなかでは、奄美はこうした人生の再スタートをするほどに魅力ある島として描かれる。もちろん、奄美は自然の多様性・希少生物の宝庫

という側面はあるが、映画・ドラマは人間の物語（ドラマトゥルギー）である。その意味では、自然は島らしさの背景とならざるをえない。主人公にとって、その島がどのような象徴的な存在として映るのか、受け止められるのか、そのことで行為がどう変化するのかが重要な構成要素となる。こうした奄美の物語構造のなかでは、奄美の魅力エッセンスもまた3パターンをもって描かれる。

（a）神秘の島：神・森・海・性が重要な要素となる。シャーマン（神様）の祈り、祈りのある暮らし、太古の森、人を圧倒する台風の海、荒ぶる性。奄美はそうした神秘的な自然と聖なるものや超越的なものへの畏敬が満ちた島として描かれる。

（b）故郷の島：なつかしい日本の原郷、つまりふるさととしての奄美。素朴な暮らしと人びととの濃密なつながり、そして自然と共生する豊かな民俗文化。そこでは現代社会が失った日本の原像としてのふるさとの情景が描かれる。

（c）南国の島：都会人が空想する抽象的な南の島。具体的な民俗性や固有性を消去し、抽象的で空想として描いた架空の南の島。与論島を舞台にした映画「めがね」に描かれたのはそうした典型的な南国の島である。ある意味では南国は、奄美、ハワイ、沖縄、バリ等でも構わないことになる。

表3-6：奄美の魅力の描き方（奄美の魅力の3パターン）

奄美の魅力を描く3パターン ※各作品が、奄美を「どんな島」として描いているのか。		
神秘	故郷（ふるさと）	南国
奄美を神秘の島として描く物語の構造。具体的には、神・森・海・性（野性）が重要な要素となる。シャーマン（神様）の祈り、祈りのある暮らし、太古の森、台風の海への畏敬、荒ぶる性	なつかしい日本の原郷、つまりふるさととして描く物語の構造。素朴な暮らしと人々のつながり、そして自然と共生する豊かな民俗文化。そこには現代社会が失った日本の原像＝ふるさとの情景がある。	都会人が空想する抽象的な南の島。具体的な民俗性や固有性を消去し、抽象的で空想として描いた架空の南の島。「めがね」に描かれたのは、そうした典型的な南国。奄美、ハワイ、沖縄、バリでも構わない。
表象： ユタ、ノロ、神社、祭事、深い森、台風の海、奔放な性、命宿る静かな海	表象： 島唄、島料理・島野菜、相撲・結、青年団、壮年団、海、おばあ	表象： 静かな海、健康的な料理、のんびり時間、スローライフ、たそがれ、
作品例： 神々の深き欲望、2つ目の窓、余命、新日本風土記	作品例： ジャッジ、島の先生、男はつらいよ、死の棘、新日本風土記	作品例： めがね

3節　小括：奄美をめぐる〈表出の螺旋〉の多層性

　〈地域メディアの総過程〉という視野に、奄美映画のような〈島外からのまなざし〉にもとづくメディアまでを包摂しようとする場合に、〈表出の螺旋〉の次元もより多層化して考える必要が出てくる。総括的な考察は6章で展開するとして、とりあえず〈島外からのまなざし〉から得られた示唆をもとに五つの層を考えてみた。狙いは、〈表出の螺旋〉をさらに多層に拡大していくことを目指すということである。ケーブルテレビ、コミュニティＦＭといった地域メディアという業種を考えるのではなく、〈地域のメディア〉の裾野やその動態である〈表出の螺旋〉の渦の厚みを理解していくうえでは、業種としての地域メディアの外にひろがる様々な人びとの交叉、そして多様な文化表現活動を組み込む図式が必要になる。〈表出の螺旋〉の含意を、これまでの俯瞰図を描く作業に準拠しながら整理すると以下のような第1から第4までの位相を描くことができる。思考の整理のために試作として提示しておこう。

〈表出の螺旋の第1位相：島の情報メディア群の渦〉
　奄美には実に多くの〈地域のメディア〉がある。印刷媒体から放送媒体、そしてネット媒体まで、奄美を語る文化装置としてのメディアが溢れている。奄美は自己語りメディアに満ちた島である。こうした各種の情報メディアも相互準拠しながら表出の螺旋を形成する。

〈表出の螺旋の第1.5位相：外部に繋がる人・情報ネットワークの渦〉
　しかも、奄美内には全国紙の記者、全国放送の通信員もいる。本社から派遣されてきた記者もいるが、地元で雇われた元地元新聞の記者なども多い。つまり地域内の閉じた情報・人ネットワークの中だけで、情報が発信されてきたわけではない。外部との開放的なネットワークのなかで、メディアによる表出の螺旋の位相は形成されてきた。情報の配信も含めて、奄美のメディア企業は外部のメディア企業とも繋がっている。

〈表出の螺旋の第2位相：島の文化表現活動の渦〉
　島の情報メディア事業は、そのひろい文化表現活動の裾野に支えられている。もっと多様な文化活動をつうじて奄美の文化は語られ伝承・創生されてき

た。趣味としての音楽活動もあれば、使命をもって文化講座や文化教室を営んできた人達がいる。地元のメディアはそうした地域のなかの文化活動と、大会などのイベントを通じて相互連鎖的な関係も持っている。つまりメディア事業は、そうしたメディア事業に関わる人びと、関係する人びと、関心をもつ人びとの〈社会的想像力と活動の総体〉としてある。メディア事業とその文化的苗床を複合したものとして捉えていく必要がある。これも情報メディア事業の基盤として重要な〈表出の螺旋〉の位相である。

〈表出の螺旋の第3位相：マスメディアによる島語りの渦〉

　マスメディアによる奄美番組・奄美映画を通じた島語りである。それらもまったく外在的というよりも、奄美の様々な人や文化との交叉のなかで語られている。〈マスメディアとの接合・共振の回路〉と名づけてきた。奄美研究者もここに入るだろう。

〈表出の螺旋の第4位相：奄美ファンやウェブを舞台にした広大な島語りの渦〉

　島唄ファンや奄美音楽ファンの語り、さらには南の島が好きな観光客などの旅行記に代表される多様な島についての語り。そうした語りをＳＮＳが威力を発揮して拡散していく。5章のウェブの節でも少し触れる。

　　　　　　　　※　　　　　　　※　　　　　　　※

　〈表出の螺旋の第3位相〉であるマスメディアによる島語りについて補足しておこう。マスメディアに代表されるような〈島外からのまなざし〉は、誤解を恐れずに極論すれば、〈一極集中都市東京のまなざし〉であり、ヤマトからのまなざしである。そのまなざしは、番組を作る側のまなざしでもあり、それを消費する圧倒的多くの国民のまなざしでもある。そうした〈島外からのまなざし〉による奄美語りの位相が、逆に大きな影響力も発揮している。

　奄美のテレビ露出はこの数年で確実に増えている。バニラ航空（ＡＮＡ系）という格安航空路線が大きな転機となった。奄美を紹介する書籍も急増している。ＪＡＬ系の機内誌『コーラルウェイ』は、2016年新北風号（11/12月）で、沖縄の八重山の次は奄美だと言わんばかりに「猫のダヤン　奄美大島に飛ぶ！！」の特集を組んだ。

　この〈一極集中都市東京のまなざし〉という〈島外からのまなざし〉による

奄美の視覚的描写や語りは、奄美だからということよりも、東京・都市のオルタナティブ（代替）のひとつとして奄美が求められ、そのまなざしの都合によいように位置づけられているということだろう。ブームとしては、沖縄の離島の延長にあるからだ。

当然のことながら、それは奄美に生きる人びとの文脈に依拠した奄美語り、つまり奄美の文化や奄美人としてのアイデンティティの固有性にこだわる奄美の人による奄美語りとは異なる。

〈一極集中都市東京のまなざし〉〈マスメディアのまなざし〉は、工業化・都市化・均質化し成熟した都市型社会に対するアンチとしての"日本の原郷"、（※より極私的な"私の原郷"かもしれない）を追い求め続ける。そうした源郷探しの到着点は辺境である。八重山、奄美、下北、能登、そうした辺境に焦点が当てられるのは、かつての九学会連合の調査対象設定と似ている。

そして重要なのは、〈一極集中都市東京のまなざし〉〈マスメディアのまなざし〉は、逆に奄美の人びととの奄美イメージさえも形づくっていくことだ。なぜなら、奄美で視聴される日常のテレビは、東京発・大阪発・鹿児島発しかないのだから。奄美の人自身がつくる奄美映画、奄美映像はないといってもよい。（※一部ケーブルテレビが、イベント中継番組、ニュース、地元紹介の娯楽番組を限られた加入者に放映するだけである。）

さらに、そうした奄美をテーマや舞台にした番組は奄美の人びとと関係なしに作られるわけではない。番組は、島の人びととの出会いや人ネットワークといった相互作用のなかでつくられる。

こうした〈島外からのまなざし〉と奄美の人びととの関係は、相互準拠的・相互浸透的である。再帰的という言葉もよく使われる。再帰的とは、ブーメランのように自分に立ち返ってきて、物事のプロセスが展開していくことだ。そうした相互準拠的・相互浸透的な関係のプロセスを通じて、奄美語りの多層で多様な渦としての〈表出の螺旋〉が作動していく。

かつて戦後から高度成長にかけてのラジオ・テレビでの農村番組は、通信員制度があり、地方局に派遣されたＮＨＫの記者自身が、そうした人びととのネットワークのなかで成長しながら番組を作成した。また本局に戻った後にも、そこでの経験がライフワーク的に作品づくりに反映されたとされる。[2]

本章で紹介した田中一村の発見は、鹿児島のNHKのディレクターが仕事で奄美に入り、そのなかで"たまたま"田中に出会ったことが起点である。一村を世に出した一人である南日本新聞の中野惇夫の場合は、"たまたま"取材で陶芸家を訪れ、そこでの会話のなかで一村と出会っている。
　たまたまであったとしても、そこにはこのように奄美への来島や島の人びととの相互作用があったことになる。奄美という離島に、中央画壇と縁をたった孤高の画家がいて、人知れず世を去っていった。一村の人生のそのものの物語性が、やがて「日本のゴーギャン」という記号を生み出していく。
　南海の離島にたどり着いた孤高の画家の物語は、メディアを媒介にして、一村と直接接することのなかった多くの奄美の人びとにとっても驚きの"発見"だったのではないだろうか。生前の田中一村は、奄美でも画家として決して高い評価を得ていたわけではない。近所の魚屋の魚を凝視しデッサンする、いつも白い足袋をはき姿も風変わりな、しかし高貴さを曲げない、奄美の民俗よりも自然に関心を向けたあまり地元に溶け込まない画家センセイだった。
　しかし、その一村を支えたのも奄美の人びとだったのだ。一村の晩年、彼を支える地元の人びとによって個展の企画がもちあがってはいるが、生前、一村の絵が一般の奄美の人びとに展示されることはなかった。遺作展が開催されたのは、死後2年後の1979年である。11月30日から中央公民館2階ホールで3日間開催された遺作展には、3000人を超える市民が詰めかけたという。これが一村と一般の奄美の人びととの最初の出会いである。
　惜しいのは、一村が望んだ大島紬の図柄を作成したいという願いが、地元の理解が得られず実現しなかったことかもしれない。それもまた、地元での生前の一村の位置を物語るエピソードである。
　文字通り田中一村の国民的な"発見"は、NHKのメディアが起点となっている。〈島外からのまなざし〉は、地元の人も気づかないものを気づかせ、すぐ隣にすごい画家がいたという奄美の価値の再発見という新たな〈島内のまなざし〉へと螺旋的に拡張していく。〈島外からのまなざし〉をもつ島外メディアもまた、奄美語りの文化装置なのである。
　また同様に、アマミノクロウサギの場合には、浜田太という写真家の〈島内のまなざし〉がしっかりとあり、それが〈島外からのまなざし〉とコラボする

ことで〈メディア媒介的展開〉が相乗化し、アマミノクロウサギの国民的認知に大きく貢献したことは確かである。アマミノクロウサギの子育て発見は、地域内のメディア事業と〈マスメディアとの接合・共振の回路〉が作用することによって国民的規模での発見となった。その共振によって、チーム浜田ともいえる浜田夫妻のプロジェクトが奄美語りの一層強力な文化装置として作動したのである。

　〈島外からのまなざし〉である映画やテレビ番組の場合でみれば、「2つ目の窓」の監督である河瀨直美は奄美三世として奄美との深い関わりを自称している。「又吉直樹、島に行く　母の故郷〜奄美・加計呂麻島へ」の又吉直樹は、奄美二世である。「ジャッジ」は、NHK大阪放送局が制作している。関西は、尼崎を中心に奄美出身者が多いところである。あるいは、ディレクター・カメラマンは、現地の取材のなかで島の人びとと深く交流したことが想像されよう。

　実際、奄美出身の研究者からみても、NHKの裁判官ドラマである「ジャッジ」は奄美のリアリティを描いていると評価されている。その意味では、〈島外からのまなざし〉の中でも、奄美を神秘・故郷・南国という形でストレートに描いていない物語である。それでも、主人公家族の奄美暮らしと定着により、奄美が第二の故郷となっていることが描かれているので、故郷の魅力の物語といえよう。

　もちろん、映画・ドラマの描き方、コンテンツの語りは基本的に制作者の裁量に委ねられている。ただ、その独我的ナラティブは、その前段で島という対象から影響も受けている。つまり東京・マスメディア・ヤマトといった〈島外からのまなざし〉が、奄美と無縁に一方的にあるのではない。映像作品の作り手の奄美イメージは、奄美からの何らかの影響の中で形成されている。他方でそのまなざしは、ヤマト・東京・マスメディア人としての職業的なまなざしの中に吸収されて、独我的・創作的まなざしを形成することで作品となる。

　そして、〈地域のメディア〉という視点から重要なのは、そうした奄美との相互作用のなかで作られた作品が奄美の人にどう受け取られるか、奄美の人自身の自己イメージ形成にどうインパクトをもつのかという点である。

　つまり、その地域の人の地域語りは、他方でマスメディアの作品との対話の

なかで形成されるという再帰的な語りのプロセスを含んでいる。地産地消という内部循環型の情報の流れだけが地域の情報空間を形成するわけではない。そのことだけは留意しておく必要があろう。本書が地域メディアではなく、〈地域のメディア〉という広義の地域メディア論を強調するのもそのためである。

　こうした奄美語りの螺旋的な構図は、実際のところ検証は難しい。しかし、地域の情報の流れの渦は、そうした島の内と外をつなぐ回路をもっている。その回路は直接的（※制作プロセスにおける内と外の再帰的関係）であり、また間接的（※作品受容をとおしての再帰的関係）であるような、多層な螺旋的・拡散的な構造をもっている。〈地域のメディア〉を俯瞰していく際には、まなざし間の関係におけるこうした多層な回路を視野にいれておく必要がある。3)

■注
1) 本節のベースとなっている奄美番組・奄美映画の分析は、中京大学加藤晴明研究室が実施した2015年度の「社会調査実習」の成果にもとづいている。参加メンバーは、指導教員の加藤晴明の他、石山香穂、板倉佑奈、上原涼香、川村響、田保里咲未、林真美の6名（全員が調査時3年生）である。奄美映画・ドラマ・番組の物語構造は、全員の共同討議のなかで抽出されたフレームである。
2) 加藤裕治・舩戸修一・武田俊輔・祐成保志「地域との関係のなかで形成される放送人のアイデンティティ」『東海社会学年報』第8号、2016、82-92頁
3) 本章では〈島外からのまなざし〉としてNHKの番組や奄美映画だけをとりあげてきた。〈島外からのまなざし〉を考える際には、もうひとつ忘れてならないまなざしがある。それは、鹿児島の放送局が報道・制作する奄美番組である。新聞・ラジオ、テレビともに鹿児島と奄美は取材体制でもつながっていることはすでに指摘してきた。「表1-1：島の新聞事業社・記者」や「表2-1：奄美大島のテレビ放送・映像関係事情者」でも、そうした取材記者や局どうしのつながりを一覧表にした。鹿児島の各放送局は、奄美の日本復帰の周年の年には特集番組なども制作してきている。
　こうした〈鹿児島からのまなざし〉は、東京・大阪からの〈島外からのまなざし〉とは距離感が異なることになる。鹿児島県という点では、奄美と鹿児島は同じ地方であり同じ地元でもあるからだ。この点では〈島内のまなざし〉と〈島外からのまなざし〉との中間のまなざしを設ける必要があるだろう。鹿児島で最も長い歴史をもつ民放である南日本放送（MBC）は、社の方針として「地域密着」を掲げて地域とのネットワークを強化してきている。それぞれの地域にいる多様な情報事業者や人をネットワークすることで、自社だけではカバーしきれない取材網をつくること、それが日常の取材だけではなく防災という面でも力を発揮するからだ。このネットワークづくりは奄美だからというよりも、鹿児島県全域をカバーするようなネットワークづくりでもある。
　そうした中で、放送局の中に奄美に詳しく、奄美のメディア事業者とネットワークを

もつ人材、いわば「奄美に強い」スタッフ達が育ってきていることも興味深い。4章の「奄美豪雨災害と島外とのつながり」の中の古川柳子の引用にもあるように、豪雨災害の際には、あまみエフエムの籠氏が被害写真を日頃から取材で連携のあった南日本放送のディレクターに転送した。この写真が、局の報道・取材体制づくりや東京キー局との中継へと展開している。担当ディレクターは、夜ネヤイベントや中孝介など奄美の音楽文化の取材を続けてきたベテランスタッフである。こうした「奄美に強い」、奄美との連携をもったマスメディア人材のまなざしは、〈媒介者のまなざし〉と名づけてもよいのかもしれない。〈媒介者のまなざし〉は、奄美研究者にも当てはまるだろう（南日本放送取材：2016.12.22）。

4章　奄美のメディア：ラジオ局編

1節　あまみエフエムに託されたミッション

●あまみエフエム・麓憲吾というオンリー・ワン

　21世紀に入り、奄美では新しいメディアの胎動が光る。そうしたメディアの生成と発展の代表格のひとつがあまみエフエムである。あまみエフエムの成功を機に、人口6万に満たない奄美大島で他にもコミュニティＦＭが3局立ち上がった。人口比でみれば、奄美は日本で一番コミュニティＦＭが多い地域でもある。あまみエフエムは、〈島内のまなざし〉からみて地元で華々しく活躍する目立ったメディアではあるが、〈島外からのまなざし〉であるマスメディアや研究者からも高い注目を集めてきた。

　ＮＨＫはこれまで数多くの奄美番組を制作してきたが、「関口知宏のOnly1」という国内で活躍するオンリー・ワンな若者と出会うというシリーズ番組で、あまみエフエム代表の麓憲吾氏（1971～）に焦点を当てた番組を制作している。2回に分けて放送されたその番組では、麓氏が開いた奄美群島初のライブハウスＡＳＩＶＩを舞台に、「ＮＰＯ法人ディ！」代表としてコミュニティＦＭをたちあげた麓氏の活動に密着するかたちでそのオンリーワンぶりを紹介した（衛星放送：2010年9月18日（前編）、25日（後編）放送）。

　麓氏は、「ムーブメント」をキーワードに自分の活動を語っている。番組では、かつて方言として学校から駆逐され、使うと方言札を下げさせられるほど抑圧された島口（奄美固有の言語・奄美語）を、あまみエフエムのラジオ放送を通じて再び生活のなかに取り入れ、島口に再び息吹きを吹き込もうとする試みや、音楽で島を元気にする姿が描かれている。

島を代表する日刊新聞である南海日日新聞は、江戸時代の薩摩藩による奄美・沖縄侵攻（慶長戦争）400年にあたる2009年の元旦特集号で、「薩摩侵攻400年〜奄美群島のあり方を問う」という鼎談を特集記事として掲載している。鼎談者のひとりである麓氏は、ここでも「ムーブメントになっていない」ことを強調している。

> 　島に生きることはすごく大切なこと。……井の中の蛙でもいい。島にこだわることが対外的な魅力だったり、いろんな力を生み出すことになると考え、島の人が島のことを知ることから始めたいと考えている。それをどうアレンジして外に出していけるのかをテーマに、島に特化したもの、島の人が喜ぶものをつくっていきたい。
> 　僕は技術者でも技能者でもない。島が好きで島のことに携わりたいと考えて、ＡＳＩＶＩやラジオ局をつくってきた。ただ、「島を元気にするぞ」というパフォーマンスはしているが、ムーブメントを起こしきれていない。意識をもって「島で生きる」人を増やしていきたい。（南海日日新聞、2009.1.1）

　自身の活動の起点や立ち位置をめぐるこの語りは、その他の氏の語りのなかでも一貫している。麓氏は、その強いミッションから、数ある島語りメディアのなかでも〈文化媒介者〉としての活躍や社会的評価という点で出色の位置にいると言って過言ではない。まさに誰もが認める奄美の文化再生ムーブメントのリーダーである。「ムーブメント」を強調し、島おこしのためのメディア実践を次々と仕掛ける彼のスタンスとメソッドは、奄美で生きるという不退転の覚悟でもある。

　「シマッチュの、シマッチュによる、シマッチュのためのラジオ」は、あまみエフエムが掲げた最も重要なメッセージである。オリジナルストラップには、「シマッチュとは、島出身者だけではなく、島在住の方、島を愛する方をさします」という但し書きが付いている。

　今日の奄美は、紬産業の衰退、そして奄美群島開発特別措置法（いわゆる奄振）によってもたらされる土木事業費の減少によって、経済的な危機状況が続いている。格安航空機の就航や離島ブームによって観光客が増えつつあるが、

群島全域で人口減少が続いている。また、奄美大島内においても、戦前から始まる奄美市名瀬地区への都市的人口集中と人口の島外流出は、シマと呼ばれてきた自然村集落の衰退をもたらし、島口・島唄・祭りといった奄美の伝統的な生活文化の危機を招いてきた。島唄は、生活世界から離脱しつつも「教室」という形での伝承が可能となってきたが、集落の踊りである八月踊りは唄い手（唄出し）の高齢化のなかで継承の危機に直面している。

　こうした危機の島で、島に帰り、在住する中で島の再生をいかに図っていくのか、その思いが麓氏や彼を支える若い仲間達である"チーム麓"の基本スタンスである。"チーム麓"と名づけたのは、フォーマルだけでなく、インフォーマルなつながりを通じて彼と喧々諤々と討議しつつ協働する仲間たちを総称してこう名づけてみた。対外的には麓氏だけが脚光を浴びることが多いが、そうした仲間との協働がなければ、これだけ注目されるメディア事業は生まれない。

　日本にコミュニティＦＭはたくさんある。しかし、その事業が地域の人びとの温かい社会的支持を得て、地域にインパクトをもつ公共財として承認されるような放送局は決して多くはない。ラジオ局の成功は、メディア事業への支持のひろがりにかかっていると言っても過言ではない。

　チーム麓が目指したシマッチュのラジオは、そうした奄美の人びとがひしひしと感じている危機に棹さすムーブメントを目指し、「島で生きていく」人を増やすことを目指す。それは雇用の場をつくることで、島で暮らし、自ら誇りをもって島を語っていく島の担い手を増やしていくというプロジェクトである。こうした明確なミッションが共有されているからこそ、チーム麓とも言うべき仲間の輪が生まれ、あまみエフエムを卓越したコミュニティＦＭに押し上げてきたのである。

　チーム麓というプロジェクトは、会社やＮＰＯという法人の形態が主語なのではない。そうしたミッションを明確に掲げた麓氏をキーパーソンとした人のつながり（※奄美の言葉では「結い」）とその事業、つまりチーム麓事業が主語である。会社であるかＮＰＯであるかは、戦術や手法の次元の問題にすぎない。チーム麓事業と言う場合の「事業」という語の意味内容は、ビジネスというよりもエンタープライズ（enterprise：大胆な企てや冒険的な事業・企業）という訳語が似合っている。

もちろん、奄美の全てのメディアがこうした強いミッションを直接語っているわけではない。それぞれの立ち位置や手法のなかで島語りをしている。ただ、あまみエフエムのような強いミッションをもった島語りの文化装置が、先行する島の新聞や島のテレビとは別の流れから立ち上がってくるところに、今日の奄美のメディアの生成・発展のダイナミズムがある。

　奄美群島初のラジオ局であるあまみエフエム最大の特色は、こうした強いミッションが放送番組・活動に明確に体現されていることだ。島口の多用やゲストの選択、番組担当者の配置、流す曲など、すべてにわたって局のミッションが明快に具体化されている。その実践は、奄美の文化ナショナリズムあるいは文化のパトリオティズム（愛国心・愛郷心）と言ってもよいような強いメッセージ性を帯びている。全国各地のコミュニティＦＭをまわっても、あまみエフエムほど強いメッセージ性とキャンペーン性をもったコミュニティＦＭに出会ったことがない。

写真：あまみエフエムの外観（撮影：加藤晴明、2015.3.18）
※あまみエフエムは、名瀬の繁華街「屋仁川通り」の真ん中にある。
　1階が、群島初のライブハウス「ＡＳＩＶＩ」である。

この強いメッセージ性が〈島外からのまなざし〉であるマスメディアや研究者をも魅了する。あまみエフエムについての研究論考も幾つも書かれているが、300を超える日本のコミュニティＦＭの中で、これほどマスメディアや研究の対象になった局もないだろう。1)

※　　　　　　※　　　　　　※

　以下では、あまみエフエムに焦点を当て、そのリーダーである麓憲吾氏を中心に奄美のメディア実践をチーム麓事業として描いていく。ただ、最初に強調したように、一人の卓抜したリーダーは重要ではあるが、かといって一人の力でメディアが立ちあがるわけでない。また一つのメディアが〈地域のメディア〉を代表するわけではない。一人の偉業や、一つのメディアの素晴らしさを強調しすぎることは、メディアの社会史を過度に単純化してしまう。

　本書でも、少なくない分量をつかってチーム麓事業の物語を描いていく。それほどに奄美のラジオの物語は価値があるからだ。

　しかしラジオだけを取り上げても、確かに奄美のラジオの成功の物語は麓氏に集約されない。3節では、奄美のラジオを支える奄美通信システムという通常の離島ではありえない出色の企業とその経営者である椛山廣市氏（1950～）を紹介する。彼がいなければ、奄美のコミュニティＦＭの今の姿はない。麓氏と椛山氏がいなくとも、コミュニティＦＭは時代の流れとして、きっと島でも誰かが開局しただろう。しかし、それは都会のコンサルタント会社がデザインした、高価なしかしどこにでもあるミニ県域局のような平板なラジオ局になっていたはずだ。麓氏という強いミッションをもったリーダーと、高い技術力を持つ椛山氏の両輪が、つまりソフトとハードの両輪が、奄美に日本出色のラジオ局を誕生させたのである。椛山氏の力量で低コストで開局が可能であったからこそ、麓氏のアイデア豊かな個性が花開き、個性的で自由な事業デザインも可能となった。

　沖縄本島も含めて南の島々にはコミュニティＦＭが多い。筆者（加藤）は、そのほぼ全てを繰りかえし訪ね歩いたが、地元で存在感をもっているラジオ局、共感をもって聴かれているラジオ局は多くはない。ラジオの島は、二人のリーダーの島への思いが結実した成果なのである。

　また鹿児島県の職員として奄美にラジオが必要だということを政策として関

わり、私的にも応援してきた方もいる。一人の成功物語の背景にある、そうした数々の人びとの貢献や相乗的な関わりがあって地域のメディア事業が生成し発展する。〈地域のメディア学〉は、常にそうした多角的で螺旋的な胎動に留意していく必要がある。

　本書で〈地域メディアの総過程〉や〈表出の螺旋〉という表現を使っているのも、そうした表に出て称賛を浴びる〈文化媒介者〉に加えて、テレビや受賞という形で脚光を浴びるわけではないが、それぞれの立ち位置からの奄美語りの渦にも注目したいからである。桃山氏のような社会的貢献を意識している技術者・経営者、そしてチーム麓に関わっている多様な協働者たち。そうした多種多様な人びとのベクトルが集まり、メディアの生成と発展が厚みをもって展開していく。麓氏に代表される〈文化媒介者〉とは、そうしたベクトルを共有するような〈社会的想像力と活動の総体〉の代弁者として理解されるべきだろう。

　奄美のコミュニティFMはいま日本のコミュニティFMの最先端モデルの一つである。以下ではその中核にいるあまみエフエムに焦点を当て、その個性や特性を抽出していく。それほどに、注目のメディアだからである。

　しかし3節以下では、できるだけ多様で多層な島のラジオメディアの生成と発展にも触れるようにしたつもりである。必ずしも十分に描ききれているとはいえないが、〈地域メディア総過程〉や〈表出の螺旋〉という表現は、島の中で、限られた資源を使い、身の丈に見合ったかたちで営むメディア活動の総体、社会的実践の総体の意味を込めて使っているつもりである。

● あまみエフエムに託されたミッション

　奄美大島はもともとラジオ文化が希薄な島であった。山岳地形で電波状況が悪いためラジオが入らない地域も多く、ほとんどの島人にとって日常的にラジオを聴くという慣習が成立していたとはいえない。

　少し前までは、島でラジオといえば、親子ラジオのことであった。親である送信所がNHKの放送を受信し、有線ケーブルを使って契約者の家庭のスピーカーに配信するラジオの共同聴取施設である。マイクによる自主放送も可能であることから、有線のラジオ放送局でもある。鹿児島から沖縄にかけてあった

こうした簡易有線放送施設が親子ラジオである。（※奄美市名瀬地区にあった大洋無線については、1章「歴史・印刷メディア編」で紹介した。）
　そうした有線ラジオの文化しかなかった奄美大島に、2007年5月1日、初めての民間ラジオ局が開局した。それが、あまみエフエムである。コミュニティFMという小規模なラジオ局の許認可の制度ができ、日本初のコミュニティFM局のFMいるかが函館市に開局したのが1992年であるから、それから15年あまりを経ての出来事である。
　地元の新聞は、「あまみエフエムが開局　島ンチュの、島ンチュによる、島ンチュのためのラジオ　初日は島唄、番組紹介、祝福コメント」の見出しのもとで開局日の様子を次のように伝えている。

　「あまみエフエム」（愛称・ディ！ウェイヴ）を運営するのは特定非営利法人「ディ！」（麓憲吾理事長）。構想から五年を経て活動趣旨に賛同する支援会員・団体も六百人を超え、地域に密着した住民参加型ラジオの開局に漕ぎ着けた。……同法人は「奄美で暮らす人が、もっと奄美のことを知るための手段、奄美での生活を便利にするための情報源、奄美を島内外へ発信するメディア」と位置付け、「住民参加型」の放送を展開する予定。麓代表は「人と人をつなげる道具になればいい」などと語った。（南海日日新聞、2007.5.2）

　あまみエフエムの個性は、麓憲吾氏という卓抜したリーダーの思想や活動と重なり合う。麓氏は、コラム「日本の離島・我ンキャ（私たち）の中心」（2010）や、コラム内容を映像クリップ化したあまみエフエム紹介ビデオで、あまみエフエムの設立にいたる経緯や設立の理念について自ら語っている（※2009：京都の大学での特別ゲスト授業に際して作成したもの）。

　ここ奄美では鹿児島本土からのメディアが聞こえてくるわけですが、鹿児島とは文化も言葉も異なりますね、中央メディアから流れてくる新しい情報に感化されて新しい情報が正しくて、島のもっている古いものが間違っているという、地方・離島のコンプレックスみたいなものがずっとあったんですけど……。ここ近年島唄とか奄美出身のアーティストがだんだん注目されるように

> なり地元もだんだんアイデンティティが湧き出てきまして、自分たちの誇りを感じれるようなツールがあればなと思って、そこで島の人が島のことを知るということから始めるというところで、奄美にもラジオ局があればなあと思って、今から7年前、資金ゼロ、ノウハウゼロから、平成19年5月1日に5年かけて開局することができました。（あまみエフエム紹介DVD）

　麓氏は、筆者らのインタビューでも、「島の人が島のことを知ることから始めるツールがあればな」がラジオが必要だと考える切っ掛けだったと述べている。氏が、島の音楽イベントを東京で開催した2002年のことである。自身の経営するライブハウスなどで音楽イベントをやりながら、店という閉じた空間ではなく、コミュニケーションがひろがる手段として考えたのがラジオであった（取材：2008.08.03、2014.01.26他）。
　こうした語りからも、奄美アイデンティティを醸成していくためのメディア、そのために、「自分たちの文化に誇りを感じられるようなツール」「島の人が島のことを知るためのツール」としてラジオが選ばれていることがわかる。

> 将来の夢は、喜界島・徳之島・沖永良部島・与論島、それぞれにコミュニティFMがたちあがっていって、奄美群島ネットワークがたちあがって、島々の島自慢だとか、僕たちの島はかっこいいよとかね、それぞれのアイデンティティが高まれば良いと思っています。島の暮らし、島がかっこいい、楽しいと思えるような地元感化ができればなあと思っています。これから育つ子供達にも、島で生まれたこと、暮らしていることに、自信と誇りが生まれればなあと思っております。（あまみエフエム紹介DVDより）

　麓氏はよく「島がかっこいい」というフレーズを使う。それは、島を出て行った人、島にコンプレックスを抱いている人への、都会での体験をふまえた麓氏のメッセージである。
　もちろん、日本の多くのコミュニティFMの中には、地域を元気にするという目標を掲げて地元の青年会議所や商工会議所、あるいは地元の企業家が集まって始めた局も少なくない。個人で始めた場合でも、「地域のために」を

掲げている。だが、日本のコミュニティＦＭのなかで、これほど明確に郷土愛（パトリオティズム）を打ち出し、自分達の文化を発信すること、自分たちの文化的アイデンティティの啓発を目指したラジオで、しかも地域のなかで大きな存在感と承認を得ているラジオ局は少ない。

コミュニティＦＭにはそれぞれ個性があるが、あまみエフエムの個性を一言で表現するとすれば、「文化ムーブメントとしてのラジオ」、あるいは「ラジオを使った奄美アイデンティティの文化復興活動」である。あまみの文化ルネッサンス・ムーブメントでもある。2)

後に番組内容について述べるように、島口、島唄、島のことを知るための番組や島の音楽など、地域の固有文化の発信にこれほどこだわっているラジオはない。

コミュニティＦＭでは、地元の地域名やイベントが繰りかえし発話されるが、あまみエフエムを聴いているとすぐに気がつくのは、「あまみ」という発話や奄美に関した内容が極めて多いことである。街頭スピーカー放送風の朝のゴミ出しの放送から始まって、ずっと奄美を感じさせる放送が続く。コミュニティＦＭの多くも地域の地名やイベントを連呼するが、あまみエフエムの放送空間・音世界自体が奄美らしい空間となっている。つまり、日々のラジオ局の活動や放送自体が強いメッセージをもった島語りとしてデザインされているからである。

ラジオは〈間接話法のメディア〉である。確かに魅力的なパーソナリティはいるが、多くの場合には、彼らが強いメッセージ性をもっているわけではなく、聞き上手やアレンジ上手であることが多い。またラジオは人と人、情報と情報をつなぐ〈結節点のメディア〉である。いろいろな人がラジオという放送空間、放送局の空間に集い、つながり、自分のメッセージを語る。ラジオはそうしたメッセージを引き出す媒介者であるという意味で〈間接話法のメディア〉なのである。あまみエフエムの番組には、奄美のさまざまな論客や奄美研究者や音楽アーティスト、そして奄美に来島した多彩な人びとが出演している。まさに、奄美を語る人びとの〈結節点〉であり、プラットフォームとなっているメディアである。

こうして個々のパーソナリティなどの語りは間接話法だが、番組全体、活

写真：あまみエフエムのスタジオ（撮影：加藤晴明、2014.6.29）
※島口が達者なパーソナリティの渡陽子は大人気だ。

動全体を通じてあまみエフエム自体が、郷土愛という強いメッセージ性をもった〈直接話法のメディア〉となっているところにあまみエフエムの個性がある。つまり、「このラジオが何をやろうとしているのか」が明確にリスナーに届く。その点が強烈な個性となっているのである。

　日本の多くのコミュニティFMは、「地域のため」「町を元気にする」という開局の理念はあるが、かといって放送局の日々の活動自体に強いメッセージ性をもたないことが多い。さしさわりのないNHKのような放送、あるいは政治的な事項、戦争、基地、そうしたことにあまりかかわらない。沖縄のコミュニティFMでも、自治体の意向に沿い、生活の事項からはみ出さないように気を遣っている局も少なくない。沖縄最大の基地問題を抱える町のコミュニティFMは、相反する立場の関係者が多いので政治・基地・戦争の話はタブーとまで言い切る。そうしたラジオ局がある中で、あまみエフエムの局自体のもつ、あまみの文化の醸成をめざすという強いメッセージ性は異色である。そのこだわりは、単なる郷土愛やローカリズムの発露というよりも、奄美への文化ナショナリズム（文化的なパトリオティズ）・ムーブメントのそれである。

　あまみエフエムのメッセージ性と放送空間の奄美らしさ、それは、インターネットでラジオを聴く奄美出身者にとっても、あるいは奄美好きな島外の人びと、つまり〈奄美コンテクスト〉をもつ人びとにとっても大きな魅力要素となっている。その明快さが、あまみエフエムに関心をもつマスメディアや訪問する研究者を惹きつけてやまないのだろう。

● **開局にいたる経緯**

あまみエフエムの開局については、麓氏自身の語りや論考（麓憲吾、2003、2010、2014）や豊山宗洋論考（2012）によって丁寧に紹介されている。そうした論考を参考にしながら、改めてその経緯をまとめてみよう。

あまみエフエムのスタジオ・事務所の下の階には、麓氏が立ち上げた奄美群島初のライブハウスであるロードハウス ＡＳＩＶＩがある。それを運営したり、音楽イベントの企画・音楽コンテンツの制作などを担う会社が麓氏の有限会社アーマイナープロジェクトである。この飲食業・イベント・音楽コンテンツの企画制作会社は、コミュニティＦＭが開局する10年前の1998年秋にスタートしている（法人登録は、2002年）。ライブハウスとコミュニティＦＭは、麓氏の島おこしプロジェクトの両輪である。スタッフは変動もあるが、徐々に増えて両方を合わせて20人以上になる。

○〈麓憲吾氏とＮＰＯ法人ディ！・あまみエフエムの主な活躍〉
1989年：麓氏東京に上る（東京でも音楽活動）
1994年：麓氏島に帰る（帰島後も音楽活動）
1998年：ライブハウス「ＡＳＩＶＩ」開業
以下、ＮＰＯディ！の活躍
2004.11.08：島おこしのためのＮＰＯ法人ディ発足
2007.05.01：コミュニティＦＭ　あまみエフエム開局
2008.04.13：全労済文化フェスティバル「夜ネヤ、島ンチュ、リスペクチュ！！」開催（新宿）
2009.05.01：奄美市と防災協定締結
2009.07.18-19：奄美皆既日食記念実行委員会オフィシャルイベント「夜ネヤ、島ンチュ、リスペクチュ！！」開催（奄美パーク）
2010.01.04：エフエムうけん開局、提携放送を開始
2010.05.01：中継局2局（住用、笠利）増設
2010.05.16：全労済文化フェスティバル「夜ネヤ、島ンチュ、リスペクチュ！！」開催（新宿）
2010.10.20：奄美豪雨災害の発生に伴い、20日から24日まで災害情報を放送
2011.05.01：サイマル放送開始

2013.10.20：復帰60周年イベント「夜ネヤ、島ンチュ、リスペクチュ！！」開催（奄美パーク）
2016.11.01：第40回南海文化賞（南海日日新聞が優れた功績を残した人・団体に出す賞）受賞
（※こうした経緯をみると、開局2〜3年後の、2009年から2010年が飛躍の年であったことがわかる。）

　ライブハウスＡＳＩＶＩについては、5章の音楽メディア・ネット編で再度取り上げることになるが、本章との関係で焦点になるのは、なぜ、麓氏がライブハウスの経営からラジオへ展開したのかというメディア事業の発展の経緯である。氏は2002年くらいから、"島にラジオがあればな"、"自分たちのメディア、奄美としてのメディアがあればな"と思い始めたという。
　元ちとせの「わだつみの木」がヒットし、奄美や島唄が少しブームになっていた時期、麓氏は雑誌のインタビューに答えて、外からの一時的なブームではない地に足の着いた奄美の内発的な盛り上がりの必要性とラジオの可能性について語っている。

> だから今、外側だけがブームになっている状態から、本当に奄美大島が自力的にブームになるには、全然時間がかかるんです。まだまだこれからなんだと思います。……僕、今、ラジオを作りたいんですよ。奄美にはないんです。鹿児島のラジオはあるんですけど、リアリティが全然ない。……ラジオを作ったら島の中にちゃんとブームができて、面白くなるんじゃないかって思うんです。そしたら自分達の文化が自分達でかっこいいって感じれるようになるから、絶対。（麓憲吾、2003、140頁）

　筆者らの取材にも、あまみエフエムの経緯について麓氏は次のように語る。

> 下のお店でイベントをやっていたんですけど、（営業的な魅力とは別に）このお店というのは凄く閉鎖的なんだな。ここでイベントを重ねることが島を変えることではないな。もっと発信しないと、伝えないと、という思いが強く

なって……。島にもいろんな市民活動団体があるんですけど、みんなお店のように籠もっていて……、もっとコミュニケーションをとったり、活動の意味を伝えることで……。みんなに伝えることで、凄く変わっていくのにな。島の人が島のことを知ることから始めるツールとしてラジオがあればなと思ったんですよ。（取材：2008.03.05）

　興味深いのは、島の文化への覚醒が、〈島外からのまなざし〉との接合のなかで生まれていることである。アマミノクロウサギの撮影をライフワークとしてきた写真家の浜田太氏もそうだし、多くの島唄の唄者もそうだが、島外での経験や〈島外からのまなざし〉との出会いを経て、奄美を知らなかった自身への問いかけがあり、それを起点にして〈島内のまなざし〉が深まっていき、それぞれの実践の成果に結びついている。
　この島へのまなざしのUターン的な回路について、豊山宗洋は「本土のフィルターを通して奄美をみる」という行動様式として総括している（豊山宗洋、2012、24頁）。確かに、麓氏はいろいろな機会に本土のアーティストとの交流のなかから島唄の価値を示唆され、それに気づかされたことを語っている。豊山は、そこから彼が「奄美の歴史と伝統文化そのものを基盤に自己を認識する」方向に発展させていく行動様式は、島唄という特定の部分にのみ価値を見出す島外者とは大きく異なっていることを強調する。

　しかしこのとき島唄への視線は、本土のアーティストにとって価値ある側面に限られており、それは、「奄美の歴史と伝統文化そのものを基盤に自己を認識する」行動様式と同一視するわけにはいかない。筆者が麓の活動に注目するのは、彼が本土の人から島唄の価値への気づきを得たのち、島唄だけでなく島の生活、文化へと視野を広め、「島人に島人としての誇りを醸成する」ためには、「島の人が島のことを知るべきだ」という発想のもと具体的な活動を開始したからなのである。（豊山宗洋、2012、26頁）

　豊山も指摘するように、麓氏のミッションは、「島人に島人としての誇りを醸成する」ということである。この高く掲げられたミッションを実現するひと

つの手段がコミュニティＦＭであった。麓氏は、自ら書いたコラムでも次のようにコミュニティＦＭ設立の目的を語っているが、その中でラジオが好きだからとか、理想のＮＰＯ放送局が必要だからということではなく、より大きな目的のためのツールだったことを強調している。

> 私たちはコミュニティＦＭを作ることが目的ではなかった。伝えたい物事があり、そのためのツールがコミュニティＦＭである。伝えるべき物事がある限り、そのツールを維持していく覚悟である。先人たちが残してくれたシマ唄・島口などの文化・歴史・自然を受け継ぎ、また子ども子孫へ誇りをもって語り継ぐものとして……。中央メディアや鹿児島ローカルメディア、そして私たちあまみエフエムを通して、島の人びとが己を知り、違いを知り、それを誇りに思えること、感じることのできるアイデンティティの形成に努めたいと思う。島内外にいる奄美大島出身者にとって、この日本の離島「奄美大島」は私たちのアイデンティティ、そして中心である。（麓憲吾、2010、126頁）

朝日新聞の土曜特集記事である「フロントランナー」も、2012年8月18日版であまみエフエムを特集し、麓氏の次のような言葉で記事を結んでいる。

> 災害にラジオがあったほうがいいでしょう。でも、局を立ち上げることが目的になってほしくない。日ごろからラジオで伝えたいことがあるかどうか。都会や県域の放送局のやり方ではなく、前面に押し出した郷土愛を、地域の人がどれだけ受け止める度量があるかによると思います。（朝日新聞：2015.8.18）

ラジオを立ち上げるに際して、みんながとっつきやすい方法としてＮＰＯという手法があることを知ったという。京都で日本初のＮＰＯラジオ局・京都三条ラジオカフェが開局し、そこで活躍した大山一行が鹿児島県の大隅半島で、ＮＰＯ法人おおすみ半島コミュニティＦＭネットワークを立ち上げ、コミュニティＦＭを開局した（2006〜）。その大山らとの交流によって、申請書類など様々な手法を学ぶことができた。

しかし重要なことは、麓氏たちが、書類や技術的なことは他のコミュニティ

FMを参考にしつつも、そうした局と自分達の目指す局との違いを明確に認識していたことである。それらは「僕たちのモデルではない」「自分達のオリジナルでいいや」という選択であり、コミュニティFMにとって実は極めて重要な立ち位置の選択であった。（※それぞれの固有な条件や独自のモデルの模索が大切だという認識は、コミュニティFMという構造的に困難な事業において、魅力ある放送局をつくりあげるための必須要件でもあるからだ。）

こうした経緯からも、ラジオは島のことを島の人達が知るための手段、島のことを伝える手段、島の人達のコミュニケーションの手段、一般的な言い方をすれば島おこしのための手段として位置づけられている。そして、そうした島のためという社会的承認を担保するために選ばれたのが、個人会社や株式会社ではなくNPO法人という手法であった。NPOという選択について豊山は、次のように説明している。

> 一方、「復帰50周年夜ネヤ」のあと、麓に対して、一部で、イベント開催は彼の売名行為にすぎないという批判が生じた。主催こそ奄美群島青年団連絡協議会であったが、企画制作および事務局は麓のアーマイナープロジェクトだったからだった。それゆえ麓は、コミュニティFMを運営するには従来の方式ではだめで、他の人から理解と協力を得られる体制を整える必要があると考えた。(豊山宗洋、2012、30頁)

この経緯は重要である。麓氏のミッションをもっとも有効に実現するために選ばれた手法がたまたまNPOだったのであり、そうすることで、島のためになるという公共財的なイメージをもってもらい、ラジオに理解と協力を得ることができると考えられたのである。そうして立ち上げられたNPO法人ディ！は、放送事業のためのNPOであり、島おこしの全てを託されたNPOである。

設立理念は以下の3点を謳っている。

- 奄美大島とシマッチュが持っている地理的・文化的な素材／素質の価値をシマッチュ自身で再認識してもらうこと
- 人と人とのつながり「結い」を大切にし、さらなるシマの価値を創造するこ

と
・子供たち、孫たちの世代へ向けてシマの素晴らしさを伝えること

　ＮＰＯ法人ディ！は、コミュニティＦＭ開局に先立つ3年前に法人として立ち上げ、開局の1年前の2006年4月に事務局を立ち上げてスタッフの雇用を開始している。最初は現在の半分の5名ほどの体制からスタートし、それを本業のライブハウスのスタッフが支えたりしながら、徐々に事業・スタッフを拡張している。スタッフは、地元出身者だけではなく、Ｉターン者も少なくない。麓氏が肩をたたいて発掘してきた現在総括部長を務める丸田泰史氏（1974～）らの精鋭たちである。ＮＰＯの会員は、開局時2007年5月段階の会員数は636名、開局1周年時が978名、そして2周年で1178名と1000名を超えた。2016年12月末段階で企業団体会員・個人会員を合わせて1698名である。

　麓氏は、開局時にはすでにライブハウス事業や音楽イベントを通じて鹿児島の放送局で紹介されるなど、島内ではある程度知られる存在になっていたが、コミュニティＦＭを通じてさらに社会的認知が高まった。ライブハウスというわば「水もの」の事業から、総務省の許認可事業である放送事業者への発展は、氏の社会的位置を向上させ、今や奄美群島を代表する若手リーダーへと押し上げたと言っても過言ではない。

●美意識の原点としての「結」

　既に述べたように、麓氏にとってＮＰＯは奄美を活性化するための手段であり、決して「ＮＰＯ主義者」ということではない。ＮＰＯの方が「島っぽい」という麓氏のセンスは、島の「結」の文化などから来ているのであり、その方が、島の人びとがとっつきやすいと考えたのである。

> 奄美大島は、……少しばかりの狭い平地にシマ（集落）というコミュニティが……点在する。お互いが存在を把握認め合うことで治安や秩序が保たれ、相互扶助など共同体意識が強い、そのためＮＰＯ精神が無意識の中に宿っている。（麓憲吾、2010、215頁）

こうした発言から、麓氏の立ち位置にあるものが、ある種の共同体主義やロマン主義につらなる美意識であることが見えてくる。こうした美意識は、麓氏の青年団活動への評価からも読み取ることができる。3)

　「夜ネヤ〜」には、各集落の青年団の八月踊りや余興などのステージ披露も設けています。青年団は各集落で清掃作業、豊年祭、敬老会など、多くの地域行事・作業に関わり大切な役割を担っています。もちろん彼らのほとんどが一度島を出た経験をもち、そのおのおのが島に戻り、生まれ育った集落に暮らし、煩わしい人間関係や集落作業もありながら役割を担っています。そのような各青年団が奄美市名瀬生まれでそのような関わりのない街っ子の私は、とても逞しく思えました。……ある意味、その集落・コミュニティでの役割がアイデンティティを形成する一つの要素といえます。しかしながらその青年団のような価値観・活動を対外的に伝える術が少なく、……（麓憲吾、2014、59頁）

　2014年のこの語りは、すでに2007年の開局直後の研究者のインタビューでも語られていて一貫している。

　青年団とかかわる機会があるんですけれども、小さい社会の中で、子供とかお年寄りとかがいる中で、そこと逃げずに向き合って、敬老会のことや集落活動をやりながら、面白さを作ってるっていうのは本当にたくましく感じて。僕なんか奄美の中でも町の生まれなんで、そういう青年団なんかと関わって、すごく価値観なんかが変わってきていてですね。田舎なりの潔さとかを目指していけば、オリジナルのスタイルみたいなのが、ローカルが本当にグローバルになっていく可能性っていうのがある。島のスタイルを作っていくにもそうした価値観でものづくりをしていきたいなあというのはすごくありますね。（金山智子、2008、13頁）

　この二つの語りには、奄美の都会っ子である麓氏の美意識がよく現れていてあまみエフエムの原点を示す貴重な証言である。奄美の集落（シマ）には余興文化が息づく。それは生活のなかで楽しさを自作自演する文化である。確か

に、単純な農村共同体への憧憬は社会思想史的には共同体主義やロマン主義に属し、時にそれは国家統治を強化するイデオロギーとしても機能してきた。しかし、麓氏は集落（シマ）の生活に美しさだけを見ているわけではない。その煩わしさや大変さをわかったうえで、集落（シマ）という地にあって、その歴史に誇りをもち、そこに留まって、楽しさを自作自演していく生き方に「かっこよさ」＝美的価値を置いているのである。

奄美人のアイデンティティや生活文化の原郷は集落（シマ）にある。あまみエフエムの番組でいえば、集落（シマ）の自慢話を過去に遡って聞き出す取材番組の「ナキャワキャ島じまん」はそうした美意識が強く反映した番組である。

その原郷も今日大きく変容しつつあり、人口減少が著しい。しかし、青年団活動に象徴されるように、生活の地である島の集落（シマ）に踏みとどまることこそが奄美の再生につながる。麓氏が最も重視しているのは、そうした住み続けることへのこだわりのようにも見える。奄美という"地に在る"ことへのこだわりは、あえて名づければ「在地主義」とでも言ってよいかもしれない。「島に帰って来て欲しい」「島の共同の暮らしのなかで、奄美をなんとかしようよ」、そうした地域の共同のあり方へのこだわりと通底するものとして選ばれたのがNPOという仕組みだった。そういう意味では、麓氏のNPO法人は、美意識的には「結」法人である。

表4-1：奄美の外と中をめぐる〈まなざし〉の二重構造

まなざしⅠ（島外からのフィルター）		
島外（東京）からのまなざし	⇒から	（自然・文化・歴史の島）奄美
まなざしⅡ（名瀬のフィルター）		
島内都会（名瀬）のまなざし	⇒から	青年団に象徴されるシマの社会・文化

東京での体験を経由して、島にもどり、島の生活や文化の価値を発見し、それを伝播していく〈文化媒介者〉となる過程は、表4-1のまなざしⅠを契機にしながらまなざしのⅡへと転生していく生成と発展のプロセスでもある。

まなざしのⅠは、豊山が指摘したように、島唄といった都会の人の特定のフィルターから浮かび上がる奄美である。まなざしⅡは、その奄美の全てを引

き受けて、名瀬という都会にあって、改めて奄美人であることの原郷を求めたときに浮かび上がる集落（シマ）であり、「結」の文化である。奄美という地に在ることが島にとって最も重要なことであり、その美意識・価値観の準拠点が集落（シマ）の「結」の文化となる。

　こうした島外経験や島外の人びととの出会いを媒介にして、島人・島文化の足下を考えるようになり、そこから島文化の基層である集落（シマ）という原郷に向かう〈文化媒介者〉も多い。このまなざしⅠからⅡへと転換していく二段階の回路は、麓氏だけではなく、島唄の唄者や奄美出身や1世・2世などの島語り人にしばしば共通する回路である。

　まなざしⅠとⅡの違いは、旅ンチュのそれと島ッチュの違いでもあるだろう。このような在地主義とも言える思考からすれば、たぶん観光客のような旅ンチュや、島応援団の内地ッチュがいくら増えても、そのままでは島の文化を醸成していくムーブメントや島を発展させていく力にはならないということになるのかもしれない。

　「結」の文化と共振するようなラジオ、それは、個人事業と思われがちなメディア事業にソーシャルな支援をもたらす源となる。ＮＰＯの法人会員の一人は、会員になっている理由を、「あれは公共財……だから」、地元で事業している者として会員としてお付き合いすると述べている。つまりあまみエフエムは、ＮＰＯ法人にしたことで、島の「結」の文化と連続する意味での「公共財」的な位置を獲得することに成功してきた。コミュニティＦＭは、地域の人びとに支えられて初めて持続的経営が可能なソーシャルな事業である（加藤晴明、2007）。この会員の発話を聞くとき、あまみエフエムが地域のなかでそうしたソーシャルな支持を広く獲得してきていることがわかる。もちろん、そうした支持は会社という形式でも可能であるが、ＮＰＯ法人という選択がより一層それを可能にしたことは確かである。

●麓氏の卓抜したリーダーシップ

　コミュニティＦＭは、ソーシャルな事業ではあるが、法人の形態にかかわらず中心的な担い手の個人的属性を強く反映し、その資質に依存して事業が営まれる。出版にしろ、テレビにしろ、ラジオにしろ、小さなメディア事業とはそ

うした性格を帯びている。そもそもコミュニティＦＭは、そうした属人性を備えることで個々の地域特性に対応してそれぞれの運営のあり方を開発してきている。

　小規模独立メディアであるコミュニティＦＭは、運営ノウハウが標準化されているケーブルテレビなどとは異なり、ある意味ではメディア事業の雛形が存在しない。会社形態であれＮＰＯ形態であれ、中心になる担い手の個性・アイデア・人柄といった属人的要素に左右されるメディアであり、そうでない限り運営はうまくいかないやっかいなメディアである。

　そうした視点からみれば、あまみエフエムは、麓氏の個人企業ではないが、今日までのところ基本的にはチーム麓事業（enterprise）であり、麓氏の資質の上に成立している事業である。資金調達の形も、コミュニティＦＭによくみられる20～数十社の地域企業を網羅したかたちでの出資による資金調達ではなく、麓氏と技術的な基盤を支えた奄美通信システムの社主が開局資金を準備した有限会社的な側面をもっている。麓氏の本業としてのライブハウス、そして通信工事会社というサポート会社があったことも、あまみエフエムの立ち上げの成功の要素として忘れてはならない。コミュニティＦＭにとって、サポート事業者がいるかいないかは、事業の実質的な成否に関わる極めて重要な持続要件なのである。

　こうした開局の経緯からも、あまみエフエムはチーム麓事業という独特の法人といってもよいのかもしれない。当然のことながら、あまみエフエムはチーム麓事業として、麓氏の個性が強く反映したひとつの〈自己メディア〉でもある。（※〈自己メディア〉とは、人はさまざまなメディアに託して自己に輪郭を与えていくという意味で加藤晴明が提起した造語である。加藤晴明、2012）

　繰り返すが、小規模独立メディアにおいて、こうした強いリーダーシップが重要なことはその事業形態が会社であろうとＮＰＯであろうと変わらない。全国のコミュニティＦＭを担う、強烈な個性の事業者たち同様に、麓氏もまたその強い個性と卓抜した指導力を発揮しているプロジェクトリーダーである。4)

2節　あまみエフエムの個性

●幾つもの個性が融合したラジオ局

　現在日本には、300以上のコミュニティＦＭがある。基本は20ワット（※例外的に50ワットもある。県域放送のＭＢＣラジオは50キロワット）という出力の制約のなかで、それぞれの地域に根ざして活躍している放送局も多い。他方で、なんとなく開局し、なんとなくラジオ番組を流しているに過ぎない、地域からの支持をあまり得られない、盛り上がらない局もある。そうした多様なコミュニティＦＭ局があるなかで、あまみエフエムが、出色の存在として注目されていることは既に指摘した。

　あまみエフエムの放送の魅力要素を整理すると、以下のような個性が浮かび上がる。

1. 島口・島文化発信ラジオ
2. 〈奄美うた〉の文化発信ラジオ：充実した音楽アーティスト番組
3. イベント発信ラジオ

　こうした個性にあえて付け加えるとすれば、「島外とのつながり」があげられる。とりわけ、島外メディアとのつながりは大きい。麓氏は、ライブハウス以来、数々の取材を受けてきている。そこから取材する側とのつながりが生まれてくる。ライブハウスはまた、地元の音楽ミュージシャンの結節点でもある。それは、東京のメジャー音楽産業とのつながりを生む。研究者のあまみエフエム詣でも、島外とのつながりである。

　チーム麓事業は、奄美という自然・文化・人の魅力を抱えた島を、劣等感から解放し、「おもしろく」「かっこよく」表現していく実践である。その実践を通じて、島のよさに気づき自分の島に誇りをもってもらう、ラジオはそうした「気づきの装置」（麓憲吾、2014、60頁）だという。島の文化をラジオを通して〈メディア媒介的展開〉することで、新たな島のアイデンティティを醸成・再生していく。そうした明確な事業のミッションや戦略・戦術が、強いメッセージ性を生み、島内だけではなく島外のメディアや研究者とのつながりを拡大してきた。

●個性1：島口・島文化発信ラジオ

　あまみエフエムの放送の中では、島、奄美という言葉の発話が非常に多い。どのコミュニティＦＭも自分たちのエリア内の地名を繰りかえし発話するが、あまみエフエムほど、地名・島文化など自己を指し示す語彙を発話するラジオもないだろう。麓氏の立ち上げたライブハウスのＡＳＩＶＩ自体が、あしび（遊び）という島口であり、ＮＰＯ法人のディもまた、「さあ」「レッツ」という意味の島口である。ディ・ウェイブを初めとして、島口とカタカナや英語を組み合わせた言葉あそびのセンスは、麓氏がめざす「島がかっこいい」ということの実践的な表現でもある。島口や島の文化重視のラジオ放送は、まさに「島人に島人としての誇りを醸成する」という麓氏のミッションそのものを反映している。

　島口を使ったラジオということでは、沖縄のＦＭたまん（糸満市）が放送の3分の1程度を島口（沖縄語）で流していることでよく知られている。あまみエフエムの場合には、たんに島口（奄美語）が頻繁に登場するというだけではなく、島口が奄美の大切な文化資源であることを明確に主張していることである。この明快な文化ムーブメントという側面が、あまみエフエムが高く評価される要因にもなっている。

　あまみエフエムでは、番組プログラムの名称に島口がふんだんに使われている。すでに改組された番組も含めて、少し列挙しておこう。朝の生ワイド番組が「スカンマーワイド！」で、スカンマーは、朝という意味であるから、モーニングワイドという意味になる。昼の生ワイド番組の、「ヒマバン・ミショシーナ！」は、お昼ご飯食べましたか。夕方の生ワイド番組、「ゆぶぃニングアワー」は、イブニングと奄美語のゆぶぃ（夕方）を掛け合わせた語呂合わせ言葉である。「ナキャワキャ島自慢」は、あなた方と私たちの島自慢。「きゅーぬゆしぐとぅ」は、今日の教え・格言。「読みむんマンディー」は、たくさんの読みもの、読み物がいっぱい。「キューヤヌーディ」は、今日は何の日の意味で、朝のコーナーとしてあったが、現在は「この日何の日気になる日」という名称になっている。「ヌーディ・カーディ」は、なんでもかんでも。「なちかしゃ、みくいば」は、懐かしい美しい声。「イモリーナ・イモリーナ」は、いらっしゃい、いらっしゃい。「あっただんまドゥシ！」は、すぐにお友達となるの意味である。

表4-2：あまみエフエムの島口・島文化・島の歴史に関わる番組

番組名	放送時間	内容
区長さんのゴミ出し情報	朝6：30〜	街頭放送風のノスタルジックな声による放送
きゅーぬゆしぐとぅ	朝6：00台のコーナー	今日の島の格言を説明する
英会話のOVA（過去番組）	朝・夕の生ワイドの中のコーナー	標準語と島口と英会話を組み合わせた人気番組であった。オバとジジネタに移行
オバとジジネタ	朝・夕の生ワイドの中のコーナー	時事ネタを島口で語る番組
読みむんマンディー	朝の生ワイド番組の中のコーナー	島を舞台にした文芸作品の朗読
奄美群島みんなのニュース	朝の生ワイド番組の中のコーナー	50年前の奄美の出来事を新聞から拾って読む番組
ナキャワキャ島自慢	朝の生ワイド番組の中のコーナー	島の各集落に取材して区長や年配者にかつての集落の歴史や自慢を取材する番組
月曜文学散歩	月曜日21：00〜30分	奄美にゆかりの文芸作品の朗読
放送ディ！学	水曜日13：00〜60分（再放送2回）	奄美の民俗文化や自然などを専門家に学ぶ学校形式の番組
あの日・あの頃	土曜日昼	軍政下の奄美を語る番組
シマグチNEWS島ゆむTIME	日曜日7：30〜30分（再放送2回）	数人で最近のニュースを島口で表現する
語り継ぐこと	8月の特別番組	奄美での戦争経験について語る番組

※あまみエフエム番組表より作成（2016.11.15）

　奄美の文化にこだわった番組プログラム例を作表してみたのが表4-2である。直接に奄美文化に関係ない場合でも島口へのこだわりをみせる。例えば「オタクラジオ」などのサブカル番組の場合にも、アニメの台詞を島口バージョンで表現したりして奄美らしさにこだわっている。（※もちろん、どのコミュニティFMにも、それぞれの地域に焦点を合わせたすばらしい番組がたくさんある。そうしたことを前提にしつつ、表では奄美の文化・歴史を意図的に前面に出した番組プログラムを過去番組も含めて列挙した。）

　あまみエフエムの島口重視の放送について、一つ指摘しておかねばらないことは、その島口が、名瀬の放送スタジオから送り出される〈メディア媒介的展開〉による島口だということである。地元でしばしば語られるように、島口を聞いて出身集落が分かるくらいにシマジマ（集落ごと）の違いがあり、敬語も

あるという。さらにいえば、奄美のような家系がかなり明確な社会では出身階層による言葉の差異も想定される。そうした島口自体の差は、島内でもしばしばあまみエフエムで使われる島口への批評という形で耳にする。そのことは当然のことながら、あまみエフエムも自覚し、むしろそうした相対化される対象となることが、逆に島内のそれぞれの自分の集落（シマ）の独自の文化への気づきにつながっていると前向きに捉えている。

> ……島の自然・文化・歴史のことが島口で語られ始めました。私たち島ッチュ自身が関わっている島のおもしろさ、かっこよさなどが伝えられ、それがラジオ局の目的であった共感や拡がりが生まれ始めます。一方、違和感も生まれました。「私の地域ではそのような島口は使いません！」とお電話を頂きます。これまでのメディアからは気づくことのなかった感覚です。おのおの地域の言葉や在り方の「違い」を放送により計り知ることができています。（麓憲吾、2014、61頁）

そもそも奄美大島の中心市街地である名瀬の島口は、トン普通語といわれ、一種の名瀬で標準語化された島口である。この構図は、沖縄那覇の島口も同様であり、ウチナーヤマトグチや琉球クレオール（※宗主国生まれに対して、植民地生まれの言語・文化・人に使われる語彙）といわれる。ヤマトグチ（日本語風）というよりも、名瀬という大島郡の郡都に標準化された島口ということであろう。現在あまみエフエムで中心的に島口を発話している人気女性パーソナリティの渡陽子氏は宇検村の集落出身である。もうひとりの女性は、喜界島出身である。男性パーソナリティでもある放送局長の丸太泰史氏は名瀬出身。つまり、あまみエフエムという局内の島口文化も合成化せざるをえない。今日の奄美文化は、島唄・言葉に加えて料理や紬などのクラフトも、〈メディア媒介的展開〉をすることで継承・創生されている。その意味では、あまみエフエムが継承し創生している島口は、"あまみエフエム島口"として理解すれば済むことである。

文化は常に、正統性（オーセンティシティ）をめぐる葛藤を生み出す。島唄は、基本は個人唄であるから、その変容に関する批判は少ないが、それでも本

写真:あまみエフエムのサテライトスタジオ
※古い市場にできた駄菓子屋風のオープンなスタジオ
このスタジオが出来てから、市場はテナントが埋まり名瀬の人気スポットに変わった。

物の島唄や唄の崩れ方をめぐる批評談義は絶えない。八月踊りもしかりである。奄美高校八月踊りがあり、古仁屋の若林教室の八月踊りがある。奄美の文化をめぐって、「あれは違う」という声はいたるところで聞く。しかし、文化とはそもそも外との交流のなかから移植され、創生されるものである。今日、集落(シマ)という生活の基盤が変容したなかで、習い事文化・教室文化として継承されるさまざまな奄美の文化は、〈メディア媒介的展開〉を遂げつつあるものとして理解される必要がある。

島口や島の文化、そしてメディアの役割についての背景を理解するために、奄美の島口の歴史について少し補足しておこう。

●補足:奄美の標準語教育と方言禁止について

沖縄や奄美では、戦前だけではなく、戦後も1975年くらいまで学校教育の場で方言の使用が禁止され、厳しい標準語教育が行われた。そうした奄美群島の方言禁止については、西村浩子の詳細な研究がある。西村は、1994年から1998年まで奄美群島の各地の30歳以上の男女を対象にインタビューを行い、以下のような結果をまとめている(西村浩子、2001)。

①方言禁止の時代:大正年間(1912〜)から昭和50年頃(〜1975)まで
②方言禁止の場所:主に小学校。厳しい地域では学校外でも。学校では「方言をつかわないようにしよう」等の月または週の目標があった。
③方言使用者への罰:主に方言札を首に掛けたり、体罰・罰当番等があった。
④方言札について:方言札は、B5大くらいのものから10センチ×3センチくらいの小さなものまであり、戦前は木製、戦後は紙製が多く、書かれている文字

は「私は方言を使いました」が多かった。首に掛けるほか、後に下げたりピンで胸や背中に留めた例もある。
⑤当時の意識：教師の指導は正しいと思われ、学校内での方言禁止は当然のことと受け止められていた。友人に渡す行為は、わざと方言を使わせることも含めて、一種の遊び感覚もあった。

　方言禁止の背景について、西村は方言禁止と標準語教育を、マイノリティ文化への抑圧批判という単純な文脈ではなく、それぞれの時期の社会的状況と照らし合わせながら説明している。大正期は、出稼ぎの増加と都会での言葉の問題から方言を使わないように指導された（※関東大震災の時には、「日本語」が話せないと外国人に間違われて迫害を受けたことなどから）。戦時体制下では、「国家的統一の教育、戦時体制の強化」が図られ、言葉の教育が大事と考えられた。「方言を使うは国の仇」という歌を朝会で歌わされたという。戦後の昭和期は、本土復帰後、集団就職の出稼ぎ人口の増加に伴って都会で生活するために言葉＝標準語が重視された。

> 　これまでの調査の範囲で、小学校の方言禁止の背景として考えられることは、戦前・戦後を通して当時の社会の動きの中で生きた、島の人びとの「感情」である。特にそれは、教員の、学力の向上を願い、本土に送り出す子供たちが就職先で困らないようにと願う、子供に対する思いと、復帰に対する熱意であった。（西村浩子、2012、177頁）

　また西村は、「子供たちは生活用語と学習用語が異なる二重言語生活をしており、授業中の発表もままならなかった。共通語の語彙を増やすことが学力の向上につながると考えていた。（喜界島、1927生、女性）」という興味深いインタビューも紹介している。「民族の心の歴史であり、激しいビジネスの世界での生活の武器でもある標準語」を身につけることが島の国語教育の最優先の課題であり、復帰後は本土の教育水準に追いつきたいという教育関係者の強い思いがあったのだという。

　こうした標準語教育に加えて、様々な理由で奄美でも標準語で暮らす家庭が増え、失われゆく言葉への危機感が強まる。西村が背景として指摘するのは、

①島へのマスメディアの浸透による共通語の浸透（ＮＨＫラジオ放送の名瀬中継局の開局が1951年、テレビ放送が1963年）。②標準語教育世代が家庭で島口を使わない・使えない。③異なる島口の集落間の結婚の増大（社会移動・人的交流）である。

　西村は、こうした社会変容を背景にして、島口への危機感が生まれたのが1975年頃だと推定している。南海日日新聞の「シマゆむた大会」は1975年に第1回大会が開催された。ちなみに、奄美新人民謡大会（新人大会）も1975年に開催され築地俊造が優勝している。その大会は、1980年には奄美民謡大賞（第1回大会）へと発展し第1回優勝者が坪山豊である。築地俊造が民放のテレビ番組で民謡日本一になるのが1979年、古仁屋で朝花会が発足するのが1979年、笠利でわらぶぇ島唄クラブが発足するのが1983年である。また、和眞一郎ら奄美出身の知識人たちのサロンである「奄美を語る会」が鹿児島で発足したのが1981年である。まだ奄美関係者に限られていたのかもしれないが、島唄・島口・島の文化への関心の高まりや盛りあがりも、この1970年代から1980年代にかけてである。

　こうした地域・地方文化への覚醒は、奄美の島口・島唄にいえることだけではなく、20世紀第3四半期において全国的に提起された思潮運動でもある。その流れは、21世紀になってさらに強化された。奄美でも、当然のことながら、島唄、島料理、島言葉への再評価の機運が台頭する。

　奄美の方言の継承という問題は、本書の守備範域ではないが、日常使うことがなくなった方言にとって、それを意識的に使うことに価値やメリットを見出しにくい状況にはなっている。奄美のメディア関係者のなかにも、生活から離脱している以上、いずれはなくなると割り切る人もいる。西村は対策として、「方言を使えることへの新しい価値付け」、方言への付加価値の創造やアイデンティティの創造・確認、地域・学校・行政の連携などのほか、マスメディアの有効利用をあげている。「標準語」の浸透にマスメディアが拍車をかけたように、方言をマスメディアに乗せて普及を図る方策があるとし、島に放送局がないことが沖縄との違いだと指摘する。西村の論考の時期（2001年）にはすでに島にはケーブルテレビがあるので、西村が1992年に制度化されたコミュニティＦＭを知っていたか否かはわからないが、言葉をより生々しく放送できる

ローカルなラジオを想定したことは想像に難くない。
　島にマスメディアがあること、マスメディアに乗せて島口を普及させること、島口に付加価値を付け、島のアイデンティティを醸成すること。それこそが、あまみエフエムを通じて麓氏が実現しようとしてきたものである。西村のこの論考が2001年、麓氏が「島にラジオがあればなあ」と思い始めたのが2002年頃である。研究世界と実務世界と両者の世界は異なっていても、奄美におけるラジオ開局は社会状況を反映した奄美の欲望だったのかもしれない。実際、麓氏以外にも、島内でラジオ開局の検討は行われていた。奄美におけるラジオ局の開設は、チーム麓事業に仮託された"奄美の文化とメディアをめぐる島の社会的想像力"の帰結だったとさえいえるのかもしれない。

● 個性2：〈奄美うた〉の文化発信ラジオ
　あまみエフエムは、島口や島のコミュニティ再生、島のアイデンティティ再生のラジオとして知られているが、もう一つの顔がある。それは島発の音楽にこだわり続けている点である。放送で流す曲も、ほとんどが島アーティストのポピュラー音楽である。また島アーティストたちがそれぞれ番組をもっている。
　あまみエフエムの音世界は、島口・島文化・島イベントについての語りだけではなく、島音楽によって構成されている。島の音楽メディアとしての顔がある。これほど、音楽に強いコミュニティFMも少ない。音楽に強いというよりも、島に関係した音楽文化をとおして島内・島外に島の「おもしろさ・かっこよさ＝文化的価値」を発信しつづけている。あまみエフエムの音楽系番組を作表したものが表4-3である。
　元ちとせ・中孝介・カサリンチュを始めとして、他のアーティストの何人もが、全国的にツアーを行うアーティストである。そうした島外でも活躍しているメジャーデビューの音楽アーティストが毎週番組をもっている。札幌などの大都市部にはたんさんの音楽系アーティストがいて、以前活躍したことのあるアーティストがコミュニティFMで番組をもつケースは多い。しかしこれだけ現役で活躍中のアーティストが、出身地とはいえ離島のコミュニティFMで番組をもっていることはあまり例がない。こうした歌の文化資源に恵まれている

ことも、あまみエフエムの個性の重要な一面である。

　現在はライブハウスＡＳＩＶＩを運営するアーマイナープロジェクトに移管されたが、ＮＰＯ法人は、最初ディ！レコードを事業としていた。（※奄美の音楽産業、地場のレーベルについては、5章で再度触れる。）2005年9月7日に中孝介の「マテリア」、2005年12月24日に島唄漫談ユニットであるサーモン＆ガーリックの「ハブマンショー」を出している。以降はアーマイナープロジェクトに移管されて、島のポピュラー音楽とでもよべる様々なＣＤを出し続けてきた。

表4-3：奄美関連アーティストによる音楽番組

アーティスト	番組名	放送時間
ヤマケン	The show must go on!	月 16：00～16：30
我那覇美奈	よりみち日記	火 16：00～16：30
カサリンチュ	ただいまカサリンチュです。	火 20：00～20：30
South Blow	風待ろまん	水 16：00～16：30
平田　輝	ガンガンレディオ!!	木 16：00～16：30
ゆーきゃん	夜分にすみません	木 22：00～22：30
中　孝介	拝みレディオ	金 16：00～16：15
ティダ	ドゥクサレしもれよ～	金 16：15～16：40
元ちとせ	Do you know me?	金 22：00～22：30
村松　健	夕すだみに Slow	土 16：00～17：00
	シマラガ Radio	土 22：00～22：30

※あまみエフエムのＨＰより：（2016.8.30）／番組は全て再放送がある。

●個性3：イベント発信ラジオ

　あまみエフエムの更なる個性は、キャンペーン力やイベント力の強さということだろう。島で行われる大きなイベントは、文化センター、名瀬公民館、奄美パークやりゅうゆう館などで開催されるが、そうしたイベントのキャンペーン、また行政からのさまざまなお知らせ・イベント告知のキャンペーンなど島人への呼びかけが多いことが大きな特徴である。行政の告知は、住民を限定にした、月一回、世帯単位での広報配布に限られる。新聞メディアは、購買者の

みに対する文字による告知・広告に限られる。ケーブルテレビも、契約者のみを対象にした、お知らせ放送である。これに対して、ラジオは、ラジオを聴いている不特定多数（といっても島内なのでかなり限られるが）に対して繰り返し声による呼びかけの語りがあり、さらにゲストなどを招いて宣伝のための語りの場を設けることができる。あまみエフエムは、島最大のラジオとして、また島の人口の多くをカバーするラジオとして、ラジオの情宣力を遺憾なく発揮している。情宣力という点では、島内の他のメディアを圧倒しているといえるかもしれない。

　自社による音楽イベントの中継や他のイベントの中継も多く、ラジオというメディアの特性でもある〈身軽さ〉〈機動力〉が遺憾なく発揮されている。コミュニティＦＭにとっては活動が可視化されることがかなり重要であるが、そうした可視化という点も島のメディアの中で出色の存在であろう。ライブハウスＡＳＩＶＩのイベントの強力な宣伝媒体にもなる。音楽イベントは、あまみエフエムが主催するものもあれば、アーマイナープロジェクトが主催するものもある。チーム麓事業の両輪が回転することで、相乗効果が発揮されている。音楽産業と連動として事業を展開しているケースもコミュニティＦＭ局としては珍しい。こうした音楽やイベント、そして情宣力・広報力は、ライブハウス発のラジオ局の個性であり、元々ミュージシャンであった麓氏の事業の個性といえよう。

●奄美豪雨災害と島外とのつながり

　あまみエフエムの個性について三つの点を指摘した。奄美という地域の文脈の中で、あまみエフエムがどのような立ち位置を選択し、どのようなミッションにもとづき活動し、いかなる機能を果たしてきたのかに関心をもってその特徴を抽出してきた。あまみエフエムが、日本の300以上あるコミュニティＦＭの中で、その掲げているミッションと地域のなかの評価において出色の存在だからである。逆にいえば、このモデルがどこでも当てはまるとうことではないのかもしれない。しかし、そこには奄美の特殊性だけではない、コミュニティＦＭにとっての普遍的な要素が含まれている。その意味では、コミュニティＦＭのひとつの教科書であることは間違いない。

最初から好感をもって迎えられたあまみエフエムだが、地元での評価を飛躍的に高める転機となったのが、2010年10月奄美豪雨災害での活躍である。開局から3年半ほどして発生した南の島では珍しい集中豪雨による災害において、ラジオの力が遺憾なく発揮された。島のラジオが、営利事業としてだけではなく公共財として機能することを見せつけた。それまで、ライブハウス（いわば飲食業）から始まる若者の事業というイメージがあった麓氏の事業が、社会のインフラとして役に立つことを見せつけたことになる。コミュニティＦＭは、会社であれＮＰＯ法人であれ広く社会的評価・支持がある事業が持続し成長することは既にのべた。奄美豪雨災害は、結果としてその社会的評価を格段に高める転換点だったのである。

　社会的評価の高さを推測させる、あまみエフエムの災害発生時の活躍に対する表彰を例示しておこう。

2010年12月：職業奉仕賞（奄美中央ロータリークラブ）
2010年12月：感謝状（関西奄美会）
2011年02月：第20回中央非常通信協議会表彰（総務省中央非常通信協議会）
2011年03月：感謝状（奄美市）
2011年04月：感謝状（友和会）
2011年06月：平成23年度土砂災害防止功労者表彰（国土交通省）
2011年10月：感謝状（大島支庁）
2011年11月：第62回南日本文化賞（南日本新聞社）

　奄美豪雨での活躍の模様は、鹿児島の民放である南日本放送（ＭＢＣ）の報道番組（10月25日、NEWS NOW PM6：15～）のなかで6分間ほどの特集コーナーとして放送された。放送は、メインキャスターの「さて奄美市には島の方言で島の文化や生活情報を放送しているコミュニティＦＭ、ディ！ウェーブがあります」で始まり、災害に関する情報を提供しつづける様を紹介した。コーナーのタイトルは、「奄美豪雨災害　不眠不休のラジオ　ディＦＭの奮闘」、そして特集の間、「"島民を繋いだ"不眠不休のラジオ局」の小文字が左上に表示され、シーン展開に沿って次のようなテロップが続いている。

24時間生放送で災害情報を伝える／20日の午後から通常放送を災害放送に切り替えた／麓さんはずっと局で寝泊まりしている／パーソナリティとディレクターが交代／安心、安堵の時間を作りたい／東城小中学校の生徒へのメッセージが届いた／現在の中学生が小学生の時に歌った唄／番組出演者である名物おばぁの声を届けたい／連絡がとれた！（おばぁ）まぁ〜洪水だよ／（おばぁ）公民館で二晩／（おばぁ）山が崩れて泥まみれよ／ディレクター元井康介さん／住用町城集落／放送していた方が皆の役に立つんだったらそっちのほうがいい／差し入れにくる人たちが／応援メッセージもたくさん寄せられた／届いたメールは800通を超えた／地元のラジオ局でしかやれないことってたくさんあるなぁ／特別放送は24日午後8時まで続いた

　もともと南日本放送は、災害の直前にあまみエフエムに第43回ＭＢＣ賞を授与しているが、災害放送の直後にその活躍を県内に紹介したのである。すでに地域メディアは、地域内だけのメディアという側面だけではなく、〈島外からのまなざし〉と接合することを、〈マスメディアとの接合・共振の回路〉という言葉で指摘してきた。あまみエフエムの活躍もまた、この好例である。島内で活躍するだけではなく、ひろく島外との接合をもって活躍し、そのことが評価をより螺旋的に高めてきたといえる。

　こうした側面は、この災害放送とあまみエフエムの活躍を詳細に事例研究した古川柳子の研究でも指摘されている。あまみエフエムから鹿児島の南日本放送への災害情報の提供は、鹿児島の放送局を超えて、さらに東京キー局との中継へと拡散している。

　奄美大島内への災害放送と平行して、コミュニティＦＭの電波が届かない地域への情報発信も行われた。麓は、20日の13時過ぎにあまみエフエムに送られてきた住用地区の被害写真を、日頃から取材で連携があった鹿児島市の南日本放送の北原由美ディレクターに転送した。この写真によって奄美大島の水害の深刻さを知った北原は、南日本放送の報道部に伝達し、急遽奄美大島への取材体制が整えられた。系列の東京キー局ＴＢＳにも連絡が入り、その夜の「ニュース２３」での中継準備が進められることになる。（古川柳子、2012、113頁）

スタッフの一人と東京キー局との人的関係も指摘されている。

> 22時、全国ネットの「報道ステーション（テレビ朝日系）」のトップ項目で、中原が「奄美市と災害協定を結んでいるあまみエフエムのパーソナリティ」として被害状況を電話中継した。中原は東京のテレビ・プロダクションでアシスタントディレクターの経験があり、知り合いだったプロデューサーの一人から連絡を受けたことがきっかけだった。（古川柳子、2012、114頁）

この災害では、あまみエフエムの〈島内のまなざし〉が、全国放送という〈島外からのまなざし〉と接合・共振することで、災害がいち早く全国に認知された。それが奄美出身者・関心者からの応援や問い合わせにつながっている。遂に、あまみエフエム側も、インターネットでラジオ番組を配信していくようになる。こうした情報拡散のプロセスを古川は、次のように説明している。

> 本事例で興味深いのは、マスメディアへの被害状況の第一次情報が地域コミュニティＦＭから発信されたことだ。この情報発信は、麓や中原の個人的ネットワークが基点となっており偶発的な要素も強い。だが、麓が被災写真を南日本放送の北原に送った背景には、取材を通して北原との信頼関係があったことに加え、南日本放送が地域メディアとの連携強化を目指しており、日常的な人的交流が築かれていた要素も無視できない。（古川柳子、2012、118頁）

古川のこうした指摘は、地域メディアが地域内で情報を地産地消するだけの存在ではなく、外部との接合やクロスメディア的展開によって開放的な関係をもつことがありえることの証しとして貴重である。もちろん、地元における〈島内のまなざし〉の中での評価と〈島外からのまなざし〉の評価にはズレもあるのかもしれない。しかし、あまみエフエムの日常放送の営みはどこまでも〈島内のまなざし〉のそれであり、そうした〈島外からのまなざし〉に左右されているわけではない。日常放送が評価されているという基盤の上に、たまたま災害放送での活躍が加わったのである。災害とコミュニティＦＭとの結びつ

きは、コミュニティＦＭ評価の物語として分かりやすいが、コミュニティＦＭへの評価は、どこまでも、日常放送としてのあり方を基本にして考えるべきだろう。そうした日常放送への評価は、南日本放送の災害報道の特集の最初に語られた、「島の方言で島の文化や生活情報を放送しているコミュニティＦＭ」という語りのなかによく現れている。

●ＮＨＫが描いたあまみエフエム

　コミュニティＦＭは、物語性の強いメディアである。地域密着、コミュニティづくり、地域を元気する、市民参加など、報道関係者を魅了するキーワードにこと欠かない。しばしば県域の放送局による番組によって地元のコミュニティＦＭのコーナーや特集番組が制作され、時には全国に放送される。そうした中でも、あまみエフエムは、島外のマスメディアによって最も取り上げられるコミュニティＦＭの一つである。ＮＨＫの番組を例に、〈島外からのまなざし〉の中であまみエフエムがどう語られたかを見ておこう。

　代表的な番組に、「関口知宏のOnly1　ラジオよ　奄美の心を燃やせ」（2010年9月18日・25日）と「新日本風土記　奄美」（2016年1月15日）がある。

　「関口知宏のOnly1」では、やはり島口放送が大きく取り上げられ、麓氏が、ラジオを開局するに至った物語が説明される。内容的にはすでに紹介したあまみエフエムをめぐるストーリーと同様である。

　番組の冒頭では、「島ッチュの島ッチュによる島ッチュのためのラジオ」「徹底的に島に密着した放送」が語られる。この番組は、ユニークな生き方や活動をしている人に焦点を当てた番組であり、麓氏の語りや実践が随所に挿入されている。

　ラジオは聞こえるが、鹿児島からのラジオだと情報にリアリティがないため、言葉のニュアンスも変わってしまう。都会に出て行ったことで島の豊かさに気づき、この文化の輝きを皆に伝えたいと思いラジオ開局へとつながる。カッコイイものの絶対的なものがそこにある。島のものが古くて間違っていると感じていたが、都会に行って戻ったことで自分が住んでいるところのどこが悪いと感じた。音楽イベント（夜ネヤ、島ンチュ、レスペクチュ！）を始めた

ころは、奄美出身だといえないコンプレックスを持っていた。でも、今では島の中で島のために活動したいと思った。こうした語りに、司会の関口は、「コンプレックスが誇りに変わる瞬間」と語る。

カサリンチュのイベントでは、「私も奄美で夢をかなえたい」という語りが紹介され。それに続いて麓氏が、「島を出ないと夢をかなえられないと思っていたがそうではない。井の中の蛙のにぎやかさを見に来て欲しい」と語る。

この番組を社会調査（テーマ「映像の中の奄美」）の実習で分析した中京大学の学生（当時3年生）は、一度都会に出て、その後島に戻ってきて、島の良さを再確認し島への愛着が増すという流れが、島人の通る道なのかもしれないと認識したうえで、次のように感想をまとめている。

> この番組で描かれていたのは、人のために熱くなる。自分の故郷のために熱くなる人がこんなにもいる！！ということだと感じられる。それは、ごく自然に麓という男でたとえられていて、違和感を感じない。オンリーワンでありながら、彼は島一熱い男だと表されているのだ。……この番組だけみれば麓という男は島のために一生懸命になる男であり、奄美という島は一生懸命になろうと思わせる島だということである。……"島"でなければ成功しないシナリオだったように思える。（林真美、2016、108～110頁）

「新日本風土記　奄美」では、祭り、儀式・風習、行事・相撲、祈り、先祖迎えのお供え、神様の迎え、神聖な場所、島唄、島口などのシーンを通じて、奄美が神・命・心の島、豊かな精神世界をもった島として描かれている。その島口の文化を代表するシーンにあまみエフエムが取り上げられる。「小さな島のラジオ局」でナレーションが次のように語る。

> ・ここは、島人による島人のためのラジオ局。地元の若者がはじめて8年になります。向かいは魚屋さん。なんでも放送のネタに。
> ・放送で使うのは、奄美の方言、島口。たとえば、子供達が郷土芸能を披露したニュースはこんな具合。
> ・ラジオ放送を始めた理由の一つは、失われつつある島口の魅力を伝えること

にあります。奄美では、本土復帰後、子供たちが方言を使うことを、昭和40年代まで、多くの小中学校で禁じていました。
・このままでは忘れられてしまう奄美伝統の暮らし。

　NHKという〈島外からのまなざし〉の中でも、島おこしの青年の物語、そして固有の文化が濃厚な島、苦難の歴史をもつ島で、島の文化である島口の継承に使命感をもって取り組む姿が描き出されている。籠氏らの語りという〈島内のまなざし〉と〈島外からのまなざし〉が軌を一にしており物語にブレはない。これからもあまみエフエムをめぐる評価の軸は、こうした物語として描かれていくことになろう。

3節　ラジオの島：4局もある島ラジオ

●島のラジオ局を支える奄美通信システム

　奄美のラジオは、どうしてもあまみエフエムに代表されてしまう。しかし、あまみエフエムのように〈島外からのまなざし〉からも注目されるコミュニティFMの他に、奄美大島には別の個性をもったコミュニティFMが3局ある。沖縄島には18局（2016.12.31現在）もあるから、その6割ほどの面積の奄美大島に複数局があってもおかしくはないが、沖縄島は100万人を超える人口を抱えている。奄美大島の人口6万人を考えれば、四つのラジオ局は驚異的である。ともかくも、あまみエフエムがつくりだすラジオ空間以外のラジオ空間と接している島民がいるということを忘れてはならない

表4-4.奄美大島のコミュニティFM一覧

ラジオ局名	開局	所在地	人口規模	パートナー（支援）事業体
あまみエフエム	2007.05.01	奄美市	43,184	アーマイナープロジェクト
エフエムうけん	2010.01.04	宇検村	1,718	宇検村
エフエムせとうち	2012.04.25	瀬戸内町	9,050	瀬戸内町・瀬戸内ケーブルテレビ
エフエムたつごう	2014.05.24	龍郷町	5,809	奄美通信システム

※人口は、2015国勢調査より

　奄美大島に4局ものラジオ局が可能だった最も重要な背景は、島に電波機器

を扱う専門の会社があったことである。そうした会社の存在もまた島の大きな文化資源である。笠利出身の椛山廣市氏が1975年に起業した電波関係の専門会社である株式会社奄美通信システム（通称、奄通・社員十数名）がそれである。会社の概要説明書には、「離島なればこそ活かせる通信専門技術力41年」のコピーが掲げられている。奄通は、1975年に漁労船舶電子機器販売事業を扱う「有限会社　奄美無線サービス」としてスタートし、その後、陸上通信機器販売も開始し、1990年に現在の社名に変更して今日に至っている。通信無線、防災無線、放送関係の送信所といった電波系施設の設置・メンテナンスの専門会社である。

　通常こうした企業は県庁所在地にあるが、鹿児島から遠距離にあり緊急時に鹿児島から人を派遣していたのでは対処しきれないロケーションから生まれた専門企業である。高い山があり地形が複雑な奄美大島にはＮＨＫだけで25カ所、民放17カ所もの中継所があり、また与論島にいたる放送電波の中継地ともなっている。そうした群島全体の中継所の設置や保守管理には地元の地形を知り尽くした地元の企業が必要なのである。ある鹿児島の民放関係者は、「椛山さんがいないとできない」と絶大な信頼をよせている。奄美通信システムは、鹿児島の放送関係社にとっては、いわば島の技術拠点のような役割を果たしている。当然、総務省と日常的で良好な関係を保たなければならない企業でもある。ＮＨＫからは電波功労賞という大きな賞ももらっている（取材：2011.03.07、2014.03.13）。

　椛山氏がコミュニティＦＭにかかわる切っ掛けは、ラジオ局開局を考えていた麓憲吾氏が人を介して椛山氏を紹介されたことから始まる。あまみエフエムは、いわば出資も含めて、番組ソフト面に強い麓氏と技術面に強い椛山氏がチームを組んだことで設立が可能となったと言ってもよい。コミュニティＦＭの開局にはしばしば県庁所在地などの有名コンサルタントが介在し、県域局のラジオ局をモデルにして高価で豪華な施設を作って始めることが少なくない。最近では開局の資金的ハードルがかなり低くなったとはいえ、地元に音響に詳しいアーマイナープロジェクトという会社と、開局申請に必要な電界調査などを実施できる電波に詳しい奄美通信システムという会社があったこと。その代表同士がコミュニティＦＭというラジオの開局にタッグを組んだこと。これが

奄美でのコミュニティＦＭ開局を資金と技術面で支えたのである。

あまみエフエムでの開局経験を活かして、椛山氏は、その後エフエムうけん、エフエムせとうち、エフエムたつごうの開局を主導していく。これら島内の三つのラジオ局は、椛山氏の事業企画とラジオを必要としていた自治体が連携することで誕生している。

防災無線の設営を業務としてきた椛山氏にとって、コミュニティＦＭの開局は技術・施設的にはそう時間のかかる仕事ではないという。ラジオという有効な情報手段を、防災無線の代わりに、あるいは併用して普及させ、「群島が電波でつながること」、それは技術者としての椛山氏自身の夢・ミッションでもある。人口が少なくて経営が成り立たない島の場合、ラジオ局の設立と維持には自治体の協力が不可欠である。逆にいえば自治体の協力さえ得られれば可能な夢である。宇検村で実現した自治体が支援する小さなラジオ局は、「小規模自治体向きの公設型コミュニティＦＭモデル」であり、それが椛山モデルの雛形になっている。

> 私は防災無線でお世話になっているし、コミュニティＦＭは商売にはしたくないという考えなんです。それで始めたのが宇検村です。こんなに便利な情報手段があるのだから。ビジネスにしたいとはまったく思っていない……。群島が一つにつながってくれれば。一つの夢ではありますけどね。自治体の考えが変わってくれれば、実現可能な夢です。特に離島は経営ができないから、役所の応援がないと……。（取材2014.03.13）

奄美通信システムという企業があったことで、島には四つものコミュニティＦＭが立ち上がることができた。そうして出来た四つの局は、今ではそれはそれぞれの自治体にとっての重要な島語りの文化装置となっている。

もちろん、コミュニティＦＭにどれがもっとも適切なやり方かという正解はない。あまみエフエム、エフエムうけん、エフエムせとうち、エフエムたつごうとみんな抱えている事情が異なる。純民間型のあまみエフエム、エフエムたつごうもあれば、公設民営型のエフエムせとうち、エフエムうけんもある。ただ、共通しているのは、表4-4でも示したように、小さな自治体ではコミュニ

ティFMという事業が単独では成立していないということである。必ず、パートナーとなるような事業体があり、その支援のなかで事業が成立している。民間企業であれ、自治体であれ、小さなラジオ局が持続するためには、そうしたパートナーの支援が必須の要件になっている。つまり、椛山モデルは自治体の支援を必須にしているモデルでもある。

　奄美大島の6万人という人口規模だけを考えれば、一つのコミュニティFMで足りると考えることもできる。島にひとつの島ラジオでも構わないのかもしれない。しかし、奄美大島という島の規模、その地域的多様性から、平成の大合併を経ても、一島一自治体にはならなかった。そして、現実には自治体が競い合うように複数のラジオ局が並立している。

　番組構成も、部分的には他の局と番組を連携しあい、部分的には独立した編成をとって放送している。エフエムうけんとエフエムせとうちではあまみエフエムの番組が流れるが、エフエムたつごうでは流れない。エフエムうけん、エフエムせとうち、エフエムたつごうでは、鹿児島の民放AM・エフエムも流れている。あまみエフエムとエフエムたつごうは、隣接し一部電波が重なっている民間ラジオ局であるから、経営的には競合することになり当然といえば当然である。それは、奄美大島のなかで、あまみエフエムが流れないエリアがあるという見方ができる一方で、あまみエフエム以外の番組の選択肢があるエリアがあるという見方もできる。沖縄のコミュニティFMの多くで放送電波がかぶり合っているように、人口が限られた奄美大島にある二つの民間ラジオ局は、しばらくは併存しあい、一部競合しあっていくことになるだろう。

●日本初の公営型ラジオ・エフエムうけん

　あまみエフエム開局から3年後の2010年1月4日、人口1800人余りの小さな村、宇検村にコミュニティFMが開局した。すでに述べたように、奄美大島にコミュニティFMが4局開局できたのは、あまみエフエムの開局をサポートした奄美通信システムの椛山氏の企画提案力が大きく作用している。

　宇検村は、二つの事情を抱えていた。一つは、防災無線の戸別受信機の更新である。二つ目は、ラジオがない村であったという事情がある。戸別受信機を高い費用をかけて全家庭に設置するなら、もっと安い費用で村のラジオ局を開

設し、防災だけではなく、日常においても情報発信機能をもつことで村の生活のために活用したいと考えるのは当然である。

　村は台風などの時に、よく停電する。3日間、時には5日間も停電する。1台5万円もする防災無線の戸別受信機は乾電池でも動くが、何年も入れっぱなしにして乾電池が腐食すると本体が故障してしまう。乾電池が液漏れして故障した戸別受信機が何割にも達することになる。5000万円かけて戸別受信機を更新しても10年後には同じ問題が発生する。長期停電がある村には、戸別受信機は便利ではあるがやっかいな問題を抱えたメディアなのである。

　ラジオなら、普段の情報に加えて、防災情報は放送への割り込みという形で送信することができる。いまでは当たり前のようになっている、Jアラートの緊急割り込みがまだ始まっていない時期に、防災放送と日常の地域生活情報の放送とを兼ね備え、しかも村民の娯楽やコミュニケーションを促進するラジオを企画し、総務省を説得して始まったのが宇検村のラジオ局、エフエムうけんである。Jアラートの通常放送への割り込みも、奄美通信システムが格安のシステムを開発する形で導入して災害に備えている（取材：2010.03.28、2013.08.15、2015.09.04、2016.09.12）。

　ケーブルを使って契約者に声や映像を届ける有線放送事業とは異なり、電波の放送は役所が直営することができない。その制度の壁を越える方策がNPO法人である。2009年にラジオの開局の準備とNPOの設立の準備が一気に進められた。ただ、村役場がラジオ局を開局し運営するために設立したNPOであり、NPO自体の構成員の多くが村役場の職員であることを考えればNPO自体が公設NPOである。だから、公設ラジオ局をNPO法人に委託して運営しているという意味でかたちは公設民営ではあるが、実質的には村のラジオ、村民のラジオと言ってよい。中心になっている村職員も仕事外の時間でのボランティア参加ではあるが、ラジオへの参加自体が村の施策に沿った活動でもある。役場の"部活動"のような明るくのびのびした雰囲気のあるこのラジオ局は、局の開局と維持が村の政策として展開されているという意味で、まさに村が運営するラジオなのである。制度的には公設民営であるが、対外的にも日本で初めての公営的なラジオとして、小さな村だからこその特別の事情として理解を得ている。

写真：エフエムうけんの外観（撮影：加藤晴明、2013.8.15）

　独自の現金も財産ももたないのでNPOの会計報告も簡単である。役場からの補助金として、人件費の年間200万と広報費年間96万（月8万）が支払われ、それ以外の経費は全て村が負担する。つまり年間300万円で運営する村のラジオ局である。当然、CMもない。施設は、元法務局の支所の建物を村が買い取り無償で賃貸し、設置機材は更新も含めて村の資産として村が管理する。
　人口が少ない小さな自治体にとって、宇検のラジオ利用は、まさに防災と地域活性化のモデルとなる。ラジオがいろいろな用途で地域に役に立つことは理解しやすい。それを経営が無理な小さな地域でいかに実現し持続するか。宇検モデルはそうした、経営困難な極小地域におけるコミュニティFM導入の日本初のモデルである。村に開局したラジオとしては、青森県の田舎館村（人口8000人余）のコミュニティFMジャイゴウェーブや読谷村（人口が4万人を超える日本一人口の多い村である）のエフエムよみたんが知られているが、宇検村は人口が2000人を割っている。民間資本による設立どころか、純然たる民間による運営自体が無理な地域でもある。そういう村では、官民を問わず住民総出で盛り上げるような"ノリ"が求められる。
　防災無線の更新は日本の地方自治体がどこも抱えている課題であるが、だか

らといって代替したコミュニティFMがどこででも地域に愛される局となるわけではない。日本初の公営的なラジオを成功へと導いた要因は幾つかある。
①あまみエフエムがあったこと。

　奄美大島の各自治体にとって、あまみエフエムというラジオの登場とその活躍という成功例があったことが大きな刺激となった。ラジオの有効性・威力に気づかされたということである。また開局や日常運営において、放送の乗り入れや運営のサポートが得られることも大きい。あまみエフエムは、スタッフの充実度や番組の質においても島全体にとってキー局のような存在だからである。
②企画提案と設置・保守ができる企業である奄美通信システムがあったこと。

　そもそもラジオが防災無線の代わりになるという企画提案自体が、あまみエフエムの設置に関わった奄美通信システムの椛山氏から始まっている。大都市のコンサルタントではなく、地元に密着し、地形を知り尽くし、防災無線を始めとして日常的に通信システムをサポートしている企業の存在は極めて大きい。
③村役場の首長・スタッフに先見性と実行力があったこと。

　エフエムうけんは、奄美通信システムの椛山氏と、この事業推進の中心人物となった宇検村総務企画課の課長補佐（当時）渡博文氏（1961〜）や村長（当時）の國馬和範氏（1952〜）、役場スタッフという役場側とがコラボしあって作動したプロジェクトであった。あまみエフエムの経験を踏まえて、ラジオが防災無線の代わりになり、さらにそれ以上の使い方ができると考えた椛山氏の企画提案力と、そのメリットを合理的に評価して受け入れた結果のコラボであった。中心的役割を担った役場の渡氏は、「何も知らなかったから出来た」というが、当時の國馬村長が「防災無線はラジオに切り替えます」と表明してから1年ちょっとで開局にこぎつけたということは、かなりの突進力であったことが想像される。役所の前例主義の壁を突破し、総務省が想定もしなかった日本初の小さな自治体での公設民営ラジオ局の試みを許可に導いたのは、椛山・渡両氏の力と人的ネットワークによるところが大きい。
④日常的にラジオ局を管理運営する適切な人材に恵まれたこと。

　渡氏は、「うちの一番の成功の要因は、事務局長の向山さんです」とハッキ

リと語る。事務局長の向山ひろ子氏は島外の方であるが、結婚して村に住み着き、子育ても一段落した女性である。キーボード操作も得意といえなかった氏が、録音・放送から、自動運行装置のプログラムを組むまでの高い能力を身につけるようになったのは役場としても大きな驚きだったという。そして、誰もが気さくに訪ねることのできるお茶飲みサロンなような雰囲気も、その人柄によるところが大きいが、その背景にあるのは、公費で運営されビジネスとは無縁であることだろう。経営を考える必要のないラジオ局。これほど楽しいものはない。

　エフエム宇検の成功の背景には、もうひとつ重要な要素がある。
⑤ラジオが聴けない村（無ラジオ地域）であったこと。
　エフエムうけんの成功は、もともとラジオを聞く慣習のない村であり、開局によって村民が初めてラジオという驚きのニューメディアと接したことも大きい。まさに、「村にラジオがやってきた」のである。実に1963年に奄美でテレビが開局してから47年後、つまり約半世紀後に、エフエムうけんの開局によって、村では初めてラジオ時代が幕を明けたのである。

　もともとラジオを聴く慣習のなかった村には、ラジオそのものが普及していなかった。そのため村は、最初、補助金を出して各戸1000円の負担だけでラジオの普及を図った。さらに最近では、村内の難聴地域を解消するために高感度の防災用のラジオを配布して、現在では村内100％でラジオが聴けるようになっている。

　村内で聴ける唯一の民放ラジオという電波の受け入れられ方は、ラジオの選択肢が沢山ある地域と大きく異なる。そうした幾つものラジオ波がある地域で仮に公設ラジオを開局しても、たぶん宇検のよ

写真：エフエムうけんの室内（撮影：加藤晴明、2015.9.4)
※気軽に来訪者を迎えるアットホームな雰囲気の事務所。社会調査実習で取材中の加藤ゼミ生たち。

うに地域に定着して高い聴取率を獲得するのは難しい。

　日本国内にはまだラジオの届かない地域がある。これは意外と知られていない事実である。奄美大島内でも、高い山に囲まれた宇検もその一つであった。同じように無ラジオ地域であった大和村、住用村（2006年に合併して奄美市）の奄美大島南部3村が一緒になりNHKに要望して、宇検ではようやく2007年からNHKのFMだけが聴けるようになっていた。コミュニティFM開局の3年前である。しかし、鹿児島からのNHKのFM番組の多くは福岡や東京で制作された番組であり、身近なラジオとはいえない。だから、エフエムうけんの開局によって、村民に初めてラジオを聴く慣習が生まれ、生活のなかに「ラジオ文化」が醸成され始めたのである。

●エフエムうけんの番組構成

　村で聴くことのできる唯一の民放ラジオ。このことは、番組の構成にも個性として表れている。小さな村では、当然のことながら自主制作番組だけで放送時間を埋めることはできない。さらに村内には鹿児島から赴任してきている教員・公務員もいる。奄美市のように、鹿児島の民放が聞こえるわけではない。そこで考えられたのが、あまみエフエム以外に鹿児島の民放ラジオのMBCを混ぜた番組構成である。

　コミュニティFMが県域放送のラジオを流すというのも極めて珍しい。宇検村で放送が流れるようになってから、MBCの側も宇検で流れていることを意識して、アナウンサーが島口の挨拶を覚えたり奄美を意識した発話もする。エフエムうけんの番組スタッフが、たまにMBCの番組に出演することもある。つまり本土・鹿児島のリスナーに"あまみ"というサウンドを届ける。これはとかく離島に関心のない鹿児島本土の人びとに奄美を意識させ、奄美情報を発信していることになる。

　コミュニティFMは、音楽などのテーマ番組を除けば、それぞれの地域に準拠した情報が多くを占めているから、宇検村で鹿児島の繁華街の天文館の交通情報を聴いてもリアリティはない。確かに、奄美大島を車で走りながらラジオを聴いていても、MBCに切り替わると放送の質が突然県域レベルのプロのしゃべりに代わるので、聴いていると違和感がないわけではない。ただ、鹿児

島から来た転勤族の人達にとっては懐かしい放送である。また村民は、初めてMBCという鹿児島を代表する民放ラジオの存在を知ったことになる。

　表4-5からも分かるが、エフエムうけんの番組は四つのラジオ局の番組から構成されている。これも、全部を自主放送で埋めるように制作ができないことや無ラジオ地区であることからくる特性である。つまりエフエムうけんでは、一つのラジオ波で、幾つものラジオ文化を提供していることになる。渡氏は、「民放はこれしか聴けないんだから、混ぜるしかない」と割り切っている。住民サービスという考え方であろう。

　もともと県域局は県内全域をカバーする放送電波を発しているわけだから、コミュニティFMといえどもライバル局となる。離島などの場合以外にはこうしたことは考えられない。5)

表4-5.エフエムうけんの平日の番組構成

放送局の位相	番組名	放送時間
自主放送①	しまの情報コーナー（10分×5回） ゆんきゃぶりー（20分×4回）	130分
自主放送②	音楽番組（島唄120分・演歌10分 洋楽30分・Jポップ360分）	520分
同格の兄弟局 （各町情報）	エフエムせとうち制作番組（30分） エフエムたつごう制作番組（30分）	60分
島内キー局 （島内情報）	あまみエフエムの朝・昼・夕方の帯番組 といろいろな個別の番組	540分
県域局（県内情報）	MBCの3つの番組（60分×2+30分） エフエム鹿児島の番組（40分）	190分

※月〜金の場合（2015.04.01）

　自主番組は、お知らせ番組である「しまの情報コーナー」（10分）の他に、自由なトークの収録番組「ゆんきゃぶりー」（20分）である。「ゆんきゃぶりー」は、沖縄のゆんたくに近く、おしゃべりという意味の宇検の島口である。「情報コーナー」は月曜日から土曜日まで、1日5回、「ゆんきゃぶりー」は4回放送（7時10分、14時10分、17時10分、20時10分）される。日曜日には、1週間の自主番組をまとめたものを午後と夜に流すので、一つの「ゆんきゃぶ

りー」番組が6回放送されることになる。

　「ゆんきゃぶりー」の時間帯には、さまざまな番組が放送される。「レジェンド」「今日はなんの日」「あんまーの知恵袋」「学校だより」「岩元塾」「読書の部屋」「ラジ友」「晴れたらいいね」「特番」「ヒゲーション」「土曜日はちょっとひと休み」などである。番組担当者は、それぞれの都合のよい時間に来て、収録していく。最初10人未満で始まった自主制作番組も、いまでは20人近いメンバーが参加して制作が続いている。また村民全員を出演させたいということでなんらかの形でのラジオ出演を勧め、ほぼ7割近い村民が出ているのではないかという。そもそも村役場の職員は、皆"しゃべれる"ことには慣れている。村に残った貴重な若い人材である職員は、集落の青年団や壮年団、PTA等で必ずといっていいほどスピーチをする機会がある。村に残って活躍している青壮年は、人前でしゃべるスピーチのリテラシー（資質・能力）を身につけているのである。

　村民の中には、番組の繰りかえしが多いという意見もあるが、村の中の人気者を輩出することもある。そんな代表が村の30代の青年イカリング隼人氏のトーク番組や「マニアックさんいらっしゃい」であった。敬老会や結婚式での余興文化の盛んな土地柄の奄美では、最近不定期で余興グランプリ大会（Y1グランプリ）が開催されるが、イカリング隼人氏は、宇検代表で出場する余興の達人である。

　各番組も、若者向け、高齢者向けとバランス良く配置されている。そのため村人も、自分が聴く番組と聴かない番組に線を引いている。ラジオが定着して、聴きたくない時には、聴かないといったかたちで耳が肥えている。

　ラジオは、村なりの使い方もされる。人のいない畑で一晩中大音量でラジオが鳴っていることがある。猪除けである。猪も人の声がすると畑に近づかないという。防災ではなく猪対策という使われ方は、ラジオをやってみて初めて分かった使われ方であった。

　ともかく、村にラジオがやってきて7年余り。ラジオは村に確実に定着し、村民もよく聴いている。村民の満足度は高く、役場の担当者は村民から「たまにはいいことするね」と褒められたという。

> ほんとうにうまくいきましたよ。今はこれがなかったら……。他の局とは電話回線で繋いでいるので、たまに通信障害があると、クレームではなくて、知らせてくれるという意味ですぐに連絡が来ますからね。助かります。……続けてやっていきたいですね。（渡博文氏、取材：2016.09.12）

「町や村に、ラジオがあることの幸せ」。エフエムうけんは、村民同士がほぼ知り合いだからできる実にのびのびしたラジオである。放送の中では個人名も飛び出す。村内5カ所には、リクエスト箱も設けられているが、ラジオでしゃべっている側も誰のリクエストかだいたいわかっている。こうした濃密な人間関係のある村内だから許されることを、村内という文脈の上で実践しているラジオである。だから、出身者の会である郷友会などからの要望があっても、〈島外からのまなざし〉にさらされるインターネット放送は実施しない。手を上げて外から表彰されることもしない。できるだけ"目立たないように"自分達で楽しむという姿勢である。それは、まさに小さな村の特性に見合った、その地域の文脈に沿ったメディア実践でもあり、安易に真似の出来ない個性であろう。

●エフエムせとうち：ラジオの島の難問を背負って

奄美大島で3番目に開局したのが、エフエムせとうちである。奄美大島の最南端の町である瀬戸内町は、かつては2万あまりの人口を誇っていたが、現在は1万人を割り9000人台である。それでも人口は隣の宇検村の4倍以上。人びとの社会関係も含めて、宇検村とは事情がかなり異なっている。南大島のこの町に、エフエムせとうちが開局したのが、2012年4月25日である。

エフエムせとうちは、宇検村で成功した事業をモデルに、予算措置・規模も含めて同じようなかたちで展開した公設民営型のラジオ局である。宇検モデルは、奄美通信システムが機材・事業をデザインしているので、奄美通信＝椛山モデルといってもよいのかもしれないが、実際の事業運営は、地元のケーブルテレビである瀬戸内ケーブルテレビが全面的に支えるかたちで運営している。この点でも、エフエムうけんとは町民の受け止め方も違う。役場職員がボランティアパーソナリティとして深くかかわり、村のラジオ局という位置を確保し

ているのとは異なり、より公設"民営"的な雰囲気のあるラジオ局である。町民のなかには、ケーブルテレビがやっていると思っている人もいる。さらに、瀬戸内町はもともとラジオ文化がなかったわけではない。難聴地域も多いが、若い時にエフエム鹿児島ばかりを聴いていたというラジオ世代もいる。

　地形的に複雑な瀬戸内町では、アンテナを複数設置してもなお難聴地域が残る。事務スタッフは一人いるが、宇検のようなみんな知り合いという村よりも大きい町である。そのせいか、家族的で親密な雰囲気の村のように、ラジオで何でも話していいというわけにはいかない。そうしたこともあり、コミュニティＦＭらしいラジオ文化が町民に深く定着するのに時間がかかっている。ある程度定着はしているが、ラジオの存在感やラジオ活動が町民にわかりやすく見え（＝可視化）、かつ親しみをもって意欲的に関わってもらえるという点で課題を抱えている。それはエフエムせとうちというよりも、人口が１万規模の町のラジオ局が抱えている構造的な難問でもある。この規模の町のラジオ局が元気に活動するには、スタッフの数も含めてどのような形態の運営が適しているのか。この構造的な難問を抱えながら、それを乗り越えるための実践が続いている。

　日常的に運営するスタッフは、宇検同様に、役場の補助を受ける形で一人体制であった。開局時から、ケーブルテレビのサポートを受けながら、若い世代の女性が対応していたが、５年間で辞め次の代のスタッフに引き継がれている。

　番組の構成は、エフエムうけん同様に、自主番組、あまみエフエム、ＭＢＣの放送を組み合わせることで構成されている。自主番組は、行政・防災情報番組、局としての自主番組（きゅうだろ　きばりんしょろや～！）、そして町民企画番組である。「きゅうだろ　きばりんしょろや～！」は、１５分番組で、平日は１日４回放送されている。町民企画番組は２０時３０分から３０分間の番組となっている。

　もともと瀬戸内町の中心市街地である古仁屋は、町内の各集落から出てきた人が集まった合衆国のような町であるといわれている。戦前は巨大な要塞を抱え海軍・陸軍の軍事拠点でもあった瀬戸内町は、商人も鹿児島商人が多かった。そうした事情からも、集落の文化と市街地の文化との間に地域差がある。

写真:エフエムせとうちの収録風景(撮影:加藤晴明、2012.9.13)
※奄美の島唄・島口に詳しい元町長が奄美の文化を語る番組。

ある意味では、繁華街の古仁屋地区はミニ名瀬である。その点では、ラジオもあまみエフエムのような民間ラジオらしい活動や活躍の可視化が求められているのかもしれない。人口規模からも人的資源が多いはずである。そうした人材を発掘してユニークな番組づくりを続けていくことが更に求められるだろう。すぐれた観光資源を抱えた町でもある瀬戸内町では、観光客にも見えるようなビジュアル的に絵になるスタジオも必要なのかもしれない。それには、スタッフの数も必要である。一人体制では、そうした地域の中でラジオ事業をより可視化するような活躍がなかなか難しい。

　瀬戸内町のラジオは、ラジオの島の難問を背負っている。コミュニティFMは小さなメディア事業であるが、逆に、なぜ、何のためのメディアなのかという明確なビジョンと強力な推進の担い手が求められる。人口1万人規模の町のラジオ局のコミュニティFMのあり方をめぐって、公設と民間との間をめぐって、あるべき姿をめぐる模索が続くように思われる。

●エフエムたつごう:もうひとつの民間ラジオ局

　2014年5月24日に開局したエフエムたつごうは、奄美大島4番目のラジオ局である。この開局により、あまみ大島は、全ての自治体にラジオ局が配置されることになった。(大和村は、あまみエフエムの送信所を設けてあまみエフエムが流れている。) 龍郷町は人口6000人台である。瀬戸内町よりも小さいが、宇検村の3倍規模。奄美のなかでは、奄美市のベットタウンとして、また空港に近い町としてIターン者にも人気がある。商店街のような都市集積はないが、やはり宇検村とは異なり、共同体集落だけではない多様な地域構造や町民を抱

えた町である。

　エフエムたつごうの事業主体は、エフエムうけんやエフエムせとうちの開局をリードしてきた奄美通信システムであり、公設民営ではなくあまみエフエム同様に純然たる民間事業である。人口6000人の町で民間のラジオ局を持続的に運営していくのは難しい。運営の仕組みには、奄美群島内をラジオの電波を繋いでいきたいという強いミッションをもつ奄美通信システムの椛山氏の工夫がある。奄美通信システムからコミュニティＦＭの保守部門（定期保守業務：遠隔監視制御と維持管理）やコミュニティＦＭの企画・工事部門の仕事を独立させて、「ＮＰＯ法人コミュニティらじおさぽーた」（通称、らじさぽ）という独立事業体（ＮＰＯフォーマットの会社と言ってもよいのかもしれない）をつくり、その一つの事業部門がエフエムたつごうを運営するという仕組みを考え出したのである。らじさぽは会社ではないから、ＮＰＯの収益は個人に還元されない。この仕組みには、私財を投じてでもコミュニティＦＭを設立していきたいという椛山氏の強い意思や、「コミュニティＦＭでもうけようとは思っていない」と語った氏のミッション、さらに公益性事業という性格を確保する意図が強く表れている（取材：2015.06.17、2016.09.13）。

　全国のコミュニティＦＭをみても、事業として持続可能なためには、多くの場合パートナーの事業体を必要とする。表4-4からわかるように、奄美の四つのラジオ局も、そうしたパートナー事業体に支えられて持続している。エフエムたつごうも、ＮＰＯ法人の理事長が椛山氏で、ラジオの事務局長は親族であるから、椛山氏のファミリー事業という言い方もできるかもしれない。ただ、それを個人企業としなかった点に、ラジオを地域の公共財として展開したいという企画意図や、ラジオがあることが地域に役立つという氏のミッションを垣間見ることができるのである。

　らじさぽのラジオ部門名であるエフエムたつごうのスタッフは、事務局長、放送局長、メインパーソナリティ、主に営業担当の職員と4人の常駐体制をとっている。スタッフの規模という点でも、宇検村や瀬戸内町のケースとは異なり、それなりにコミュニティＦＭらしい体制を整えている。ＣＭもとっているが、本体事業をベースにした安定した収入が背後にあるから可能となっている体制でもある。奄美だからこそ可能であった通信工事会社があり、そしてその会社が

あったからこそ可能なコミュニティFM群がある。エフエムたつごうは、奄美の地域特性が詰まったような個性的な形態のコミュニティFMである。

写真：エフエムたつごうの外観（撮影：加藤晴明、2015.9.8）

　ただ、持続可能な経営基盤をもっているとはいえ、エフエムたつごうは構造的な困難を抱えているコミュニティFMでもある。
① 龍郷町は、奄美市のベットタウンである。ベットタウンのコミュニティFMは、どこでも立地的・経営的に最も困難な事業となる。コミュニティFMは、県庁所在地から遠い、地方の独立圏の都市が好立地である。龍郷町民の生活圏も島の中心地である奄美市名瀬地域と深く重なり合っている。町自身は、歴史も文化も奄美を代表する町としての自負があるが、住民の生活圏の多くは奄美市域であり、奄美市のベットタウンとして人口が維持されている。歴史意識と社会構造とのズレでもあろう。
② 車で移動する生活圏域の多くであまみエフエムを聴くことができる。奄美市は笠利という飛び地を抱えているので、龍郷町はあまみエフエムの送信所に挟まれている。また県域ラジオも、多くの地域で鹿児島の民間ラジオも聞こえる。つまり、エフエムたつごう以外に、ラジオ電波の選択肢があるエリアなのである。
③ 地形的に、難聴地域がある。東シナ海側に荒波といわれる地域を抱えている。山を背にしたその地域は電波が届きにくい。電波が龍郷町全域をカ

バーできていないのである。

現在、エフエムたつごうでは、島域ラジオとでもいう性格をもっているあまみエフエムは放送されていない。そこは島の他の3局とは大きく異なっている。番組編成も、独自の編成を工夫している。

エフエムたつごうの番組編成は以下のような番組で構成されている。
・自主番組①（行政情報）
・自主番組②（局が独自に制作した番組と、ボランティアの番組）
・音楽番組（この比率は高い）
・ＭＢＣとエフエム鹿児島の番組（エフエムうけんやエフエムせとうちと同様）
・エフエムうけん・エフエムせとうち共同制作番組（それぞれ30分）
・自動の音楽リクエスト番組（独自で開発したプログラムで、ネットから曲をリクエストすると放送されるシステム）

番組構成の大きな特徴は、通常の民間コミュニティＦＭが設けている、朝・昼・夕方のいわゆる情報系の帯番組がないことである。情報系のトーク番組ではなく音楽番組の比率が高いのだが、安定した経営基盤があることがそうした編成を可能にしているともいえよう。いろいろなジャンルの音楽番組とボランティア自主番組、そして鹿児島の民放ラジオが番組の3本柱となっている。

自主制作番組のうち、局が自前で制作しているのが金曜日の15時半から30分間生放送で流されている「わんweekたつごう」である。（ちなみに、わんは、奄美の島口で自分＝我のこと。oneと我をかけている。）

その他の自主番組は、15時半と17時半から30分間ずつ放送されるボランティアの番組である。それぞれ夜20時と22時に再放送されている。つまり平日は、一日に二つの自主番組が放送されている。医師、紬会社の社長、役場の職員、新民謡歌手など多彩なメンバー15〜16人が番組を担当している。それぞれゲストなどを呼ぶことも多い。

ボランティア番組には、新民謡歌の道しるべ、まちゃこの部屋、136の趣味趣味音楽、じいちゃんのちょっといい話、ちいちゃんのサブカルちっく、Let'sドラゴンちゅ、ワンシーの放送委員会、なつかしゃわきゃ島の唄者、あっちゃんの医療コーナーなどがある。

事務局長の福田祥子氏は、エフエムたつごうの番組のあり方として、「龍郷

町にこだわっていく」ことを強調する。あまみエフエムという全国的にも有名なラジオ局の隣で、普通のコミュニティＦＭの原点にこだわるという選択でもあろう。

　考え方によっては、生活圏域のなかであまみエフエムと可聴域が重なる住民にとっては、二つ地元ラジオの選択肢があるということになる。しゃべりが好きならあまみエフエムを聴くだろう。そのしゃべり方が好きでなかったり、ラジオに音楽だけを期待するならエフエムたつごうを聴くかもしれない。すぐリクという番組は、音楽をネットからリクエストして、それが電波で放送されるという独自に開発したシステムによる番組であるが、若い人に人気があるという。

　音楽も、Ｊポップだけではなく、島口ラジオ体操、島唄、新民謡、島アーティストと島にこだわった番組も多い。懐メロやクラシックもあり多彩である。町民によるボランティア番組でも新民謡や島唄の番組があるので、それを聴く人もいるだろう。その意味では、あまみエフエムとは異なるもう一つの選択肢のラジオとしてのあり方を工夫している姿が浮かんでくる。

　くりかえすが、立地と経営という視点からみれば、エフエムたつごうは日本の大都市郊外型のコミュニティＦＭ同様に、有利とは言えない場所で開局したコミュニティＦＭ局の一つである。しかし、沖縄でも那覇に隣接する都市のコミュニティＦＭの中には、地域密着に徹し、充実した放送内容と優れた経営を誇っている局も複数ある。エフエムたつごうの優位さは、奄美通信システムというパートナー企業（親会社）が運営をしっかりと支えていることである。あまみの中のもうひとつの民間ラジオが、これから更にどのように地域に定着し、存在感を出していくのかスタッフの挑戦が続く。

4節　小括：かたる・つながる・つくる・ひろがる

　奄美大島にある四つのコミュニティＦＭを紹介してきた。すでに述べたように、面積は沖縄島の6割もあるとはいえ、奄美大島という人口6万人余りの島に、コミュニティラジオ局が4局もあることは驚きである。どうしてそうしたことが成り立つのかは島外の人には不思議でもある。ＮＨＫは「新日本風土

記」で、奄美大島を日本一土俵が多い島として描いたが、人口比で見ると、奄美大島は日本一ラジオ局が多い島なのである。

　ラジオの島のメディア特性もまた、これまで同様に四つの特性でまとめてみることが可能だろう。

〈かたる：地域のメディアには、島語りの位相がある〉

　奄美のラジオ局は、まさに"声"と"ことば"を通して直接的、間接的に奄美語りをつづけている。語りの中では奄美という発話や、宇検、瀬戸内、龍郷など自分の地域の地名の発話が極めて多いことになる。地域を表象する素材や象徴、エピソードなどを盛りだくさんに取り入れて地域を語る。声は、文章に比べれば、はるかに〈身軽さ〉と〈機動力〉をもって地域を語ることができる。ラジオというメディアは、〈身軽さ〉と〈機動力〉のメディアだからである。そうした直接的な島語りをするラジオは、すでに指摘したように〈間接話法のメディア〉である。ラジオ自体が〈間接話法のメディア〉だというのは、多くの場合ラジオ局のスタッフが文化コンテンツをもった発信者であるわけではなく、他者を通じて文化・主張を語っているメディアだからである。それ故、ラジオは誰にでも開かれた地域のプラットフォームになる。政治的立ち位置、階層、性差、年齢などを超えて、人びとの〈結節点〉になるメディアなのである。個々の局外の番組担当者やゲストを通じて、島は語られていく。メインパーソナリティも、さまざまな出来事や他者の語りや活動などの紹介を通じて情報を発信している。名パーソナリティは、他者の語りを引き出す達人、つまり間接話法の達人である。

〈つながる：地域のメディアは、多様なベクトルで人と交叉する〉

　地域のメディアは地域内だけのネットワークでなりたっているわけではない。発信・受容される情報のやりとりも地域内の地産地消ということではない。

　たとえば、あまみエフエムの設立には鹿屋のコミュニティＦＭとの関係が役立っていた。奄美豪雨災害におけるあまみエフエムの活躍には、あまみエフエムと鹿児島のＭＢＣ放送局や東京キー局との日常的関係、個人的ネットワーク

が作動していた。

　エフエムうけんがMBCを無償で取り入れて放送している背景には、村と村内にあるMBCの養殖事業との連携関係や、奄美通信システムとMBCとの日常の関係がある。今では、鹿児島の民放から奄美への挨拶のような語りが放送されたり、奄美と繋いだ放送が鹿児島で行われたり、MBCが島番組をつくったりするような関係が生まれている。ラジオ放送のコミュニケーションにおいても、島内の地域メディアが島内だけのつながりで成り立っているわけではない。番組も人も交叉している。

〈つくる：地域のメディアは、文化の創生と結びついている〉
　メディアは文化装置であることを繰りかえし指摘してきた。あまみエフエムがまさに奄美の文化ムーブメントの旗手のような活躍をしていることも紹介した。島口、島の音楽を前面に出した番組づくりは全国的にも高い評価を得ている。

　他のコミュニティFM局も、島文化の発信をストレートに表に出さなくとも、肩の力を抜いて島ラジオの魅力を発信している。各局の番組にも、島唄、新民謡、島口などの要素は盛りこまれている。島唄や島の余興文化を体現するような番組に加えて、島で生活する人びとの普通の趣味の世界もまた現代の奄美の生活文化の一つのシーンである。ラジオはまさに語りのメディアである。あまみエフエムのように島を代表するラジオとして、正面から奄美の文化を強く語るメディアもあれば、日常の放送を通じて、奄美の日々の生活文化を語り紡いでいるコミュニティFMもある。それぞれのコミュニティFMが、その文脈に応じて、奄美の文化発信をしていることは確かである。固有の文化をもつ奄美では、日常の放送の語りが自ずと奄美文化色を帯びることになる。奄美という、豊かな文化に恵まれた島のラジオの特徴である。

〈ひろがる：地域のメディアは、事業を拡張する可能性をもっている〉
　あまみエフエムは、イベント事業にも熱心なメディアである。他のラジオ局はイベント力が強いとは言えないが、エフエムたつごうなどは親会社の力もあり十分なポテンシャルを持っている。

コミュニティＦＭ局に限らずラジオはいまや漫然と放送だけしていればよいという時代ではない。多様なかたちでの放送を通じて、また放送外の事業を通じて、ラジオ局の存在自体の可視化が強く求められている。音楽消費がパッケージ販売・購入よりも、ライブイベントによる消費にシフトしてきているように、ラジオもよりイベントメディア化しつつあるともいえよう。あまみエフエムは、ライブハウス発のラジオ局ということもあり、まさにそうした情報消費の変化に対応したラジオ局である。
　防災機能もまた事業のひろがりである。あまみエフエム以外のコミュニティＦＭの場合には、そもそも防災戸別受信機の代わりという側面があり、防災放送という拡張機能が組み込まれている。それもまた事業の拡張の一側面であり、ラジオの存在意義を高めている。

※　　　　　　※　　　　　　※

　最初に指摘したように、コミュニティＦＭの島として注目される奄美なのだが、奄美の島語りは、あまみエフエムの華々しい活動だけで理解されるべきではない。確かにチーム麓事業の一翼を担うあまみエフエムの事業デザインは輝いている。それを率いる麓憲吾氏という〈文化媒介者〉の資質やセンスが遺憾なく発揮されているからだ。
　そのことを評価した上で、さらに奄美には他にも多彩な〈文化媒介者〉がいる。本章の中でも、奄美通信システムの椛山氏や宇検村の渡氏の存在を描いたのは、そうした〈文化媒介者〉の裾野がひろい島であることを紹介したかったからである。注目すべきコミュニティＦＭ局がある島が奄美なのではなく、奄美という注目すべき文化豊かな島の中で活躍するメディアの一つとしてあまみエフエムがある。日本一ラジオが多い島は、そうした視点から理解されるべきだろう。

■注
1) コミュニティＦＭはもともと物語性の強いメディアである（加藤晴明、2005）。地域に密着した情報発信、地域を元気にする情報メディア、災害メディア、市民参加のメディアなどの語彙とともに、その開局自体がいわば美しい物語として報道されてきた。マスメディア報道だけではなく、研究者もまたそうした先進事例の物語を強く求めてきた。

そうしたなかで、明確なミッションをもって島口復興と島の文化を発信し続けているあまみエフエムが注目されるのは当然でもあろう。あまみエフエムは、ラジオや地域メディアの研究者なら必ず訪れたいと思うような、いわば聖地巡礼の構図を引き起こす魅力要素に満ちている。

2) 文化ムーブメントは、「文化運動」と書いた方が適切なのだろう。しかし「運動」という語彙は、どうしても社会運動につらなる語彙となることから、本書では、ムーブメントという語彙を使う。コミュニティFMは、多くの研究者に市民メディア運動、NPO運動の旗手として期待されてきた。しかし、そうしたマスコミ批判運動、マイノリティの市民運動的な位置でコミュニティFMを捉えることは、全国300以上あるコミュニティFMのメインストリームを捉えることにはならない。

3) この点でも、NPO放送局にマスメディアのアンチモデルや市民メディアの理想を求める市民メディア運動論や知識人主導のワークショップ型市民メディア論とは起点が異なっている。

4) コミュニティFMの現場を訪ねて気づくことは、放送局の運営には、逆に強い、時には独我的でさえあるリーダーが存在することが多く、そうした有能な指導力が不在の場合には事業がうまく行かないことだ。小さな放送局の濃密な人間関係の現場では、いろいろなかたちの親密な関係や軋轢も生じるが、それは逆にリーダーの強い個性の裏返しでもある。通常の企業でもそうだが、情報という形のないものを売る放送という困難な事業は、形式的な合議制システムでは立ちゆかないのかもしれない。

5) 例外的に、石垣のコミュニティFMは、日曜日に30分ほど「ゆいゆいやいま　日本最南端のコミュニティFM局・石垣島のFMいしがきサンサンラジオのスタジオから送る生放送」として、那覇の県域ラジオ（琉球放送）に乗り入れてスタジオから同時中継をしている。これは、沖縄本島にとっても、石垣島が「最南端」のリゾート観光地として位置づけられているから成り立っている特異なケースである。

5章：奄美のメディア：
音楽メディア・ネット編
〜〈うたの島〉の音楽産業と変容するメディア環境〜

1節　島唄とイベント事業・音楽産業

●うたの島・奄美

　奄美大島では、空港に始まり、島内のいろいろな観光集客施設や店に音楽CDやDVD、書籍が販売されている。沖縄とは規模が違うが、それでも6万人という人口規模を考えれば奄美大島の音楽の厚みを感じさせる景観だ。市内に入ると、セントラル楽器のビル1階の店舗部分には、ずらっと島外では見かけない奄美関係のCDが並ぶ。市内の音楽レコード店にも、ちょっとした土産物店にも、さらには古書店にも奄美関係の音楽CDが並ぶ。

　飲食街で有名な屋仁川通の真ん中には群島初のライブハウスであるロードハウスASIVIがあり、さらに小さなライブハウスを兼ねた飲食店が何軒もある。島唄を聴きたいなら、唄者が経営する「かずみ」や「吟亭」がある。それらの店は、観光ガイドブックで必ず取り上げられていて、観光客と地元の島唄好きとが交叉する場所でもある。

　少しシンボリックな言い方をすれば、奄美は〈うたの島〉、正確には〈うた文化が濃厚な島〉である。もちろん日本中にうた文化が盛んな地域は幾つもある。現在では、地場産業として音楽産業の集積が見られる地域も多い。関西だけではなく、札幌、名古屋、福岡、沖縄などはライブハウス・音楽レーベルなどの集積があり、音楽の地場産業空間からさまざまなアーティストが立ち現れてくる。そうした大都市に比べれば規模は違うが、離島である奄美群島から次々に音楽アーティストが現れることは特筆に値する。

　〈うたの島〉と、あえて"うた"をひらがなで書いたのは理由がある。ポピュ

ラー音楽という意味での歌だけではなく、集落の中で謳われていた歌謡としての島唄も含めて、さらには戦前から戦後に流行した新民謡も含めて〈うたの島〉だからである。

　一見、伝統的な民謡でもある奄美の島唄と奄美のポップスとの間には連続性がないイメージがある。しかし、奄美のうた文化の個性は、島唄を源としつつ、それに新民謡、その現代的発展版としての奄美歌謡、さらに奄美のポピュラー音楽が積み重なって、厚みのあるうた文化を形づくっていることだ。こうした厚みを包み込む言葉として、本書では〈奄美うた〉という造語を用いてみる。

写真：あまみっけ制作の唄う島ポスター群
（写真提供：（一社）あまみ大島観光物産連盟）

　最近は、行政の側も、この"うたの島"を観光資源としてより表に出すようになってきている。2016年に奄美の観光情報を発信するためにつくられた「あまみっけ」の5枚つづりのポスターは、「そこには今日も、シマが奏でる音がある。唄う島。」をコピーに掲げた。ポスターは、5つの自治体それぞれの景観写真を使っているが、それを貫く共通のコピーが「唄う島。」である。

　うたが盛んだということのひとつに、うたのイベント事業が多いということがある。歌う機会、聴く機会が多いということは、うたで賞を獲得する機会が多いということであり、うたが制度化されているということだ。島外にも多くの奄美出身者やその後継世代がいて、さらに〈奄美うた〉のファンがいて、そ

うした事業の集客を支えている。

　最も有名な島唄大会は奄美民謡大賞だが、東京でも島唄の大会が開かれたりする。またローカルな大会も少なくない。奄美大島の笠利地区では、「朝花節大会」が、与論島では島を代表する唄である「十九の春」だけを歌い合う「十九の春世界大会」が、喜界島では喜界島を舞台にした島唄を歌い合う「しゅみち長浜世界大会」が、徳之島では「徳之島島唄全島一大会」が開催されたりする。奄美の新聞にはそうした〈奄美うた〉のイベントが頻繁に紹介されている。沖縄とは規模が違うが、島の規模を考えれば「唄う島」という表現は誇張ではない。

　奄美大島には、ライブハウスが何軒もある。他の島にもそれぞれライブハウスがある。有名アーティストが来島もする。日本を代表するロックバンドのB'zが奄美市でわずか1400席のライブを開催し、それが全国ツアーの鹿児島会場だったりする（2015）。福岡・大分のあとが奄美でその次が沖縄であるから、奄美だけが極端に小さな会場である。徳之島では矢沢永吉が島民限定の5000人ライブを開催したりもする（2016）。有名アーティストにとっても、あえて離島でライブをするということに採算を超える意義を見出しているからだろう。B'zの場合には、当然、追っかけのファンが来島するので経済効果もある。

　もうひとつ指摘しておかねばならないのは、奄美では歌う機会や聴く機会が多いだけではなく、それが産業として成立していることだ。ポピュラー音楽の世界以外にも、新民謡から続く歌の流れである奄美歌謡の世界で現在も次々に曲が作られ続けている。島唄でも新しい曲の挑戦がある。つまり奄美発のうたを作詞・作曲し、商品にして販売する事業がある。そうした島唄から奄美歌謡、奄美のポピュラー音楽までが、〈奄美うた〉の範域となる。その範域を次の①②を含む範囲として、③はとりあえず分けて考えたい。ただ、③の中にも①のような歌もある。

① 「奄美らしさの記号・情感が盛りこまれたご当地性の高い歌」
② 「奄美の地にあって音楽活動をしている人びとの歌」
③ 「奄美出身を明確にアピールしている音楽アーティストの歌」

　沖縄にもキャンパスレコードという有名な音楽レーベルがあるが、奄美という小さな島にも音楽レーベルがある。産業として成立しているという点では、

それらのレーベルはインディーズというよりも地方レーベルと言ったほうが適切だろう。こうした地方レーベルは沖縄の離島にあたる八重山諸島や宮古諸島にはない。文化産業は沖縄本島に吸引されてしまうからだ。その意味では、奄美は一つの県のようなもの、人によっては国のようなものだという比喩はうたの文化にも当てはまる。

　なお、本章では奄美のメディア事業としてのうた文化に焦点を当てているので、①奄美のうた文化の現代的な転換、②奄美のうたの文化活動やその担い手については立ち入らない。その広大な文化の裾野については、別途論じる必要があるだろう。島の生活のなかで島唄を楽しんでいる人びと、あるいはそれを意図的に伝承しようと奮闘している各地の教室の主宰者たち、奄美歌謡を楽しんでいるグループの人びと、教室を営んでいる地元歌手や作詞家、そして奄美の中でポピュラー音楽を楽しむ活動を続けている人びと、こうした裾野はひろく深い。うたの文化は、奄美の余興文化とも苗床でつながっている。奄美は余興が盛んな島でもあるからだ。そこには、娯楽を自分達でつくり自分達で楽しんでいく文化的な遺伝子のような苗床がある。

　3章の小括で提示した「奄美をめぐる〈表出の螺旋〉の多層性」モデルは、ここでもかなり重要である。この理論モデルを〈奄美うた〉に適用するなら、次のように多層な〈表出の螺旋〉が見えてくる。

第1位相：島の音楽メディア事業の渦
第1.5位相：島の音楽事業を支える外部ネットワークの渦
第2位相：島のうた文化表現活動の渦（うた文化の裾野）
第3位相：島外音楽産業による〈奄美うた〉発信の渦
第4位相：島外での〈奄美うた〉ファンの渦

　とりわけ、第2位相は、奄美のうた事業・産業の裾野として重要である。島唄を聞いて唄の上手下手がわかるような島の人びと。島唄のローカルの大会で喝采や拍手で率直に反応する年配者たち。カラオケで奄美歌謡を歌い、奄美歌謡選手権などのイベントに客として足を運ぶ奄美歌謡ファンの年配女性たち。個人の楽しみとして、インディーズとして島でポピュラー音楽を楽しんでいるオヤジバンドや若い世代の音楽好きたち。自前で小さなライブイベントを開催する島の音楽アーティストたち。〈奄美うた〉には、そうした文化の生産と消

費の土壌がある。人口の限られた島でそうした活動が成り立ってきたことは、島唄からポピュラー音楽まで、うたの裾野がひろく、うたのふところが深いということである。

　そうしたひろく深い奄美のうた文化の裾野を意識した上で、本書では、〈奄美うた〉の制度・文化装置としての産業としての側面に焦点を当てていく。

●島唄という言葉の大衆化：ウタから島唄へ、そしてシマ唄へ

　沖縄イメージを象徴するものは、碧い海・青い空・南国の植物・トロピカルフルーツに加えて、島唄・三線ということで定着している。そうした南の島の記号としての島唄・三線は、奄美への〈島外からのまなざし〉の中にも盛りこまれている。島唄は、今や奄美の伝統文化として、最も重要な観光資源のひとつになりつつある。

　奄美の島唄や八月踊り唄をめぐっては、戦前から続く研究の蓄積がある。また、鹿児島県は、文化庁の助成を受けて2011年から3年間かけて「奄美島唄保存伝承事業」を実施した。この奄美島唄保存伝承事業の実行委員会には、島唄研究の第一人者の小川学夫や地元の郷土史家、さらに坪山豊、築地俊造といった島唄の大御所、さらに川畑さおり、福島幸司、永井しずなど、現在の奄美で活躍する中堅の唄者も参加した。「発刊にあたって」で、鹿児島県知事（当時）の伊藤祐一郎は、次のような言葉を寄せた。行政の作文とはいえ、現在の鹿児島県の奄美島唄への〈島外からのまなざし〉を物語っていて興味深い。

> 　県としましては、今後ともこうした島唄の歴史的な意義を後世に守り伝えるとともに、地域に残る教えや言い伝え、方言などを大切し、郷土に誇りを持つ心を醸成する取組を進めてまいりますので、皆様のご協力をお願いいたします。（「歌い継ぐ奄美の島唄　選曲集」2013、7頁）

　6地域482曲の島唄は、いわば奄美の島唄の人的資源を総動員して収集された島唄の総目録である。「三線を使った遊び歌」、つまり生活のなかの余興芸能でもあったウタ（アシビウタ＝遊び歌）は、いまや鹿児島県の重要な文化資源となり、芸術となり、観光資源ともなってきている。この事業は、そうした島

唄の文化的な価値における変化、行政内での位置の変化を如実に示す文化事業だったといえる。

ただ本書で重要なのは、いまでは県の文化財となってきた島唄が、集落の生活世界のなかでの自然な営みを超えて、大会、レコード・CD化、楽譜出版、さらには育成事業（習い事化）など、島の人びとの使命感に満ちた自覚的な営みを通じて継承・創生されてきたという点にある。集落の生活の中の余興歌・個人歌であったアシビウタ（遊び歌）は、今日では、奄美の音楽事業・音楽産業の一翼を形成し奄美の重要な観光資源となっている。そうした島唄継承の人びとの営みなどの文化活動をひろい意味でのメディアとして捉えるなら、島唄は〈メディア媒介的展開〉によって継承・創生されてきた。

そもそも発話としての〈しまうた〉（※本書では、基本的には島唄を使っているが、文字表記も人によって異なるため、語源と定着過程に関するこの項目では、発話としての〈しまうた〉を使う。）という言葉自体が、〈メディア媒介的展開〉によって社会的に定着した言葉である。沖縄・奄美における〈しまうた〉という呼称がどのようにして使われるようになって来たのかについては、高橋美樹の本格的な研究がある（高橋美樹、2010）。高橋は、著書、活字メディア、放送メディア、録音メディアなどに分けながら、沖縄・奄美での〈しまうた〉の使われ方の経緯を紹介している。小川学夫・高橋美樹や楠田哲久らの先行研究をもとに〈しまうた〉という語の定着について少し経緯をまとめてみよう。

○事実：島唄という言葉の奄美から沖縄への移入

現在、島唄という言葉は、三線の音色とともに南の島の伝統的な民謡を表す言葉として使われ、沖縄イメージ、奄美イメージの重要な要素になっている。しかしこの島唄という言葉は、もともと沖縄では使われていなかった。沖縄文化を代表する島唄という言葉は、奄美から沖縄のラジオ人を経由して、沖縄に流布し、さらに全国伝播した言葉なのである。

もともと近代化する以前の生活世界のなかで唄われていた古謡は、「俚謡」「俗謡」「ひなうた」「くにぶり」などと言われていたという。それが明治に入り「民謡」という語彙に集約されて定着していく。沖縄民謡、奄美民謡しかりである。極論すれば、シマジマ（各々の集落）で歌われる島唄の実態はあっ

たが、〈しまうた〉という表現自体が、沖縄でも奄美でも使われ出したのは古いことでない。

　島唄という言葉が奄美から沖縄に移入される経緯では、ラジオが媒介している。沖縄が日本に返還される少し前の1965年、琉球放送のアナウンサーであった上原直彦は、奄美大島滞在中に奄美の民謡が"島唄"といわれていることを知り、それに共鳴してラジオで盛んに「これからは島唄と言おう」と喧伝した。

　そうした経緯について上原自身が次のように語っている。

> 　上原直彦（64）こそ、「島唄」という表現を沖縄に広めた仕掛け人だ。上原が奄美大島を初めて訪れたのは、まだ沖縄が米統治下にあった一九六五年ごろ。「当時、奄美で普通に使われていた『島唄』という言葉が非常に新鮮で、感動的だった。僕があまりに興奮しているもんだから、周りの人は奇異に思っただろう」と振り返る。……「（島唄という言葉）が定着するきっかけは僕が作ったと言っていい。でもウチナンチュ（沖縄人）に受け入れられる潜在的な素地があった」（南日本新聞社、2003、48頁）

　上原は、琉球新報の記者として活躍したのち、1959年に琉球放送に移籍し、1961年から始まった人気番組「民謡で今日拝なびら（ちゅううがなびら＝こんにちは）」にプロデューサーとして関わり、パーソナリティになっている。ラジオ局長も歴任しているから影響力のある放送人であった。その上原は、1970年代にＤＪを担当した自分の担当ラジオ番組に「語らびら　しまうた（島唄を語りましょう）」という名前を付け、「奄美では島唄と言っている。感激したので、沖縄でも沖縄民謡のことを島唄と言おうじゃないか」と島唄という言葉を繰りかえし提唱したという。沖縄で民謡を島唄と呼び始めるのは1972年の日本復帰の前後といわれている。

○ＴＨＥ　ＢＯＯＭによる「島唄」のヒット

　このように奄美から沖縄に伝播した島唄という言葉は、ロックバンドのＴＨＥ　ＢＯＯＭが1993年に「島唄」を国内で大ヒットさせたことを契機に、当時の沖縄ブームにのって一気に大衆化し国内に定着したのである。上原が長い時間かけて沖縄で定着させた島唄という言葉は、マスメディアの世界の一曲

のヒットで、一気に国民的な語彙として定着した。この島唄という言葉の流布は、逆に奄美内で、全国に通用するように使っていた民謡という言葉ではなく、自信をもって奄美島唄という表現を使うことを促進することになった。

○奄美島内での〈しまうた〉表現の使用

奄美群島内で、島唄という言葉がいつ頃から使われ出したのだろうか。

出版メディアの世界では、奄美の島唄関係の文献では、戦前の文潮光の『奄美大島民謡大観』（1933）も、戦後の小川学夫の最初の著作『奄美民謡誌』（1979）も民謡という表現を使っている。2章で紹介した松田幸治氏の南國出版が出した観光ガイドブック『奄美大島』（1980）では、奄美民謡としてヨイスラ節、くるだんど節、かんつめ節が紹介されている。著書では、小川学夫の『奄美の島歌』は1981年、池野夢風の『奄美島唄集成』は1983年の出版で、この時期にようやく島唄の語が使われ出している。出版年だけをみれば、書籍メディアの世界では1980年代初頭では民謡と島唄という両方の言葉が使われていることになる。

高橋美樹は、南海日日新聞の見出し文や本文・広告を分析して、〈奄美島唄〉という語が1880年代に主流となり、1990年代にほぼ固定されたとしている。

> 1959～1972年になると、〈民謡〉〈島唄（歌）〉の混在傾向が強まっていく。その後、1977年に開催された「島唄大会」の存在は、新聞紙上でも〈島唄（歌）〉が優勢になる機運を高める要因ともなった。そして、1984年以降は南海日日新聞社主催の「奄美民謡大賞」において、〈民謡〉を用いる以外は、ほぼ〈島唄（歌）〉に統一されていた。1990年代に入り、〈奄美島唄〉という言葉が新聞紙上で定着し始め、1990年代後期以降は、〈奄美島唄〉の使用がほぼ固定されている。（高橋美樹、2010、80頁）

音楽メディア（録音メディア）の世界では、THE BOOMの「島唄」のヒットにより定着した島唄という語に対して、奄美では、沖縄系の島唄と区別して、〈奄美島唄〉〈奄美シマウタ〉などの使い方も始まった。いわば本家・元祖を意識した表現である。

セントラル楽器の指宿正樹会長は、「昔は〈しまうた〉ではなく、"民謡"という言い方をしていましたよ。……沖縄民謡や青森の民謡と差をつけるために島唄という風に名前を変えた」と語る（取材：2009.3.5）。弟の指宿邦彦氏によれば、「THE　BOOMの『島唄』のヒットなどで、島唄という言葉が一般化して、奄美民謡と言わなくとも、〈奄美島唄〉で通じるようになったから」と説明し、1996年制作の「福山幸司傑作集」（カセットテープ）の頃から〈奄美島唄〉という文字を入れだしたと懐述している（取材：2016.10.28）。
　セントラル楽器のレコード・テープ・CDのタイトル一覧を見る限り、『奄美民謡傑作集　南大島編』(1994)、『沖永良部民謡傑作集』(1996) と、THE　BOOMの「島唄」がヒット（1993）した後でも民謡という言葉が使われている。『しまうた復刻版』という〈しまうた〉を使ったカセットは1997年である。指宿邦彦氏が〈奄美島唄〉を意識的に使い出したと指摘する『福山幸司傑作集』は1996年発売である。とすれば録音メディアの世界で島唄という語彙が表に出てくるのは、高橋が解明したように1990年代半ば以降のこととなる。

> 　1979年の民謡日本一誕生を契機として、奄美の唄者たちは1980年以降、日本民謡大賞のコンクール・システムに取り込まれていく。……その後、唄者は日本全国で公演する機会が増え、……日本本土の歌い手から影響を受けている。その中で「奄美の唄者」という図式をより強調する必要性があった。つまり、対外的な奄美の民族的アイデンティティの主張として〈島唄〉という呼称を前面に掲げたのである。（高橋美樹、2010、85頁）

　さらに、〈島唄（あるいは島歌）〉ではなく、集落の歌であることを強調する〈シマ唄〉や〈シマウタ〉という表現が意識的に使われるようになったのは、THE　BOOM「島唄」のヒットによって島唄という語が国内で流布した後である。中原ゆかりがシマの歌謡を強調した論考を発表したのが1997年であることを考えれば、そうした集落（シマ）の唄を強調する語りも、1990年後半以降に盛んになったとみてよいだろう。
　『奄美の「シマの歌」』（中原ゆかり、1997）や『奄美シマウタへの招待』（小川学夫、1999）などはその一例であろう。小川学夫や中原らはシマの歌謡

として島唄を捉えている。

> 南島においては村落のことをシマと呼ぶ。……シマがシマであるためには、シマを故郷と感じる個々の感情が不可欠である。そしてシマを故郷と感じる感情は、シマの伝承歌謡によってもたらされる。なぜならシマの生活には、豊富な伝承歌謡があふれているからである。（中原ゆかり、1997、3頁）

　これに対して、もともと〈しまうた〉という島の言葉（島口）はなかったという説もある。集落（シマ）の歌という意味でのシマの歌は、八月踊り歌を意味していた。八月踊り歌は集落の歌として、「ワシマヌ　ウタ（我が集落の歌）」や「ヨソジマヌ　ウタ（他の集落の歌）」という言い方はしていたが、他は単に「ウタ」という言葉・発話があったにすぎない。掛け合いのアシビウタ（遊び歌）であった島の歌は、島の外の、とりわけ沖縄民謡や新民謡、唱歌や流行歌と区別して"島歌"を使ったのだという説である。つまり生活の中で（島歌であれ、シマ唄であれ）そもそもシマウタという語彙・発話はなく、ウタという発話しかなかったという（楠田哲久、2012、7頁）。

> 遊び歌の名称　遊び歌は現在では島唄ともいうが、島唄の名称は新しく、つい最近までは、単にウタと呼ばれてきた。近代に入り、ヤマトウタ（鹿児島県以北の日本の歌）やナハウタ（沖縄の歌）の流入が激しくなり、それと区別するために、自らの歌を「島唄」と呼んで差異化したのである。（田畑千秋、2009、335頁）

　民俗音楽を専門としない筆者らは判断しようがないが、メディアの視点から重要と思われる展開を、以下のようにまとめることができよう。島唄の源が集落（シマ）の中に埋め込まれていた遊び歌にあった。そして集落（シマ）で歌われてきた遊びの歌謡が、奄美ではどこかの段階で〈しまうた〉として発話されていたが、しかし島外に出す録音メディアの商品としてはしばらく〈奄美民謡〉という言葉で表現していた。
　そして奄美の人びとの日常語として使われていた〈しまうた〉という発話が、

写真：町中での島唄イベント（加藤晴明撮影：2015.5.24）
※大型クルーズ船の来島時の名瀬での商店街イベント

ラジオを媒介にして1960年代後半に沖縄に伝播した。その後、奄美では、出版本では1980年代に、そして音楽コンテンツ（録音メディア）では、〈島唄〉という言葉が沖縄の音楽を表す記号として全国的に定着（1993～）したあとで、これと連動する形で〈奄美島唄〉の表現が使われるようになった。そうした表現が相互に準拠しあう過程を経ながら、1990年代後半には〈島唄（島歌）〉や〈奄美島唄〉という語彙の使用が固定化されるようになり、さらに奄美固有の島唄を強調する意図も込めて〈シマ唄〉という表現も加わるようになった。

　生活のなかで発話として〈しまうた〉が使われはじめた時期、文字としての〈島唄（島歌）〉や〈シマ唄〉が使われ出した時期、さらに出版メディアが使い出した時期、録音メディアが使い出した時期、他のマスメディアが使い出した時期、それぞれの時期は少しズレるのかもしれないが、それぞれが相互に参照し合いながら〈島唄（島歌）〉や〈シマ唄〉〈シマウタ〉という語が奄美や奄美関係者の中で社会的に了解可能な語として定着してきたのだと理解しておこう。

●島唄のイベント事業化：南海日日新聞と奄美民謡大賞

　もともと集落（シマ）の生活のなかで歌掛け遊びとして唄われていた奄美の島唄が、奄美の誇るべき歌謡文化として地位向上していく過程には、メディアが大きく関与している。島唄の〈メディア媒介的展開〉である。ここで文化を媒介するというひろい意味でのメディアとして指摘したいのは、大会（化）・レコード（化）・教室（化）である。

　島唄の〈メディア媒介的展開〉（島唄のメディア化）によって島唄自体にも

変化が生じたといわれている。
①録音メディア化：レコード化等による模倣する対象としての正調島唄の誕生
②ステージ化：大会で受容されるような島唄への変容（遅速化・高音化・叙情化）
③スター化：スターシステムによる名人唄者の誕生
④教室化：習い事としての島唄

　島唄の大会は、全国の民謡大会に上がっていく大会と、地元奄美を頂点とする大会がある。前者は、日本民謡協会主催の民謡民舞全国大会である。少年少女の大会もある。この全国一を目指す大会も重要であるが、奄美の島唄の最も権威ある大会は、南海日日新聞社が主催する奄美民謡大賞（毎年5月開催）である。奄美島唄に特化した大会で、かつその歴史と格式からみても奄美島唄の実質的な日本一大会である。創業者の村山家國が文化人でもあった南海日日新聞には、島唄大会の歴史がある。

　『南海日日新聞五十年史』（1997）の年表には同社にが開催した以下の大会が記載されている。
1965：奄美民謡大会（第3回：11/20）
1975：奄美新人民謡大会（第1回：2/15）築地俊造が優勝
1976：奄美民謡名人大会
1980：奄美民謡大賞（新人大会を改称）（3/30）：坪山豊が優勝

　奄美島唄の継承活動や民謡大会の役割については、豊山宗洋の詳細な研究がある。豊山は、奄美民謡大賞の出場者の推移を分析して、1990年代後半からの急増、さらに、2002年から2003年の増加に着目している。1995年の大会までは50名以下の出場者であった。1996年に元ちとせが高校生3年生で優勝する。高齢者が多かった島唄世界では驚異的な出来事であった。元ちとせが優勝してから大会参加者は右肩あがりに増えている。ただ若手唄者としての元ちとせは、島唄関係者には知られていたが、知名度は島内の島唄や音楽関係者内でのことであった。メジャーからデビューした元ちとせは、2002年に島唄テイストを生かした「ワダツミの木」を全国的にヒットさせ、島に大きな衝撃が走る。その翌年の2003年は大会参加者が一気に41名（130⇒171）増加している。島唄の継承・創生が島内のメディア、そしてマスメディアとの関わりのなかで発展して

きたことの証しである。

　奄美民謡大賞は、島唄の質自体を変容させてきたといわれている。小川学夫は大会に伴った変化として〈遅速度化〉〈高音化〉を指摘する。奄美のサトウキビ労働と債務奴隷（家人＝ヤンチュ）の苦難の歴史を象徴させるような哀感のあるスローで情感的な唄い方。奄美島唄が、黒人の奴隷労働の場から誕生したブルースになぞらえて日本のブルースとさえ言われる所以である。

　本来、小さな部屋での掛け合いの遊びであった島唄が、奄美群島最大の席数を誇るホールである奄美文化センター（旧奄美振興会館）の1400人収容のホールで、マイクを使って臨場感たっぷりに審査員に向かって歌い上げられる。より遅く、より高音に、そしてより情感的に。一般の観客は決して多くはなく、島唄関係者や縁故知人が多く、最近では観客席は空席も目立つ。しかし重要なのは大会審査と受賞にある。音響装置・照明・審査員、そして観客が織りなす大会空間は、まさに島唄最大のメディアイベント空間であり、奄美民謡大賞それ自体が、島唄の継承・創生の文化装置となっている。

　島唄の習い手は、島唄の大会で賞をとるために1つの曲だけを1年間かけて練習するという。子供たちは、日常語として島口は使えない。そこには、生活世界から離脱した島口と島唄という芸能・芸術がある。しかし、島最大のメディア産業である地元新聞社が開催する奄美民謡大賞という権威あるメディアイベントは、島唄の唄者の登竜門の制度として、島唄のスターシステムとして、奄美島唄の継承・創生に多大な貢献をしてきたことも事実である。奄美民謡大賞という文化装置が、島唄を変容させつつも、受賞者に権威を与え、時に収入という実利をも生みだしてきた。実利はＣＤ化だけではない。島唄には、プロ歌手はいないが、大会で賞をとることで様々な催しに呼ばれてご祝儀収入があったり、高校生なら有名私立大学への特技・自己推薦入試の切り札になったりする。

　島内には大会出場とは距離をとり集落固有の島唄を大切にする教室もあるが、多くの教室は集団指導と個別指導を組み合わせながら、大会への出場母体となっている。大会は、島唄教室の競演の場でもある。その競演を通じて、島唄伝承が活性化されてきた。

　島唄の変容の背景として、さらに指摘しておかねばならないことは、沖縄の

工工四楽譜のような統一した楽譜がなかった奄美島唄にも、今日ではそれなりに楽譜があるということである。習いごとの場では、歌詞集はかなり前からそれぞれの場で作られ伝承されてきた。しかし、三線に関しては、楽譜を使わない口頭伝承を優先する教室もあれば、簡単な楽譜を用いる教室もある。一部では固有の楽譜が作られ公刊されている。島唄を五線譜に載せた元大島高校の教諭である片倉輝男氏（1939～）の片倉譜、小学校教師であった岩元岩寿氏（1937～）による岩元譜、幸田賢司氏（1924～）による幸田譜、泊重則氏の泊譜などは市販されよく知られている。さらに沖永良部民謡協会が監修した独習書や与論島の公民館が中心になって作成した公民館講座用の独自の楽譜なども、それぞれ講習の場で使われている。教室で個人的に簡易な楽譜を使っている教室も少なくない。そうした楽譜も、それぞれ独自の○○譜と言ってよいだろう。

　師匠の三味線の音を耳で採っていく教室からすれば、楽譜を使うことにより音が固定されてしまうことを危惧する考え方も出てくる。島口の微妙な言葉づかいが文字化しにくいのと同様に、島唄の微妙な音使いは楽譜化できないからである。しかし、現実には公民館の講座で、ある一定数の生徒を教えるには楽譜を使う必要も出てくる。島唄の楽譜化もまた、民俗文化の〈メディア媒介的展開〉の一つの景観である。

2節　島唄・新民謡・奄美歌謡と音楽レーベル

●奄美島唄のレコード化を担ってきたセントラル楽器

　島唄の〈メディア媒介的展開〉に関しては、奄美民謡大賞という権威ある大会が島で開催されてきたことも重要だが、セントラル楽器という島唄を継承・創生してきたレーベルがあることも極めて重要である。奄美市の中心市街地にビルを構え、楽器の他、奄美の島唄、新民謡、奄美歌謡、奄美のポピュラー音楽などのCD、カセットテープ（かつてはレコード）を販売したり、ヤマハ音楽教室も営んでいる。

　つまり島唄も新民謡・奄美歌謡といった〈奄美うた〉の文化も、セントラル楽器のようなメディア事業者があることで、音楽商品という形で表出されてき

た。島唄の産業化である。島唄も含めて〈奄美うた〉の文化は、大会のような事業とともに、録音メディアによって〈メディア媒介的展開〉をとげてきた。本書で繰りかえし指摘したように、情報事業は、〈情報を集め、加工し、発信する〉というメディア事業の基本三ステップのもとに営まれる事業である。情報を集め＝唄者・歌手の歌という情報を録音し、加工＝レコード化・ＣＤ化し、発信する＝発売する。この〈奄美うた〉の〈メディア媒介的展開〉を、戦後中心的に担ってきたのがセントラル楽器というメディア事業者である。

　セントラル楽器は、自主制作したコンテンツを販売するという点では、地方レーベルでもある。今日では、インターネットでの販売も手がけている。音楽コンテンツの作り手であると同時に、歌謡関係のイベントも手がけているので音楽事務所・音楽商社でもある。そうした事業を通じて戦後奄美のうた文化を自ら生成し発展させてきたという点では、〈奄美うた〉の重要な〈文化媒介者〉である。

　奄美島唄の島内でのレコード化の歴史は、セントラル楽器の事業と大きく重なり合っている。奄美島唄研究の第一人者の小川学夫も、短い期間（1964〜1965、1971〜1977）であるがセントラル楽器に勤めていた時期がある。創業者は指宿良彦（1925〜2013）氏で、現在の会長の指宿正樹氏（1951〜）が2代目であり、現社長の俊彦氏（1979〜）で3代目となる。またセントラル楽器徳之島総代理店であるミュージックワイドは、正樹氏の弟の邦彦氏（1953〜）が事業を営んでいる。邦彦氏は、徳之島に行く前はセントラル楽器の島唄企画室長として島唄関係の事業に深くかかわっていた。創業家である指宿ファミリー、そして小川学夫氏らは、奄美における島唄の事業化・研究ネットワークのコアの一つを形成していたことになる。

写真：セントラル楽器の外観（撮影：加藤晴明、2012.9.11）

　見方を変えれば、奄美の遊び歌は、大会化と同様にレコード化によって奄美島

唄として生成・発展してきた。そして、その島唄のレコード化の中心的事業を担ったセントラル楽器は、まさに島唄の〈メディア媒介的展開〉の当事者でもあったことになる。

セントラル楽器の歴史については、創業者の指宿良彦氏の自伝である『大人青年（ふっちゅねせ）』（2004）に詳細にまとめられている。また、邦彦氏がまとめた『奄美島唄学校』（2012）や、指宿家の回顧録である『ともしび　指宿家の回顧録』（1986）や『ともしび　指宿家の回顧録二』（2006）に詳しい。さらに、セントラル楽器が制作ないし関係したレコード、テープ、ビデオ、ＣＤに収載した曲は『奄美民謡総覧』（2011）としてまとめられて発刊されている。

セントラル楽器の詳細な研究は別途論じる必要があろうが、レコード事業は1950年代から始まっている。

1950年：鹿児島でレコードを仕入れ、ダンスホール花盛りの奄美で販売。

1951年：南海日日新聞と協力して、以降、歌謡ショー、音楽会、島唄大会、新民謡募集などを実施。（※南海日日新聞は、「北部南西諸島音楽コンクール」を実施していた1947～1950）。この年、徳山商店が13種類13000枚の島唄レコードをマーキュリーレコードで制作し販売したものを全部引き取り販売する。これは戦後初の島唄レコードである。内容は、唄が上村藤枝、三味線・囃子が南正五郎という今日では伝説ともなっている名人唄者たちである。

1956年：奄美民謡をＳＰレコード3枚に吹き込んでいる。表面が新民謡、裏面が島唄である。

> 私が奄美島唄を音の文化として形にしようと取り組んだのはこの年5月からです。私がまだ幼かった頃、父方の祖母・メキヨテが毎日繰り返し歌ってくれた亀津朝花がすっかり脳裏に焼き付いていました。理屈抜きに、いつか祖母の歌っていた唄を再現するのだという強い思いが島唄録音のきっかけでした。我が社で最初の島唄録音をした唄者は、瀬戸内町諸数出身の福島幸義さんと同町花富出身の20歳の朝崎郁恵さんでした。……場所も現在のようなしっかりとしたスタジオではなく、矢の脇町にあったらんかん荘という旅館でした。（指宿良彦、2004、61頁）

オープンリールデッキを使ったこの録音は結局雑音が入っていて納得がいく仕上がりとはならず、兵庫県西宮市にあったマーキュリーレコードのスタジオで再録音して販売にこぎつけているが、経費がかかり赤字だったという。福島幸義は、「百年に一人の唄者」と言われ奄美島唄に決定的な影響力をもった武下和平の叔父にあたる。また、奄美の島唄を〈島外からのまなざし〉に向けて積極的に発信し、都市の高尚な文化消費の対象にまで高めてきたともいえる唄者・朝崎郁恵もこの時期に既にレコード化に参加している。

　有名唄者のレコード化は、大会同様に、マスメディアによるスターシステムとして機能する。レコード化された島唄が、島唄の雛形となって模倣されていく。その代表例が、1962年に発売された武下和平のレコード『武下和平傑作集』である。そこでは「天才唄者」のコピーが掲げられている。

> 　「天才唄者・武下和平」の和平節は、瀬戸内地方の歌唱を根底から変えてしまうほどの影響力を持っていました。今も奄美島唄の中核を成し、愛唱されています。（指宿良彦、2004、93頁）

　奄美島唄には、流派はない。歌う歌詞の順番も決まっているわけではなく、個人唄や勝手唄と言われている。しかし、武下は島唄の前奏を開発し、一定の定型的な演奏と唄い方を作り上げ、三線の合奏を可能にし、そして武下流という流派をつくりあげる。それくらい奄美の島唄にとって武下和平は大きな存在であった。武下の島唄は、奄美南部の島唄、つまりヒギャ唄である。しかし奄美北部、つまりカサン唄の地域のある三味線の名手は、当時武下のレコードに出会って感銘し、レコードの回転を下げて、レコードが擦り切れるくらい聴いて真似をしたという。武下の島唄とそのレコードは、それくらい全島にインパクトをもって受け入れられた。

　武下和平は、清眞人によるインタビュー対話形式の著作である『唄者　武下和平のシマ唄語り』（海風社、2014）の中で、このレコード録音についても触れている。

> 昭和三七年に、名瀬のセントラルレコードで私のシマ唄の最初のレコードアルバムを作ることになるんですけど、その監修は米三さん。そのときも、ほんとうの正調のシマ唄を人びとに届けようと、彼の愛用の録音機で録音してあったシマ唄の昔の節回しをまず流して、私の歌い方をチェックしていくわけですけど、実に鋭く厳しかったですよ、彼は。（武下和平、2014、181頁）

　山田米三氏によって録音された島唄をコピーするかたちで武下の島唄がレコード化され、それが正調島唄として流布していく。集落（シマ）の生活世界の文脈を離れ、録音メディアという装置によって島唄のエッセンスが抽出され、正調島唄が編集され、メディア作品として結実（対象化）されていく。生々しい遊び歌は、〈メディア媒介的展開〉をへて、より鑑賞に堪える洗練された島唄として伝承され創生されていく。
　こうした過程は、社会史でしばしば語られる「伝統の創造」ということになるのだろう。ただ、文化のソースとしての文化的苗床はしっかりある。メディアという文化装置は、そうした文化的苗床を伝承し、新しい正調として創生し制度化・ジャンル化していく。これが文化の〈メディア媒介的展開〉過程である。
　そこで創生されたものは、確かに観光パンフレットでは、奄美の伝統文化＝島唄として記載されるが、メディア化された奄美島唄であり、現代の音楽ジャンルの一つとしてのワールドミュージックとしての島唄である。（※極論すれば、ポピュラー音楽化した島唄でさえある。）
　セントラル楽器は、まさしく文化装置として奄美の島唄の文化を制度化してきた。極端な言い方をすれば、集落（シマ）で自由に歌われていた唄を、島唄という制度・ジャンルとして作り上げてきた文化装置そのものであった。
　セントラル楽器のレコード化事業は、『奄美民謡総覧』に収められている。小川学夫が中心となってまとめたこの本は、奄美の島唄のレコード史そのものである。平成の島唄スターである元ちとせも、地元セントラル楽器から、1本のカセットテープと1枚の島唄ＣＤを出している。前者が高校1年（1994年）で奄美民謡大賞新人賞を受賞した時に出した「ひぎゃ女童（めらべ）」であり、後者が奄美民謡大賞で優勝した1996年秋に出した「故郷・美ら・思い（しま・

きょら・うむい）」である。

　現在、島唄教室の習い手は圧倒的に小学生の女の子が多い。男子は、変声期もあって少ない。中学生となり部活と重なって習い事をやめる子が多い。しかし島唄の伝承と創生の世界では、元ちとせというスターの物語があり、また教室の先輩のミニスターの物語が次々に誕生している。大会の受賞、それに付随するＣＤ化は、そうしたスターを夢見る子供達の分かりやすい到達点でもあろう。島唄という伝承文化も、その継承と創生は、まさしく奄美の音楽産業という文化装置によって担われている。

●戦後盛り上がった新民謡ブーム

　奄美では、戦後、島唄の旋律を生かして、奄美をテーマにした島口ではない標準語の歌謡曲が続々と作られ島内でヒットした。新民謡は、もともと大正末期から1938（昭和13）年頃までに起きた文化運動である。それは日本の土俗的な民衆の心情を表現しようとした野口雨情や北原白秋らの詩人たちと、西洋音楽を学びつつ民謡に興味を抱いた中山晋平・藤井清水らの新しい作曲法とが融合した文化運動であり、新民謡という音楽ジャンルを作り上げた。この文化運動は、地方にも伝播し口ずさみやすい「ご当地ソング」として地方の新民謡が作られ歌われた。この流れが奄美の新民謡の土壌である。

　奄美新民謡も、各地の新民謡がそうであったように、民謡の心情と西洋音階との混合・融合である。島唄テイストを盛りこんだご当地歌謡曲とでも呼べばよいであろうか。新民謡はその後、新歌謡や奄美歌謡とも名づけられてきた。代表的な名作曲家をも誕生させてきた。戦前から戦後、東京でも活躍した島出身の三界稔と渡久地政信、さらに沖縄でのジャズ活動のあとに帰島して楽団を率いて戦後奄美の島々で活躍した村田実夫、その後継世代にあたる豊基（※ゆたか・もとい）や久永美智子である。

　奄美の新民謡については、奄美の有名書店の店主でもある楠田哲久による「奄美の新民謡に関する一考察」というすぐれた研究がある（※2013.鹿児島大学大学院人文社会科学研究科人間環境文化論専攻の修士論文）。

　島唄のレコード化を担ったセントラル楽器は、この新民謡・新歌謡の奄美文化をも推進してきた中心的アクターである。文化とは制度とジャンルだと述べ

てきたが、セントラル楽器はまさに新民謡・新歌謡という音楽ジャンルを創生するのに中心的役割を担ってきた楽器店である。セントラル楽器は、現在、新民謡・新歌謡を奄美歌謡という言葉で集約しようとしている。

メディアの俯瞰図・メディアの文化史として重要なのは、こうした歌謡文化が、自然発生的というよりも、楽団の活動や雑誌社や楽器店の歌詞募集なども経て、それを意図的に創生していこうとする人びとの営みの総体としてあるということだ。〈文化媒介者〉たちの営みの結果が、新民謡・新歌謡・奄美歌謡というジャンルの形成に結びついているのである。

セントラル楽器は、こうした奄美の歌謡曲を網羅して『奄美歌謡歌詞集～歌の郷土史～』（※収録曲数を増やしながら第3版まで出ている）を出版している。その収録曲を時系列に整理すると、戦前から戦後そして平成に至る奄美の歌謡曲の歴史が俯瞰できる。興味深いのは、作曲数に年度ごとに波があることだ。

奄美の歌謡曲として島外にも知られている曲は「島育ち」である。これは、すでに1939（昭和14）年に三界稔の手で作曲されている。これが、戦後の1959年に当時の島の人気歌手であった大島ひろみが歌うことで、まず島内でヒットし、さらに日本復帰9年目の1962（昭和37）年に田端義男が全国的にヒットさせ、その翌年の紅白歌合戦に出場したことで全国的に知られることになった。その年は、三沢あけみの歌う「島のブルース」も全国的にヒットし紅白歌合戦に出場している。

戦前・戦後すぐは、そう多くの曲数があったわけではない。戦前では、「大島小唄」（1928）「永良部百合の花」（1931）「磯の松風」（1934）「月の白浜」（1934）「島育ち」（1939）の5曲が収録されている。「磯の松風」「月の白浜」の作詞は、ロシア文学者として有名な郷土の偉人でもある昇曙夢、作曲は三界稔である。

戦後、アメリカ軍政下の奄美ではあかつち文化といわれる文化活動が盛り上がった時期があるが、その時期に新民謡を代表する曲が創作されている。1940年代は「徳之島小唄」「島かげ」「そてつの実」「名瀬セレナーデ」「農村小唄」「本茶峠」「新北風吹けば」「夜明け舟」があるが、「名瀬セレナーデ」以降の曲は、村田実夫の作曲である。「そてつの実」「名瀬セレナーデ」と「新

北風吹けば」は、自由社新民謡募集の当選歌詞、「農村小唄」は南海日日新聞社の新民謡歌詞募集で一等となり、村田実夫に作曲が依頼された曲である。
1)

　日本復帰の時期はあまり曲がなく、その後1958〜59（昭和33〜34）年に三界稔の「奄美小唄」や「新野茶坊」が作られている。

　その次のブームは、田端義男が「島育ち」をヒットさせた1962（昭和37）年から本土復帰10年にあたる翌年である。この時は、奄美観光ブームと奄美の新民謡ブームが到来したという。この2年間に、「奄美のさすらい千鳥」「想い出の喜界島」などの曲がつくられている。

●新民謡の停滞から奄美歌謡の拡大路線へ：セントラル楽器の挑戦

　こうして始まった奄美新民謡だが、歌詞集では、1950年代が6曲、60年代が13曲（※このうち12曲が63年と64年に集中している）、70年代が19曲あるのに対して、80年代は4曲、90年代が6曲である。

　このように60年代の2年間の奄美ブームの後でしばらく間があき、10年近くたった1972年に10曲が作られている。新民謡をもりあげるために、セントラル楽器が歌詞を募集したのである。入選歌として、「灯りに濡れる名瀬の街」「奄美航路」「奄美三美女伝」「奄美の夜」など8曲が入選する。セントラル楽器の指宿良彦氏は、『大人青年』でこの公募について次のように説明している。

> 　田端義男さんの島育ちではじまった昭和37年からの奄美ブーム期の名曲の数々。あれから10年、目新しい曲も無いままに時が過ぎてゆきました。「奄美の新民謡を絶やしてはいけない！」この年に、新民謡の一般公募に踏み切りました。（指宿良彦、2004、133頁）

　この1972年は沖縄が日本に返還されて沖縄ブームがおきた年である。残念ながら、全国に波及する歌謡曲による奄美ブームは再燃しなかった。しかし、新民謡から新歌謡、そして奄美歌謡へと続く奄美のご当地歌謡曲の創作活動は今日まで脈々と続くことになる。

1981年には、後述するように奄美におけるもうひとつの音楽レーベルであったニューグランドから、山田サカエ作詞・久永美智子作曲による「加計呂麻慕情」「加計呂麻音頭」などの名曲が生まれ、この頃から新歌謡と称されるようになった。

　1970年代に比べると、1980年代と90年代の曲は多くはない。1972年は、大島紬の生産が24万4000反とピークを迎えた年でもある。以後73年のオイルショックをへながら減少していく。カラオケ文化の浸透もある。新曲の数字でみる限り、20世紀末の20年間は新民謡衰退の傾向が見えてくる。

表5-1.奄美新民謡・新歌謡・奄美歌謡の変遷

時期	代表的な曲例	作詞家・作曲家・歌手例
新民謡期誕生期： （昭和初期の全国での新民謡ブーム）	大島小唄、永良部百合の花、磯の松風、月の白浜、島育ち、徳之島小唄	昇曙夢、三界稔
新民謡期隆盛期： （1945－1952） （占領期・あかつち文化期）	島かげ、そてつの実、名瀬セレナーデ、農村小唄、本茶峠、新北風吹けば、夜明け舟、日本復帰の歌	永江則子、村田実夫、
新民謡全盛期： （1953－60年代半ば） （日本復帰と全国的な奄美ブーム）	奄美小唄、新野茶坊、名瀬市民の歌、はたおりばやし、アダン花、奄美音頭、奄美チンダラ節、奄美のさすらい千鳥、想い出の喜界島、島のブルース	三界稔、渡久地政信、村田実夫、大島ひろみ、田端義男、三沢あけみ
新民謡漸減期： （1960年代半ば－1970年代） （テレビ受信の始まり）	灯りに濡れる名瀬の街、奄美航路、奄美三美女伝、奄美の夜	大島ひろみ
新歌謡期・衰退期： （80－90年代） （紬の衰退とカラオケ文化台頭）	あゝ犬田布岬、加計呂麻慕情、加計呂麻音頭、与論島慕情、名瀬ブルース、奄美ゆきたや、アダンの画帖、砂糖つくり節	山田サカエ、久永美智子
奄美歌謡期： （2002年－） （量産期・イベント期）	奄美エアポート、あまみ恋うた、黄昏のラブソング、思い出の三太郎峠、ふたたびの恋歌、等多数	有光あきら、豊基、久永美智子、泉清次、中島章、米倉ミキエ

※制作販売された曲数、及び関係者へのインタビューから作成

こうした20世紀末の新民謡の停滞とも見える動きは、21世紀に入ると急激に変化する。2002（平成14）年以降に曲が急増する。2002年の「奄美エアポート」以降、有光アキラ作詞・久永美智子作曲の従兄弟コンビを中心につくられる曲が激増したのである。
　2002年9曲、2003年15曲、2004年18曲、2005年5曲、2006年10曲、2007年1曲、2008年19曲、2009年10曲、2010年10曲、2011年30曲と、まさに量産体制に入っている。もちろんこの背景には作詞・作曲に携わる人びと、新民謡を歌う地元新民謡歌手の"新民謡への強い思い"がある。しかし同時にセントラル楽器のミッションやビジネスの企画力も大きい。セントラル楽器を率いる指宿正樹氏は、新民謡と新歌謡を統合する語として奄美歌謡の語を考案し、積極的なビジネスを展開したのである。
　くしくも奄美歌謡の積極策が始まった2002年は、元ちとせがメジャーデビューした年である。奄美が〈島外からのまなざし〉で注目され、島内外で島唄も脚光を浴び、ソニー、東芝、キング、テイチクといったメジャーレーベルからも島唄CD発売される。島内の島唄大会への出場者も急増する。そうした島唄の地位の向上を受けて、「次は新民謡だ」と新民謡の地位向上が目指されたのである。奄美のもうひとつのうた文化の担い手である新民謡関係者は、島唄が奄美のうた文化を代表する存在になっていく様を横でみてきたことになる。新民謡・奄美歌謡の地位向上は、同時にビジネスとしての可能性の模索でもあった。曲の作り手、歌い手、販売会社が経済的便益を得る文化産業のシステムづくりが目指されたのである。
　セントラル楽器が取り組んでいる奄美歌謡プロジェクトは幾つもある。
①新民謡の曲をカラオケに入れる。
②奄美歌謡選手権大会（年1回／2004～）
③奄美紅白歌合戦（年1回／2009～）
④奄美歌謡・舞踏祭り（年1回）
⑤各種コンサート（集落に出かけてのコンサート）
　地域の中で、地域に根ざした歌手と呼ばれる人たちがいる。メジャー音楽産業から見れば、それはメジャー水準ではないと言うかもしれない。しかし、何がプロなのかという基準はもともと相対的なものである。歌文化という娯楽の

地産地消が一種の産業として成立しているなら、本業が他にあろうとも、それは歌手でありプロの世界なのである。

奄美歌謡文化の現代的な展開は、奄美歌謡に関わる人達の「奄美新民謡を絶やしてはならない」「新民謡の地位の向上を図りたい」という強いミッションの上に展開されてきた。それはセントラル楽器によるレコード化や大会、さらに夕月会など新民謡歌手のグループ自身によるイベント開催という〈メディア媒介的展開〉として営まれてきた。

島唄は〈島外からのまなざし〉のなかで奄美の記号として地位向上に成功したが、奄美歌謡はまだ〈島内のまなざし〉に留まっている。その文化を享受する年代もかなり限定される。島内の知識人層のなかでも、新民謡と平成になっての奄美歌謡とを、文化の質が違うとして区分けする人も少なくない。そうした課題は抱えつつも、日本の地方でこれだけ新民謡から続くご当地歌謡曲という歌世界を継承して創生し続けてきた地域もないのである。このもうひとつの〈奄美うた〉の世界は、地域のメディアと文化が連環する貴重なモデルとして評価されねばならない。

●山田米三・山田サカエとニューグランド

奄美の島唄や新民謡の音楽産業として、セントラル楽器という地方音楽レーベルが戦後長きにわたって中心的役割を果たしてきたことも貴重だが、名瀬にはもう一つの音楽レーベルがあった。島唄の音源収集に情熱を燃やした山田米三氏（1912～1997）の土産物店のニューグランド（1946～1991）である（※鹿児島・大口市でのニューグランドの名前の喫茶店から始まり、名

写真：1962年当時のニューグランドの店先（提供：山田サカエ氏）
※この年、山田米三氏監修で唄者武下和平氏のレコードが出されている。

瀬での同じ名前の居酒屋を経てお土産屋に至っている)。

　奄美で島唄の話をすると、多くの方々から奄美旧港に続く道筋にあった土産物店ニューグランドと、そこから常に路上に流されていた島唄の想い出が出てくる。当主の山田米三氏については残された文献資料もなく、その輪郭は関係者の思い出から描くしかない。

①宇検村の出身で、従兄弟には奄美を代表する唄者の石原久子もいるなど島唄の上手い家系であった。関西・東京で青春時代を過ごし、結婚後は島に戻り写真の仕事をし、その後名古屋に移ってから出征。復員後、鹿児島を経て奄美に帰ってから土産物店を経営した。

②島唄に造詣が深く、ソニーの最新式録音機をかついで島中の唄者を訪ねて録音収集に努めた。自宅は録音スタジオのようであったという。山田氏のこうした活動は、民間の撮影愛好家によって16ミリフィルムのドキュメンタリー作品になっている。

③土産物店のニューグランドの商品として島唄レコードやカセットテープを制作し販売した。妻である山田サカエ氏作詞による、「パラダイス沖えらぶ」(1971)、「加計呂麻慕情」(1981)等は奄美の有名曲である。新歌謡歌手、友ひとみは娘にあたる。

④武下和平と出会い(1960)、世に出す一方、奄美歌謡を代表する歌手・作曲家である久永美智子を発掘したプロデューサーでもある。久永は、一時期ニューグランドで働いていたことがある。

　つまり、奄美島唄のレコード化の起点の一人である大御所と新民謡・奄美歌謡のレコード化の起点の一人である大御所は、山田米三氏を媒介にして、同じ時期、同じ場所で〈奄美うた〉を担っていたことになる。奄美の歌謡の文化メディア史にとっても興味深い歴史的景観である。

　もともと山田氏は戦前に写真を生業としていた時期もあり、また戦後はおがみ山の上からスピーカーで各種の放送をするオリエンタル放送(1954)や富士写真館なども手がけたりしてメディアに造詣の深い人であった。山田氏は、夫人のサカエ氏と屋仁川通の入口で土産物店を営む。そのお店の土産物として、のれんやハンカチをつくって販売していたのだが、「島育ち」や「そてつの実」「奄美小唄」の歌詞の著作権をセントラル楽器がもっていた関係で土産物

に使えなくなる。そこで、夫人のサカエ氏が「与論島慕情」（1970）の歌詞をつくり、それを入れ込んだのれんをつくったのがレコード制作の契機である。「与論島慕情」は当時の与論島ブームもあって地元でヒットする。それが縁で作詞を依頼されるようになって作ったのが、「パラダイス沖永良部」（沖永良部が舞台）、さらに「ああ犬田布岬」（徳之島が舞台）である。サカエ氏はその後さらに、奄美歌謡を代表する名曲「加計呂麻慕情」「加計呂麻音頭」と次々にご当地曲の作詞を手がける。山田米三氏は、こうした新しい歌謡曲を、新民謡と区別して新歌謡と呼んでいたという。

　奄美の新民謡を研究している楠田哲久は、山田米三氏やサカエ氏の目指したものとして、「観光や奄美への思い入れの強さ」「観光への使命感」を指摘する。「歌詞に地名を入れるときは、その土地の歴史を感じ取り、人の営みを見て、思いっきり感情を入れたいと思っている。……詩では誇張することもあるが、その作品の中に大きなロマンを感じ取って欲しいと思っている」というサカエ氏の心情を紹介している（楠田哲久、2012、42-43頁）。

　ニューグランドは、家族経営の土産物店なのだが、島唄・新民謡（新歌謡）のレコード・カセットテープを企画制作して販売する音楽レーベルでもあり、また沖縄舞踊・新民謡・島唄の演者を派遣する芸能プロダクションのようでもあった。顔のひろい山田氏には、そうした依頼仕事がよく寄せられたという。

　奄美の人びとの山田米三氏の思い出は、ニューグランド店先からいつも大きな音量で流れていた島唄や新歌謡と、ビルの一室に積み上げられた山田氏が収集した島唄のテープである。それほどに山田氏の熱心な島唄録音は知られていたようだ。その山田氏のドキュメンタリー16ミリフィルムは、『奄美の唄声　山田米三　島唄への情熱』と題された作品である。制作者は、池田甚兵衛、制作年不明である。

　どのようないきさつで、関東にいた池田が山田米三氏の作品を制作することになったのかも不明である。池田は、埼玉県川口市のアマチュアのシネマ映画制作者。本業砲金鋳物業。登山家でもあり、全日本山岳連盟・関東山岳連盟の常任理事。1951（昭和26）年より趣味で映画制作を始める。雑誌『小型映画』1959（昭和34）年第4巻第1号通巻36号の「シネマニア人物往来」の欄に紹介記事がある。1975年に東京都北区豊川小学校の100周年の記録映画を作成。その

時には、プロのカメラマンとして紹介されている。

ドキュメンタリーは、次のような語りで始まる。

> 明治の昔、薩摩藩の支配下にあった時代にも、また戦後10年間の占領時代にも、島のひとたちは奄美民謡の心に支えられ、苦しい時代を生き抜いてきました。奄美民謡、それは島に生きる人達に長い歳月をかけて歌い継がれてきた郷土への賛歌です。しかしあわただしい時代の流れに、いつのまにか人びとの記憶から忘れ去られていく民謡もありますが、それは奄美の民謡を心から愛する人達にとって古里を失うことでもあるのです。

このような語りで始まり、山田氏の島唄収集の取材旅のシーンをいくつか取れ入れながら、山田氏の語りへと導いていく。

> こんな素晴らしい、歴史的に内容豊富なですね、大島民謡が自分の郷里にあるのに、それをその、いまの若い連中がですよ、島唄でも唄うというとなんだか自分の値打ちまでも下がるかのような、流行歌の旋風に島唄が吹き散らされんかと思うと、それが心配ですね。われわれは若い連中にも呼びかけて、この島唄をこう死守しなければいかんと思うの。

そして、最後に次のようなナレーションで締めくくっている。

> 山田さんの顔にようやく待望の光明がさし始めました。今日あったものがいつのまにか古くなり、また新しくなる、絶えず流行を求めて止まないこの時代に奄美の唄を聴くとき、山田さんはいま確かに生きていると感じるのです。そして奄美の唄はいつもそれを求めている人だけに語りかけ、古い民謡はいつも新しくよみがえってくるのです。

残念ながら、山田米三氏が記録を残す前に亡くなったことと、引っ越しに伴い残された音源などを廃棄したことから、山田氏が収集した録音テープが今どうなっているのか、またニューグランドがどのようなレコード・カセットテー

プを制作して販売していたのかの資料は散逸していて追跡ができない。戦後の名瀬に、セントラル楽器とともに奄美のご当地歌謡曲文化を媒介したもう一つのレーベルがあったことだけは記録されねばならない。（取材：2012.9.10、2014.6.27、2016.11.13）

●奄美島唄のインディーズレーベル・ＪＡＢＡＲＡ

　近年、奄美の島唄を盛んに録音・発売してきたインディーズレーベルがＪＡＢＡＲＡである。このレーベルを主催する森田純一氏（1951～）は、民俗音楽評論家・プロデューサーでもある。南海日日新聞の中で、氏自身が奄美島唄との出会いを語っている。それによれば、1992年に写真雑誌『アサヒグラフ』の島唄特集の取材で奄美を訪れ、笠利の歌遊びと出会い、「なんじゃ、こりゃ！」と衝撃を受けたという（南海日日新聞、2009年1月1日特集「10年前の奄美」）。また、『音の力　沖縄』（1998）の中の、奄美との関わりに関するインタビューでも同様なことを語っている。

> 　築地さんの実家に行って、沖縄でいう手遊びみたいなものを見たんです。それでガツンと来た。……築地さんの実家で近所のおばあさんたちを集めて、こっちに男二、三人。むこうにおばあさんたち五、六人で、コール・アンド・レスポンスの、即興歌掛けをやってたんです。かなりエッチなことも即興でうたって、おばあちゃんたち大受けで、これはすごいと思った。（森田純一、1998、48頁）

　氏は、翌1993年に奄美群島復帰四十周年記念イベントの際に取材で武下和平と出会い、ビクターから出ている『奄美島唄の神髄　武下和平　東節の心』『立神』の制作に関わることになった。その後独立してＪＡＢＡＲＡレーベルを立ち上げ、1997年に「あさばな」を出してから2010年（現在までのところ、これが最後のＣＤ制作）までの14年間に奄美島唄に関するアルバムを30以上出している。その出し方や思いについては次のように語る。（　）は筆者補足。

> 若い人からベテランの人まで、そしてどこかで眠っているカセットテープま

> で掘り起こして来てやろうとは思っていましたし、今もその方向はかわりません。……（セントラルさんとは）別の理由で作りたかった。大きく言うと、「沖縄民謡だけじゃありませんよ。」ということを、中央に多くアピールしたいというのがありました。（森田純一、2002、156-157頁）

　こうした森田氏のメディア事業により、奄美民謡大賞をとる前の若い気鋭の唄者の島唄がCDとして記録された。それらは、貴重な島唄音源となっている。

3節　奄美のポピュラー音楽事業

●奄美出身アーティストの活躍
　奄美では、島唄や新民謡だけではなく、ポピュラー音楽の分野で活躍するアーティストも多い。島唄をベースにしてポピュラー音楽でデビューするケースがよく知られている。元ちとせが有名だが、それに先立つ挑戦もあった。元ちとせが奄美内で民謡大賞を受賞（1996）する6年前の1990年、4歳から島唄を習っていた中野律紀は、日本テレビ系の民謡番組（輝け！日本民謡大賞）で史上最年少の15歳で民謡日本一に輝き、その後1993年にメジャーからアルバムを出してデビューしている。元ちとせの活躍を見ていた中孝介も、島唄からポピュラー音楽へという転身コースをたどっている。そうしたアーティストの場合には、歌の作品自体は、〈島外からのまなざし〉で制作された歌をうたい、歌自体が奄美の生活をテーマにしているということではない。しかし島唄をベースにもつその歌い方には奄美島唄のエッセンス（イディオム）が入り込んでいる。とりわけグインと言われる裏声を使った奄美島唄独特の節回しが知られている。
　最近、テレビのカラオケを競う番組で一躍全国的な知名度を高めた城南海が登場する場面では、テレビの司会者も奄美島唄のグインを解説したりする。グインは、奄美島唄独特の発声法として説明される。グインという、島でも一般の人にはあまり知られていない語彙が、〈島外からのまなざし〉によって全国に向けて語られる。それ自体が奄美のうた文化の強力なイメージづくりとして

作動している。

　もちろん、島唄テイストではないアーティストも少なくない。島外デビューした先駆的なアーティストとしては、1990年にデビューした5人組のアカペラ・グループ柳屋クインテッドが知られている。彼らが歌う「アマミアン・サンセット」（1993）は、復帰40周年のテーマソングとして歌われた。

　最近では、メジャーからデビューしたアーティストのなかでも、島にとどまり、島の生活の要素を取り入れた歌を歌いながら活躍しているカサリンチュ（2005：ユニット結成、2010：メジャーデビュー）のようなアーティストも登場してきた。島内でも小さな子供たちから大人まで大変な人気である。また、テレビや映画のテーマソングも歌うので、その曲によって全国的にも知られている。奄美の島に留まって、外に向けて活躍していく。これは、カサリンチュを実質的にプロデュースしてきた4章のラジオ編で紹介したあまみエフエムの麓憲吾氏の在地主義的な考え方と重なり合う。

　こうしたメジャーで活躍するアーティストだけではなく、奄美出身のインディーズのアーティストは数多くいる。島に留まっている場合もあれば、島外で小さなライブを繰り返しているケースもある。多くは、奄美らしいポピュラーソングを自作しているアーティストである。ローカリティを盛りこんだ地域のポピュラー音楽という点で、そうした言葉はないが、本書ではあえて仮に〈奄美ポップス〉と名づけておこう。

　〈奄美ポップス〉のアーティストは、メジャーとして活動しているアーティストもいれば、インディーズである場合もある。あまみエフエムで番組をもったり、曲が奄美のコミュニティＦＭでよく流れる。ポピュラー音楽の世界で、島唄とは別の土壌から、あるいは島唄テイストの土壌から〈奄美ポップス〉を作り上げている流れがあるということであろう。島から外に出てメジャーを目指したアーティストもいるが、島内で生業をもちながらアマチュアとして音楽活動を楽しんでいる人も多い。大学卒業後20年間地元の与論島で公務員として働いた後に、生業としてバンド活動を続けてきた「かりゆしバンド」の田畑哲彦氏（1953～）は、若いアーティストへの助言で、何処にでもあるポップスではなく、奄美の「島らしさ」にこだわる曲づくりが大切だと語る（取材：2016.2.10、2016.9.5）。〈奄美ポップス〉が全て島にこだわった歌詞や曲とい

うことではないが、島の情景が浮かんでくるような島にこだわった歌の比率は高い。

　築秋雄、平田アキラ、ネリヤ☆カナヤ、ＮａＮａ、徳之島出身の禎一馬、安田竜馬、沖永良部島出身の大山百合香、与論島出身の川畑アキラ、そして与論島の地に在り続けながら歌いつづけるかりゆしバンドなど奄美系の音楽アーティストの裾野はひろい。もちろん、全てのアーティストが必ずしもカサリンチュのように島でひろく人気を博すわけではないが、そうした奄美系の音楽アーティストにとって、島で表現する場としてライブハウスがあることの意義は大きい。それは、奄美に帰る場所があるということでもある。

●ライブハウスＡＳＩＶＩとサーモン＆ガーリック

　あまみエフエムの前史でもあり、チーム麓プロジェクトの両輪をなす「音楽で島興し」の活動が、ライブハウスのＡＳＩＶＩとアーマイナープロジェクトである。このストーリーについては、4章で指摘したように、麓氏自身（2014）や笠利出身の研究者である豊山宗洋（2012）によって詳細な紹介がなされている。

　奄美の若者の多くは、他の離島の青年がそうであるように、高校卒業後いったん、東京・大阪などの大都市に"のぼる"。そのうちのある程度の若者が、数年して帰島する。そうした若者の一人であった麓憲吾氏が東京から帰郷し（1994）、島には何もないと嘆くよりも、自分達で環境づくりをしようと、仲間とともに音楽イベントを公民館や飲食店で展開していく。そうした活動を重ねているうちに、「みんなの公園づくり」（麓憲吾、2014、57頁）をと考えて1998年10月に開業したのがＡＳＩＶＩである。「遊び」という意味の島口をもじったネーミングである。

> 島に帰ってきて痛烈に思ったのは、音楽やってる連中でいえば、確実にライヴハウスを求めているのに誰もやろうとしないところ、誰かにやってもらうものと感じているところ。……じゃあやらんかいって思いましたよ。（麓憲吾、2003、140頁）

奄美の繁華街の真ん中に開業したＡＳＩＶＩでは、「音楽で島興し」をテーマに地元ミュージシャンを中心に島唄からロックまで様々なジャンルのイベントが週末開催された。その後、ソトから来たミュージシャンとの出会いのなかから、奄美島唄が琉球民謡とも異なり、裏声を多用する独自の民謡だということに気づき、それを単なる伝統文化として継承させるのではなく、若い世代にも伝わるように、シマ唄お笑いバンド「サーモン＆ガーリック」が結成され活動を展開していく。

写真：ＡＳＩＶＩでのサーモン＆ガーリック（撮影：加藤晴明、2009.4.11）
※新元一文・城平一と麓憲吾がタッグを組んだこのバンドは、奄美のうた文化の重要なアクターである。会場は笑いの渦。こんなに楽しい音楽漫談があるのかと思わせる。

この展開の主人公は、公務員でありながら音楽を通じて島興しに参与してきた新元一文氏（1970～）・城平一氏（1971～）である。3章の小括や4章のラジオ編でも触れたが、一つの文化運動やメディアが、一人の人に象徴して描かれることは多いが、その背景にはそうした事業と関わる沢山の人達の渦のような胎動がある。一つのメディア事業は、ある時代、ある場所での〈社会的想像力と活動の総体〉として結実するものだからである。

ＡＳＩＶＩの成功に関しても、奄美のメディア関係者でしばしば語られるのは、当時の奄美で音楽を楽しんでいた人びとの活動と"渦"があった。そうした背景にある渦と出会うことで、渦を味方につけることで麓氏が形をつくることができたと理解した方がよい。奄美の音楽をめぐる〈社会的想像力と活動の総体〉の渦が、麓氏のライブハウスをつくる覚悟と結びついて、群島初の大きな成果に結実したということである。

サーモン＆ガーリックも、そうした渦の最も重要な一つとして理解される必要があろう。サーモンは新元一文氏、ガーリックは城平一で氏ある。二人は、

「ホライゾン」Vol.24（2006）の紙面で島唄との出会いや音楽イベントである夜ネヤのことを語っている。

○島唄への気づきについて

　新元：僕も島唄は全然知らんかったわけ。昔、清正芳計さんというおじいちゃんに偶然出会って、三味線がすごく巧くてびっくり。奄美にこんなにすごいものがあるというのを知らんかったから、ショックだった。……スポーツアイランド合宿では、監督や選手たちを案内しても、島を知らんかったから島の良さを語れない。恥ずかしかった。でも周りにはそんなやつがいっぱいいたから、みんなにも聞いてもらおうと思ったんです。（ホライゾン、Vol.24、1頁）

○夜ネヤの始まりについて

　新元：ライブハウスを立ち上げた麓憲吾とも相談して「夜ネヤ　島ンチュリスペクチュ」（今夜は島人を尊敬しようよ）というイベントを立ち上げたのが、二〇〇二年二月。……島唄はね、コンクールで聞くんじゃなく、集落のおじいちゃんたちが寄り合い、焼酎飲みながら歌うのを聞くのが面白いわけ。だから舞台でも、そんな雰囲気を出すように、また歌の口上を必ず話すようにしている。

　城：今七回目。コンビ結成当初は名前がなくて、サイモン＆ガーファンクルという有名な外国の歌手名をもじったら面白いだろうなあって思い、舞台で発表しました。……新民謡とか歴史文化なんかも入れてます。今後もずっとやって行くつもり。これをやらないと意味がないので。（同）

　いまや奄美を象徴するこの文化祭的なイベントは、新元氏らの「島人としての誇りを醸成する」という思いや企画意図と、麓氏の「島の人が島のことを知るべきだ」という考えとが交叉し共振することで立ち上がっている（豊山宗洋、2012、27頁）。

　シマ唄を歌い関わる若い世代は少なからずいるものの、聴き手としての若い世代というのは成り立っておりません。このままでは今後「歌」というコンテ

ンツのみの価値が伝統文化として継承される構図を危惧しました。そこで、その「歌」を生み出す環境、その「歌」を伝える環境の必要性を感じ、敷居を低く、間口を広く、お笑い要素や曲にアレンジを加え活動を行っていきます。
（麓憲吾、2014、58）

● 夜ネヤ、島ンチュ、リスペクチュ

　この島唄への気づきは、さらに「奄美の自然・文化・歴史が若い世代へもっと具体的におもしろい・かっこいいものであるということを伝えるためのイベント」である「サーモン＆ガーリックの夜ネヤ、島ンチュ、リスペクチュ」へと発展していく。それは今日まで続く、奄美を象徴する音楽イベントの生成の物語である。

写真：復帰50周年、夜ネヤ、島ンチュ、リスペクチュ
（提供：麓憲吾氏、2003.9.15）
※フィナーレの模様である。

「サーモン＆ガーリックの夜ネヤ」は、最初はＡＳＩＶＩでの開催だけであったのが、やがて発展系として、東京へ、そして群島の青年団を集めての復帰大イベントへと拡大してきた。仲間の楽しみという音楽活動から、外に向けたアピールを意識した、音楽だけではなく、奄美そのものを発信する意図をもったメディア事業・文化装置へと展開してきたのである。発展した夜ネヤは、島唄だけでなく、島全体を盛り上げていけるようなイベントであるが、その最後には青年団が登場し八月踊りをする。その理由は、麓氏が島の集落に留まって島の人間関係と向かいあいながら祭りを維持している青年団を奄美のルーツとして位置づけているからである。

> 「夜ネヤ、島ンチュ」は青年団の紹介の枠が最後にあって、その集落の「八月踊り」を最後にやるんですけど、やっぱそれが奄美のルーツだと思う。確かにぶつかったりもするけど、島はぶつかると海に落ちるからちゃんとそこで共存しなくては生きていけないんですよ。敵も友達なんです。互いの存在を認めながらこの器のなかで生きていこうっていうのが大事だし、その分かり合うのに時間がかかるけど、それをまた楽しめばいい。（麓憲吾、2003、140頁）

表5-2. チーム麓事業と夜ネヤの歴史

年月日	名称	場所	関連事項
1995	麓氏　東京から帰郷		
1998.10.10	ロードハウスＡＳＩＶＩ開業		
2001.02.11	サーモン＆ガーリックの夜ネヤ（第1回）	ＡＳＩＶＩ	元ちとせインディーズデビュー
2001.11.24	夜ネヤ（第2回）	ＡＳＩＶＩ	
2002.01.04	有限会社アーマイナープロジェクト設立		
2002.01.27	東京　夜ネヤ2002	渋谷クアトロ	元ちとせメジャーデビュー
2002.08.09	夜ネヤ（第3回）	ＡＳＩＶＩ	
2002.12.01	夜ネヤ（第4回）	ＡＳＩＶＩ	
2003.4.13	夜ネヤ（第5回）	ＡＳＩＶＩ	
2003.09.14, 15	復帰50年　夜ネヤ	奄美パーク	
2004.11.08	ＮＰＯ法人ディ！設立		
2005.06.26	夜ネヤ（第6回）	ＡＳＩＶＩ	
2005.07.15	夜ネヤ in りゅうゆう館	りゅうゆう館	
2005.08.21	スカパー！東京プラージュ2005 夜ネヤ	東京代々木	中孝介インディーズデビュー
2006.10.01	夜ネヤ（第7回）	ＡＳＩＶＩ	
2007.05.01	あまみエフエム開局		
2007.11.11	夜ネヤ（第8回）	名瀬公民館	
2008.04.13	東京　夜ネヤ2008	全労済ホール	カサリンチュインディーズデビュー
2009.07.18, 19	日食　夜ネヤ	奄美パーク	
2010.05.16	東京　夜ネヤ2010	全労済ホール	カサリンチュメジャーデビュー
2010.10.20	奄美豪雨災害		
2011.05.01	サイマルラジオでネット放送開始		
2013.10.20	復帰60年　夜ネヤ	奄美パーク	
2013.11.16	鹿児島　夜ネヤ	鹿児島天文館	
2014.06.01	夜ネヤ in 奄美パーク	奄美パーク	

※豊山宗洋2012を参照、作表協力：あまみエフエム

つまり奄美のうた文化を象徴する「夜ネヤ」も、二つの「夜ネヤ」があることがわかる。音楽文化の裾野としての自作自演の文化活動としての「夜ネヤ」と、音楽事業・産業としての「夜ネヤ」である。〈表出の螺旋〉の理論でいえば、前者が第2位相、後者が第1位相である。そして重要なのは、そうした二重性が相互浸透し、相乗的に渦をつくることで、奄美のうた文化の厚みが形成されていることだ。両方が、奄美のうた文化に不可欠な側面といえよう。チーム麓事業といった場合には、ラジオの場合と同様に、そうした奄美での音楽活動をめぐる〈社会的想像力と活動の総体〉として理解していく必要がある。

●アーマイナープロジェクトとディ！レコード

　島内の音楽の自由な活動を背景にしつつ、そこだけに留まることなくチーム麓事業は、より大きな制度としてのメディア事業として発展してきた。そこには麓氏の覚悟と企画実践がある。その事業はまさにエンタープライズ（野心的チャレンジ）であった。ＡＳＩＶＩは、開業の4年後の2002年に有限会社アーマイナープロジェクトとして法人登記されている。チーム麓事業のひとつの車輪はこうして形成されたのである。チーム麓事業は、自由な音楽活動とより大きなメディア事業の両輪が相互に支え合うことで様々な島イベント、音楽イベントを展開してきた。

　現在、ＡＳＩＶＩでのライブイベント以外に、チーム麓事業は三つの種類の特別な音楽イベントを開催している。
（1）「夜ネヤ、島ンチュ、リスペクチュ！！」。もともとＡＳＩＶＩで開催されていたが、発展拡大版が東京や復帰周年イベント（奄美パーク会場）として大規模に開催されることもある。近年は、あまみエフエム主催。開催は、不定期でもあるので、ある特別な時の特別イベントという意味あいで開催されている。奄美を盛り上げる、奄美の人たちや奄美ファンのためのイベントといえよう。青年団なども登場する。
（2）「大浜サマーフェスティバル」。毎年9月に行われる島アーティスト出演の音楽イベント。あまみエフエム主催の、いわば島の音楽祭・身体表現大会である。フラダンスなども登場する。
（3）Setting Sun Sound Festival in Amami 。メジャーレーベルであるエピッ

クレコードが主催ではあるが、企画・制作はアーマイナープロジェクトが担っている。島と島外とのつながり、インディーズとメジャーのつながりの上で成立している音楽フェスティバルである。島外から奄美出身アーティストファンなどを呼び込むことも想定した音楽ライブである。
　アーマイナープロジェクトの事業としてさらに二つの点に注目しておきたい。
（a）奄美ポップスのレーベルとしての活躍
（b）島外のメジャーレーベルとの連携
（a）奄美ポップスのレーベルとしての活躍：アーマイナープロジェクトは、ディ！レコードというレーベルを展開している。島で活躍するポピュラーソングアーティストを中心に数多くのCDを企画・制作・販売している。
（b）島外のメジャーレーベルとの連携：島のアーティストがメジャーデビューする。そうした経路のなかでは、島の音楽関係者と島外の音楽関係者との関係が生まれてくる。7つの音楽レーベルの集合体会社であるソニー・ミュージックレーベルズの中の一つ、エピックレコードジャパンとの連携関係などはよく知られている。元ちとせのデビューに際しての、エピックのプロデューサーだった青木聡氏との出会いのエピソードはよく知られている。[2]
　この点でも、音楽の情報発信は、島内の地産地消というよりも、〈島外からのまなざし〉とつながり、またそれを媒介にした島出身アーティストの活躍が〈島内のまなざし〉に回帰してくる。そうした相互作用がある。島語りは、島と外との連携によっても行われる。
　アーマイナープロジェクトは、ライブハウス経営やイベント開催以外に、奄美に根ざした地方レーベルとして、さまざまなCDを出し続けている。レーベルがあるということは、島の中の音楽を楽しむ活動、島を面白いと感じる活動が録音メディアという形になることである。出版と同じように、形として文化のアーカイブス（記録）にもなっていく。アーマイナープロジェクトというチーム麓事業によるイベントと記録メディア化は、あまみエフエムのラジオと連動しながら、まさに奄美文化の〈メディア媒介的展開〉の両翼を形成しているのである。

表5-3. ディ！レコードが出したCD

発売年	アーティスト	CDタイトル
2005	中孝介	マテリヤ
2005	サーモン＆ガーリック with アニョ	サーモン＆ガーリックのハブマンショー
2007	カサリンチュ	Kasarinchu
2008	ガリンペイロ	GARIMPEIRO
2008	濱田洋一郎と商工水産ズ	島バスに乗って
2009	中村瑞希＆ハシケン	879MUGI
2009	カサリンチュ	SUNNY DAY STYLE
2009	はまだゆかり	南風（かぜ）の記憶
2010	はまだゆかり	月の道
2010	森拓斗	SLOW LIFE
2011	濱田洋一郎と商工水産ズ	Guardian God?
2011	ハシケン	朱花の月
2012	奄美市連合青年団	奄美市連合青年団の歌
2013	濱田洋一郎と商工水産ズ	じぇねりっく
2015	TAKUTO & MUGARIBAND	TAKUTO & MUGARIBAND

※作表協力：あまみエフエム

●音楽メディアをめぐる小括

　島唄や新民謡・奄美歌謡の〈文化媒介者〉として、奄美民謡大賞を主催する南海日日新聞、音楽レーベルとしてのセントラル楽器やニューグランドをとりあげてきた。また、ポピュラー音楽のジャンルでは、アーマイナープロジェクトとチーム麓事業をとりあげた。

　4章のラジオの編でも指摘したが、奄美のうた文化の世界においても、単純に一つのアクターの成功物語に集約させて島のメディアの生成と発展の歴史を理解するのは危険である点は改めて強調しておきたい。例えば、麓氏の成功物語の一つである「夜ネヤ」イベントも、麓氏個人の営みにだけ矮小化させてはならない。最初は、〈サーモン＆ガーリックの夜ネヤ　島ンチュ　リスペクチュ〉であることから分かるように、新元氏・城氏らのミッションと活動とのコラボがあって始まっている。その意味でも奄美の音楽をめぐる〈社会的想像力と活動の総体〉が「夜ネヤ」である。

そうした総体の対外的な表の顔が麓氏ということになる。筆者らがチーム麓という言い方をしてきたのは、そうした人ネットワークの総体、表出の渦の総体を含むという意図からである。それは予定調和の世界というよりも、麓氏をキーパーソンとしつつも、喧々諤々しながら、結果として事業を遂行してきた大きなうねりの渦である。だから〈表出の螺旋〉なのである。

〈文化媒介者〉は、一人の人、一つの事業に象徴されるが、同時に、その人に託された幅ひろい文化活動の総意が背景にある。アーマイナープロジェクトによる〈奄美ポップス〉の生成と発展も、そうしたいろいろな人びとの活動が相乗した〈地域メディアの総過程〉と〈表出の螺旋〉の理論フレームから理解していく必要がある。

4節　インターネット時代のウェブ事業

●ウェブ時代の到来

奄美語りの新しい大きな舞台は、インターネット空間におけるウェブの利用へと大きく変容してきている。個人メディアとしてのホームページやブログ、そしてSNSによって島からの情報発信が可能となり、島外者からのアクセスを得るようになってきた。ウェブの時代になり、〈島外からのまなざし〉に向けた情報発信が、ひろい裾野から可能となったということである。従来のマスメディアだけではなく、それぞれの店や個人がウェブ事業者になったからである。

マスメディアだけではなく、情報通信技術を使って個人も自由に情報発信する社会。これが情報化社会、メディア社会といわれる現代社会の公式である。日本で、コンピューターを使った通信が国民に開放されたのは、電気通信に関する法律が変わった1985年である。アメリカから遅れること5年あまりで日本にもパソコン通信のブームがやってきた。まだ都市の技術系市民によって中心的に担われていたとはいえ、情報社会が現実の景観として現れた感動の時期であった。「ネットワーク・コミュニティが地域を変える」というスローガンのもと、地域の活性化や地域からの情報発信、大都市との交流に役立つと期待された。文字によるコミュニケーションの場としての、「掲示板コミュニティ」

が新鮮だった時代である。

　その後、ブラウザを使ってウェブという形でパソコンの使い勝手がよくなり、情報社会への参入の敷居は格段に低くなった。登録した会員だけが繋がるコミュニティではなく、世界中のパソコンが自由に繋がり出したインターネット時代が日本でブームとして幕開けしたのが1995年である。企業でも個人でも、ホームページづくりが開始された。

　さらに、2005年くらいからは、インターネットに常時接続するかたちで、ウェブ社会の高度利用が始まる。ホームページだけではなく、かつてのパソコン通信がもっていた文字によるコミュニケーションと融合したSNSが人びとを魅了した。日本版SNSであるミクシィが大人気となった。その後、ブログ、ツイッター、フェイスブック、LINE、インスタグラムとさまざまな情報サービスがメディア社会のプラットフォームとして提供されてきた。

　ホームページとブログ、そしてフェイスブック、あるいはその組み合わせが情報サイトとして、店や個人の情報の集積体となっている。ホームページからブログ・SNSへとシフトしたわけではない。魅力的なホームページ自体はますます求められている。また、ホームページにもCMSという簡易ブログのような機能が追加されて情報の更新が楽になりホームページの使い勝手も向上した。最近では、SNSとしてフェイスブックやツイッターも加わっている。ホームページにブログとフェイスブックとツイッターが組み合わさっているのが充実した情報サイトの基本スタイルとなった。

　こうした流れのなかで、現在、奄美の観光施設や店の多くは、ホームページやブログ・フェイスブックなどを開設して日々情報を更新している。どの宿泊施設の関係者も、インターネットで検索してくる客が増えたと語る。公式の観光情報サイトでは日々の情報にライブ感がない。個人オーナーのブログからは、その店の日々の出来事の景観が浮かび上がる。まさに行こうとする店や宿のスタッフの出来事や地域の生活のコンテクスト（文脈）が見えてくる。コメントを見れば、口コミ情報も垣間見える。

　〈島外からのまなざし〉をもって奄美を見つめる観光客には、そうした非公式情報からこぼれてくる擬似本音の情報も求められている。奄美の日々の情報が、個人の力で絶え間なく発信される時代になったということである。もちろ

ん、行政が支援している公的な観光情報サイトも増えてきたし、動画を取り入れたりしながら魅力度・発信力を向上してきた。観光情報サイトと個人ブログ、さらに島の情報メディア（出版メディア・放送メディア）のウェブ版、そうしたＳＮＳと各種の情報サイトが組み合わさって、文字通り奄美語りの渦をつくりだしている。

　もうひとつ重要な点は、旅の形が変わってきたことである。それは、旅の前に収集する情報へのアクセスの形が変わってきたということである。
① 個人旅行の増加
② インターネットによる情報収集
　この2点が、建前の情報だけではなく、奄美の今や"生々しい口コミ情報"が求められる理由である。観光客は、旅行の前にまずネットをたちあげ、それぞれのネット・リテラシー（※ネットを使いこなす能力）を駆使して表情報・裏情報とあれこれ検索する。
③ 物流の形もまた変わってきた。インターネット・ショッピングの定着に伴い、奄美の物産をネットで買うことができるようになった。これまで独自にホームページを立ち上げてネット販売していたものが、それに加えて、Ａｍａｚｏｎ・楽天などの国民のプラットフォーム化しているメガサイトを通じての物販も格段に増えた。楽天に店を構えている奄美の店も多い。あまみエフエムでもそうしたネットショップが常時ＣＭを流している。

　逆に、奄美からＡｍａｚｏｎ・楽天などを通じて物を購入することも定着した。筆者（加藤）は、昨年、加計呂麻島に滞在した時に、民宿のオーナーがネットで誕生日ケーキを発注している様を見てそうした時代を実感する機会となった。ユニクロもしまむらもない奄美では、女性たちのファッションの購入でもネットが威力を発揮しているという話をよく耳にする。

　インターネット時代・ウェブ時代を考える時に、常に出てくる問いは、全てがネットにシフトするのかという問いである。極論すれば、観光でいえば、紙メディアは不要となるのかということだ。少なくとも、現在のところ、1章で紹介したような島内でのフリーペーパーは観光客にとって大きな情報源となっている。島内についたら空港やレンタカー店で手にする紙媒体が威力を発揮している。島内で完全にスマホで済ます時代が来るのかは、現在ではまだわから

ない。島のあるフリーペーパー発行者は、「全てネットでスマホでという時代が来たら、その時は、自分達のような紙によるフリーペーパーがいらないということでしょう。でも、まだそうはなっていない」と語る。

　一つのメディアから次のメディアに単純に移り代わるというよりも、古いメディアと新しいメディアは、クロスメディア（※一つの同じ情報内容を複数のメディアで発信すること）したり、メディアミックス（※複数のメディアをつかって多様なかたちで情報発信をすること）したりしながら、重なり合っていく。

　例えば、インターネット時代に入り真っ先（2004年）に広告費がネットに追い越されたラジオというメディアが、ネット配信することでクロスメディア展開をしたり、島内の音楽メディアがインターネットで販売するなどのメディアミックスを展開している。既存の島語りメディアが、ネットを併用しはじめたということでもあろう。

●奄美の情報サイト群

　奄美のウェブ利用の歴史のなかでは、先駆的な事例として「やっちゃば」を立ち上げた前田守氏の事例がよく知られていた。大学を出て大阪でシステム開発の仕事をしていた前田氏が、97〜98年頃にインターネットと出会い、「これで島にもどってやれる」と考えてUターンし、果物店と組んで、大手の流通にのらない島の果物のインターネット販売を展開した。「やっちゃば通信」と題した日誌は、都会の消費者と島の果物店をつなぐ人の顔の見えるコミュニケーションの形として話題となり、ネット通販の初期における成功事例として大きく注目された。

　本書で紹介してきた既存のメディアも、今やクロスメディアやメディアミックスした展開をしている。

　「奄美冒険図鑑」を出している奄美観光ネットワークは、「あまみ便り」（ブログ付）というサイトを展開している。「奄美大島のことなら自然・歴史・民俗・食・etc、なんでもガイド」とあるように充実したサイトの一つである。こうした奄美の総合情報発信サイトは、継続した更新が課題となる。奄美の観光ガイドという日々の仕事と連動しているから可能となっている充実サ

イトということになろう。

　「ｍａｃｈｉ－ｉｒｏ」もウェブマガジンというかたちでネットで情報をあげている。島外からのアクセスも多いという。「シマッチュが、奄美の今をお届けするウェブマガジン」というコピーや、最新号（42号、2016年7月）の特集「女子一人旅」からも観光客を意識していることがわかる。奄美市名瀬の中心市街地活性化のためのタウン誌に島外の観光客がアクセスする。観光客にとって、奄美の今の情報がつまっている地元タウン誌は奄美を知るための情報ソースとなる。冊子側も観光を意識する。そうした相互作用のなかで、奄美の今が語られていく。

　「奄美夢色」も奄美の観光情報サイト「夢島ＷＥＢ」を立ち上げている。トップページには、「『夢島ＷＥＢ』で出発前に下調べ！　到着したら『奄美夢島』をゲット！　表紙を見せれば掲載店で素敵な特典！」というサブコピーが挿絵とともに描かれ、ウェブから紙へ、そして実際の店へと上手に誘導している。

　もちろん役割を終えたホームページもある。例えば、充実した奄美群島の総合情報サイトとして情報を発信してきた「あまみんちゅドットコム（奄美人.com）」は、2006年2月から瀬戸内町のリゾートホテルを拠点に東京の親会社を結んで充実した情報サイトづくりを展開してきたが、親会社の都合により2014年10月の書き込みを最後に8年間に及ぶ発信活動を停止している。

　他にも、行政の補助金によってたちあがった奄美の観光サイトで、補助事業が終わったあとで更新されず休止状態のものもある。ホームページで体系的に、そしてできるだけリアルタイムに充実した情報を更新していくのはそれなりの体制が必要となる。ブログやフェイスブック、ツイッターといった簡易なＳＮＳに移行していくのもうなづける。ただそれでも、行政や観光協会などの公的機関主導型の情報サイトも着実に増えかつ充実してきている。島外者は、奄美を検索することでいろいろなサイトに出会うことになる。

○奄美の案内・観光用の情報サイトの例（公的な機関のサイト）
　あまみっけ：（一社）あまみ大島観光物産連盟（旧：奄美大島観光物産協会）公式サイトとは別に、奄美大島の類まれな魅力を持つ、風景、情景、背景を奄美景（あまみっけ）として世界中に発信することを目的とした奄美大

島の観光情報メディアとして開設され、動画ＣＭなどもYouTubeに公開されている。
　のんびり奄美：奄美大島観光物産協会公式サイト
　ぐーんと奄美：（一社）奄美群島観光物産協会公式サイト
　奄美・加計呂麻島：瀬戸内町役場商工観光課による加計呂麻島観光情報サイト

○奄美の案内・観光用の情報サイト（私企業・個人、含む過去）の例
　奄美大島観光インフォメーション
　奄美大島観光ガイド（ブログ付き）
　奄美大島探検マップ（ツイッター付き）
　（※個人ブログも入れれば、まだまだあるので一例である。）

　筆者らの関心は、他者からの承認（イイネ）をもらうための私的な生活誌つづりといったネットでの自己語りとは別に、意図・意思をもって奄美を発信していこうとするウェブ活動にある。私的語りと行政が立ち上げる地域情報サイトとの中間のゾーンといってもよい。自己の生活やビジネスのまなざしから立ち上げつつ、それをより影響力あるものにしていこうとする意図のもとで奄美の情報・文化を発信していくことを目指したウェブサイトである。企業としての営業的・経済的な行為ではあるが、同時に奄美を〈島外のまなざし〉に向けて語っているという点ではソーシャルな事業でもある。そうした区分けを名づけるとすれば、行政事業型情報サイト、ソーシャル事業型情報サイト、私企業型情報サイト、私語り型情報サイト（※これも情報事業なのだが）ということになるだろう。タウン誌の情報サイトやマスメディアの情報サイトは、まさにソーシャル事業型情報サイトといえる。

　そうしたウェブを使った奄美語りのなかで、瀬戸内町加計呂麻島で個人ガイドという職種を最初に始めた寺本かおる氏が開設した「カケロマドットコム（※ブログは、「奄美・加計呂麻島なんでもありブログ」）」は代表例のひとつである。寺本氏については、地元の誰もが加計呂麻島を一番詳しく勉強していると太鼓判を押す。高齢者が多くなっている加計呂麻島で、島のさまざまな事業や人ネットワークで重要な位置を占める人材である。氏は、あるきっかけで加計呂麻島のマグロ養殖施設を訪れて以来加計呂麻島に魅了され、加

計呂麻島に移住し、島の男性と結婚して定住したＩターン者である（取材：2009.8.15）。

　日本中の鄙地でいえることだが、Ｉターン者やＵターン者が地域を元気にするための新しい事業で活躍し、昔から住んでいる「地元の人の方が新しいことはやらない」という現象がおこる。（※もちろん、その一方でＩターン者と地元の人との軋轢も各所で構造化してきている。）

　寺本氏の情報サイトは、加計呂麻島に住み、地元情報に精通した情報の細かさ、そして島への強い思いが伝わる。本書ではそうした文化の発信・創生の担い手を〈文化媒介者〉と名づけてきたが、寺本の観光ガイドとしての仕事もまさにそうしたアクターの一人としてのそれであろう。

　魅力ある観光情報サイトを作るのは島出身の人に限らない。この点について、かつて「あまんちゅドットコム」を担っていた小森啓志氏は、「地元の人でなくてもニュースソースは大丈夫なものですか？」という筆者らの取材に答えて、「出身じゃない。……ほんとにいいと思っているかだと思います。地元の人ほど愛情は深くないけど、おもしろいとは感じます」と語る（取材：2010.3.28）。

　奄美を愛する人達の情報サイトが、奄美の今を伝える生きた情報を発信していく。そうした情報サイトが島を旅したい人を捉え、来島した旅行者が島から情報を発信し拡散していく。検索から発信に至る回路がひろがりつつあるといえよう。情報の収集・情報の撮影（加工・編集）・情報の発信という三段階の流れは、メディア事業者のそれと変わらない。

　島のなかでも、スマホでのウェブ利用が進むなかで、観光客自身による情報発信と拡散も影響力を持つようになってきたと実感する人は確実に増えている。個人の自己充実のための発信が、集合化されて結果としてソーシャルな力となっている。島を体験しつつ、刻々とＳＮＳで発信していく。笠利のあるジェラート店では、旅行客の9割は食べる前にスマホで写真を撮るという。それらはネット上に発信・拡散され、次々に客を呼ぶことになる。その意味では、情報の発信の形が変わってきている。

　既存のメディア媒体に加えて、ウェブ展開する島のさまざまな店や個人の情報、そして島を訪れた観光客＝旅ンチュが情報を発信・拡散することで〈地域

メディアの総過程〉の裾野が厚みを増し拡張している。そして、そうした島語りが相互に準拠しながら相乗的に奄美の情報表出の螺旋を作り出している。それが〈表出の螺旋〉のプロセスの今日的な姿である。

●島唄サイト・ラジオ喜界島

　一般的なウェブサイト以外に、〈文化媒介者〉の活動として注目したい奄美のウェブサイトがある。インターネットラジオの「ラジオ喜界島」である。
　2002年から、「道の島農園」としてサトウキビなどの農園を営む村山裕嗣氏（1949〜）が運営している。農業系の大学を卒業し、喜界島に28歳でＩターンした村山氏は、収録されていた島唄の音源に出会い、その保存と公開のために島唄のサイト「奄美の島唄　ラジオ喜界島」を開設したのである。サイトは、1chから8chまでメニューが設けられ、島唄放送、島唄今昔、喜界島だより、講演、祭事、インタビュー、今、「キカイジマ」が面白い、道の島航海記、喜界島の楽しみ方、喜界島の生き物たちといった情報が盛り込まれている。決して派手なサイトではないが、奄美大島からも離れた喜界島で、こうした地元の音世界を発信するサイトがあること自体が貴重である（取材：2009.3.4、2011.9.10）。
　氏は、スポンサーはなく、「道楽と使命として」として配信していると気取らない。ＪＡＬの機内誌である「ＳＫＹ　ＷＯＲＤ」の2011年3月号は、「島唄専門　ラジオ喜界島」として大きな特集を組んで紹介している。

> 　島を離れて暮らしている人たちに島唄を聴かせたい。島唄に馴染みのない人たちにも聴いてもらいたい。喜界島のよさを広く知ってもらいたい。そんな思いで始めました。今では海外からもアクセスがあるんですよ。（「ＳＫＹ　ＷＯＲＤ」2011.3、44頁）

　島に昔あった親子ラジオ（※有線放送によるラジオ再送信・自主送信施設。鹿児島以南では「親子ラジオ」と言われた）の記憶がラジオという発想に結びついたという。音源は、古くから島に伝わる島唄を録音しているグループの音源や、自分で収録した音源などを用いている。50代でパソコンを習得し、情報

リテラシーは高い。もちろん最近の年配者の情報リテラシーは高くなっているが、そうした資質を、個人の趣味や満足を超えて、島の文化や島の唄の発信へと結びつけて表現活動をする人は多くはない。村山氏もまた奄美の〈文化媒介者〉の一人といえよう。

　氏の思いの背景には、島の集落の言葉や踊りが消滅していくことへの危機感がある。「あと20年くらいしたら、（言葉）生はもうないですよ。」といった語りには、島にかつては普通にあった口承の文化・音の文化・身体の文化が消滅していくことへの危機感がにじみ出ている。島口を普通に使える親世代と、郷土教育のなかで島口・島唄を教えられている子供世代の間にあって、標準語教育を余儀なくされた世代だからこそ抱く危機感であるのかもしれない。

●しーまブログ：ウェブ事業を起点に島の広告媒体企業へ

　奄美のブログを語るうえでは、奄美の人びとの書くブログが結集している「奄美群島情報サイトしーまブログ」の存在は大きい。しーまブログは、ブログのポータルサイトとしてブログの開設を無料で提供する一方で、しーまブログの編集者自体が監修して充実した奄美群島の情報サイトを構築している。2009年からスタートし、翌2010年以降に奄美で一気に拡大した。この情報サイトは、島のメディア媒体としての認知度・存在感を増しつつある。

　こうした地域ブログのポータルサイトは、沖縄にある「沖縄観光ガイド・エリアガイドてぃーだブログ」がよく知られている。システムを開発したのは同じ企業である。開発した会社によれば、全国にこうした地域ブログポータルはあるが、沖縄と奄美が最も成功した事例だという。地域のローカリティの高さや、地域の自然・文化の固有性やそれ故の観光地としての魅力の高さを反映しているのかもしれない。

　個人のブログは、どのポータルを使って開設しても構わないわけであるから、わざわざ自分が住んでいる地域のブログポータルを使う必要はない。しかし、てぃーだブログやしーまブログは、そこのポータルサイトに行けば、その地域の人びとのブログを一気に見ることができる。アクセスランキングもある。ある限定された範域で生活している人びとにとっては、効率のよい情報発信媒体である。

元々住宅建設会社を経営していた深田剛氏（1974～）は、自身が書いていたブログが縁で、島出身者が定年後に島内に家を建てる仕事をすることになった時にブログの力を意識したという。そして、日常の仕事で多忙な自分が奄美の島に貢献できることは何かと考えた時に、ネット内に「人の集まる場所」を提供することだと始めたのが、この地域ブログポータルという事業である（取材：2010.3.26）

　私的な情報の束が集まった時に力になる。「人が集まれば（その集合体が）一つの媒体として価値が出てくる」。深田氏は、そのことを強調する。ネットの上で奄美の銀座をつくろう。人が集まる一等地を。人が集まってくると物産のショップができたりして、それが収益モデルにつながっていく。それぞれの人は、自分の思いをその場で書いているだけだが、それが無意識のうちに結果として一点に集まり、奄美の力になる。これが地域ブログにこだわった深田氏の考え方である。深田氏はそうした考えにもとづいて、自ら「奄美群島を元気にする委員会」を名乗っている。

　奄美のホームページを作ってもメンテナンスがなかなか出来ない現状を横目で見ながら、奄美のブロガーが日々リアルな情報を更新し、"新鮮なネタ"を提供できるブログに着目したのである。通常の観光者向けの情報サイトやブログが、〈島外からのまなざし〉向けであるのに対して、この奄美群島情報サイトしーまはブロガーがほとんど島内者であり、その島内者のリアルな書き込みが、基本的には島内者向けでありつつ、島出身者、そして島に関心をいだく人達を巻き込むような形での情報コミュニケーションを想定している。

写真：しーまブログ編集部（撮影：加藤晴明、2016.09.12）
※古い家をカフェ風に改造した事務所は、いつも人の出入りがあり賑やかだ。

　前述したように、個人旅行の時代では、島外者も島のリ

アルな情報を欲している。奄美が好きか、奄美出身者か、奄美に行こうと思っている人に情報が届くブログというのが地域ブログの考え方である。それがビジネスにも結びつく。

　こうして始まったしーまブログというブログポータルの事業は、現在、弟の深田小次郎氏（1976～）が代表として活躍しているが、興味深いのは、単なるブログのポータルというだけではなく、しーまブログという知名度・信頼を活かしながら、〈情報を集め・加工し・発信する〉ことを基本にした拡がりのある事業を展開していることである。ウェブ上に人が集まるというだけではなく、リアルに人が集まる、人がつながる事業として拡がっている（取材：2015.5.22、2016.5.5、2016.9.12）。

　しーまブログの事業については、①事業の拡張性、②都会的な女性目線の重視、③人と人を繋ぐ事業、④人が集まるイベント事業の4点に注目しておきたい。

①事業の拡張性：しーまブログのサイトには、さらに以下のサイトの入口がひろがる。
・奄美群島情報サイトしーま
・日刊しーま：群島の情報まとめ
・みしょらんガイド：食ガイド
・ａｍａｍｍｙ（アマミー）：女性向け情報サイト
・ｓａｂａｋｕｒｕ：イベントカレンダー
・島ズム：アマミ群島の住宅・不動産購入をサポートするサイト
・ＪＯＢ　ＳＥＳＢＡ：求人・転職Webマガジン
　注目したいのは、こうした情報サイトとは別に、紙というアナログメディアも重視していることである。ウェブサイトも紙媒体も、〈情報を集め、加工し、発信する〉という情報事業の基本三ステップは変わりない。そのステップを応用してウェブから始まってフリーペーパー事業へと事業を拡張していくプロセスは、通常のフリーペーパーからウェブへの展開とは逆のコースであることが興味深い。

②都会的な女性目線の重視：しーまブログの現在の編集長は麓卑弥呼氏である。東京出身でＩターンして島にやってきた知的な女性編集長のセン

スがよく表れているのが、「島暮らしの女性へ」を表に出しているａｍａｍｍｙ（アマミー）という女性向けのフリーペーパーである。2016号は、「しまとパンのおんな」と題して島のパン屋を特集している。郷土料理による奄美語りではなく、都会のおしゃれセンスによる奄美語り。島に住む若い女性たちも、都市からＵターンしたり、Ｉターンしたりと、都市的センスをもっている。ａｍａｍｍｙは、そうした都市的ニーズに向けたおしゃれタウン誌となっている。また、フリーペーパーだけでなく、「リアルな場でも島の女性たちが共感できつながれる場を創りたい」ということから、2015年5月10日には、ａｍａｍｍｙ女子会を開催している。フリーペーパーの掲載店舗を中心に、物販、リラクゼーション、ブライダルの26店舗が参加し、800人の人を集めている。2016年春には2回目も開催された。リラクゼーションやブライダルという点にも、都市的なセンスが現れている。

③人と人を繋ぐ事業：島ズムやＪＯＢ　ＳＥＳＢＡは、住む、職をテーマに、人と会社をつなぐ情報事業である。これも情報を集め・加工し・発信することで、情報を超えて、人と人がつながり、そこから経済活動が発展することをめざしている。

④人が集まるイベント事業：さらに、「人が集まる」ことを意識していたことから実際に人を集めてのイベント開催にも力を入れている。島出身の音楽アーティスト我那覇美奈と組んで東京で唄やトークのイベントを開催。さらに奄美女子会も開催し話題となった。最近では、観光ポスターやパンフレットなども手がけている。

奄美群島情報サイトしーまのこうしたブログポータルを起点にした多面的な情報発信や人と人をつなぐ事業は、さながら広告代理店のようである。奄美には、印刷会社やフリーペーパーだけのメディア事業者はいるが、これまで本格的な広告代理店・広告媒体企業はなかったといってよい。しーまブログの事務所には、取材編集スタッフ10人ほどが勤め、またフリーランスのスタッフも出入りする。若い女性が圧倒的に多いのも、これまでの奄美のメディア事業者にはなかった特徴だ。これまで島にこうした広告代理店のような事業がなかったことを考えると、チーム深田は、これからの奄美の島語りの新しい担い手であ

るのかもしれない。事業はまだ始まったばかりだが、これからの島語りの新しいシーンを切り拓いていくフロンティアなのかもしれない。

5節　小括：かたる・つながる・つくる・ひろがる

　以上本章では、奄美の音楽メディアとネットという二つのメディア事業を俯瞰してきた。改めて、これまでの章同様に、島を語る文化装置としてのメディアの四つの特性を簡単に整理しておこう。

(1)　〈かたる：地域のメディアには、島語りの位相がある〉

　音楽メディアで描いた、島唄・新民謡・奄美歌謡・奄美のポピュラー音楽はまさに、奄美らしさの語りである。島唄自体が、奄美の生活のなかの歌であったと同時に、奄美を代表する文化の記号として位置づけられてきたことを紹介した。大会、レコード化（録音メディア化）は、島唄の地位向上に大きく貢献してきた。〈奄美うた〉は、コンテンツの次元、アーティストの次元、イベント事業の次元でそれぞれ直接・間接に奄美を発信してきた。

①うたは、歌詞内容自体が奄美語りである。島唄の内容も島であった事件のエピソードだったり、教訓だったり、生活の心情の表現だったりする。新民謡の歌詞も、奄美のポピュラー音楽の歌詞も、奄美の情景が歌われる。島、ふるさと、島娘、加那、機織り、立神、蘇鉄、星空、南十字星、潮風、南風、ウギ（さとうきび）、がじゅまる、さねん花、それらも奄美を象徴する記号群である。そして、その象徴的な記号が込められた歌詞は、地方レーベルによって録音メディア化される。地方レーベルは、そうした島語りを形にする制度＝文化装置である。

②そうした歌詞の内容だけではなく、唄者・音楽アーティストそのものが島の文化を代表する記号となってきた。「百年に一人の唄者」「高潔の唄者」「百年に一人の声」「天（そら）の才が宿る歌」「地上で最も優しい歌声」などは、実態をともないつつも、メディア産業によってつくりだされた記号でもある。アーティストの記号化は、新民謡・奄美歌謡でもポピュラー音楽でも同様であろう。元ちとせのデビューをめぐる歌姫のストーリーや中孝介や城南海をめぐるエピソードもメディア媒介的に語られた島の文化の一断章

である。
③音楽事業自体が、奄美語りでもある。奄美民謡大賞、奄美音楽フェスティバルもそうだが、夜ネヤ島ンチュイベントも、奄美の音楽・芸能の祭典である。1節でも書いたが、奄美には音楽イベントが島内・島外問わずに多い。奄美を前面に押し出した音楽イベント自体が、まさに奄美語りの文化装置となっている。

ウェブ世界は、まさに直接話法としての奄美語りの世界である。とりわけ観光情報サイトとは、外に向けた奄美の島語りである。

(2) 〈つながる：地域のメディアは、多様なベクトルで人と交叉する〉

地域のメディアは、直接のメディア事業者だけではなく、文化活動の裾野の上に成り立っていることは繰りかえし指摘してきた。〈表出の螺旋〉と表現したのはそうした意図であった。また〈奄美うた〉は、奄美の人たちだけで消費されているわけではない。島外に多くの奄美ファンを作り出してきた。奄美アーティストに惹かれて奄美に来島する人もいる。奄美アーティストの音楽イベントは、島外で開かれ、奄美出身者・ファンが集まる。奄美出身の音楽アーティストの場合には、最近は特に奄美を前面に出すようになっていることからも、アーティスト自体が奄美のメッセージとなっている。

また音楽産業での島内・島外のつながりも深くなっている。アーマイナープロジェクトとエピックレコードとの関係などはその象徴でもあろう。奄美では秋半ばに、メジャーレーベルと地元のレーベルがタッグを組んで最後の夏フェスが開催される。沖縄には及ばない規模ではあるが、これは人と人のつながりが可能としてきたメディア事業なのである。

ブログサイトのしーまブログは、東京で定期的にイベントを開催している。奄美出身者だけではなく、奄美ファンも集う。そこではネットの中のつながりだけではなく、アナログ的な対人的な人の交叉がある。奄美のうた・料理・語り・人で盛り上がる、そうした空間自体が奄美語りの場となる。

(3) 〈つくる：地域のメディアは、文化の創生と結びついている〉

伝統的な民俗文化といわれてきた奄美の島唄文化は、メディアによって現代

的な展開をとげることで継承・創生されてきた。本章でも島唄がメディアを通じて継承・創生されてきたことを〈メディア媒介的展開〉として説明してきた。

　島唄だけではない。島唄から新民謡・奄美歌謡・そして島のポピュラー音楽が、単なる個人的な余興ではなく、〈奄美うた〉という音の文化として生成し発展してきたのは、セントラル楽器、ニューグランド、ＪＡＢＡＲＡ、アーマイナープロジェクトなどの奄美に準拠した音楽メディア産業という文化装置が推進力となってきた。

　観光情報サイトは、新しい奄美イメージを描き続けている。キレイな景色やトロピカルな南国というステレオタイプ化された奄美語りもあれば、より踏み込んだ奄美の民俗文化の再発見であったり、日々の暮らしや祭事の紹介もある。新しい、今の奄美の姿を通じた奄美イメージの創造と発信もひとつの文化活動といえよう。

(4) 〈ひろがる：地域のメディアは、事業を拡張する可能性をもっている〉

　アーマイナープロジェクトは、あまみエフエムと両輪となったことでチーム麓事業の推力を螺旋的に拡大させてきた。奄美観光情報サイトしーまブログは、いまや奄美の広告代理店のような形で事業を拡張している。ひとつの業種としてのメディアがさらに他のメディアにひろがる。ライブハウスや地方レーベルから日本を代表するラジオ局へ。紙媒体からウェブマガジンへ。ウェブサイトから紙媒体へ。さらに情報からライブなつながりへ。

　事業は拡張しても、それぞれのメディア事業が〈情報を集め、加工し、発信する〉という三ステップで展開されていることは変わらない。そのプロセスの作業が人をつなぎ、さらに次の事業、次の人つながりへと螺旋的に展開していく。地域の中から、ある事業が生まれ、その事業がさらに別のメディア事業を生成し発展する。

　音楽メディアやネットメディアの事業をめぐる俯瞰図から見えてくるものも、島への思いを起点に、島を語り、人をつなぎ、文化を継承し創生していくメディア事業の生成し発展する姿である。

■注
1) 島唄や新民謡の研究で気をつけねばならない点は、奄美の人びとが島唄や新民謡だけをうた文化として楽しんできたわけではないということだ。ひろい文化消費の裾野があり、そのひとつがうたであり、その中に島唄や新民謡がある。それがどのような比重だったのかは、より詳細研究が待たれるところである。つまり、文化活動というひろいコンテクストのなかで、島唄や新民謡も理解されねばならない。たとえば、あかつち文化の時期は、新民謡だけが盛り上がっていたわけではない。南海日日新聞の社史によれば、同時期の1947（昭和22）年には、全島短歌大会の参加募集、音楽コンクール、混声合唱団、1949年には、諸島文化祭、オール大島音楽コンクール、名瀬小唄懸賞募集、オール大島美術展覧会など、多彩な文化活動が盛り上がっている。
2) 奄美民謡大賞を受賞した元ちとせをとらえたテレビ番組を見たエピックプロデューサーの青木聡氏は、奄美大島の嘉徳集落の自宅を訪ねている。その時は、美容師になる夢をもっていた元に断られるが、美容師が体質的に無理とわかった元から1年半後に電話を受け、そこからデビューに至るエピソードは、青木氏自身が語っている。

6章　奄美から始めるメディア学

1節　俯瞰図からの示唆：理論モデル構築に向けて

● (1)〈地域メディアの総過程〉の下位モデル

　1章から5章まで、奄美の各メディア事業の俯瞰図とその担い手を描いてきた。繰り返すが、本書の研究は奄美という島々を対象に、島にはいったいどれくらい島を語るメディアがあり、それを担う人びととはどのような経緯や思いで島を語っているのだろうという素朴な問いから始まっている。この問いには、さらに二重の意図が込められていた。

（a）奄美の今のメディア＝文化装置を網羅的に描く。
（b）奄美を一例としつつも、従来の地域メディア論を拡張するより、一般的な理論モデルの可能性を探る。

　こうしたことを実現するために、三つの理論モデルを考案した。〈地域メディアの総過程〉〈表出の螺旋〉〈文化媒介者〉である。「ある地域の全てのメディアの配置図を見る」というアイデアはあったが、研究の始めにこの理論モデルがあったわけではない。それらは、フィールドとの対話の途中で、筆者ら（加藤晴明・寺岡伸悟）のブレーンストーミングを経て浮かび上がってきた理論モデルである。〈文化媒介者〉の語彙だけは、ポピュラー音楽研究から援用した。

　〈地域メディアの総過程〉は、島を上空から見下ろしたときに見えてくるメディア事業の総配置のことである。ただ、3章で取り上げたように、〈島外メディア〉も奄美を語る。そしてその影響力は奄美の人の自己イメージ形成と相互浸透する側面をもっている。ＮＨＫ、鹿児島の民放テレビ局、そして奄美映

画と、奄美を語るマスメディアがある。

　また、そうしたマスメディアと島のメディア活動が、接合し共振していくことも指摘した。〈マスメディアとの接合・共振の回路〉は、地域メディアを単純なコミュニティに準拠した地産地消型メディアとして捉える場合には見えてこない側面である。〈メディアの総過程〉は、動態としてみれば、〈表出の螺旋〉の四つの位相が積層しながら推移していく過程ということになる（参照：168-169頁）。

　ただ、本書でとりあげた地域のメディアの分類にとりたてて新しさがあるわけではない。筆者らの研究が、メディア種類の類型図づくりを目指してきたわけではないからだ。

　また地域メディアという特殊なジャンルが想定されているわけでもない。地域の中には、マスメディアとして機能しているものもある。そもそも島に住んでいる人びとにとって「地域メディア」という意識はない。新聞は島の新聞であり、島のテレビは地元のテレビであり、コミュニティＦＭは島のラジオである。鹿児島経由で放送される全国ネットのテレビ以外は、地元のメディアが島の人びとにとっての新聞であり、ラジオそのものだ。

　〈地域のメディア学〉では、奄美を舞台に、島の人びとの目線から島のメディアを考えることが起点である。そこから始めた島を語る全てのメディアを見るという作業が1章から5章までの試みであった。（※残念ながら、完全に俯瞰したということではない。）

　総括章ともいうべき6章では、〈地域メディアの総過程〉論の下位モデルを列挙しておく。これまで各章では触れる余裕がなかったものも含めて、五つの下位モデルを提起しておく。

○〈地域メディアの総過程〉論の下位モデル
　① ［情報発信の3ステップモデル］
　② ［情報質の4要素モデル］
　③ ［個別の事業デザインの4要素モデル］
　④ ［メディア事業過程モデル］
　⑤ ［メディア事業と情報のベクトルモデル］

① ［情報発信の3ステップモデル］
　メディア事業は、〈情報を集め・加工し・発信する〉事業だと述べてきた。

　　表6-1：情報発信の3ステップ

input	prosessing	output
情報の収集	情報の加工・編集	情報の発信

　極めてシンプルだが、情報メディア事業は、この3ステップを経る。島語りも、基本はこの3ステップである。それが会社であろうと、個人のウェブ事業であろうと、営利事業であろうと非営利事業であろうと変わらない。さらに敷衍して考えれば、マスメディア事業も、研究者の研究も、日々のSNSでの投稿も同様である。一番手軽な3ステップは、日々のカフェランチの写真の投稿であろう。SNSには、そうした手軽なインプット情報が溢れている。

② ［情報質の4要素（物語から素材情報まで）モデル］
　こうして情報発信の3ステップによって島を語るのが島のメディア事業だが、その島語りには語られる情報の質に違いがある。1章の総括で、そうした島語りの情報の質位相を四つに分類した。より一般化して地域語りの4位相として表6-2に図表化しておく。
　情報にも、いろいろなレベルがある。物語としてある直接的な語りの中に明確な主張をもつものもあれば、エピソードというトピックの羅列を通じて地域を語るものや素材レベルのものなどがある。基本は、「情報」概念であるが、その中にストーリー性の高いものから素材次元のものまである。新聞のような文化に強いメディア、論説をもって奄美を語るメディアもあれば、フリーペーパーのように店紹介の冊子もある。ジャーナリズム情報から生活風俗情報までが含まれる。
　多様なメディアが、そのメディアに見合った情報で島を語っている。それらを情報の質という視点から分類してみたのが表6-2である。

表6-2：地域語りの情報質の4位相

語りの位相	内容例
a. ストーリー次元	・「奄美とは」を直接問うような著作 ・奄美そのものをテーマにした番組や映画
b. エピソード次元	・祭りや民俗文化の一コマ ・生活のよもやま話 ・イベントの報道や店の取材
c. 象徴次元	・奄美を象徴するようなシンボル （言葉・図像） ・奄美民謡大賞、平瀬マンカイ、復帰運動
d. 素材次元	・地名、店名、特産物、イベント案内 ・お知らせ・お悔やみ情報、交通の便

③ ［個別の事業デザインの4要素モデル］

　個々のメディア事業については、「4要素モデル」と「事業過程モデル」の二つの図表を考えることができる。

　「4要素モデル」は、"島のため"と思う気持ちは同じでも、4要素の進め方で実際の事情デザインが変わってくることに気づいたことから生まれたモデルである。メディア事業は、ミッションが同じでも、選ぶメディアや手法は異なってくる。例えば、奄美のラジオ編ではそうした差が、奄美大島内の4つのラジオ局の個性に反映していた。麓憲吾氏、椛山廣市氏、それぞれ方向（ベクトル）・手法（メソッド）が異なっている。それは、ラジオのプログラムにも現れている。

　あるいはポピュラー音楽の節で紹介したように、奄美の文化祭りといえる「夜ネヤ、島ンチュ、リスペクチュ」イベントにも二重性があった。ライブハウスで楽しく自文化を楽しむ「サーモン＆ガーリックの夜ネヤ」と、店の外部に出て群島の青年団ネットワークも含めて島の内外にまで拡大して展開する東京夜ネヤや復帰周年夜ネヤのそれである。それもまた方向・手法の違いである。

　逆にそうした個性を考えることから、この表が浮かび上がってきたのである。

表6-3：個別の事業のデザインに関する4要素

個別の事業のデザイン			
a. ミッションの次元	b. 種類の次元	c. 手法の次元	d. 関係の次元
目的 動機 思想	メディアの種類	方向 方法 編成	外とのつながり

④ ［メディア事業の生成・持続過程モデル（事業過程モデル）］

　地域メディア研究の最大の欠陥は、①瞬間輪切りの紹介集であること、②多くの研究の先進事例や美しいモデルが重なっていること、③事業の裾野や背景への目配りが弱いことである。美しい事例の紹介という水準をどう超えていくのか、これは地域メディア研究の最大の課題の一つである。特に、美しい話を書けてしまう知識人のメディア事業は、物語作者の自作自演である。そうした水準を超えるための手法として、事業過程モデルの重要性を指摘しておきたい。

　メディア事業にもライフストーリーがある。メディア事業には時間幅とドラマがある。坂田謙司は「メディアの生涯」という語彙を使ったが、慧眼である。そのメディアの生涯は、メディアの業種の生涯だけではなく、一つのメディア事業の生成と発展、あるいは衰退も含めて展開のプロセスをも意味する。だから、メディア事業のライフストーリーなのである。

表6-4：メディア事業の生成・持続過程モデル
（メディア事業のライフストーリー・モデル）

大項目（単位としての事業）	中項目（事業の4要素）	小項目（4要素の詳細）
地域内のメディア事業 （ある人物や組織が、事業を生成し、持続するということ。）	（ア）動機・目的・ミッション	a. 背景
		b. 転機
	（イ）資源の動員	a. 地域内部からの動員
		b. 地域外からの動員
	（ウ）成果の審査	a. 内部蓄積
		b. 外部蓄積（or 流出）
	（エ）持続の課題	a. ディレンマとの遭遇
		b. ディレンマの克服

メディア事業の時間軸を意識し、担い手の事業（enterprise）の生成と発展の過程として捉えるモデルが表6-4「メディア事業の生成・持続過程モデル（事業過程モデル）」である。こうしたメディアのライフストーリーを意識して、終章でも、「時間軸上の拡張：地域メディアの事業過程論の展開」の必要性を提起する。

⑤［メディア事業と情報のベクトルモデル］

　1章から5章までの奄美のメディアの各論では触れなかったが、〈島内のまなざし〉をもつ奄美のメディア事業にも、違いがある。誰が誰に向かってその島を語っているかの違いだ。つまり、メディアと情報流にはベクトルがあるということだ。メディア事業側、つまり情報の〈送り手のまなざし〉にとっては、誰が対象になっているか、そうした情報受容者からメディアの一つの類型を描くことはできる。逆に、メディアからの情報を消費する側、つまり〈受け手のまなざし〉から見た地域のメディアの分類もある。単純なメディアの分類ではなく、こうした情報流（ベクトル）にもとづく分類の可能性として作成したのが表6-5「〈送り手〉からみた情報受容の4類型」、表6-6「〈受け手〉からみた地域メディアの4類型」である。

表6-5：〈送り手〉からみた情報受容の4類型

	帰属意識地：地域内（島ンチュ）	帰属意識地：地域外（旅ンチュ）
現在地：地域内の人々	A．島の人々	B．赴任者・一般のIターン
現在地：地域外の人々	D．郷友会・島出身者たち	C．観光客・奄美ファン

※どこに所在しているのか。どこに帰属意識を持っているのかの軸で分類した。

表6-6．〈受け手〉からみた地域メディアの4類型

	帰属意識地：地域内（島ンチュ）	帰属意識地：地域外（旅ンチュ）
現在地：地域内	A．地元者指向メディア	B．寄留者指向メディア
現在地：地域外	D．出身者指向メディア	C．関心者指向メディア

● (2) 〈表出の螺旋〉理論
　3章の島外メディア編や4章ラジオ編、5章音楽メディア・ネット編を通じて、〈表出の螺旋〉には四つの位相があることも発見してきた。この4位相については、3章島外メディア編で説明したが、再び整理すれば以下のようになる。

○〈表出の螺旋〉の4位相モデル
〈表出の螺旋の第1位相：島の情報メディア群の渦〉
・奄美には、奄美を語る物語装置・文化装置として多様なメディアがある。
・印刷媒体から放送媒体、そしてネット媒体までがある。
・各種の情報メディアも相互準拠しながら表出の螺旋を形成している。
〈表出の螺旋の第1.5位相：外部に繋がる人・情報ネットワークの渦〉
・奄美の中に、外に向けた情報発信を担う外部メディアの担い手たちがいる。
・島外メディアの中に、奄美のメディア事業を支える人ネットワークがある。
〈表出の螺旋の第2位相：島の文化表現活動の渦〉
・メディア事業の背後にひろい範囲の文化表現活動の領域がある。
・楽しみ・娯楽・余興としての奄美の表出活動領域がある。
・使命感をもって実践されている文化の継承活動の幅ひろい領域がある。
〈表出の螺旋の第3位相：マスメディアによる島語りの渦〉
・マスメディアによる奄美番組・奄美映画を通じた島語りがある。
・その奄美語りも、奄美との様々な人や文化との交叉のなかで生成する。
・〈島内のまなざし〉による語りは、時に〈マスメディアとの接合・共振の回路〉をもつ。
〈表出の螺旋第4位相：奄美ファンやウェブを舞台にした広大な島語りの渦〉
・島外に、奄美の文化ファン、島好きなどの、奄美文化消費層がいる。
・ＳＮＳがそうした奄美ファンや来訪者の語りを拡大・拡散している。

　これらは、表にすれば表6-7「〈表出の螺旋〉の4位相モデル」のように整理できるだろう。こうした4相の〈表出の螺旋〉が、相互に準拠し、相互に浸

透することで、相乗化による「渦」つまり〈表出の螺旋〉を増幅させていく。本書では、相互準拠や相互浸透、相乗化という語彙を多用してきたが、そうした語は次のような含意で使われている。

表6-7:〈表出の螺旋〉の4位相(phase)モデル(Ver.1.0)

位相	表出の渦	説明
第1位相	島の情報メディア群の渦	島には実に様々なメディア事業がある。島人による出版などもここに入る。島メディア同士の競合・協働による相互準拠と相互浸透。
第1.5位相	外部に繋がる人・情報ネットワークの渦	外と繋がって島外に島を発信する人がいる一方、島の外から島の発信を支援する人達がいる。人の交叉、〈マスメディアとの接合・共振の回路〉がある。島人と島外者との相互準拠と相互浸透。
第2位相	島の文化表現活動の渦	島のメディア事業が単独であるのではなく、多様な文化表現活動の裾野があり、そうした活動との交叉のなかでメディア事業が成り立っている。狭義のメディア事業と広義のメディアである島の表現者のひろい活動との相互準拠と相互浸透。〈島内の文化表現活動との接合・共振の回路〉
第3位相	島外メディアによる島語りの渦	マスメディアによる島語り。それもまったく外在的というよりも、島の様々な人や文化との交叉の中で語られている。島外研究者もここに入るだろう。島外と島内の人やまなざしの相互準拠と相互浸透。
第4位相	奄美ファンやウェブを舞台にした広大な島語りの渦	島好きや奄美音楽ファンの語り、観光客などの旅行記に代表される多様な島についての語り。SNSが威力を発揮している。奄美コンテンツ・文化イベント・観光メディア・奄美体験・観光客の相互準拠と相互浸透。

※まだ試案である。もっと多層的なのだろうが、まずは4層に分けてみた。さらに、このモデルは島を地域と置き換えることでより一般的なモデルともなる。

　相互準拠:互いが互いを参照しあっていくこと。
　相互浸透:互いの語りが、分かちがたいほどに複合・融合していくこと。
　相乗化:相互準拠や相互浸透によって互い以上の大きな文化活動の渦ができていくこと。

表出の螺旋：多層な表出の位相が重なり合って大きな奄美語りの「渦」をつくっていくこと。〈表出の螺旋〉は、メディアとアイデンティティの連環をめぐる単純モデルを超える工夫でもある。メディアとコミュニティ意識、メディアとアイデンティティといった連環はしばしば語られてきた。人類学者のアンダーソンの「想像の共同体（imagined communities）」の理論がその聖典の一つである。ただそれだけではメディアの影響力をめぐって、単純な議論に収束しがちである。

奄美のフィールドを見回したとき、メディア事業が、ある文化ムーブメントを創りだしていく様を描くには、幅ひろい人びとの活動が交叉し共振していく「渦」を捉えるモデルが必要となる。その「渦」は、島の外部との人ネットワークであったり、メディア事業以外の人びとの文化表現活動のひろい裾野だったりする。

メディア事業の成果は、しばしば一人の人の成功物語に象徴されがちだが、彼は地域の中にある〈社会的想像力と文化活動の総体〉＝「渦」の代弁者だから象徴なのである。そうした「渦」を捉えるモデルが、「〈表出の螺旋〉の4位相モデル」である。この〈表出の螺旋〉理論モデルは、地域メディア論をより拡張させて、〈地域と文化とメディア〉を連環させる理論的な可能性の一つとして考案されたものである。

○「〈表出の螺旋の〉4元図式」

〈表出の螺旋〉の4位相モデルは、〈島内〉と〈島外〉というまなざしの軸と、〈メディア事業〉と〈文化活動〉という2軸をクロスさせることで、〈地域と文化とメディア〉を連環させるよりシンプルな4元図式に転換することもできる。この〈表出の螺旋〉の別図式を、「〈表出の螺旋〉の4元図式」と名づけてみた。

表6-8：〈表出の螺旋〉の4元図式

	メディア事業	文化活動
島内のまなざし	第1位相	第2位相
島外からのまなざし	第3位相	第4位相

● (3) 〈文化媒介者〉理論
　〈文化媒介者〉とは、「文化の伝承・創生といった媒介活動の営みを担う主体」である。この概念を、①メディア事業を、ミッションをもった人びとの事業として捉えるとともに、②情報事業だけではなく、その裾野を形成するような幅ひろい文化活動の担い手も含むものとして捉えることを目指して提起してきた。つまり、〈地域・文化・メディア〉を連環させて捉えるための戦略概念でもある。
　〈文化媒介者〉は、従来の二つのメディア概念を超える試みである。メディア概念の一方には、〈機能（に基づく）メディア概念〉がある。一般には、情報媒体などのようにマスコミやウェブなども含めて情報メディアを指す。この場合には、文字・声・映像などの機能が、距離・時間を超えて再現されるといったようなメディアであるから、〈機能メディア〉である。
　そうした〈機能メディア〉概念の一方で、人びとが意味を読み取ることのできるような記号を総称してメディアと使う場合がある。「都市ＴＯＫＹＯはメディアだ」といったような使い方をする。ファッショナブルなものや、オシャレなものがそうしたメディア的なものと見なされることが多い。こじゃれたカフェなどは典型であろう。自然もまた、都市のまなざしによってそうしたオシャレな生活消費の対象となる。ロハス、ナチュラル、スローライフなどの記号が典型である。それらを仮に〈意味（に基づく）メディア〉と名づけておこう。
　しかし、〈機能メディア〉と〈意味メディア〉という二つのメディア概念の間に、もう一つのメディア概念が可能だというのが本書の主張である。最近では、メディアを媒介過程（メディエーション）という事業の視点から捉えるようになってきているが、〈文化媒介者〉という視点も、文化事業やその担い手に着目した概念である。〈文化（事業・活動に基づく）メディア〉概念という名づけも間違いではないのかもしれない。機能と意味の間に、人間とその営みとしての文化的な活動・事業を介在させることで、メディアをより動態的なものとして捉えることができる。
　こうした第3のメディア概念から、本書では、奄美のなかで、文化を意図的

に継承し創生していくような幅ひろい活動と事業を、とりわけミッションや明確な立ち位置をもって奄美の文化を語り発信していく担い手を〈文化媒介者〉と名づけてきた。

　以上が、〈地域メディアの総過程〉〈表出の螺旋〉〈文化媒介者〉についての説明である。こうした概念にもとづく研究が可能だということで、あえて、理論モデルとして提示した。「はじめに」で書いたが、これらの語彙は、最初にあったわけではなく、奄美というフィールドを踏破するなかでその説明のために浮かび上がってきたものである。

2節　島を語るとはどういうことか

●島語りと〈自己コンテクスト性〉

　今日の奄美では、多層・多様な情報発信の総体、つまり島語りの総体によって島のリアリティが厚みをもって多様・多層に構築されている。さらにそれらの語りが互いに参照・準拠しあいながら螺旋的に島の輪郭を作り出すプロセスが生まれている。奄美は自己語りメディア・自文化語りメディアに満ちた島である。それらのメディアは物語装置であり、より広義には文化装置である。

　島の自己語りを考察するには、個人の自己語りメディア論から〈自己コンテクスト性〉という説明概念を援用してくると便利である。〈自己コンテクスト性〉概念は、もともとコミュニティＦＭへのスタッフ・ボランティア・地域の人びとの強い関与の意識である当事者意識を表すために開発された用語である（加藤晴明、2005、32頁）。それを、個人を超えて、地域への強い関与という意味で適用したい。（※くわしくは本書資料Ａを参照のこと）。

　〈自己コンテクスト性〉とは、自己との意味連環があるということである。単なる空間としての地域というエリアが、特別の意味をもつ場所、つまり意味域として成立しているということである。それは、人びとにとっての意味が共有される文脈のことであり、ある人びと（※住んでいる人びと、あるいは出身や関心ある人びと）にとって、ある範域が有意味的＝意義がある地域として位置づけられているということである。〈自己コンテクスト性〉が成立している

ということは、ある地域が、ある人びとにとってアイデンティティ付与的な場所として成立しているということでもある。つまり、〈自己コンテクスト性〉は郷土愛、コミュニティ意識や地域アイデンティティと言われてきたものの内実である。

奄美への人びとの〈自己コンテクスト性〉は、今日では、生活の中に自明のものとしてあるわけではない。苗床としての集落（シマ）や島の暮らしの思いを基盤にしつつも、メディアによる島語りによって再生成され醸成されていく。つまり場所への〈自己コンテクスト性〉が、〈メディア媒介的展開〉を経て〈再―場所化〉を強化していく。

● 場所とアイデンティティと〈自己コンテクスト性〉

〈自己コンテクスト性〉は、これまで場所やコミュニティとアイデンティティをめぐって語られてきたことと重なり合う概念である。領域を異にする3人の語りから、その重なり合いを検証してみよう。

（1）社会学者のジグムント・バウマンは、こうしたアイデンティティのありようを、「碇を降ろす・あげる」という比喩で表現している。

> さまざまな寄航港に次々に碇を降ろす船と同様、生涯の旅の途中で承認を求めて「準拠のコミュニティ」に立ち寄る自己は、寄港地ごとに、自らの資格をチェックしてもらい、承認してもらって、それぞれの「準拠のコミュニティ」から提出される紙に、自分自身の要求を記します。……逆説的なことは、自己解放のためには、強力で多くの事柄を要求するコミュニティが必要です。……自己創造の作業を達成できるという裏づけは、一つの権威、つまり、承認を拒む力をもっているがゆえに、その承認に価値があるコミュニティだけが提供できるのです。（Bauman Zygmunt, 2004=2007、11-12頁）

バウマンの比喩は、アイデンティティを可変的・可動的なものとして捉えている点に特徴がある。〈自己コンテクスト性〉も、地域に住んでいる人びとだけではなく、多様な人びとに開かれているという意味で、さらに可動的であるにも関わらず、あるコミュニティの力が強く作動するという両義性をもってい

ると考える点ではこれに近い。

　またメディアによる自己語り、つまり〈メディア版としての地域〉の構築という視点をいれることで、地域を〈素朴実感的なリアリティ〉をもつ固定的な概念から解放することができる。つまり地域を、より複数的で輪郭が流動的なリアリティをもつものとして位置づけ直すことができるようになる。

　例えば、奄美という文脈で考えれば、ナショナルコンテクストからみた奄美と、県域からみた奄美と、奄美大島からみた奄美と、他の島々からみた奄美とでは、それぞれの〈情報的リアリティ〉が異なる。そこに住み、地域を意識する人びとの〈自己コンテクスト性〉が異なるからである。たとえば、徳之島以南の島に行くと、人びとの口からは、「あまみ」という語彙は発せられない。自分たちにとってのアイデンティティ付与的な場所は、「とくのしま」や「おきのえらぶじま」など自分の島なのである。

　このように、それぞれの地域のなかで暮らす人びとにとっての、地域に対する〈自己コンテクスト性〉は異なる。そして、現代社会は、自己という輪郭が曖昧なように、地域という集合的自己の輪郭も曖昧で流動的である。

（2）現象学的地理学の立場から場所とイメージとアイデンティティの関係を論じたエドワード・レルフの議論もひろく知られている。

　レルフは、場所のイメージアイデンティティを果敢に論じた。さらに、そのアイデアは〈自己コンテクスト性〉を、より集合的なもの、さらには国家にまでひろげる可能性をもった議論となっている。

　場所のアイデンティティは……社会的関係のなかで構造化されている。……いいかえれば、アイデンティティはその場所のイメージが個人的なものであるか集団的なものであるか、あるいは社会的に共有されたものであるかによって異なってくる。多くの場合、こうしたイメージがまさにその場所のアイデンティティであり……。場所のイメージは、個人や集団の経験と彼らの場所に対する意図に結びついたすべての要素からなっている。……等のイメージを抱く者にとっては、それらは完全にその場所のリアリティを構成するものである。
　（Relch,Edward.1976=1999、143～144頁）

レルフの場所のイメージ概念は、物語概念に限りなく近い。彼は、場所のアイデンティティを、個人的なもの、集合的なもの、そして共有意識（コンセンサス）によって支えられた公共的なもの、さらにマスメディアによって広められる価値観を共有する大衆的なものを段階的に整理してみせた。
　(3) 人類学者のマルク・オジェの「場所論」（1994）は、場所を「アイデンティティ付与的・関係的・歴史的なもの」として定義している。この定義も〈自己コンテクスト性〉と同類の概念として理解できよう。

> 　場所とは、アイデンティティ付与的・関係的・歴史的なものとして定義される。……したがって、象徴というものが二つの存在者なり二つの現象なりの間に相互補完性の関係を打ち立てるものであるとするならば、その限りにおいて、場所は三重の意味で象徴的である。第一に場所は、その場所を占めている者たちの一人ひとりが自分自身に対して有する関係を象徴する。第二に場所は、やはり一人ひとりが同じ場所を占めている他の人びとに対して有する関係を象徴する。第三に場所は、一人ひとりが自分たちに共通の歴史に対して有する関係を象徴するのである。（Auge,Marc.1994=2002、243-244頁）

①アイデンティティ付与的：一定数の諸個人がその場所において自己確認をし、その場所を通して自己規定することができる。
②関係的：一定数の諸個人が自分たちを相互に結び合わせている関係をその場所に読み取ることができる。
③付与的：その場所に占めている者たちが、同時に人が移住・定着した際の諸々の痕跡をその場所に認め、ある出自の表象をそこに認めることができる。

● 〈再―場所化〉による〈自己コンテクスト性〉の創造
　オジェの場合は、「場所」から「非―場所」への現代的展開という歴史認識がある。つまり、いまや大都市に限らず、地方都市においても、そして農村型社会の生活基盤であった集落（奄美・沖縄におけるシマ）においても、家郷としての「場所」の意味は大きく変容しつつある。イベントや事件が次々

に生起するような「出来事の過剰」、メディアによる視覚的な「イマージュの過剰」、そして自己の肥大による「個の過剰」が、かつての集落が担っていたような象徴的な世界（集合的なコスモロジーの世界）を喪失させていく。こうしたアイデンティティも、他者との関係も、歴史も象徴化されていない場所が、「非―場所」である。それは交通の空間（高速道路・航空路）、消費の空間（スーパーマーケット）、コミュニケーションの空間（電話、テレビ、ネット）などを指して使われている。

　オジェの議論は、単純で大げさである。「非―場所」は、〈自己コンテクスト性〉の回路によって、再び「場所」になる。この節の最初に述べたように、メディアを媒介にして〈再―場所化〉が創造されると考えた方がよいのではないだろうか。

　メディアによって語られ構築された場所、メディア化された場所が、自己にとって〈自己コンテクスト性〉を持つ場所として現れる。それは、オジェのいう、「非―場所」というよりも、新しい「場所」なのである。そこでは〈自己コンテクスト性〉が成立している。

　人びとは、どこかの「場所」に自らの生きる場所として意味付与をおこなう。それが、レイ・オルデンバーグが指摘した「コミュニティの核になるとびきり居心地よい場所」という意味での「サードプレイス」の指摘だ（オルデンバーグ、1989）。

　今日では、場所への意味付与＝〈自己コンテクスト化〉は、個人的で、恣意的で、偶発的だということが、かつての共同体（集落）に根ざしたコスモロジーに支えられた生活世界との大きな差となっている。人びとの準拠点となった生まれた場所としての集落はもう昔のようには存在しない。自己の準拠点をもとめる彷徨は現代人の宿命となったのである。

　今日の奄美でもシマという自己の準拠点の喪失は続いている。しかし、他方で、メディアによる〈自己コンテクスト性〉再生の動きも続く。奄美のメディア群が、島のさまざまな歴史・自然・文化を掘り起こし、語り続けているムーブメントは、島への〈再―場所化〉の試みとして理解できるのではないだろうか。

　奄美の強さは、〈再―場所化〉するための文化的苗床が土壌にあることだ。

かつてのシマ（集落）や島の暮らしへの記憶や記録や思いが基盤にある。それが、メディアによる島語りによって再生成され醸成されていく。それは、〈メディア媒介的展開〉を経て〈自己コンテクスト性〉が再生・強化され、奄美が人びとにとって〈再─場所化〉されていく過程でもある。

●島という集合的自己の自己語りとメディア
○島という集合的自己

21世紀は、自己語りメディアの時代である。その自己を、集合的次元に拡大して、奄美の島語りについて改めて論じてみよう。自己を奄美という「大文字の自己」（※この表現もメタファーであるが）に置き換えてみれば、奄美の人びと自身が、島を物語ることによって、奄美が「奄美」として再定義され輪郭を与えられていく。このように自己メディア論を援用すれば、奄美という地域にも、集合的な自己の物語装置としてのメディアがあり、そのメディア装置によって奄美が奄美として構築されていくのだと理解することができる。その際、集合的自己は、一つの固定的なものとしてあるのではなく、多層・多様な人びとがメディアを通じた日々奄美を物語る実践プロセスの渦そのものである。これが、本書で繰りかえし〈地域メディアの総過程〉や〈表出の螺旋〉と言ってきたことの理論背景である。

島という集合的自己の自己語り装置が、島のメディア群であり、それらは島の物語装置であり文化装置である。島を語るメディア行為の総体という発想にたてば、島のマスメディアは当然のこととして、それ以外にも、島の人びとが織りなす島を物語る多様な文化活動も、島の物語装置であり、それらも島語りメディアとなる。

繰り返すが、自己語りによる自己の輪郭やリアリティの創造という自己物語論や自己メディア論の理論は、島を集合的自己とみなすことで地域メディア論にも適用することができる。奄美という輪郭やリアリティが、自明にあるのではなく、奄美は多くのメディアによる島語りの総体によって輪郭とリアリティを確保していく。（※もちろん、情報メディアだけではなく、生活世界・生活の中の文化の広大な領域要素を組み合わせて秩序づけ、物語ることで、奄美の輪郭＝奄美というリアリティが作り出される。）

○郷土愛（パトリ）の強さが語りの実践的起動力

　メディアを媒介にした地域語りや自文化の表出は、ある場所が自己の強力な準拠点として作動するような郷土色・郷土愛の強い地方にいけばいくほど切実である。奄美のような島嶼地域で、また独自の歴史・文化をもった地域であればあるほど、自地域のアイデンティティを強く表出する必要に迫られる。郷土愛は、島の自己語りの実践的起動力となる。奄美という地域の自己（※集合的自己・集合的アイデンティティ）を強く語り、地域という自己を造形する欲望は切実である。

○メディア媒介的な自己語り

　そして重要なことは、そうした地域の自己語り、自文化語りも、今日では益々メディアを媒介にしているということだ。地域の自意識や文化的アイデンティティは、メディアという物語装置を媒介することで形となる。今日では、地域自体が〈メディア媒介的展開〉を遂げているのである。

　奄美を例にとれば、そこは固有の民俗文化だけではなく、大衆文化やポピュラーカルチャーが重なり合い、さらにマスメディアやネットとの接触、さらに交流人口の増大によって、固有文化と標準文化とがせめぎ合うアリーナであり、二重のリアリティの世界でもある。だからこそ、地域という自己の存亡をかけた自己語りとアイデンティティの構築が噴出しているのである。

　「無印都市」と言われるような、どこにでもある標準化された都市の若者のメディア文化消費のくったくのなさに比べて、奄美の自己語りの真摯さと深刻さは圧倒的な質感をもつ。そして、こうした実存的質感をもったメディアを媒介とした地域語りや自文化語りは、奄美だけではなく、日本中であるいは世界中で起こっているメディア社会のもうひとつの姿でもある。

●メディアによる島語りと文化による島語り
○直接話法的な島語り：情報発信を通じた島語り

　島語りにはメディア次元と文化次元という二つのモードがある。これが〈表出の螺旋の第1位相〉と〈表出の螺旋の第2位相〉である。

　前者は、情報メディア（※つまり情報産業や情報コンテンツ）によって、言葉や図像・映像などの視覚表象を駆使した情報発信を通じた島語りである。こ

のモードは、情報メディアという物語装置による、まさに文字通り、直接の島語りである。具体的には奄美関係の出版物の内容、ラジオを通じた奄美についての放送内容、テレビを通じた奄美についての放送内容である。従来、地域情報とカテゴリー化されてきた情報内容である。

この場合にも、「島」とは何かを直接的なストーリーとして語る場合もあれば、生活の世界の日々の出来事＝エピソードを語るような遠回しの島語りや、あるいは素材（例えば、島の固有名詞）を通じて島を語る場合もある。本章の、表6-2「地域語りの情報質の4位相」がそれにあたる。つまり、直接的な島語りにも、①ストーリー次元、②エピソード次元、③象徴（シンボル）次元、④素材次元の四つの次元がある。

○間接話法的な島語り①：文化活動を通じた島語り

〈地域と文化のメディア学〉の視点からは、島語りは情報メディアに限定されない。文化活動、つまり文化実践やモノの生産（※そこには、コピーやパッケージデザインなども含まれる）などを通じた島語りもある。間接話法的な島語りといってよい。情報メディアに限定した情報発信≒島語りは、マスメディアの知に呪縛されすぎており、あまりにも狭隘である。物語装置の範域を情報メディアから、人びとの島語りの広範域な表現活動に拡げて考える必要があるということである。

芸能や文化表現の活動は、その情報内容からみて島を語っている。そしてそれを継承・創生していく活動も、間接的な島語りである。たとえば、島唄は、それ自体が音とフレーズが統合したかたちではあるが、その歌詞世界をみれば、島についての時々のニュースを「物語の形式」で伝えている。その意味では、島唄もまたそれ自体ひとつの物語装置であった。

奄美民謡大賞受賞曲で最も多く唄われてきた「嘉徳なべ加那」ならば、「嘉徳のなべかな（女性名・愛称）は、如何なる尊い日に生まれたのか。親に水を汲ませ、自分はいながら水浴びするということぞ」という歌詞だが、親に水を汲ませる親不幸な娘の物語が唄われている（※あるいは、神高い女性という解釈もある）。また、別の歌詞では「嘉徳なべかながお亡くなりになったという声をきけば、三日間はお神酒を作って奉納し、七日間はお祝い遊びをしよう」という唄もある。

代表的な悲恋物語である「かんつめ節」の場合なら、「こんなにも悲しい、玉のような大切な縁を私たちは結んだけれども、周囲に反対され一緒になれないときは、鳥も行かない島に行って二人でくらしましょう」という歌詞である。
　「かんつめ節」は、最後には主人の嫉妬のすえに自殺する奴隷女性の悲恋の物語だが、時事的な内容の歌詞もある。「黒だんど節」の場合、もともとは雨乞いの唄だった歌詞の代わりに、黒船が来航したニュースが歌詞にのせられて唄われるようになっている。「軍艦が停泊した。芦検（宇検村の地名）の沖から、田検（地名）の前まで、海いっぱい軍艦が碇泊した。今里、志戸勘、名音、戸円（いずれも地名）方面の人びとは、一斉にそれを見に来たよ」といった時事ニュースといってよい歌詞内容である。
　こうした島唄自体が物語（情報内容）なのであるが、それを伝承する教室で講師がその島唄の説明をする語り自体は、島唄に仮託しているという意味で間接的な次元での島語りである。
　奄美には、島唄だけではなく、主に戦後作られた新民謡、そして平成になっても作られつづけている奄美歌謡という大衆歌謡の世界がある。
　「赤い蘇鉄の実も熟れる頃　加那も年頃　加那も年頃　大島育ち」という歌詞で全国的にヒットした有名な「島育ち」（作詞自体は昭和14年）の歌詞のなかにも、蘇鉄、加那、大島育ち、島紬、立神、片瀬波、ヲサの音などの奄美的なシンボル（象徴的記号）がちりばめられて、それがひとつの物語的な世界（※この歌の場合にはほとんど島娘のイメージといってよい）を構成している。その後の奄美の歌謡曲も、奄美の地名や自然、そして文化の記号がちりばめられている。
　さらには平成に入り島のポピュラー音楽といわれる、島を舞台にしたさまざまな歌と歌い手が台頭してきている。何人かのアーティストたちは、インディーズからメジャーへのデビューも果たすようになってきた。そうした島のポピュラー音楽の場合にも、島をイメージさせる歌詞が綴られている場合が多い。つまり奄美固有の地名や島の生活世界やそれへの望郷を綴った歌詞である。
　このように、奄美の島唄からポピュラー音楽までが、簡単な物語の形式や、

島イメージを喚起させる記号の構造を備えており、間接的な意味での島語りであり、ひろい意味での物語装置である。そして、それらの歌を継承していく教室は、まさしく文化の伝承と創生にかかわっている地域のメディアなのである。

○間接話法的な島語り②：モノに生産・流通を通じた島語り

歌詞は、言語を通して島を語るが、島語りは、言語による語りだけとは限らない。それは、島の文化の担い手の幅を考えればわかる。例えば、奄美固有の食（しまじゅうり）・飲み物、クラフトに意味づけをしていく文字や図像・デザインによる島語りもある。島の物産の多くは、コピーや写真・イラストなどと結びついて記号としても表現されている。これらも間接的な意味での島語りである。産物は、言語的コピー、パッケージ写真、デザインなどを通じて、記号＝情報的な要素と結びついて商品となっている。「南国特産」「奄美特産」といった簡単なコピーであっても、そうしたモノと記号による島語りは、島イメージの発信であり、ひろい意味での地域のメディアと考えてよい。

3節　奄美から始める二つのメディア学

●（1）奄美から始める〈地域のメディア学〉

"語る"という言葉を多用してきた。物語るということについて少し説明しておこう。さまざまな情報を、組織化し秩序づけたものが物語といわれる。物語は、ストーリー（時間的配列）やプロット（因果関係）をもつ。また語る（情報発信・情報表現）という行為と語られた作品（情報内容）という側面をもつ。島語りは、島についての物語であるだろうし、島語りメディアとしての地域のメディアは、島の物語装置・物語産業ということになる。

地域情報を発信し続けている島の地域メディア、新聞もテレビもラジオも出版も、ネットのウェブサイトやSNSも、全ては島語り（人）であり、物語事業ということになるだろう。

ただ、地域のメディア研究において肝要なことは、語りや物語という語彙にあるのではなく、その島語り人の裾野のひろがりを考えることである。つまり島語りの"総過程"が論じられる必要性がある。島語りの総過程に関心をもつな

ら、マスコミ的な情報発信に典型的にイメージされる、情報発信、印刷物の発行、放送、ネット掲載、そうした全てが〈地域メディアの総過程〉を形成することがわかる。

　島語りは、島にある文化資源を改めて語ったり、再発見したり、語り直す実践でもある。最近では、地域の資源を活かした観光開発論や地域の文化資源の掘り起こしに際して「物語＝ストーリー」型の開発やまちづくりが語られる。

　奄美という地域の情報メディアは、直接的に奄美を語る文化装置・物語装置である。その中にもグレードがあり①ストーリー次元、②生活世界のエピソード次元、③象徴（シンボル）次元、④素材次元などであることはすでに述べたとおりである。

　情報メディア（事業・産業）としての地域のメディアのなかでは、奄美という島の物語は、ふだんは生活世界のトピックのなかで語られ、そして時に、奄美そのものの定義をめぐって直接的に語られる。奄美語りは、番組や記事として独立している場合もあれば、個々の生活のなかの語りのなかで交通情報からイベント情報などのトピック情報として、素材的に、背景的に語られる場合もある。しかし、その両方が、融合しながら人びとの奄美への〈自己コンテクスト性〉を形成していく。

　4章のラジオ編で紹介したように、奄美大島のコミュニティＦＭ4局のなかでも、あまみエフエムは、「島ッチュの島ッチュよる島ッチュのためのラジオ」というメッセージのように、島のアイデンティティ形成に強い使命感をもってのぞんでいる情報メディア事業である。開局当初に比べても放送内での奄美語（※いわゆる島口・かつての方言）が語られる割合も増えている。それも、日常放送のなかの挨拶や会話で堂々とした奄美語が語られている。スタッフの奄美語能力も飛躍的に向上した。

　こうした日常の放送空間の中での島語りに加えて、「放送ディ！学」「語り継ぐこと」のように、「奄美とは何か」をストレートに語る番組もある。もちろん、ラジオというメディアは、それ自体、登場する人物に代弁的に語らせる間接話法のメディアである。テレビが、ナレーターの語りによって締めくくられるのに比べて、ラジオは、登場人物の語りが長時間、比較的自由に時間が割かれるナラティヴなメディアである。

もちろん、奄美語りでは、新聞の方が長い歴史もあり、たいていの新聞記者たちは直接的な語りの言語能力を備えている。奄美では、南海日日新聞がそうした島語りのもっとも重要な役割を果たしてきたことは間違いない。
　こうした多層的・多様な地域語りの担い手が〈地域のメディア学〉の研究領域ということになる。

● (2) 奄美から始める〈文化のメディア学〉

　情報メディアはある意味では直接的な島語りであり、それは狭義の地域のメディアである。これに対して、奄美語りの担い手をより間接的で背景的なものにまで拡げると、もっと大きな文化活動が地域の語り部の範域にはいってくる。そうした奄美における文化の継承・創生・発信は、〈地域と文化のメディア学〉の、まさに文化に相当する部分となる。
　奄美のうた文化を例にとれば、島唄の継承活動を献身的に担う島唄教室の主宰者、その舞台のひとつである公民館講座、そうした島のさまざまな文化活動も、あるいは学校の中で展開されている郷土学習も、全てが島語りということになる。
　つまり、直接的な語り装置である情報メディアに対して、中間的な語りとしての文化の伝承・創生・発信の活動があり、さらに食・クラフトといったモノを通じた語りの範域さえもが島語りの対象となってくるのである。
　例えば、奄美の代表的な民俗文化として島唄があるが、この島唄は、〈レコード化〉〈ステージ化〉〈標準化〉〈叙情化〉といった近代的な展開を経て、「島唄」（カッコ付きのしまうた）として構築され続けている。それは、ホブズホームがいう伝統の創造という次元よりも、〈メディア媒介的展開〉といった方がわかりやすい。伝統文化もまた今日では、メディアによって媒介された文化なのである。この伝統文化のメディアとの結びつきは、〈メディア媒介的展開〉としてどこでも生起している普遍的な主題であり、地域研究も、地域メディア研究も文化研究も、こうした文化とメディアとの結びつきに正面から向かいあってはこなかった。
　情報メディアの担い手だけではなく、こうした多様にひろがる文化の担い手に対しても、本書では〈文化媒介者〉という言葉を当てはめてきた。〈文化媒

介者〉としての文化の継承・創生の活動は"広義の地域メディア"といえる。こうした広義の地域メディアが、互いに関連して奄美の広義の文化装置・物語装置として作動していく。今日の奄美では、そうした〈文化媒介者〉も含めた地域のメディア実践が奄美アイデンティティの現代的な覚醒を生み出している。

　何度も指摘したきたように、〈文化媒介者〉という視野を持つことで、メディア学を情報メディアの類型学や事例学に留めるのではなく、〈地域・文化・メディア〉を連環させるような地域に根ざした文化活動の裾野を広く捉えることができるようになるのである。

終章　〈地域と文化のメディア学〉に向けて

● 奄美メディアへの旅を振り返って

　〈奄美から始めるメディア学〉の旅を続けてきた。メディア研究者が、一つの地域に徹底的にこだわり、対話を続ける先に何が見えるのだろう。ある地域を上空から俯瞰する時、その地域には、マスメディアから個人のＳＮＳまでがどのように配置され積層されているのだろう。これは、垂直に見た俯瞰図だ。同時に、情報メディアとしてのマスメディアやＳＮＳだけではなく、自分の地域や文化についての人びとの語りや表現活動の総域はどのように拡がっているのだろう。地域の中では、マスメディアやＳＮＳだけではなく、伝承文化・余興文化・市民文化・消費文化から風俗文化まで、多様な生活文化の世界が拡がっている。そうした多様な生活文化の世界のなかに、地域や自己を表出する活動の裾野がある。いわば、水平の俯瞰図だ。縦横にひろがる俯瞰図の景観を概念化・理論モデル化しようとしてたどり着いたのが〈地域と文化のメディア学〉の地平である。

　奄美というフィールドから離れることなく、しかし、単なるモノグラフでもなく、単なる歴史書でもなく、政策提起でもなく、事例紹介でもない研究を目指す。とりわけ歴史と実践には逃げないというのが、この研究の立ち位置でもあった。

　奄美のメディアを俯瞰すると言いつつ、内容には濃淡がある。新聞社の存在の大きさや事業史の偉業を考えれば、それ自体で一冊の分量の本が書けるのかもしれない。それをあっさりと紹介風に通過したのは、当事者自身が書いた方がよいと割り切ったからである。

　1章から5章では、長く奄美に分け入らなければ見えてこない発見を紹介し

た。ただ、俯瞰部分を単なる歴史記述で終わらせないように、各章の終わりに小括をつけて4つの特性を描いた。〈かたる・つながる・つくる・ひろがる〉である。メディアの生態に関わる小括でもある。

　6章の理論モデル自体は、フィールド取材の中から、二人の研究者がブレーンストーミングを重ね、それをさらに加藤が理論フレームとして整理したものが土台になっている。この6章で示したアイデアをもとに、1章から5章まで、つまり歴史・印刷メディア、テレビ・ビジュアルメディア、島外メディア、ラジオ、音楽メディア・ネットと、それぞれのメディア領域の俯瞰図を描いた。

　これまで紹介してきた奄美のメディアの俯瞰図考察の背景にある、理論研究、概念開発、学説史再検討も踏まえて、最後に改めて、地域と文化とメディアを研究することに関する問題提起と理論の拡張方向を提示して本書を閉じることにしたい。

●問い： 類型学と先進事例探しを超えて

　こうした奄美のメディア研究を突き動かしてきたのは、筆者らの、既存の地域メディア研究、いやメディア研究への問いである。本書は、奄美研究の書であるとともに、既存の地域メディア研究、メディア研究の拡張を企図した書でもあるからだ。

　すでに述べてきたように、日本の地域メディア研究・市民メディア研究や地域情報化の研究は、地域の意義を強調しつつ、特定の地域に正面から向かいあうような研究が少ない。寺岡伸悟の吉野に準拠した『地域表象化過程と人間』のような例外的な研究もあるが、メディア研究というよりもどこまでも地域研究とみなされている。

　メディア研究の多くは、先進事例探しや新奇なメディア実践事例探しに終始してきた。あるいは、研究者自身が市民メディア実践の担い手を気取ってみたり、メディアワークショップと呼ばれる研究者の自己満足的な知的遊戯を批判的なメディア実践と称して喧伝してきた。大都市中心の他の知識人主導の文化実践も同様であろう。そうした自作自演・自画自讃型の研究者のメディア実践は、地域には波及しない。

　日本の地域のメディア研究は、テクノロジーとしてのメディアの可能性や、

マスコミ批判やメディア実践にこだわるあまり、〈地域・文化・メディア〉の連環への関心と洞察が不十分であった。確かに地域メディアの研究は、すでに40年以上の歴史がある。それはマスメディア中心のメディア学を批判する隣接の学問領域と重なりあいつつ、着々と研究を展開させてきた。

　そうした展開を評価しつつも、これまでみてきたように、その研究はある思考の型にとらわれすぎる傾向があった。従来の地域メディア研究の言説は、次のような思考の型にとらわれている。

　(1) 過度の反マスコミ批判：地域メディア論は、〈格差是正の物語〉として、そして地域情報化は〈地域再生の物語〉という物語論的構成＝思考の型をもっていることを指摘した。とりわけ「非マスコミ」型のメディアを過度に希求するあまり、地域密着メディアであり、非専門家メディアであるという二重の対抗モデルを理想型にしてきた。

　だから、マスメディア以外の市民による映像制作やＮＰＯラジオ局の開設が表層的に美しい物語として紹介されてしまう。そしてボランティアパーソナリティのいる・いないや番組審議会の質がコミュニティＦＭを査定する軸になってしまう。市民・住民による映像番組づくり、映像コンテンツづくり、ボランティアパーソナリティへの着目は、確かに新しいメディアの担い手の可能性ではあるが、それが地域のメディアの主題ではないはずだ。

　(2) 類型学：それと同時に、従来の地域メディア論が、情報メディアとスペースメディアのクロス表のなかでの類型学・分類学として発展してきたこと。逆にいえば、類型学に終始し類型同士の相互連環や、それ以外の視点からの相関などを深く考察してこなかった。

　地域メディアとしてケーブルテレビやコミュニティＦＭさらにＳＮＳと、次々に登場するニューメディアの種類や地域メディアの分類図の精緻化は確かに進んだ。しかし分類図作りだけが地域メディア研究ではない。しかも、その分類図は、田村紀雄が初期に提起したコミュニケーションとスペースという根拠があいまいな二分法に拘ってきた。

　スペースはそれ自体ではメディアではない。スペースは田村のひろばの思想を反映した軸である。確かに空間は人が交叉する場所として多様な事業イベントを展開する可能性があるが、それはあまりに無限定な定義である。空間を

使ったいかなる事業なのかが問われねばならない。

　さらに指摘しておきたいのは、メディアの範域が、ケーブルテレビやコミュニティＦＭ、ネットと、基本は情報メディアの種類に留まっていることだ。

（3）自己論の欠落：地域の情報化は、コミュニティ意識の醸成、ローカルアイデンティティと結びついて議論されてきた。他方で、共同性を前提とするあまり、個人を起点にした論理、本書の視点である自己と地域とメディアとの連環を十分に洞察してこなかった。

　地域メディア論の研究の蓄積は、コミュニティＦＭやネットの登場のなかで、基本は(1)から(3)の特徴が重なり合うなかで進展してきた。

　こうした地域メディア研究の傾向は、地域に注目しつつ、結局、地域と連携するメディア社会の研究を十分に展開させないできたといえるだろう。つまり、特定の地域を対象に、その地域の歴史社会文化的なコンテクストに準拠し、地域の担い手に準拠した研究が十分に展開されてきたとはいえない。

　ある地域のなかで、誰が、どのようにメディアを実践しているのか。もしひとつの地域を想定して、そこからメディアの種類やメディアの担い手を、よりひろく探索し、可能ならばそれらがどのような配置のなかで作動しているのか、そうしたメディアの実態、メディアの生態学が少ないことである。メディアエコロジーという語彙は、これまでもしばしば使われてきた。だが、それは本当に現場のメディアの生態を描いてきたのだろうか。

● 改めて〈地域と文化のメディア学〉へ

　地域の情報力、情報発信力、物語り力は、地域内の情報メディア事業によってだけ担われるわけではない。多層なメディア間のネットワークや人のネットワークの視点もまた必要である。さらに、メディアを使って何を発信するのだろうかという問いを立てれば、メディア化されるソースとしての文化的苗床に関心が向くはずである。地域の情報力は、地域の固有の資源を情報発信する力であり、物語る力である。地域の中には、そこに積層化されている〈文化的苗床〉（文化資源）を、メディアを使って現代的に継承し発信し、また新しく創生し続けているようなひろい意味でのメディア事業、つまり物語装置の裾野がある。

そうして生み出された地域の物語を共有することで、地域に暮らす人びと、あるいはその地域に関心をもつ人びとがその地域に〈自己コンテクスト性〉をもつ。それにより、地域が地域としての共通のリアリティ、つまり〈情報リアリティ〉をもつ場所として形成されていく。

　地域メディア論は、こうした地域に根ざすことで見えてくる地域の情報力の裾野のひろがり、その人びとの営みを描き出すことに真剣に向かい合ってきたといえるだろうか。

　こうした反省から本書で提起してきたのが、〈地域と文化のメディア学〉の視点である。そこには、2つの方向で地域メディア研究をより発展させる問題提起が含まれている。ひとつは特定の"地域"へのこだわり、もうひとつは"文化"との連環である。

〇方向①：特定の地域の文脈のなかでメディアの営みを研究する。

　確かに、地域メディアの類型論は必要であり、そこからメディアエコロジー図式も描くことは可能であろう。だが、地域メディアが営まれている具体的な社会空間の中で、それぞれのメディアがどのような位置を占め、相互にどのように関連しているのだろうか。あるいは、もっと素朴に、メディアの類型を主語に設定するのではなく、"ある地域"を主語にした場合に、当該地域には、どのような地域メディアが、誰によって、そして何のために事業として営まれているのだろうか。さらに、そうしたメディア事業はエリア内とエリア外とどのようなネットワークのなかで営まれているのだろうか。

　ローカリティの高いひとつの地域に準拠することは、そのエリア内でのすべてのメディアを探求し、それが置かれている生態（エコロジー）を描く試みにつながる。メディアの生態とは、メディアを人の営みとして捉えることによって描かれる景観だからである。ひとつの地域との対話を通じて、地域メディア論がこれまでこだわってきた地域メディア類型学を超える、ひろい視野での〈地域のメディア学〉の研究がひろがるのである。

方向②：地域のなかで蓄積されてきた〈文化的苗床〉とメディアとの連環を研究する。

　かつての民俗文化は、すでにレコード化やステージ化を通じてメディア媒介的な転換をとげつつある。文化の伝承の形が変容してきたからである。そうし

た〈メディア媒介的展開〉を担う文化実践も含めて、広義のメディア事業（文化メディア事業）の営みを研究する必要がある。

このように文化に着目するのはメディアが何を発信するのかという内容にかかわる議論を、最初から地域のメディア研究に組み入れるためであり、メディアの議論を真空状態における議論にしないためである。

地域の中には、実に多様な文化領域がある。古くからある〈文化的苗床〉としての民俗文化が、共同体（集落・シマ）から離れ、レコード化やステージ化といった文化産業（文化装置）と結びつき、また公民館講座のような文化事業（文化装置）と結びついて変容している。さらに、地域の文化には、近代化以降に都市から伝播し、時にはローカライズして形成された大衆文化、そしてグローバル文化と結びついたポピュラー文化も含まれる。しかも、地域のポピュラー文化は、一方でローカライズされたポピュラー文化でありつつ、ときにはメジャーと結びついてローカルのメジャー化のような形（例：「奄美民謡をルーツにもつ奄美出身の歌姫」のようなフレーズで）で拡散されたりもする。このように地域の文化は、いまや地域のメディアと不可分に連環して変容しつづけている。地域のメディア研究は、そうした文化の〈メディア媒介的展開〉という視野をもつ必要がある。

本書に先立つこれまでの論考「自己メディア論から地域の自己メディア論へ」（〈地域と文化〉のメディア社会学：その1）や「奄美・自己語りに満ちた島」（〈地域と文化〉のメディア社会学：その2）で問題提起してきたのは、地域に配置されている全ての情報メディア事業を明らかにすることの重要性、そして文化との結びつきの中でメディアを考えることの重要性の指摘であった。そのため、本書では地域メディアという類型学と一体となった概念を極力使わずに、〈地域のメディア〉という言い方にこだわってきた。〈地域と文化のメディア学〉という表現にこだわったのも、既存の類型学的な地域メディア論や、先進事例列挙主義から距離をおくためである。

こうした〈地域と文化のメディア学〉は、地域メディア論や地域情報化論の狭隘さを超えるための方向性の提示でもある。そして、そうした新しい方向での地域とメディアの研究を抽象化しないために選ばれたのが、奄美群島という地域であった。

方向①では、ある地域に準拠した〈地域のメディア学〉では、メディアの諸類型を活かして、その地域の中でのメディア事業の総過程を考える方向に加えて、地域の文化を媒介する装置としてメディアを位置づけていく視点が求められることを提起した。メディアは、ある瞬間の輪切り的な静止画ではなく、人びとの営みとしてのメディエーション（媒介過程）である。メディエーションは、情報発信や情報伝達、として島語りという語彙と同義でもある。

　方向②では、ある地域に準拠した〈文化のメディア学〉として、メディエーションされるものとしての広義の文化の実践にも着目する必要を提示した。つまりメディエーションは、島語りの装置であり、「文化媒介」のエージェントでもある。逆にいえば、それは、文化媒介する装置という視点から、地域のメディアの範域の拡張でもある。地域のメディアを、島語りの文化装置・物語装置＝文化を媒介する（メディエーション）装置であると定義しなおし、〈地域・文化・メディア〉を連環的なものとして捉え、文化が伝承されたり創生されたりするダイナミックな過程が盛りこまれるような研究拡張の方向ということである。

●三つの方向での研究領域の拡張

　〈地域と文化のメディア社会学〉の構想をもう少し整理しておこう。そもそも地域メディア論を超えた〈地域と文化のメディア学〉の構想は、以下の問いから始まっている。
・メディアという視点を基軸にしつつ、しかし、メディアそのものを主語にしない、地域のなかでの人びとの営みに焦点を当てた物語をいかに描きうるか。
・事例紹介においても、ある事例を瞬間的に輪切りした「美しい絵」のピックアップ集のようなアプローチをいかに避けることができるか。
・「美しい物語」に流されないフィールドとの対話をどのように記述するのか。成功事例の記述は、ありきたりなドミナントストーリー（語り尽くされた定番の物語）にとどまりがちになる。そうした事例紹介型の研究をどう乗り越えたら「研究」の水準に達することができるのか。

　こうした問いを起点にして、新しい研究の方向性の必要条件を以下のように描いてきた。

①人とその営み、その背景の思想（ミッション）に留意する。
②苗床としてある文化と、その文化を発信しようとするメディアの関係に留意する。
③ジャーナリズム、市民教養だけでない、民俗文化や生活風俗文化も視野にいれる。
④メディア事業の経過＝時間幅を踏まえ理解に留意する。
⑤メディアを通じた自己語り（自己物語論）の延長に地域メディア論を構想する。

　このような「問い」と「方向性」を大まかに設定したうえで、地域メディア論を以下の3つの軸で拡張していくことを提起しておこう。これらは、体系的な理論というよりも、奄美という特定の地域に焦点を当てて発見してきた、地域メディアの拡張の具体的な軸であり、これまでの地域メディア論で抜け落ちてきたと思われる研究軸である。

　　　　　　　　　　※　　　　　　　　※　　　　　　　　※
（1）構造軸：地域メディアの配置の総構造：地域メディアの総過程論
（2）機能軸：地域メディアの果たす機能：文化媒介者の視点
（3）時間軸：地域メディアの事業過程：生成・事業過程・変容・消滅の視点
　　　　　　　　　　※　　　　　　　　※　　　　　　　　※

表：3つの方向での地域メディア論の拡張

	拡張の軸	可視化される射程
〈地域と文化のメディア学〉	構造軸の拡張	地域コミュニケーションの総過程論、表出の螺旋論
	機能軸の拡張	文化メディア学の可能性
	時間軸の拡張	事業過程論、メディア事業のライフストーリー

（1）構造軸上の拡張：地域メディアの総過程

　ひとつの地域で、どのようなメディアが存在し、その地域を語っているのだろうか。あるいは、その地域の人びとは、どのようなメディア（と情報）に接

して暮らしているのだろうか。いわば、〈地域メディアの総過程〉、つまり地域コミュニケーション（地域情報流）の総過程という視点をもって、地域の語り部を総ざらいしてみるような地域メディア研究があるのではないだろうか。総過程は、メディア事業の配置の総構造、地域語りの実践の総俯瞰図という意味である。行動配置に着目する意味で、構造軸の拡張として位置づけた。

　結果として出てくる構図は、田村紀雄以降に精緻化されてきた地域メディアの類型図に収まるのかもしれないが、そうした総ざらいの実証研究がこれまでおこなわれてきていないように思われる。地域メディアへのアプローチが、どうしてもケーブルテレビの先進事例、コミュニティＦＭの先進事例の賞讃に終始するからである。

　〈地域メディアの総過程〉、あるいは地域コミュニケーションの総過程への関心は、他方で、地域メディアを地域に限定されたものではなく、もう少し柔軟なものとして捉えることを求めるかもしれない。

　地域メディアは、地域コミュニケーション（地域情報流）のメディアといわれるが、それは、地域の人びとだけを対象にして存在しているわけでない。また、地域メディアは、非マスコミではなく、地域のマスコミそのものである。

　地域内の人びとは、全国型メディア（情報）も消費している。また、全国型メディアも地域情報を発信している。地域の中には、マスメディアの地元記者もいる。地域メディアのなかには、地域内の人を対象にするものもあれば、そうでないものもある。基本は、地域情報の地産地消でありつつ、単純な図を超えた情報流のひろがりをもっている。従来のコミュニティ社会学が描いた同心円モデル配置をベースにしつつも、よりフレキシブルでメディアが積層している構図やネットワークの構図に注目していく必要がある。

（２）機能軸上の拡張：地域メディアの文化変容（伝承・創生）機能の展開

　地域のメディアが地域の文化と不可分に結びついていることは既に指摘した。今日、地域の伝統文化の伝承・創生は、メディア化されている。音楽産業によるレコード化、イベント事業によるステージ化はその典型である。大衆文化やポピュラー文化も地域のなかでメディアと関わって生成している。ある意味では地域を語ることは、地域の固有の文化を語ることでもある。

　そうした文化とメディアとの連環に焦点をあてて地域のメディア研究を拡張

する方向が、機能軸上の拡張である。メディアの文化媒介的な機能ということである。情報メディアの種類ではなく、地域の文化を主語に据えたときに、文化がメディアによって伝承・創生される、つまり文化変容される〈メディア媒介的展開〉のプロセスの姿が見えてくる。それによって、情報メディアの類型論に限定されない、文化媒介活動の全域が、地域メディア研究の範域にはいってくることになる。

　繰り返して整理すれば、地域のメディアの機能は、文化と関わらせることで拡張することができる（※この場合、文化を、システム論的な抽象概念としてではなく、またコンテンツという狭い意味でもなく、文化を継承・生成・創生・変容させていく動態的な営みとして捉える）。文化の伝承・創生という視点を地域メディアの機能に入れると、逆に、情報メディアだけでない範域が、メディアに入ってくることにもなる。文化を媒介する事業、つまり〈文化媒介者〉の活躍する領域はひろい。情報メディアは直接的な地域語りのメディアであるが、あらゆる文化領域（例えば、うた・食・クラフトなど）が含まれる間接話法的な語りも対象にいれることが可能となる。

（3）時間軸上の拡張：地域メディアの事業過程論の展開

　地域メディアの先進事例紹介は、いわば瞬間輪切りされたあるメディアの活躍シーンの紹介である。しかし、地域のメディアには、それが生まれ、継続され、時に消滅していく時間の流れがある。こうしたメディア事業のプロセスが着目されることは少なかった。6章の表6-4［メディア事業の生成・持続過程モデル］で構造化したように、誰が、どのような資源を使って、どのようにメディア事業をたちあげ、そして、その事業遂行のなかで、どのような試練に直面し、転機を迎え、事業を再考していくのか。地域のメディア研究を、時間軸として拡張するならば、いわばメディアのライフストーリーとでもいえるプロセスがみえてくる。

　確かに、メディア事業の時間的経緯を追うことは難しい。ただ、一つのメディア事業、メディア実践も、すぐに5年、10年、20年、50年と経過する。そうした経過のなかで、登場して時には脚光を浴びたメディアも、古いメディアとして忘れ去られていくこともある。生成・発展・消滅・転換を包摂する事業史のような時間的視点からメディアを捉えていくことも必要であろう。

　　　　　　※　　　　　　※　　　　　　※

　以上、〈地域と文化のメディア学〉の方向性を論じてきた。こうした研究を一気に展開することは容易なことではない。しかし、地域メディア論が、ある先進事例の瞬間輪切りのような取材を繰り返すかぎり、類型論を超えることはできない。〈地域と文化のメディア学〉は、そうした問題意識から投じられた問いなのである。こうした問題提起に応える、それぞれの〈○○から始めるメディア学〉が立ち上がることを望んでやまない。

資料A　本書の理論的背景

　本書の構成は、1章から5章までの奄美の実証研究部分と、6章・終章の理論考察の部分とに分かれている。理論的な部分は、本書の分量を考慮してかなり凝縮した。それを補足するために、最後に資料として本書の理論的な背景を「長い注」のような形で添付しておく。なお、1節の「自己語りと島語りについて」と2節の「地域メディア論の系譜について」は順番ということではなく、注1、注2のような並びにすぎないので、インデックスとして利用していただきたい。

1節　自己語りと島語りについて

●自己メディア論とは

　「メディアとは自己を仮託する文化装置である」という命題を掲げて、ネット社会を理論的に再定義した試みが自己メディア論である（加藤晴明、2012）。それは、メディア空間に氾濫する自己語りを捉えるために提起された命題であった。ネット空間をめぐっては、「つながりの社会性」を強調するコミュニティ論系の解釈フレームが定番となっている。これに対してあえて自己を起点としたメディア行為論を提起したのである。そうしなければ、メディアで情報発信する当事者たちの"自己を語る"欲望を捉えることができないからである。

　自己メディア論の視点は、メディアを単なる情報の媒介物や情報発信の装置としてだけではなく、アイデンティティと深く関わる表現装置として捉える視点である。そこではメディアは、記号表現を通じて、不可視の何ものかであるアイデンティティに輪郭を与える装置、つまり自己を仮託する文化装置として

位置づけられた。自己とは物語られるものであるので、文化装置は自己物語を綴るための装置であるという意味では「物語装置」でもある。

ただ、自己メディア論で使う場合の物語は、作品・コンテンツの制作という狭義の意味ではなく、〈自己語りの総体〉の意味である。また、ストーリー作家や研究者・専門家を起点にした物語生成ではなく、ひろく市井の人びとの自己の物語生成を想定している。今や誰もがネットで自己物語を綴る時代であるという理由だけではない。ストーリー作家が描く狭義の物語の虚構性を極力排除するためには、むしろ生活のひろい領域での多様な自己語りの断片や実践にこそ自己語りというメディア行為のひろい裾野があるからである。

一般には、「物語」とは、「2つ以上の出来事（events）をむすびつけて筋立てる行為（emplotting）」として定義される（やまだようこ、2000、3頁）。しかし重要なのは、やまだも指摘するように物語化なのである。「物語化によって自己の輪郭を浮上させるメディア行為」、これが自己メディア論の基礎単位である。

20世紀終盤から21世紀にかけて、こうした自己と物語を融合させた「自己物語論」が盛んに提起された。そこで提起されたのは、「自己とは物語である」「自己とは自己語りによって構築される」という命題であった。

> 自己がまず先にあってそれが自己の物語を物語るのではなく、自己についての物語、自己を語る行為そのものが自己をつくっていく。……「自己は物語の形式で存在する」といえる。……あらかじめ自己があって自己のことを物語るのではなく、自己についての語りがそのつど、自己をつくり直していくという意味である。……つまり自己は、「自己語り」によって更新されていく。自己を語ることは自己物語を改訂し、更新していくことなのだといえる。（野口裕二、2000、37-38頁）

このように、整序された起承転結の構造をとった狭義の物語の形をとらなくても、語り、語りの断片、日々のつぶやきの総体が自己の物語化である。自己物語の考え方に立てば、自己の物語化が、自己そのものを構築していく。〈自己の準拠点〉は、いまや出自や地位ではなく、自己に向けた自己の語りに還

元される。人は、語るべき〈自己というテーマ〉を抱えているともいえるし、〈自己とはテーマである〉ともいえる。そして、「自己は、自己の語りに準拠することで自己になる」のである。

また、それは終わる事なき語りでもある。自己が自己を語ることによって創り出されるということは、自己は永遠に自己として描き終わらないからである。浅野智彦は、こうした構造を、「自己語りのパラドックス」と名づけている（浅野智彦、2001）。自己語りに終着駅はない。

それどころか、こうした自己を語る（語り直す）ためのプログラム（商品）がパッケージとして提供される「物語産業」が溢れるまでになった（小林多寿子、1997）。家族療法、物語療法からデジタル・ストーリーテリングなどは、こうした物語産業として括ることはできる。もろちん、地域のメディアも地域の自己語りという意味では、同様に地域の物語産業である。

自己メディア論もこうした自己物語論の知の系譜に位置する。パーソナルなメディアを手にした人びとは、今や、ＳＮＳという社会サービスの共通舞台で、文字や図像・アイコン・写真・動画のようなシンボルを駆使して、自己をテーマにして日々語る。自己とはこうした語りの渦の上に日々姿を現すプロセスそのものである。物語化は、自己化でもあるからだ。

筆者（加藤）が、『自己メディアの社会学』（2012）やその前書である『メディア文化の社会学』（2001）で展開した自己メディア論は、最初に述べたように、メディア論・現代的自己論・物語論を交叉させることで抽出した「メディアとは自己を仮託する文化装置である」という命題のもとに展開されている。この命題の意味内容は、「メディアとは自己を語り、自己を構築する文化装置である」ということであった。つまり、自己の物語化装置として作動するメディアを自己メディアと名づけたのである。

●**文化装置と下位概念としての物語装置**

文化装置というのは、社会学者のライト・ミルズが使用してから文化研究の領域で使われ始めた概念である（Mills,1963＝1971）。文化装置概念は、文化的職業従事者がつくりだす、社会を解釈するイメージやステレオタイプ化された意味、そうしたものを組織化するセクターとして使われている。文化的職業

従事者、あるいはその従事者に関わる制度でもある。文化装置がつくりだすレンズによって、人びとはさまざまな出来事を解釈していくのである。

こうした文化装置という語彙を援用して、日本でも『有名性という文化装置』（石田佐恵子、1998）や『非日常を生み出す文化装置』（嶋根克己・藤村正之編著、2001）などの著作も出版された。

ただ、ミルズの文化装置論は、知識人論・エリート論の文脈に与する議論である。文化的職業従事者の範域として例示されているのは知識人・芸術家・科学者などである。つまりミルズの議論は1960年代の大衆社会論の基本フレームであるエリートと大衆という二分法を前提にしており、文化装置論の裏側には受動的大衆像が描かれている。

確かに、私たちの解釈フレームを規定し、欲望さえも左右させる文化・権力の作動の側面を無視することはできない。しかし、自己メディア論は、あえてメディア社会の深化が、非専門家・市井の人に文化の担い手になる可能性を大きく開いたという立ち位置を選択している。文化的職業従事者の幅が開かれ変質したのであり、一人ひとりがメディアを駆使して、稚拙であっても専門的職業人でなくても、自己にかかわる文化の担い手となってきた。人は、自己自身に対して固有の文化的職業従事者であり、自己物語の著者なのである。

> メディアに託した人びとの欲望や願いはそう変わってはいない。そこにあるのは、表現メディアを駆使して自己を語り、自己を構築するという使用実践であり、そこへの欲望である。
>
> われわれは、本書で自己表現型・自己発信型のパーソナルメディアが、自分の人生を生き直す、書き直す、リベンジする、リセットする装置だという視点を前面に出している。繰り返すがパーソナルな表現メディアの真骨頂は「自己を語る装置」であり、そうすることで「自己を構築する装置」となるのである。（加藤晴明、2012、31頁）

ミルズの文化装置という語彙を援用して、それを自己語りの装置に当てはめれば、文化装置の下位概念として「物語装置」（以下括弧省略）という概念を造語できる。その物語装置がメディア事業として制度化されている側面に焦点

をあてれば、小林多寿子のいう物語産業という言い方になる。

　極端な言い方をすれば、物語装置は自己そのものである。自己とは自己に準拠して自己を語る文化装置であり、物語装置自体でもあるからだ。メディアは、その語りに形を与えるモノにすぎない。自己とは"本質的な核心をもつもの"、"実存的な何ものか"であるのかもしれないが、同時に不可視なものである。そうである以上、自己は自己に輪郭を与える物語装置を必要とするのであり、物語ることでしか姿を現すことはできない。

　つまり自己のリアリティは、物語化それ自体の中にしかないのが現代社会である。現代社会では、社会のなかでの各種の媒介関係（血縁・地縁・社縁など）が強固さを失い、〈自己の準拠点〉が確固としたものでなくなりつつある。自己の物語＝自己のリアリティの確保は、パーソナル化したメディアという表現装置によって描かれ、メディアバージョンの自己として創造的に構築されねばならない。これが自己物語論をベースにした自己メディア論の骨子である。

●物語装置に溢れる島・奄美

　なぜ"奄美"を対象にした〈地域と文化のメディア学〉の研究なのかについても述べておく。理由は簡単である。地域のメディアはもともと日々の地域情報として発信される苗床にある"地域の文化"を伝え・編集・表現する文化装置である。つまり地域を地域として物語る文化装置・物語装置である。こうした〈地域と文化とメディア〉が濃密に連環する島が奄美だからである。つまり島のアイデンティティを語る、自文化を語る文化装置・物語装置としてのメディアをたくさん抱えている島なのである。奄美は島語りメディアの宝庫のような島と言ってよい。

　このように奄美は、島唄・八月踊りに代表される民俗芸能が伝承されている島でありつつ、多様な現代的なメディアが共存している島でもある。メディア研究者にとって、人口が少ないにもかかわらず、地域の固有性（歴史・文化）が強く、いろいろな種類の島語りメディアが蓄積された文化度の高い島だということが奄美の魅力である。

　奄美では、しばしば「センセイがいっぱいて」という言葉と出会う。それく

らい、島自身を語る人びと、島を研究する人びとが多いということでもある。「奄美学」という言葉が使われるほどに、研究の厚みがあり出版物も多い。琉球・沖縄研究に比べれば、その何分の一かではある。しかし、最大時に人口20数万人、現在11万人ほどの群島に、これほどの研究の蓄積があることは驚愕に値する。

ただ、その多くは歴史研究や民俗文化研究であり、また考古学や言語学からの関心に基づいている。また、鹿児島大学を中心に、島の社会経済構造や島嶼振興政策に関わる研究も蓄積されてはいる。かつて九学会連合によって奄美を対象にした集中調査が二度行われ、その過程や成果が地元の郷土研究に刺激を与えたことも指摘されている。そうしたこともあり、奄美には在野の研究者も少なくない。奄美は島語り人に満ちあふれた島なのである。

沖縄同様、一般の島民も、「あまみは……」と自らの島の語り人である。島は自らを語る素材に満ちているというよりも、島は語らなければ固有の地域として存在し得ないからである。強力な磁力をもつ鹿児島の文化の圏外にあり、琉球文化圏の北端に位置する奄美は、薩摩・鹿児島そしてヤマトの文化とは大きく異なる世界をもってきた。

種子島・屋久島が薩摩藩の正規の範域として武士階級が存在していたのに対して、奄美には島役人はいても、薩摩藩士と同格の武士は存在しなかったし、そもそも「ヤマト」めいたことを禁じられた島であった。1609年の琉球侵略（慶長戦争）以来、奄美は薩摩の被支配地であり植民地だったからである。琉球への支配が王国という形を残したままの清と薩摩の二重支配だったのに対して、奄美は、歴史上一度も統一王国を形成したことはない。王国とも藩ともなることなく、古代以来の大和の歴史と向き合ってきたのが奄美である。

また琉球列島の北端に位置するといっても、琉球文化と同一ではない。奄美は、琉球と薩摩・ヤマトの間にある島々なのである。独自の統一した国（領国）を形成しえなかったことが、今日まで、島々の独自性を残すことにもなり、「奄美とは？」と問い続けるような、自己を語るメディアを必要としてきたのである。

●島外からの島語り：神秘主義・原郷論・南島イデオロギー

　奄美のような独特の歴史と文化をもった島々に対しては、主に〈島外からのまなざし〉から、しばしば神秘論的な島語りが生み出される。「神秘の島」奄美。神高い島。地上の楽園奄美。人びとの生命、身体、性愛、欲望、言霊の本源的な姿、太古の姿を留める島。「神秘の島」を語る言説は、しばしば、宇宙論（コスモロジー）・原郷論・南島論（ヤポネシア論）への過度の傾斜や独特の物語創作に結びつく（清、2013）。

　柳田国男の南島論に始まり、今日のポピュラー文化としての純愛映画に至るまで、そうした南島に近代日本・現代日本が失った原郷を求める「物語の形式」は、南島イデオロギーやオリエンタリズムと名づけられてきた。

　映画を例にとれば、南方の離島の描き方は、今村昌平の『神々の深き欲望』（1968）がひとつの典型かもしれない。作品のＤＶＤパッケージには、「日本と日本人の根源」「南海の孤島を舞台に、人間の荒ぶる魂を描き出す」と説明が入る。

　日本の理想の庶民像を描き続けてきた山田洋次の『男はつらいよ』の最終作「寅次郎紅の花」（1995）は、奄美（加計呂麻島）が舞台である。寅次郎はヒロインのリリーと島で暮らしていて、島の記号として象徴的に描かれたのは、庭に吊されたバナナをもいで食べるシーンや浜辺での島唄遊びのシーンである。

　最近になって公開された『余命』（2008）も、加計呂麻島が舞台となっている。「命をかけて、伝えたい思いがある」とパッケージに記されたコピーにあるように、乳がんに侵された女性が、故郷の島で命をかけて子供を出産するという作品である。この映画では、奄美の民俗文化でもある集落の相撲のシーンが島らしさを演出している。

　最も新しい話題作は、カンヌ映画祭での三度の受賞歴に輝く映画監督河瀬直美が描いた『2つ目の窓』（2014）である。映画のチラシのコピーには、「そして、命は繋がっていく」「神の島・奄美大島を舞台に、二人の少年少女の初恋と成長を通して描く、繋がっていく命の奇跡」とある。奄美の記号として、台風の荒波、珊瑚の海、八月踊り、島唄、ユタ神様などがふんだんに使われ、地元の唄者やユタ神が実際に登場し「神秘の島」を演出している。

　河瀬は奄美3世であるが、それを意識するようになったのは最近であり、そ

れが奄美を舞台に映画を描くきっかけにもなったという。河瀬に限らず、そして奄美の血を引く者に限らず、奄美は、南島宇宙（コスモロジー）の島・神秘の島、神高い島として、映画監督から、研究者、そして旅人、Iターン者を惹きつけてやまない。

　ただ筆者らのベースにある社会学という知は、こうした神秘論的な視点、あるいは歴史的な固有性を強調する民俗学的な視点とも一線を画する知である。神秘的に見える現象自体が、社会的現象として相対化されるからである。そうした視点からは、奄美の文化も、人びとの営みのなかで意図的に継承・創生されていくものとして把えられる。文化は神秘ではなく、人びとの形ある営みとして、可視化されながら伝承・創生されていく。そうした文化伝承の現代的な変容のプロセスが、文化の〈メディア媒介的展開〉の姿なのである。

●地域・場所と〈自己コンテクスト性〉

　都市化に伴うリアルな変容は、シマという生活世界という〈素朴実感的リアリティ〉"だけに"依拠するかたちで、地域が存立しえないことを意味する。地域は、複数のリアリティによって構成されるが、そうした中で、とりわけメディア環境の変化により情報次元で成立する要素が大きくなってきている。地域や地域の文化は、意図的な、あるいは結果として、メディアによって表現され、物語られることで、地域のリアリティを生み出しつづける。すでに述べたように、地域があって地域が語られるのではなく、語ることによって地域が地域としてのリアリティ、つまり〈情報的リアリティ〉を確保していく。

　地域が単なる物理的な空間としてのエリアではなく、意味ある場所であるとはどういうことなのだろうか。

　エドワード・ホールは、有名な『かくれた次元』（1960=1970）の中で、人間は自分の体の延長物を作り出し、その新しい次元の世界を創りだし、そこをテリトリー（棲み場）とする生き物であると指摘している。その新しい次元は同時に新しい感覚世界、新しい文化の世界でもあるという。

　人間は一つの新しい次元、すなわち文化という次元を創りだしたのである。……人間と文化的次元との関係は、人間とその環境とが互いに型どりあうよう

> にかかわっている関係である。人間は今や、彼が生活している世界、エコロジストたちがビオトープ（棲み場）とよぶもの全体を、現実に創りだしていく立場にあるのである。（E.Holl、1960=1970、8頁）

　ホールのこのテリトリー（「棲み場」）論を援用するかたちで、「居場所論」を展開したのが藤竹暁である。藤竹は『現代人の居場所』（2000）のなかで、単なる物理的な空間としてのスペースと、人間が生きていくために必要な場所としてのプレイスに分けて考える必要を説いている。そして自分のアイデンティティを確かめる場所が居場所であるという。その居場所にも、「他人によって自分が必要とされている場所」としての「社会的居場所」と、「自分を取り戻すことのできる場所」としての個人的な居場所である「人間的居場所」とを分けている。この両者が重なりあうことで、人は「自分が自分であることを確かめる」ことができるという。
　最近の居場所論も、ほぼ藤竹の論議に近い。筆者（加藤）は、藤竹の居場所論を適用して、テリトリー（居場所）を自己確認、自己承認が得られる場所としてとらえ、メディア風俗の空間やネット空間が、ある一面で外見や社会的立場から解放され、"ほんとうの"（と本人が語りたがるような）自分というメディアバージョンの自己を創る場所、つまり「自己物語を構築する場所」として再定義した（加藤晴明、2003、109頁）。
　地域は、物理的空間であるだけではなく、社会関係的であるだけではなく、すぐれて意味付与的な場所であり、その限りで象徴的であり、情緒的であり、感覚的であり、イメージ的でもある。
　また、6章で紹介したマルク・オジェは、「場所」の内実を表す語彙として、親密さや、帰属意識、愛着、居心地、シンボリズム、詩的な魅力、人を誘惑する力、自己同一化へといざなう力、などを使っている。
　地域への帰属意識や愛着の強調は、いわゆるコミュニティ論といわれる言説に共通する思考の型でもある。コミュニティ社会学は、多くの場合、地域性（locality）と共同性を組み合わせることでコミュニティの内実を説明してきた。この共同性の内容は、R・M・マッキーバーが20世紀初頭に提示した「コミュニティ感情（community sentiment）」を援用して説明される。日本のコ

ミュニティ社会学の草分けでもあった松原治郎は、このマッキーバーのコミュニティ感情について、三つの要素を含んでいると指摘している。「われわれ意識」（we-feeling）、「役割意識」（role-feeling）、「依存意識」（dependency-feeling）である。松原は、地域社会とコミュニティの意義について次のように述べる。

> コミュニティとは、地域社会という場において、市民としての自主性と主体性を自覚した住民によって、共通の地域への帰属意識と、人間的共感と、共通利害をもって、具体的な共通目標にむかって、それぞれ役割を担いながら、共通の行動をとろうとする、その態度のうちに見出されるものである。（松原、1978、59頁）

コミュニティ論の視点は、共同意識や愛着への着目という点で興味深く、共同性の概念は〈自己コンテクスト性〉と親和的である。しかしコミュニティ論は、地域を、実質的なもの、規範的市民に担われるもの、制度的システムとして捉えている点では、地域をあまりに政策空間とその規範的な担い手に限定しすぎているように思われる。コミュニティが、「コミュニティづくり」という形で、自治体の政策課題になりやすかったのも、そもそもそうしたコミュニティ概念が制度・政策概念として移入されたからである。そこでは、小学校区エリアや中学校エリアでのコミュニティづくり（住区協議会方式）、あるいは自治体全域の政策課題を考える市民委員会方式など、制度とコミュニティ組織のコンテクストが厳格に重なり過ぎている。コミュニティとして描かれる地域は、制度・政策のネットワークの次元の内部にある。

コミュニティ概念に比べて、メディアという物語装置がつくりだす、地域の〈情報的なリアリティ〉の指示対象は曖昧であり、多様で、多層的である。われわれが、コミュニティやコミュニティ・メディア、さらに市民という語彙を意識して使わないのも、そうした狭隘さを避けるためである。人びとは地域の担い手や文化の担い手、コミュニティづくりを目指しているわけではなく、もっと多様な地域の語り部として活動している。

コミュニティ概念のような狭隘さ・実体性にとらわれずに、地域の場所性を

表現する語彙、地域が意味連関をもつことを表す一般的な概念として、また媒介的な機能をもつ概念として選ばれたのが〈自己コンテクスト性〉である。この概念を使うことで、地域と人とメディアとのゆるい関わり方を、ある種の汎用性をもって描くことができると考えるからである。

〈自己コンテクスト性〉とは、人びとに共通の意味的な世界が共有されている状態である。地域が〈自己コンテクスト性〉としてのリアリティをもつということは、その地域が「ある地域」としてイメージを共有した人びと（imagend community）の中でリアリティが保持されていることを意味する。

地域は、当該の地域について語られ、そしてその語りを通じて地域についてのイメージがいだかれ、それが共有されることで、人びとの間に〈情報的リアリティ〉として存在する。そうしたシンボル媒介的、メディア媒介的に生成されつづけるイメージが醸し出す地域のリアリティが、地域の〈自己コンテクスト性〉である。

地域とリアリティについて、本書は思考の出発点において、地域はシンボル（言語や記号）によって構築されるという、一般には構築主義と言われる立場をとっている。繰り返すが、地域があって〈情報的リアリティ〉が成立するのではない。〈自己コンテクスト性〉が成立することが、あるエリアをある地域というカテゴリー（範疇）として成立させる。地域のリアリティは、生成的なプロセスとしてありつづける。

他方で、全てが言語に還元されるという極端な構築主義やナラティヴ主義の立場もまた無理がある。特定の地域へのフィールドワークを繰り返せば、そうした極端な構築主義の立場はとれないといったほうがよいだろう。地域には、ある実質がある。

● 〈苗床文化〉はあるのか？

地域は、それ自体として完全なフィクション（構築物・擬制）ではなく、準拠する実体に支えられている。その実体には、固有の土・風・水・空気などモノ性の次元が含まれる。また、長い時間幅をかけて蓄積・伝承されてきた文化（※つまり①比較的安定した行為パターンとしての生活様式と②コンテンツとしての表現物との包括体）を伴う。それは、民俗文化と呼ばれてきた実体でも

あるだろうし、「風土」といった語彙もそれに近いのかもしれない。

　地域語りの元資源ともいえるそうした素材・資源・文化は、語りの素材としての"文化的苗床"のようなものである。伝承されてきた文化、口頭伝承によって語られてきた文化、島語りにおける伝統の素材のような文化を、ここでは〈苗床文化〉と名づけておこう。民俗文化は、〈苗床文化〉として、二次的に構築された〈メディア化された文化〉とともにそれぞれの人びとの〈自己コンテクスト性〉を形成する。

　筆者らは、奄美の地域メディアと風土の関係、そして近年の奄美語りの隆盛について次のように論じた。

> 　奄美にはそのファスト風土の下に古層のように蓄積する奄美の風土・歴史的背景があり、その古層＝苗床から、文化・情報発信の胎動が起こってくる。失われつつあるからこそ、強固な再反撃・再影響力の作動（これを再帰性と表現してもよいだろう）を発揮する。それは、蓄積されてきた地域固有文化の古層＝郷土文化＝パトリ文化を現代につなぎ、転換させるムーブメントである。
> （加藤晴明・寺岡伸悟、2010、86頁）

　奄美の〈苗床文化〉を考えた場合には、世界遺産の候補となるほどの自然もそのひとつであるが、同時に、その自然は、人が生活に利用してきた文化的営みを通じて保全されてきた文化遺産でもある。〈苗床文化〉での文化的営み（生活様式）は、集落（シマ）単位で営まれてきた生活世界の持続活動そのものである。と同時に、その文化はシマの民俗文化という文化内容（情報内容＝コンテンツ自体）でもある。文化とは文化内容という産物（コンテンツ）であるとともに、その文化内容を生成し変容する行為実践そのものでもある。

　〈自己コンテクスト性〉も〈情報的リアリティ〉も、〈苗床文化〉が中心的である社会にもあてはまる。ただ、それらは無意識に沈殿化し、人びとの慣習的な生活様式のなかで眠っていて強く作動することは少ない。そうした概念が必要とされるのは、地域が近代的な変容をとげつつある都市型社会においてである。〈苗床文化〉の社会と〈メディア化された文化〉の社会の間には、連続性と断絶性がある。

2節　地域メディア論の系譜について

●〈格差是正の物語〉としての地域メディア論

　最近では「防災」という視点からいつも脚光を浴びる地域メディアなのだが、地域メディアをめぐる知がマスメディア学に起源を発する学の一翼として登場したのは「防災」という文脈ではなく、もっと理論的な対抗関係の中からである。

　社会学者の厚東洋輔が指摘したように社会認識も「物語的構成」をもつ（厚東、1997）。本書では「思考の型」と言い換えて使用してきた。地域メディア論の系譜を、思考の型（物語論的構成）から相対化すると、そこからはマスメディア中心のメディアの生産・流通の構造、つまり情報力格差の構造に対する〈格差是正の物語〉という思考の型が浮かび上がる。情報力の格差是正という主題設定が、研究の流れのひとつとして非マスメディアの可能性を模索するという思考の型を生んできたのである。その情報力格差についての思考の型の内実をみると、さらに三つの思考の型を抽出できる。

（a）メディア間格差：大規模＝マスのメディア中心で成り立っている日本のメディア構造への批判
（b）地域間格差：東京あるいは大阪などの大都市中心のメディア構造に対する批判
（c）表現力格差：専門家によって担われているメディア構造への批判

　メディア間格差、地域間格差、表現力格差は、表裏一体となって日本のメディア構造をかたちづくっている。この3つを〈メディア格差の三位一体構造〉と呼んでおこう（表補-1）。

表補-1:〈メディア格差の三位一体構造〉批判の思考の型

	格差	物語論的構成	格差是正の方向
a	メディア間格差	マスメディア対小規模メディアの格差の物語	コミュニティメディア
	地域間格差	大都市対地方都市の格差の物語	地域メディア、地域情報化
c	表現能力格差	専門家対素人の格差の物語	市民・市井の人の情報発信力

そしてこの〈メディア格差の三位一体構造〉批判は、枝分かれするかたちで、様々な格差批判と、格差是正のサブの思考の型を生んできた。地域メディア論、市民メディア論、コミュニティメディア論、パブリックアクセス論、メディアリテラシー論、批判的メディア実践論、カルチュラルスタディーズなどである。

　思考の型として興味深いのは、インターネット系のメディア研究や地域情報化論を起点にする地域メディア研究が、最初から、個人や地域の情報発信の意義に焦点を当てた議論を展開しているのに対して、地域メディア論は、過剰といえるくらいにマスメディアに対する対抗的な言説を展開してきたことだ。

●地域メディア研究の起点：『地域メディア』（1983）

　日本で地域メディアを最も精力的に研究し、地域メディア論という学問の領域自体を開拓してきた先駆者は田村紀雄である。田村には、地域メディアに関する代表的な著作が3冊ある。『地域メディア〜ニューメディアのインパクト〜』(1983)、『【新版】地域メディア』(1989)、『現代地域メディア論』(2007) である。

　1983年にまとめられた『地域メディア』は、その後の日本の地域メディア研究の方向を決定づけた本であり、今日読み直しても多様な内容を含み示唆に富む。そこでは高度情報社会の到来が叫ばれていた1985年前後の日本の社会状況を踏まえながら、それまでの研究や視点からの転換が幾つか盛りこまれ、その転換の先に新しい「地域メディア像」が描き出されている。

　『地域メディア』は、今日から見ても示唆に富む5点の特徴をもっている。
① 「非マスコミ」の発見＝専門家批判
② コミュニケーション・ひろばの思想
③ 地域コミュニティのメディア（県域をこえない規模）
④ ニューメディア論との重なり合い
⑤ 地域メディアと文化変容の視点

●①「非マスコミ」の発見：専門家批判

　1983年に出版された『地域メディア』は、マスメディア研究の転換を宣言

する書でもあった。田村は、こうした地域メディアに向けた研究の転換が、1960年代半ばからだと指摘している。この本には、ジャンル分けされた詳細な参考文献リストがついているが、リストは1967年から始まっている（1967〜1981）。

『地域メディア』での田村の議論は、地域メディアの定義＝地域メディアの範域確定＝地域メディアの類型の確立に力が注がれている。そして、この「地域メディアの類型」から考えることが、その後の地域メディア研究のひとつの定番スタイルとなってきた。田村によれば、マメ新聞、ローカル新聞という、「非マスコミ」は（田村らによって）「発見」されたのだという。

● ②コミュニケーション・ひろばの思想

田村は、地域メディア研究は地域コミュニケーション研究と総称できるとしている。これも、専門家批判の文脈で主張されている論点である。送り手と受け手が分化し、送り手が専門家によって独占されているマス・コミュニケーションとは異なり、人びとが自由に交叉する場を地域メディアのコミュニケーション構造に組み入れるという狙いが読み取れる。

田村は、メディアがつくりだすコミュニケーションの範域をかなり拡げている。生活に根ざしたコミュニケーションが成立する場を、コミュニティであり、かつメディアとして捉えている。

● ③地域コミュニティのメディア

地域メディアが台頭した時代は、コミュニティや地域が焦点化された時代でもあった。1960年代後半は、日本の社会学や政策学のなかで、地域・コミュニティ・地方自治が盛んに論じられ始める時代であり、コミュニティ論、都市政策論、自治体論が登場した時期である。日本の都市政策、自治体政策の理論的な旗手であった松下圭一が、国家や体制に焦点を当てる学ではなく、市区町村といった基礎自治体における都市政策の重要性を宣言した『都市政策を考える』を出版したのが1971年である。また「地域主義」のようなエコロジー思想に根ざした地域の概念が登場したのもこの時期である。地域主義の代表的な著作ともいえる玉野井芳郎の『地域主義の思想』は、1979年に刊行されている。

1983年に出版された『地域メディア』も、こうした背景を強く意識している。コミュニティの定義については、いろいろと書かれているが、田村が想定している地域は、基本的には県域以下で、数百戸程度までいろいろな範域である。それは日本のコミュニティ論が、団地自治会、町内会から、小学校区や中学校区、さらには定住圏域としての郡域（複数自治体）などを想定し、コミュニティ・デベロップメントや地域形成・まちづくりを論じてきたこととも重なる。

　松原治郎の『コミュニティの社会学』は1978年刊行である。また、かつてコミュニティ行政として注目された東京都中野区の地域センター・住区協議会構想は、1975年に施策が打ち出されている。1970年代は、高度成長に伴う都市化に対応した新しい地域の集合的主体づくり、新しい家郷創出が、理論的実践的に模索されはじめた時期であった。

　『地域メディア』は、こうしたコミュニティ論の概念フレームである、共同性の醸成、コミュニティ形成機能、議題設定などをマスメディア研究に取り入れた構図になっている。

　前述したように田村の場合には、「地域」メディアの地域として、近隣からはじまり自治体単位くらいの規模で「地域社会」を想定し、「県域社会」と区別しながら、コミュニティのメディアを論じている。ただ、その含意はマスメディアが対象とする範域より小さい範域程度の「中間」という意味である。パーソナルな関係域以上で、最大で県域範域ということである。

　田村によって「中間媒体」として想定された地域メディアは、ローカル紙、行政広報、（地域にある企業なども含めて）ＰＲ誌、フリープレス、タウン誌、有線音楽放送、ＣＡＴＶ、ＣＣＴＶ、ジュークボックスの類、ビデオ、アングラ新聞、住民運動の機関誌、歩行者天国の都市公園、劇場や映画館、盛り場やターミナルなどである。情報メディア媒体とコミュニケーションの場としての空間媒体とが範域として例示されている。

　こうした多様なメディアの範域を想定するのは、ジャーナリズムを担うものだけがメディアではなく、ローカルな生活圏域の場で生活情報を担うものも含めてメディアとして考えたいという発想を読み取ることができる。

●④ニューメディアとの重なり合い

　地域メディア論が〈メディア格差の三位一体構造〉を批判するなかで期待したのが、当時盛んに論じられ始めたニューメディアである。初期の地域メディア研究では、とりわけ新しいメディアとして、ケーブルテレビ（以下CATV）への期待が高かった。またこの時期にはコミュニティラジオは、制度的にその姿を現していない。ビデオテックスやCATVに典型的に現れた新しいメディア事業への期待は、その後、「地域情報化」政策やブログ・SNSなどのネット系の新しいサービスへの期待に至るまで続いている。

　そこでは、地域用のチャンネル、そして端末からの双方向的な応答が、「双方向」「参加型」として評価されている。この時代のキーワードが「有線都市」Wired Cityであるが、すでに三鷹市でのINS実験（1984～1987）を踏まえて、光ファイバー都市の事例などもあり、この後に続く「高度情報化」社会論・都市論の先触れとなっている。

●⑤地域メディアと文化変容（文化的平準化対文化創造）の視点

　『地域メディア』のなかでメディアと文化変容の関係が既に指摘されていることは注目に値する。白水繁彦が執筆した「地域メディアと文化変動」論である。コミュニティ論は、その台頭の当初から、地域の範域（リージョナリティ）に加えて共同性（コミュニティ意識やローカルアイデンティティ）に注目してきたが、白水は地域メディアの（その地域独自の）文化創造的な側面に期待している。早くから宮古島や沖縄などの離島をフィールド研究の対象としていた白水は、すでにこの段階からローカルとナショナルの対抗図式の視点をもってメディアと文化に注目している。地域メディアが、一方で「文化的平準化」をもたらし、地域に暮らす人びとの「準拠枠」をより大きな枠である県や国へと拡張していくと同時に、他方で、地域文化の創造やコミュニティ意識を醸成する装置ともなる可能性をもつ。沖縄、そしてさらにその離島を、そうしたメディアと文化の相克を考察する格好の対象として紹介している。

　田村の『地域メディア』を整理してみると、すでに高度成長もオイルショックも体験し、地方自治論や地方の時代の潮流と重なりあっているとはいえ、30

年前のこの段階で地域メディア論の大きなフレームはほぼ出揃っていることがわかる。注目しておかなければならないのは、初期の地域メディア論が、ひろばの思想・コミュニティの思想、生活風俗文化・文化変容といったかなり幅ひろい視野をもっていたことである。

ただこのように初期の地域メディア論は、射程はひろいが実際の事例となると、情報メディアとりわけニューメディアの可能性に収束してしまっている。副題「ニュースメディアのインパクト」もしかりだが、この時期は、ネット社会が到来した今日とは比べにならない社会的想像力（夢）をもってメディアが期待されていた時期でもある。さまざまな社会の格差是正を情報技術で克服するという思考の型は、この時期の地域メディア論だけではなく、地域情報化論や未来社会論の系譜に共通のものであった。

● 地域メディア論の展開：『【新版】地域メディア論』（1989）

日本の地域メディア論を牽引してきた田村紀雄は、6年後の1989年に、マスメディア研究のなかでも効果研究の代表的な研究者である竹内郁郎と共同編著で『【新版】地域メディア』を出版する。この本でも、新しいメディアとして注目されたのはCATVなのだが、それ以外に、自治体の地域情報化政策の展開を受けて、情報メディアの他に情報制度・広報広聴・地域情報化などにも大きなページが割かれている。

この本の冒頭で、田村は地域メディアを「一定の地域社会をカバーレッジとするコミュニケーション・メディア」（田村、1989、3頁）と定義している。さらに、「地域」と「メディア」がもつ2つの含意の組み合わせで四象元図式（マトリックス図）をつくり、地域メディアの4類型を整理してみせた。その図式がその後の日本の地域メディア研究の基本図式となってきた。

「メディア」の含意には、一般的な定義である「メッセージの伝達媒体としてのコミュニティメディア」に加えて、「各種のコミュニケーション現象が生起する場としてのスペース・メディア」が加えられて分類軸のひとつとして設定された。スペース・メディアの具体的なイメージとして、公会堂、会議場などの建造物、ひろばや公園など、人びとのあいだで情報の交換がおこなわれ、ものごとの決定がなされ、イベントが開催されるコミュニケーションの媒介物

などが含まれる。

　「スペース・メディア」というカテゴリーを設定したことが田村の大きな特色である。これも、「一定の地理的空間に生活する人びとを対象にしたスペース・メディア」と「活動や志向の共通性・共同性を自覚する人びとを対象にしたスペース・メディア」に分けられている。ニューメディアの事例として挙げられているのはＣＡＴＶとキャプテン（※ブラウザ表示の原型のようなもの。電子紙芝居と揶揄された。1984〜2002）である。

　（※すでに述べたが、筆者（加藤）はこのコミュニケーションとスペースという二分法が、なぜ二分法なのかが理解できない。その基準が極めて恣意的だからである。すでに指摘したようにスペースはそれ自体ではメディアではない。そこで織りなされる様々なメディア事業や文化媒介的活動がメディアなのであり、スペースはそのままではメディアではない。その後、日本のほとんどの地域メディア論は、田村の四元マトリックス図を踏襲するかたちで展開されてきた。）

●コミュニティＦＭへの注目：『現代地域メディア論』（2007）
　田村紀雄は、18年後の2007年に『現代地域メディア論』をとりまとめている。ケーブルテレビやインターネットが常時接続化され、ケータイメディアがほぼ普及した段階、つまりニューメディアが未来ではなく現実となった段階で、再びコミュニティのメディアを事例と理論の両面から考察したのである。『【新版】地域メディア』から20年余を経た2007年の地域メディア論で脚光を浴びているのはコミュニティＦＭ、コミュニティ放送とインターネットの力（ネット新聞やネットコミュニティ）である。

　この段階で、田村は1989年の表に更に新しいメディアを付け加えて表補-2を提示している。

表補-2：現在の地域メディアの諸類型（田村紀雄『現代地域メディア論』）

		「メディア」の類型	
		コミュニケーション・メディア	スペース・メディア
「地域」の類型	地理的範囲をともなった社会的単位	自治体広報・地域ミニコミ紙 タウン誌・地域キャプテン CATV・県紙・県域放送 *コミュニティFM* *フリーペーパー* *地域ポータルサイト* *携帯電話での情報サービス*	公民館・図書館 公会堂・公園 ひろば *情報センター* *パソコン教室* *研修施設*
	機能的共通性にもとづく社会的単位	サークル誌 ボランティアグループ会報 各種運動体機関紙 *NPO・諸団体のホームページ* *特定地域の電子会議室* *ブログ・SNS*	クラブ施設 同窓会館 研修所

※網掛けイタリックが、『現代地域メディア論』（2007）で田村が追加したもの。

●最近の地域メディア論

　地域メディアの最近の研究に、田村紀雄の学問的な系譜に位置づけられる牛山佳菜代の研究がある（『地域メディア・エコロジー論』2013）。エコロジーという語彙が意味しているのは、田村が描いた住区から国民社会までのコミュニティのひろがりとそれに対応したメディアのひろがりの同心円図である。

●地域情報化論の展開

　地域とメディアの関係は、マス・コミュニケーション研究の流れをくむ地域メディア論の系譜だけではなく、情報メディアによる地域の活性化をめざした「地域情報化」という、ある意味ではより広範囲なひろがりをもつ研究分野においても論じられてきた。具体的には、地域間格差をメディアによって乗り越える処方箋の学・実践として、情報政策の地域的な展開である地域情報政策、自治体情報政策、地域活性化論などの流れのなかで論じられてきた。それは理論であり、政策であり、実践である。

　21世紀で展開されている新しい地域メディア論は、ネット社会の現実を踏ま

えつつ、かつてのニューメディア政策のような指定モデル政策ではなく、地域活性化の個々の成功現場でのメカニズムをモデル化する方向で理論構築を目指している点に特徴がある。ただ、こうした地域メディア論も、全国的に知られた成功事例のトピックの列挙であることには変わりはない。

同じような社会設計という視点から、丸田一は、『地域情報化　認識と設計』（2006）、『ウェブが創る新しい郷土』（2007）で個性的な地域メディア論を展開している。

地域とメディアの関係を考える研究は、必ずといってよいほど、より本質的な問いに直面する。地域の範域、実態、表象とは何かという根本的な問いである。それは、①地域アイデンティティの範域とメディアとの関係の問題である。また、②情報メディア以外のものをどのように加味して広義のメディア概念へと拡張するのか。さらに、③マスメディア型産業以外の、自生的な情報発信の営みや地域活性化の実践をどのように地域メディア論に接合するかという問いでもある。

『地域情報化　認識と設計』の編者の一人である丸田一は、『ウェブが創る新しい郷土』（2007）で、パトリ（郷土意識）の重要性を指摘する。丸田は、流通と消費からみれば国土が均質化していき、地域という実態が希薄化し、国民がみな郷土喪失者と化していくなかで、人びとの準拠点としての郷土（パトリ）の重要性と、そのパトリを形成するために地域の歴史や文化を語る装置としての地域メディアの重要性を次のように語る。

> 地域には本来、自分たちが生まれ、いずれは死んでいくパトリ（郷土）としての重要な役割が備わっており、アイデンティティの唯一の拠り所になるはずである。……地域メディアを失ってしまうと、住民は、地域の歴史や他の多くの人々の生活に思いをめぐらす機能を失い、目前に拡がる空間的な広がりだけを地域と認識するようになる。（丸田、2007、69頁）

地域を物理的な空間ではなく、人びとのアイデンティティの拠点としての郷土（パトリ）であること。そして、ウェブを使った新しい地域メディアが、「地域プラットフォーム」となって、そうしたパトリ醸成に寄与することが強

調されている。

　こうした地域メディアと地域アイデンティティの関係は、地域メディア論の最初から主張されてきたことでもある。そこにあるのは、基本的に農村型社会から都市型社会への移行にともなう故郷（ふるさと）の喪失と新しい共同性（共同意識）の創生をどこに求めるかという「地域再生の物語」である。コミュニティ論、そして地域メディア論（コミュニティメディア論）もそうした「地域再生の物語」のための学問として構想されてきた。こうした「地域再生の物語」を、なにを根拠に描くのかで違いはある。コミュニティ論は、地域の新しい共同の関係性に求めてきた。また市民自治論は市民の参加と合意システムづくりにそれを求め、地域メディアはメディアの種類を紙媒体からネット媒体にひろげるなかでそれを求めてきた。

　そうしたなかで、丸田らの議論が新しいのは、自己のアイデンティティ論と連環させて地域アイデンティティや地域メディアを論じていることである。現代社会では、どこに碇をおろして自己のアイデンティティを確認していくのかが難しくなってきている。それぞれの帰属が対面的世界とネット世界との二世界化によって多元化し、さらにいろいろな選択的関係が可能になったという意味で多様化している。現代社会では、地域、家庭、職場が、そのまま生涯にわたる自己の持続的な準拠点になりにくくなり、結局自己の準拠点が自己でしかないという「個人化」が進んでいる。丸田のパトリ論は、改めて比較的安定した自己のアイデンティティの拠点として、地域のもつ「パトリ（郷土）」としての可能性を強調しているのである。

　こうした丸田のパトリ論は、現代的な自己論と地域論とを繋いでいく視点として、また「個人化」が進む現代社会のリアリティの問題を考える視点として示唆に富んでいる。丸田のパトリ論は、ネット空間の深化を受けてのことである。いくらでも情報を発信し、自己を表出できる時代に、改めてメディアとリアリティと自己を主題化しているという意味で、われわれがこれまで指摘してきた〈自己コンテクスト性〉を起点にして地域のリアリティを描く視点と重なる視点として評価しておこう。

資料B　奄美のメディア・文化年表

①メディア事業とうた文化をクロスさせた年表である。
②会社名、書籍タイトル、映画タイトル、番組名など、すべて「　」とした。
③移動・改姓などは⇒で表した。

年	メディア史（+時事）	人物史①	人物史②	〈奄美うた〉文化史
1899 (M32)			南政五郎生	
1900 (M33)				
1901 (M34)			三界稔生	
1902 (M35)				
1903 (M36)				
1904 (M37)				
1905 (M38)			福島幸義生	
1906 (M39)				
1907 (M40)	新聞「大島新報」（〜1926） 名瀬村成立（島嶼町村制施行） 喜界村発足	田中一村生		
1908 (M41)				
1909 (M42)				
1910 (M43)	新聞「南島時報」（〜1926）			
1911 (M44)				
1912 (T1・M45)	※この頃から学校での方言禁止		山田米三生	
1913 (T2)		村山家國生		
1914 (T3)				
1915 (T4)				
1916 (T5)			渡久地政信生	
1917 (T6)		島尾敏雄生		
1918 (T7)			伊集院リキ生	
1919 (T8)	喜界村が分村（喜界村・早町村）		村田実夫生	
1920 (T9)			森チエ生	
1921 (T10)	アマミノクロウサギ天然記念物指定		勝島徳郎生	
1922 (T11)	新聞「大島朝日」（〜1938） 名瀬町（旧・名瀬村）			
1923 (T12)				
1924 (T13)	大杉碑建立		富島甫生	
1925 (T14)				
1926 (昭和1・T15)	新聞「大島時事新報」（旧大島新報）		山田（森）サカエ生（鹿児島県愛桜町）	
1927 (S2)	アナキストの一斉検挙 昭和天皇の奄美行幸		安田宝英生	
1928 (S3)				「大島小唄」？
1929 (S4)	新聞「大島新聞」（旧大島時事新報）		上村藤枝生	
1930 (S5)				
1931 (S6)	海軍航空隊喜界島基地開設			「永良部百合の花」（1,2番歌詞のみ）
1932 (S7)	白塔社（〜1933）			
1933 (S8)	本「南島雑話」（白塔社）		武下和平生	

年	メディア	人物(生没等)	人物	文化・その他
1934 (S9)	新聞「大島日日」(～1935)		築地俊造・渡哲一生	「磯の松風」「月の白浜」
1935 (S10)			朝崎郁恵生	
1936 (S11)	新聞「奄美新聞」(～1939) 古仁屋町に改称 (旧・東方村)			
1937 (S12)	新聞「國防新聞」⇒「南西国防新聞」(～1942)		石原久子生 森田克己生 村田実夫⇒東京音大入学	
1938 (S13)			村田実夫従軍 松田幸治生	
1939 (S14)	新聞「大島日報」(各新聞が統合される)		越間誠生	「島育ち」(奄美高女・5.25発表)
1940 (S15)		武原正夫生	前田和郎生	
1941 (S16)	喜界町 (旧・喜界村)			
1942 (S17)			西和美生 沖島美智子生	
1943 (S18)	新聞「鹿児島日報大島支社」(一県一紙体制)	藤井勇夫生	村田実夫帰郷	「徳之島小唄」?
1944 (S19)	新聞「鹿児島日報大島版」5/1		森山ユリ子生	
1945 (S20)	新聞「鹿児島日報大島版」休刊 太平洋戦争終結 新聞「鹿児島日報大島版特報」12/28 奄美文化協会発足			
1946 (S21)	行政分離 (2.2宣言) 新聞「南日本新聞大島版特報」(改題) 新聞「南海日日新聞」創刊 (11/1) 新聞「奄美タイムス」創刊 (～1953) 雑誌「自由」 名瀬市に改称 (旧・名瀬町)		山田米三・サカエ結婚	ニューグランド (鹿児島県大口・喫茶店)
1947 (S22)	雑誌「奄美評論」 劇団「熱風座」公演	作井満生		舞踊・音楽・民謡の夕べ 大島民謡競演大会 「島かげ」
1948 (S23)	あかつち会解散 (7月) 映画「大島情話」		中野豊成生 有光あきら生 山田京子生	「農村小唄」「名瀬セレナーデ」 「北風吹けば」
1949 (S24)	新聞「民衆通信」(49.5～) 奄美博物館開設 (6月) 本「大奄美史」(昇曙夢)	村山裕嗣生	松山京子生	「夜明け舟」
1950 (S25)		桃山廣市生	友ひとみ生	
1951 (S26)	親子ラジオ「大洋無線」発足 (10月) 奄美大島日本復帰協議会設立 (2月) 臨時北緯中央政府設立 (2月)		指宿正樹生 山田サカエ⇒来島	徳山商店レコード制作 (セントラルで販売) 「日本復帰の歌」 ニューグランド (居酒屋⇒オリエンタル放送・富士写真館⇒のち土産物店へと展開)

1952 (S27)	琉球政府設立 (4月)			
1953 (S28)	ダレス声明 (8月) 本土復帰 本土との間で無線電話開通 新聞「奄美新報」	浜田太生 浜田百合子生	指宿邦彦生	「奄美小唄」?
1954 (S29)	放送「オリエンタル放送」開始 奄美群島復興特別措置法 (4月)			山田米三の富士写真館
1955 (S30)	与論で親子ラジオ開設 九学会第1回調査	島尾敏雄⇒奄美へ		セントラル楽器レコード制作
1956 (S31)	本「奄美の島々」(写真集) 映画「怪傑耶茶坊」上・下 瀬戸内町発足 (西方村・古仁屋町・実久村・鎮西村) 喜界町 (喜界町・早町)			セントラル楽器島唄レコード録音制作
1957 (S32)	新聞「奄美タイムス」と「奄美新報が合併」	向原祥龍生		
1958 (S33)	放送「ミュージックサイレン」 本「奄美 自然と文化写真集」	田中一村⇒奄美へ		「名瀬市民の歌」「新野茶坊」 「奄美小唄」 名瀬の歌コンテストで沖島美智子 (中3) 優勝
1959 (S34)	新聞「大島新聞」創刊 (2008に「奄美新聞」に改名) 喜界島空港開設 (8月)	永井しずの生		大島ひろみ「島育ち」
1960 (S35)	映画「エラブの海」			武下和平と山田米三の出会い (名瀬) この頃、山田米三島唄の録音に精力を注ぐ。 新民謡のレコード制作 (村田実夫監修)
1961 (S36)	NHKラジオ名瀬中継局開局 (12月)	三界稔没		第一六回芸術祭全国芸能大会
1962 (S37)	徳之島空港開設 (2月) 本「そこに何がある秘境旅行」	武下和平古仁屋から名瀬へ		レコード「武下和平傑作集」(セントラル) 田畑義男「島育ち」ヒット⇒翌年まで 「アダン花」
1963 (S38)	復帰10周年 NHK名瀬テレビ放送局開局 (6月) 冊子「サンデー奄美」(~1995) 映画「島育ち」	小川学夫初来島		「思い出の喜界島」 田端義男「島育ち」で紅白出場 三沢あけみ「島のブルース」で紅白出場 「奄美のさすらい千鳥」 「奄美チンダラ節」、「想い出の喜界島」 「永良部百合の花」(正調) 村田実夫楽団
1964 (S39)	奄美空港開港 (6月)	永井竜一没	沖島美智子⇒久永美智子 小川学夫セントラル楽器に1年間滞在	
1965 (S40)	与論の親子ラジオ廃止 徳之島空港YS11就航 NHK番組「稲霊がなし 奄美の民俗と芸能」			
1966 (S41)			小川学夫⇒徳之島 (~	

341

			71まで)	
1967 (S42)	皇太子ご夫妻来島			NHK「ふるさとの歌まつり」名瀬小学校
1968 (S43)	映画「神々の深き欲望」 NHK新日本紀行「与論島」			「大島ひろみ傑作集」
1969 (S44)	奄美群島振興特別法改訂延長 沖永良部空港開設(5月) NHK新日本紀行「奄美の海」			石原久子名瀬中央公民館で12名の唄者とコンサート
1970 (S45)	NHK新日本紀行「永良部花の島」 自動式電話開通(12月)			「与論島慕情」
1971 (S46)	沖縄返還 映画「儀式」	麓憲吾生	小川学夫名瀬に戻る	セントラル楽器三味線教室1期・築地俊造 「パラダイス沖永良部」
1972 (S47)	紬生産ピーク 天皇・皇后陛下来島(10月) 親子ラジオ大洋無線ピーク 南海文化賞スタート 雑誌「奄美の島々」(~1990)	浜田太⇒東京へ		石原久子レコード セントラル楽器新民謡の一般公募 「奄美の美女」
1973 (S48)	大島電力、九州電力に合併 復帰20周年 奄美群島国定公園指定 東京で初の物産観光展(10月) 映画「青幻記」		村田実夫没	笠利で島唄公民館講習開始 「坪山豊傑作集」「勝島徳典傑作集」 奄美民謡大会
1974 (S49)	韓国紬阻止奄美郡民総決起大会	松田幸治⇒沖永良部島へ		武下流民謡同好会(名瀬)
1975 (S50)	本「奄美の世界」(写真集) 本「観光ガイドブック沖永良部」 ※ この頃まで学校での方言禁止 通信「奄美無線サービス」開業	深田剛生 村山家盛没(61歳)	中野律紀生	奄美民謡大賞新人大会新人賞・築地俊造
1976 (S51)	与論空港開設5月(与論ブーム~79) 民放テレビ放送開始(MBC、KTS) 本「観光ガイドブック奄美大島」他	深田小次郎生		
1977 (S52)	本「死の棘」 (株)コシマプロダクション設立	田中一村没 松田幸治⇒鹿児島へ		
1978 (S53)				「ワイド節」
1979 (S54)	中野惇夫・南日本新聞の田中一村記事 東京で「焼酎まつり」開催(11月)	元ちとせ生 里アンナ生 中村瑞希生		奄美民謡大賞新人賞(この年まで) 日本民謡大賞(第2回)築地俊造 朝花会発足(古仁屋) 「奄美民謡誌」(小川学夫)
1980 (S55)	紬産業下降へ 道の島社 島口発表大会(第1回) 本「シマヌジュウリ」 NHK松本ディレクター田中一村と出会う NHK・田中一村の地方番組制作	浜田太⇒帰島	中孝介生	奄美民謡大賞(第1回)坪山豊 石原久子奄美民謡ショー・第1回(中央公民館)
1981 (S56)	海風社創業	浜田百合子⇒奄美へ		奄美民謡大賞・該当者なし

年	出来事		人物	民謡・その他
	冊子「奄美観光グラフ」（～1990）			「ああ犬田布岬」
				「加計呂麻慕情」
				セントラル徳之島教室
				郷土料理・島唄「かずみ」開店
1982 (S57)				武下和平佐賀へ
				奄美民謡大賞（第3回）・泊忠重
1983 (S58)	復帰30周年		川畑さおり生	奄美民謡大賞・該当者なし
	冊子「奄美グラフ」（～2000）		前山真吾生	大笠利わらぶぇ島唄クラブ発足
			牧岡奈美生	武下和平関西へ
1984 (S59)	番組「日曜美術館」		松田幸治⇒広島へ	奄美民謡大賞（第5回）・安原ナスエ「民謡の
				島の生活誌」（小川学夫）
1985 (S60)	田中一村作品展示会			奄美民謡大賞（第6回）・西和美
1986 (S61)	本「アダンの画帖・田中一村伝」		島尾敏雄没	奄美民謡大賞・該当者なし
	浜田太・アマミノクロウサギと出会う			
1987 (S62)	放送「奄美テレビ」設立		山田米三⇒家新条引	奄美民謡大賞（第8回）清正芳計
	雑誌「月刊南島」発刊（海風社）		越	
	新奄美空港開港（7月）			
1988 (S63)	放送「奄美テレビ」開局			奄美民謡大賞・該当者なし
	「観光ネットワーク奄美」創業			「歌謡の民俗」（小川学夫）
	フリペ「奄美探検図」創刊			
	奄美～大阪ジェット直行便就航（12月）			
1989 (平成1・	本「黒潮の画壇」		麓憲吾⇒東京へ	奄美民謡大賞・該当者なし
S64)	放送「南部有線テレビ」開局			日本民謡大賞（第12回）東原ミツヨ
	民放テレビ（KKB）放送開始			
1990 (H2)	映画「死の棘」			奄美民謡大賞（第11回）東原ミツヨ
	通信「奄美通信システム」に改名			日本民謡大賞（第13回）中野律紀
1991 (H3)	浜田太・奄美の森のポスター「風になれ。」			奄美民謡大賞（第12回）森山ユリ子
	雑誌「潮風」（徳之島）（～1993）			ニューグランド（閉）
	奄美群島広域事務組合設立（7月）			
1992 (H4)	やんご道完成			奄美民謡大賞・該当者なし
	ティダモール中央通り完成（10月）			
	東京直行便就航（12月）			
1993 (H5)	劇「潮鳴よ同胞の胸に響け」上演		里歩寿生	奄美民謡大賞・該当者なし
	復帰40周年記念式典（11月）			郷土料理・島唄「吟定」開店
	NHK新日本探訪「島の唄　母の唄」			
1994 (H6)	南方新社創業		麓憲吾⇒帰島	奄美民謡大賞（第15回）中田和子
				シマ唄かたりゅん会発足
1995 (H7)	冊子「ホランゾン」創刊		森田美咲生	奄美民謡大賞・該当者なし
	本「滅びゆく鹿児島」			
	映画「男はつらいよ　紅の花」			
	テレビ「日曜美術館」			
	徳之島大阪直行便就航（7月）			
	奄美～沖縄ジェット機就航			
1996 (H8)	和泊町有線テレビ開局		平田まりな生	奄美民謡大賞（第17回）元ちとせ
	浜田太・アマミノクロウサギ子育ての巣穴発見		住姫乃生	日本民謡協会鹿児島連合委員会奄美支部

1997 (H9)	民放テレビ (KTY) 放送開始 本「奄美・もっと知りたい」 映画「虹をつかむ男」		山田米三没 (86歳)	石原久子民謡ショー・第2回 (中央公民館) 奄美民謡大賞・該当者なし 日本民謡協会奄美連合委員会発足
1998 (H10)	天城町ユイの里テレビ開局 (4/25) 本「アマミノクロウサギ」 NHK・アマミノクロウサギ番組制作		渡久地政信没	奄美民謡大賞 (第19回) 福山幸司 松山京子・日本民謡大賞 (日本テレビ) 音楽「ASIVI」開業 ライブハウス「ASIVI」開業
1999 (H11)	番組「生きもの地球紀行」 本「聖堂の日の丸」			奄美民謡大賞 (第20回) 松山美枝子 徳之島民謡研究会第1回発表会
2000 (H12)	本「奄美 二十世紀の記録」			奄美民謡大賞・該当者なし 「スーパーさと」
2001 (H13)	本「それぞれの奄美論・50」 音楽「夜ネヤ」(第1回) (2/11) 奄美パーク開演 (9月) 田中一村美術館			奄美民謡大賞 (22回) 中島清彦 朝崎郁恵・石原久子ショー (中央公民館) 村田実夫メモリアルコンサート 元ちとせインディーズデビュー 音楽「夜ネヤ」(2回) (11/24)
2002 (H14)	Web「ラジオ喜界島」 本「奄美 静寂と怒濤の島」		指宿邦彦→徳之島へ	「アーマイナープロジェクト」創設 (1/4) 奄美民謡大賞 (第23回) 牧岡奈美 里朋樹・民謡大賞青少年部門最優秀賞 「奄美エアポート」 元ちとせメジャーデビュー「わだつみの木」 「夜ネヤ 東京」(1/27) 「夜ネヤ」(第3回) (8/09) 「夜ネヤ」(第4回) (12/02)
2003 (H15)	復帰50周年 番組「地球ふしぎ自然」 本「全記録」 NHK・アマミノクロウサギの番組制作		作井満没	奄美民謡大賞 (第24回) 中村瑞希 山田サカエ一村問題 「夜ネヤ」(第5回) (4/13) 「復帰50年 夜ネヤ」(9/14-15)
2004 (H16)	本「地域と出版」 「NPO法人ディ!」発足 (11/8)		藤井勇夫没	奄美民謡大賞 (第25回) 皆吉佐代子
2005 (H17)	「エアポートTVネットワークジャパン」創設			奄美民謡大賞 (第26回) 直田ハツ子 中村瑞希・民謡日本一 セントラル楽器・奄美唄掛選手権大会 中孝介インディーズデビュー 「夜ネヤ in りゅうゆう館」(7/15) 「東京 2005 夜ネヤ」(8/21)
2006 (H18)	奄美市発足 (名瀬市・笠利町・住用村)			奄美民謡大賞 (第27回) 永志保 中孝介メジャーデビュー 城繁幸鹿児島で発掘される 「夜ネヤ」(第6回) (6/26)
2007 (H19)	放送「あまみエフエム」開局 (5/1) フリペ「奄美夢島」創刊 タウン誌「machi-iro」創刊 映画「めがね」、ドラマ「ジャッジI」			奄美民謡大賞 (第28回) 山下聖子 音楽「夜ネヤ」(第7回) (11/11)

	NHK・浜田太とアマミノクロウサギの番組			
2008 (H20)	奄美新聞（旧大島新聞） ドラマ「ジャッジⅡ」			奄美民謡大賞・該当者なし カサリンチュ インディーズデビュー 音楽「東京 夜ネヤ2008」(4/13)
2009 (H21)	映画「余命」 Web「しーまブログ」スタート 奄美皆既日食 (7/22)			奄美民謡大賞 (第30回) 川畑さおり 奄美民謡大賞予選方式 城南海「アイツムギ」でデビュー 「日食 夜ネヤ」(7/18-19)
2010 (H22)	放送「エフエムうけん」開局 (1/4) 奄美豪雨災害 (10/20)			奄美民謡大賞 (第31回) 里歩寿 奄美島うたのど自慢大会 in TOKYO 奄美紅白歌合戦 (第1回) カサリンチュ メジャーデビュー SSSフェスティバル 「東京 夜ネヤ2010」(5/16)
2011 (H23)	放送「あまみエフエム」サイマル放送開始 (5/1)			奄美民謡大賞 (第32回) 前山真吾 「奄美紅白歌合戦」(第2回) 「加計呂麻の恋」（豊もとい・泉清ésd） 鹿児島県・島唄伝承事業開始 (～13)
2012 (H24)	放送「エフエムせとうち」開局 (4/25) 親子ラジオ「大洋無線」廃業			奄美民謡大賞 (第33回) 該当者なし 奄美紅白歌合戦 (第3回)
2013 (H25)	復帰60周年 ドラマ「島の先生」			奄美民謡大賞 (第34回)・別府まりか 奄美紅白歌合戦 (第4回) 市民第九祭（1回） 「復帰60年 夜ネヤ」(10/20) 「鹿児島 夜ネヤ」(11/19)
2014 (H26)	放送「エフエムたつごう」開局 (5/24) バニラエア就航 (7/1) 映画「2つ目の窓」 冊子「ホライゾン」休刊	指宿良彦没 (88歳)		奄美民謡大賞 (第35回)・竹島信一 「唄я武下和平シマ唄語り」 徳之島民謡研究会第24回発表会 第20回潮花節大会 奄美紅白歌合戦 (第5回) 奄美歌の祭典 市民第九祭（2回） 「夜ネヤin奄美パーク」(6/01)
2015 (H27)	冊子「みしょらんガイド」発刊 冊子「amammy」発刊 amami女子会 (第1回)			奄美民謡大賞 (第36回)・中はず美 山田サカエ卒寿祝いコンサート (5/23) 奄美紅白歌合戦 (第6回) 市民第九祭り（3回）
2016 (H28)	amami女子会 (第2回)	弓削政己没 中山清美没		奄美民謡大賞 (第37回)・森田美咲 久永美智子50周年記念コンサート (7/30) 奄美音楽フェスティバル (8/20)

※作成：加藤晴明、2016.11.15

■初出一覧

　本書は、これまで筆者らが『中京大学現代社会学部紀要』に発表してきた論考をベースにしている。序章、6章、終章、資料Aは、これまでの論考をもとに大幅に組み変えて書き直している。論考は全て同じ紀要なので、巻と号のみを記載した。

[加藤晴明・寺岡伸悟共著] ①〜⑤
① 「メディアとパトリの島・奄美 ―地域からの情報発信とその文化的苗床との連環を焦点に―」第4巻・第1号、81-139頁、2010年12月
② 「奄美における地域メディア研究のための予備考察 ―文化・メディア・ローカルアイデンティティ―」第6巻・第1号、77-110頁、2012年11月
③ 「奄美のうた文化と文化変容論・序説 ―地域メディア論と文化メディア学的視座―」第6巻・第1号、19-76頁、2012年11月
④ 「奄美群島・喜界島と文化メディエーター ―文化メディア学の視点から―」第7巻・第1号、29-58頁、2013年12月
⑤ 「奄美大島の唄文化と文化メディエーター」第7巻・第2号、93-126頁、2014年2月

[加藤晴明単著] ⑥〜⑬
⑥ 「自己メディア論から地域の自己メディア論へ ―〈地域と文化〉のメディア社会学：その1―」第9巻・第1号、1-32頁、2015年9月
⑦ 「奄美・島語りメディアに満ちた島 ―〈地域と文化〉のメディア社会学：その2―」第9巻・第1号、33-66頁、2015年9月
⑧ 「地域メディア論を再考する ―〈地域と文化〉のメディア社会学のために：その3―」第9巻・第1号、67-17頁、2015年9月
⑨ 「奄美の地域メディアを俯瞰する：歴史・印刷メディア編 ―奄美と〈地域〉のメディア社会学：その1―」第9巻・第2号、47-128頁、2016年3月
⑩ 「奄美の地域メディアを俯瞰する：テレビ放送・ビジュアルメディア編 ―奄美と〈地域〉のメディア社会学：その2―」第10巻・第1号、47-102頁、2016年10月
⑪ 「奄美の地域メディアを俯瞰する：島外メディア編 ―NHKの奄美番組と奄美映画からのメディア社会学―」第10巻・第1号、103-168頁、2016年10月
⑫ 「ラジオの島・奄美 ―「奄美エフエム」から始まる島の自文化語り―」第10巻・第2号、1-70頁、2017年3月

⑬「『唄う島。』奄美と音楽メディア事業─島唄・新民謡・ポピュラー音楽のレーベルを軸に─」第10巻・第2号、71-122頁、2017年3月

　本書では、島語りという表現を多用しているが、これは、自己物語論という考え方、さらに〈自己メディア論〉（加藤晴明、2012年）の考え方をベースにしている。それゆえ、語りというさりげない表現については、それなりの理論的な背景を踏まえて使っているつもりである。こうした理論基盤については、⑥「自己メディア論から地域の自己メディア論へ」で展開し、本書の資料Aの1節でもその一部を掲載した。

　また、本書は従来の地域メディア研究を拡張する意図をもって展開されているが、地域メディア論の系譜は、⑧「地域メディア論を再考する」で詳細に解説した。概略は、資料Aの2節で簡単に紹介しているが、より本格的な理論・方法論・学説史に関心のある方は、そちらを参考にして頂ければと思う（全て、PDFがWebで公開されている）。

■引用・参考文献リスト

足立重和（2010）『郡上八幡　伝統を生きる　地域社会の語りとリアリティ』新曜社
会津泉（1986）『パソコンネットワーク革命』日本経済新聞社
「奄美学」刊行委員会編（2005）『奄美学　その地平と彼方』南方新社
奄美グラフ（1993）『あまみ今昔よもやま話～奄美グラフ50号発行記念～』奄美グラフ
朝日新聞（2012）「フロントランナー：普段着の奄美、ラジオで発信」（2012年8月18日、b1、b3）
浅野智彦（2001）『自己への物語的接近』勁草書房
浅岡隆裕（2012）『メディア表象の文化社会学』ハーベスト社
浅岡隆裕（2016）『インターネット普及期以降の地域情報化とコミュニュケーション変容』KADOKAWA
Auge, Marc. (1994). Pour Une Anthoropologie Des Mondes Contemporains. ＝（2002）森山工訳『同時代世界の人類学』藤原書店
東健一郎（1989）「永井竜一氏に関する資料」『奄美郷土研究会報』第29号 pp.88-106.
東健一郎（2008）『近代奄美の郷土研究～永井竜一氏を中心に～』まさご印刷
Bauma, Zygmaun and Vecchi, Benedetto, Identity. Policy Press.＝（2007）伊藤茂訳『アイデンティティ』日本経済評論社
Benjamin, Walter.（1936）＝（1996）「物語作者」『ベンヤミン・コレクションⅡ　エッセイの思想』筑摩書房
近森高明・工藤保則編（2013）『無印都市の社会学』法律文化社
近森高明（2014）「消費文化としての現代文化」井上俊編『全訂新版　現代文化を学ぶ人のために』世界思想社　pp.18-32.
藤竹暁（2000）『現代人の居場所』現代のエスプリ別冊
福島真人（1995）『身体の構築学』ひつじ書房
麓憲吾(2003)「島の大人たちの遊び」『SWITCH』Vol.21、No.1（雑誌ライターによる取材記事）
麓憲吾（2010）「日本の離島・我ンキャ（私たち）の中心」松浦さと子・川島隆編著『コミュニティメディアの未来』晃洋書房　pp.224-226.
麓憲吾（2014）「「あまみエフエム」開局までの道のりとその役割：島のアイデンティティを形成するコミュニティ・メディア」『鹿児島大学生涯学習教育センター年報』11、

pp.55-62.
船津衞（1994）『地域情報と地域メディア』恒星社厚生閣
古川柳子（2012）「コミュニティＦＭ災害放送における情報循環プロセス」『マス・コミュニケーション研究』No.81,pp.105-123.
芳賀日出男（1962）『そこに何かがある　秘境旅行』秋元書房
Hall, Edward.T. (1960).The Hidden Dimention. Doubleday & Company. =（1970）日高敏隆・佐藤信行共訳『かくれた次元』みすず書房
浜田太（1999）『時を超えて生きる　アマミノクロウサギ』小学館
林茂樹・浅岡隆裕編著（2009）『ネットワーク化・地域情報化とローカルメディア』ハーベスト社
間弘志（2003）『全記録　分離期・軍政下時代の奄美復帰運動、文化運動』南方新社
平山和彦（1992）『伝承と慣習の論理』吉川弘文館
ホライゾン編集室『奄美の情熱情報誌　ホライゾン』VOL.2（1995）、VOL3（1996）,奄美群島観光連盟
指宿良彦（2004）『大人青年』セントラル楽器
指宿邦彦（2012）『奄美島唄学校』セントラル楽器
指宿良彦監修（2011）『奄美民謡総覧』南方新社
指宿良彦他（1986）『ともしび　指宿家の回顧録』自費出版
今井信雄（1988）『この道を往く　漂泊の教師赤羽王郎』講談社
井上俊（1996）「物語としての人生」『岩波講座現代社会学９　ライフコースの社会学』岩波書店　pp.11-28.
井上俊（1997）「動機と物語」『岩波講座現代社会学１　現代社会の社会学』岩波書店 pp.19-46.
井上俊（2014）「現代文化のとらえ方」井上俊編『全訂新版　現代文化を学ぶ人のために』世界思想社 pp.1-17.
伊藤幹治（2011）『贈答の日本文化』筑摩書房
泉俊義（1976）『名瀬物語〜大正昭和50年の歩み』春苑堂書店
ＪＡＬ機内誌「ＳＫＹ　ＷＯＲＤ」2011年3月号
Jean Lave and Etienne Wenger. (1991). Situated Learning Legitimate peripheral participation. Cambridge University Press =(1993) 佐伯胖訳・福島真人解説『状況に埋め込まれた学習〜正統的周辺参加』産業図書
鹿児島県地方自治研究書編（2005）『奄美戦後史』南方新社

神谷裕司（1997）『奄美、もっと知りたい』南方新社

金山智子（2007）『コミュニティ・メディア』慶應義塾大学出版会

金山智子（2008）「離島のコミュニティ形成とコミュニケーションの発達（奄美大島編）」『Journal of Global Media Studies』3 巻、駒沢大学グローバルメディアスタディーズ学部 pp.1-20.

片桐雅隆（2000）『自己と「語り」の社会学』世界思想社

加藤晴明（1993）『メディア文化の社会学』福村出版

加藤晴明（1994）『《情報》の社会学』福村出版

加藤晴明（1997）「情報的現実としての"地域"」『社会と情報』第 2 号、東信堂 pp.92-110.

加藤晴明（2003）「電話風俗とテリトリー」『現代風俗 2003　テリトリーマシーン』河出書房新社　pp.102-117.

加藤晴明（2005）「コミュニティＦＭのアイデンティティ　―地域・メディア・自己の連環をめぐるフィールド調査から―」『社会情報研究』Vol.9、No.1

加藤晴明（2010）「ラジオパーソナリティ論のための予備的考察」『中京大学現代社会学部紀要』第 4 巻第 1 号 pp.33-79.

加藤晴明（2012）『自己メディアの社会学』リベルタ出版

加藤晴明（2015a）「自己メディア論から地域の自己メディア論へ」『中京大学現代社会学部紀要』第 9 巻第 1 号 pp.1-32.

加藤晴明（2015b）「奄美・島語りメディアに満ちた島」『中京大学現代社会学部紀要』第 9 巻第 1 号 pp.33-66.

加藤晴明（2015c）「地域メディア論を再考する」『中京大学現代社会学部紀要』第 9 巻第 1 号 pp.67-114.

加藤晴明（2016a）「奄美の地域メディアを俯瞰する：歴史・印刷メディア編」『中京大学現代社会学部紀要』第 9 巻第 2 号、pp.47-128.

加藤晴明（2016b）「奄美の地域メディアを俯瞰する：テレビ放送・ビジュアルメディア編」『中京大学現代社会学部紀要』第 10 巻第 1 号、pp41-102

加藤晴明（2016c）「奄美の地域メディアを俯瞰する：島外メディア編」『中京大学現代社会学部紀要』第 10 巻第 1 号、pp103-168

加藤晴明（2017a）「ラジオの島・奄美―「奄美エフエム」から始まる島の自文化語り―」第 10 巻・第 2 号、pp1-69

加藤晴明（2017b）「『唄う島。』奄美と音楽メディア事業―島唄・新民謡・ポピュラー

音楽のレーベルを軸に―」第 10 巻・第 2 号、pp71-121

加藤晴明・寺岡伸悟（2010）「メディアとパトリの島・奄美〜地域からの情報発信とその文化的苗床との連関を焦点にして〜」『中京大学現代社会学部紀要』第 4 巻第 1 号 pp.81-139.

加藤晴明・寺岡伸悟（2012）「奄美のうた文化と文化変容論序説〜地域メディア論と文化メディア学的視座〜」『中京大学現代社会学部紀要』第 6 巻第 1 号 pp.19-76.

加藤晴明・寺岡伸悟（2013）「奄美群島・喜界島と文化メディエーター」『中京大学現代社会学部紀要』第 7 巻第 1 号 pp.29-58.

加藤晴明・寺岡伸悟（2014）「奄美大島の唄文化と文化メディエーター」『中京大学現代社会学部紀要』第 7 巻第 2 号 pp.93-126.

加藤裕治・舩戸修一・武田俊輔・祐成保志「地域との関係のなかで形成される放送人のアイデンティティ」『東海社会学年報』第 8 号、2016、82-92 頁

河合孝仁・遊橋裕泰（2009）『地域メディアが地域を変える』日本経済評論社

川上賢一（1981）『「地方」出版論』無明舎出版

Keith Negus.(1996) .Popular Music in Theory: An Introduction. Polity Press ＝（2004）安田昌弘訳『ポピュラー音楽理論入門』水声社

木本玲一（2007）「日本におけるラップ音楽市場の自律化」遠藤薫編『グローバリゼーションと文化変容』世界思想社

北田暁大（2002）『広告都市・東京』廣済堂出版

喜山荘一（2009）『奄美自立論』南方新社

小林修一・加藤晴明（1994）『《情報》の社会学』福村出版

小林多寿子（1997）『物語られる人生』学陽書房

越間誠（2000）『奄美 二十世紀の記録〜シマ暮らし、忘れえぬ日々』南方新社

越間誠（2002）『奄美 静寂と怒濤の島』南方新社

厚東洋輔（1991）『社会認識と想像力』ハーベスト社

厚東洋輔（1997）「社会学史と理論的想像力」『岩波講座現代社会学 別巻 現代社会学の理論と方法』岩波書店 pp.1-20.

公文俊平（1988）『ネットワーク社会』中央公論社

蔵満逸司（2003）『奄美まるごと小百科』南方新社

楠田哲久（2012a）「奄美新民謡における感情表現」鹿児島大学大学院人文社会科学研究科修士論文

楠田哲久（2012b）『奄美の新民謡に関する一考察―奄美の新民謡の果たしてきた役割と、

その未来性─』鹿児島大学大学院人文社会科学研究科人間環境文化論専攻修士論文
九学会連合奄美大島共同調査委員会編（1956）『奄美の島々』毎日新聞社
九学会連合奄美大島共同調査委員会編（1959）『奄美：自然と文化 写真編』日本学術振興会
九学会連合奄美調査委員会編（1982）『奄美─自然・文化・社会─』弘文堂
前納弘武編（2000）『離島とメディアの研究』学文社
丸田一（2007）『ウェブが創る新しい郷土』講談社
丸田一・國領二郎・公文俊平（2006）『地域情報化　認識と設計』ＮＴＴ出版
丸田一（2008）『場所論』NTT出版
松原治郎（1978）『コミュニティの社会学』東京大学出版会
松田幸治（1975）『奄美の世界』西日本新聞社
松田幸治（1976）『観光ガイドブック　奄美大島』自費出版
松田幸治（1997）『正史　南蛮茶屋物語』自費出版
松田幸治（2007）『島を語る。』南国出版
松下圭一（1991）『政策型思考と政治』東京大学出版会
松浦さと子・川島隆編著（2010）『コミュニティメディアの未来』晃洋書房
Mills, Wright.（1963）.Power, Politics and People. Oxford University Press.=（1971）青井和夫・本間康平監訳『権力・政治・民衆』みすず書房
南日本新聞社編（1995）『アダンの画帖』小学館
南日本新聞社編（1999）『日本のゴーギャン田中一村伝』小学館
南日本新聞社（2003）『島唄の風景』南日本新聞社
三浦展（2004）『ファスト風土化する日本』洋泉社
森田純一（1998）「奄美の『音』を記録する」De Music Inter『音の力〈沖縄〉』インパクト出版
森田哲至（2011）「新民謡運動と鶯芸者による「昭和歌謡」の成立と発展」『日本橋研究』、4（1）、日本橋学館大学 pp.5-32.
向原祥隆（2004）『地域と出版』南方新社
村井紀（1992）『南島イデオロギーの発生　柳田国男と植民地主義』岩波書店
長澤和俊（1974）『奄美文化誌』西日本新聞社
永田浩三（2015）『奄美の奇跡　「祖国復帰」若者たちの無血革命』WAVE出版
中河伸俊・他編（2001）『社会構築主義のスペクトラム』ナカニシヤ出版
中原ゆかり（1997）『奄美の「シマの歌」』弘文堂

南海日日新聞五十年史編纂委員会（1997）『南海日日新聞五十年史』南海日日新聞
改訂名瀬市誌編纂委員会（1996）『改訂 名瀬市誌 2 巻 歴史編』名瀬市役所
ＮＨＫ出版編（2001）『田中一村作品集　新版』ＮＨＫ出版
ＮＨＫ出版編（2013）『田中一村作品集　増補改訂版』ＮＨＫ出版
和眞一郎（奄美を語る会編）（2005）『奄美ほこらしゃ』南方新社
西村浩子（2001a）「語り継ぐことから始まるもの」『それぞれの奄美論・50』南方新社
西村浩子（2001b）「方言禁止から方言尊重へ、そして方言継承へ」『ことばと社会』5 号、三元社 pp.164-184.
昇曙夢（1949、復刻版 2009）『復刻大奄美史』南方新社
野口裕二（2003）『物語としてのケア』医学書院
小川学夫（1984）『「民謡の島」の生活誌』
小川学夫（1999）『奄美シマウタへの招待』春苑堂書店
Oldenburg, Ray.(1989).The Great Good Place. Da Capo Press. ＝（2013）忠平美幸訳『サード・プレイス』みすず書房
大橋愛由等（2003）「奄美 〈島尾の棘〉を抜く」西成彦・原毅彦編（2003）『複数の沖縄』人文書院
大石裕（1992）『地域情報化』世界思想社
Relch, Edward.(1976).Place and Placelessness. Pion ＝高野他訳（1999）『場所の現象学』筑摩書房
坂口徳太郎（1921）『奄美大島史』三州堂書店
酒井正子（2004）「シマウタから元ちとせまで」『現代のエスプリ　奄美復帰 50 年』至文堂 pp.128-136.
坂野徹（2012）『フィールドワークの戦後史〜宮本常一と九学会連合会〜』吉川弘文館
坂田謙司（2005）『「声」の有線メディア史』世界思想社
桜井厚（2002）『インタビューの社会学』せりか書房
桜井厚（2006）「ライフストーリーの社会的文脈」能智正博（2006）『〈語り〉と出会う』ミネルヴァ書房　pp.73-116.
桜井厚（2010）「ライフストーリーの時間と空間」『社会学評論』60（4）pp.481-499.
桜井厚・小林多寿子（2005）『ライフストーリー・インタビュー』せりか書房
実島隆三（1996）『あの日あの時』南海日日新聞
里原昭（1994a）『アメリカ軍政下の奄美大島における「文化活動年表」』あまみ庵
里原昭（1994b）『琉球弧奄美の戦後精神史』五月書房

清眞人・富島甫（2013）『奄美八月踊り唄の宇宙』海風社
セントラル楽器（2011）『奄美歌謡歌詞集～歌の郷土史～』セントラル楽器
世良利和（2008）『沖縄映画大全』ボーダーインク
島尾敏雄編（1976）『奄美の文化 総合的研究』法政大学出版局
島尾敏雄（1977）『名瀬だより』農山漁村文化協会
白水繁彦（1998）『エスニック文化の社会学』日本評論社
白水繁彦編（2008）『移動する人びと、変容する文化』お茶の水書房
白水繁彦（2011）『イノベーション社会学』お茶の水書房
白水繁彦編（2011）『多文化社会ハワイのリアリティ』お茶の水書房
菅谷実編著（2014）『地域メディア力』中央経済社
純田宏（2005）「奄美群島の名字について」「奄美学」刊行委員会編『奄美学』南方新社
須山聡編著（2014）『奄美大島の地域性～大学生が見た島／シマの素顔』海青社
田畑暁生（2011）『離島の地域情報化政策』北樹出版
田畑千秋（2009）「奄美の八月歌と歌遊び」『東アジア圏の歌垣と歌掛けの基礎的研究』國學院大學
多田治（2004）『沖縄イメージの誕生』東洋経済新報社
多田治（2008）『沖縄イメージを旅する』中央公論社
高橋美樹（2010）『沖縄ポピュラー音楽史』ひつじ書房
高橋美樹（2012）「沖縄音楽レコードにおける〈媒介者〉の機能」、細川周平編著『民謡からみた世界音楽』ミネルヴァ書房
武下和平・清眞人（2014）『唄者武下和平のシマ唄語り』海風社
竹内郁郎・田村紀雄編著（1989）『【新版】地域メディア論』日本評論社
玉野井芳朗（1979）『地域主義の思想』農山漁村文化協会
田村紀雄（1966）『ひろばの思想』文和書房
田村紀雄（1989）『町おこしと等身大のメディア』お茶の水書房
田村紀雄編（2003）『地域メディアを学ぶ人のために』世界思想社
田村紀雄編（2007）『現代地域メディア論』日本評論社
田村紀雄編著（1983）『地域メディア論』日本評論社
寺岡伸悟（2003）『地域表象過程と人間』行路社
ともしび会（2006）『ともしび 指宿家の回顧録二』自費出版
東谷護（2008）『拡散する音楽文化をどうとらえるか』勁草書房

豊山宗洋（2012）「奄美の島おこしにおける組織づくりの研究」『大阪商業大学論叢』第 7 巻第 3 号（通号 163 号） pp.23-36.

豊山宗洋（2013）「奄美島唄の継承活動における唄者と民謡大会の役割」大阪商業大学アミューズメント産業研究書紀要、第 15 号、pp.57-82.

津田正夫（2016）「島ッチュたちの音楽一揆」津田正夫『みなさまのＮＨＫ』現代書館

上村幸雄（2004）「日本史、世界史の中の奄美」松本泰丈・田畑千秋編『奄美　復帰 50 年　ヤマトとナハのはざまで』至文堂

上野千鶴子編（2001）『構築主義とは何か』勁草書房

牛山佳菜代（2013）『地域メディア・エコロジー論』芙蓉書房出版

林茂樹編著（2001）『日本の地方ＣＡＴＶ』中央大学出版部

山田文比古（2014）『オール沖縄 VS. ヤマト』青灯社

山田誠（2009）「奄美のシマウタと経済社会の変容」『経済学論集』72、鹿児島大学 pp.1-50.

やまだようこ編著（2000）『人生を物語る』ミネルヴァ書房

山下欣一・南海日日新聞者編（1993）『奄美学の水脈』海風社

弓削政己（2005）「奄美の一字名字と郷士格について」「奄美学」刊行委員会編『奄美学』南方新社

あとがき

　2008年3月から筆者等の奄美研究は始まった。最初、2～3年くらいで終わると思っていた研究が、足かけ10年に及ぶ。よく奄美を研究する人達が語るように、「奄美は深い」とつくづく思う。足繁く奄美に通うことを知った知人の研究者たちや家族からも、「いつから民俗文化研究者になったの？」とよくからかわれる。

　私の中では、奄美研究も、30年以上続けてきた「人はなぜかくもメディアで自己を表現するのだろう」という情報社会・メディア社会をめぐる問いの延長線上にある。前著『自己メディア論』（2012）では、「メディアとは、自己を仮託する文化装置である」と宣言したが、地域をひとつの拡張された自己として捉えて、メディアと島アイデンティティの関係を問うてみたのである。

　それにしても、奄美の言葉、文化、歴史ともに、初心者に近い筆者が、かくも大胆なタイトルを掲げて本を出版することへの恥じらいはある。奄美研究者・郷土史研究の方々に失礼であろうとも思う。ただ、メディアという切り口から、それを地域や文化と連環させるような研究は、奄美だけではなく、日本のメディア研究のなかでほとんどなされてこなかった。それこそが本書のオリジナリティである。

　ただ、本書は研究してきたことの半分のまとめである。メディア事業だけではなく、奄美文化の神髄ともいえる〈うた文化〉に絞って、そのメディアと結びついた今日的な継承と創生の景観については、5章で簡単に描いただけである。それをベースに「奄美のうた文化の近現代史～生成・発展の文化メディア学」を書いてワンセットの研究となる。その意味では両輪の一方を欠いた刊行であるので、本書の副タイトルは〈生成・発展の地域メディア学〉とした。

　本書は、二つの人達に読んで欲しいという思いで書かれている。

　一つ目の想定読者は、奄美の次の世代を担う高校生・大学生だ。大学で社会科学を学ぶ機会があれば、奄美にこんなに素晴らしいメディアがあり、そのメディアを通じて奄美の文化を語る実践者たちがいることを知って欲しい。それ

は、自己の社会認識・歴史認識の起点にもなるだろうからだ。

二つ目の想定読者は、若いメディア研究者たちだ。日本のメディア研究は、どうしてもメディアの業種研究や東京からのマスメディア研究、そして若者文化の研究が多い。かくいう私もそうした研究をしてきた。最先端現象の研究もよいのだが、徹底して〈地域と文化〉と連環させるメディア研究があってもよいのではないか。それはほとんど手つかずで残されている。

一つのエリアを決めて、そのエリアのなかでのメディア表現者の全域を俯瞰してみる。そうした研究に適した場所として選ばれたのが奄美であった。ただ、奄美との出会いは、ある意味で偶然である。2004年に指導していた博士課程大学院生の付き添いで親子ラジオの取材に訪れたのが、奄美との最初の出会いであった。案内をしてくれた高校の先生の計らいで、郷土料理店で島料理や島唄を堪能しつつ、中心地の都会的なアーケード街に驚かされた。

しばらくして、ご夫婦ともに奄美が大好きだった寺岡伸悟さんと偶然に奄美語りをする機会があった。日本社会学会の企画委員同士として2007年の学会で待機仕事をしていた時だ。「奄美の研究をしてみたいですね」が始まりである。

「メディアを地域と文化と連環させて研究する」、そうした大まかな共通の関心のもとで、個別のテーマで研究費を獲得しつつ10年近くが過ぎた。大きなテーマは掲げたが、あとは到達点も含めてわざと手探りにした。手探りの研究旅を楽しみたかったからでもある。二人とも、それなりに年齢を経た研究者として、業績のための研究や最初に設けた理論フレームに事例を流し込むようなやり方をしないことだけは確認してきた。フィールドでの対話を繰りかえしながら議論を重ね、発見したことを自前の言葉で表現してみるという効率の悪い珍道中であった。共同の取材は2008〜2014年まで続け、2015年以降はそれぞれの関心に基づいて独自に展開している。本書の俯瞰図の部分は共同執筆、理論部分は私の単独執筆である。

それにしても、10年たってもまだ研究が終わらない。沖縄・奄美の芸能研究の第一人者である久万田晋さんからは、「民俗研究は底がないですから」との名言をいただいた。なるほどと思う。日本の中で、こんなに独自の自然・歴史・文化を育んでいる地域も少ないだろう。まるで、試しに掘ってみたら、そ

こが金鉱だったようなものかもしれない。

　奄美では、私の研究だけではなく、ゼミ学生のインターンシップ先としてメディア企業の方々にお世話になってきた。最近では、社会調査実習先として学生を連れた調査でもお世話になりだしている。参加してきた学生達も貴重な体験をさせていただいてきた。

　今回は、東京の出版社からは出さない。そう決めていた。幸い、奄美関係の専門書を数多く手がける南方新社の向原社長の好意で、なんとか出版にこぎつくことができた。奄美研究本を南方新社から出す。奄美を研究する者にとって、これほどの喜びはない。

　大学院時代までは理論社会学だけをやっていたせいか、方法論や理論的な立ち位置を整理しないと前に進めない。本書も、フィールド調査を一担理論的な考察へと展開させ、その後に各メディアの俯瞰図を描き出している。書き出したら最初の予想よりも原稿量が大幅に増えてしまい執筆に2年半ほどかかってしまった。

　ともかくも、本書で、これまで取材や学生インターンシップで長くお世話になってきた奄美に恩返しができることがほんとうに嬉しい。つたない本ではあるが、奄美の現代に関心のある方々に少しでもお役に立てたらと思う。

加藤晴明（中京大学）

　　　　　　　※　　　　　　　※　　　　　　　※

　もともとはただの奄美好きであった。休暇をとって妻と奄美に出かけ、仕事を忘れて心の洗濯をしていた。北部の笠利では、明るい日差しを浴びる広々としたサトウキビ畑から見下ろす海が青く美しかった。住用から南下すれば、深い山々のなかで霧に覆われ、自省的な心持ちになれた。大島の南端、ホノホシ海岸に佇むと、波に転がる石の音が身体に沁み入った。一方名瀬に戻れば繁華街の賑わい、夜の屋仁川に列をなすタクシーと飲食店の珍しい食べ物、ときおり有線から聞こえてくる島唄に、エキゾチックな高揚感を覚えていた。奄美を何か特別な場所と感じていたのである。加藤晴明先生と学会の委員会で偶然隣りあわせに座り、どういうわけか「奄美」の話になり、その場で調査の始ま

りが決まったことについては、何かの不思議な導きによってそうなったものだと、本当にそう思っている。

　九州や関西の農山村で地域のメディア受容史を聞き取りした経験のある私は、地域の変容がメディアと深い関係にあると感じていた。また、農山村にやってくる研究者は主に古い文化に関心があり、情報化やメディアなどを調査項目に入れないこと、一方メディア研究者が農山村でフィールド調査する事例も少ないことを知っていた。大都市以外の地域（それは日本の大半の地域といえると思う）のメディア受容と社会変容について、調査研究の余地が残されていると思っていた。我々の奄美調査はそういった点で大きな意義があると感じられた。

　しかし加藤先生は当初からメディアの総過程を明らかにするという観点のもと、いわゆるマスメディアだけでなく、すべてのメディア、さらに文化の担い手や観光ガイドなど、島語りを行う人すべてが対象（メディア）だという「メディア概念の拡張」という問題意識をもっておられた。その着想の結果、調査と概念づくりが一体として進む、貴重な研究体験をさせていただくことができた。

　調査の多くは訪問インタビュー調査であった。奄美でのインタビュー調査は、これまでの特に都市部でのインタビュー調査とは異なる感慨を伴うものであった。それは語られる内容の濃さだけでなく、我々の質問に答えてくれる話者の方が皆、その人ならではの「たたずまい」を身にまとっておられたことが一因だったのではないかと思っている。

　我々は、調査行のなかで出会った人びとのたたずまいを、今でもありありと思い出すことができる。聞き取りが終わってその場を辞するとき、見送ってくださるその方の背後には、古仁屋の港、笠利の波の音、宇検の集落（シマ）があった。個人の「語り」がシマの「語り」の中にあることは風景としてはっきり確認できたのである。我々は、それが本書にうまく表現されていることを切に願っている。

　本書はすべて加藤先生がご執筆くださり、それに私がコメントを付与するというかたちで出来上がった。共著の「あとがき」としてはおかしいかもしれないが、調査研究費の獲得から調査のアレンジメント、さらに執筆までを主導し

てくださった加藤先生に、あらためて心より御礼もうしあげたい。

　最後に、この本を奄美にゆかりの深い出版社から出せることは何よりの喜びである。南方新社の書籍は、例えば奄美空港の販売コーナーに並ぶ、まさに「奄美のモノ」である。私達の研究の成果が「奄美のモノ」となったことの喜びと、調査研究でお世話になった奄美と奄美ゆかりのすべての皆様に心よりの感謝を申し上げたい。

寺岡伸悟（奈良女子大学）

■謝辞

　2008年3月から始まった奄美の〈地域・文化・メディア〉を旅する研究を通じて、これまで実に多くの方々から取材の機会を頂いた。つくづく奄美は奥が深いと思う。次々に現れる魅力的な島人や奄美関係者への取材を続けながら、そうした方々と接する機会が得られることに、研究者としての幸せも感じてきた。奄美の事前知識が皆無であった筆者らに、懇切丁寧に奄美のことを語ってくださった全ての方々に、改めて深く感謝したい。本書がささやかな恩返しになれば幸いである。敬称略・順不動。

○歴史・奄美研究の方々：花井垣三、岡信一郎、久万田晋、西村富明、町健次郎、菊秀史、菊千代、西慶蔵、豊山宗洋、中路武士

○新聞・印刷メディア関係の方々：大野純一、久岡学、松井輝美、永井常森、若松等、斉藤徹、水間忠秀、邦富則、奄美夢島編集部、恵大造、浜田百合子、作井文子、松井初美、向原祥隆、前平彰信、森本眞一郎、藤江俊生

○テレビ・ビジュアルメディア関係の方々：山元勝己、武原正夫、武原正樹、古澤久代、城博哉、川上富久、越間誠、越間公也、濱田太、上別府立、前田好之、柳和憲、有薗理恵香、松田幸治

○ラジオ関係の方々：麓憲吾、丸田泰史、渡博文、向山ひろ子、本田美菜、椛山廣市、福田祥子、重原義和、村山裕嗣、丸野清、嶺山七美、辻原幸則、関香代子

○島唄・奄美歌謡、音楽関係の方々：小川学夫、指宿正樹、指宿邦彦、指宿俊彦、片倉輝男、岩元岩壽、築地俊造、石原久子、森チエ、松山美枝子、森山ユ

リ子、西かずみ、永井しずの、岡野正巳、前田和郎、義永秀親、富島甫、梶原英代、安田宝英、川畑さおり、生島常範、新山雅美、若林京子、里美加、早田信子、武田勝次、大江行男、伊勢勝義、山田悦郎、対知広夫、本田栄雄、松島伸子、中條森雄、村野悦江、辺木憲一、森田克己、川畑先民、撰ヨ子、福田原里、鍋田武則、山下幸秀、前田敦子、池田直峯、川上政男、有馬淳、楠田哲久、村田正夫、豊基、山田サカエ、久永美智子、有光あきら、泉清司、森博信、森一純、北島公一、栄忠則、武茂樹、田畑哲彦、城昭久、保裕之、豊嶋徹
〇ネットメディア関係の方々：前田守、小森啓志、深田剛、深田小次郎、麓卑弥呼、中原幸三、藤田大志

■人名索引

【ア行】

青木聡　263、280

赤羽王郎　74-76、350

浅野要　63

東健一郎　51、74、76、349

安達征一郎　81

中孝介　144、168、196、197、255、277

有光アキラ　249

池田甚兵衛　252

池野夢風　77、234

石田佐恵子　320

伊集田実　49

泉俊義　41、350

伊藤祐一郎　231

伊波普猷　76

指宿良彦　41、43、241-243、247、350

指宿正樹　235、241、249、361

指宿邦彦　235、350、361

入佐一俊　27

牛山佳菜代　336、356

岩元岩寿　240

恵原義盛　81

上原直彦　233

大島ひろみ　144、246

大矢鞆音　146、148

岡源八郎　44

小川学夫　24、79、81、231、232、234、
　　　　　235、239、241、244、354、361

長田須磨　81

オジェ（Auge.M）　294、295、325

オルデンバーグ（Oldenberg. R）　295

【カ行】

片倉輝男　240、361

加藤晴明　3、9、154、159、167、187、188、
　　　　　224、281、291、317、320、325、
　　　　　328、345、351、352、347、348、
　　　　　359

加藤義明　140

椛山廣市　173、205、284、361

神谷裕司　18、39、351

河瀬直美　155、166、323

清眞人　81、243、355

楠田哲久　43、232、236、245、252、
　　　　　352、362

邦富則　89、361

國馬和範　210

蔵満逸司　39、352

幸田賢司　240

越間公也　361

越間誠　63、123、124、126、136、
　　　　139、352、361

【サ行】

坂口徳太郎　39、354

坂田謙司　44、84、285、354

笹森儀助　74

里原昭　47、49、354

363

実島隆三　62、140、354
白水繁彦　333、355
城平一　258
島尾敏雄　20、25、26、39、42、44、355
新能忠三　74
須山聡　100、355
関根賢司　81
世良利和　157、158、355

【タ行】
高橋正晴　44
高橋美樹　40、232、234、235、355
武下和平　24、81、243、244、250、251、254、355
武田信良　52
武原正夫　105、361
立松和平　151
田中一村　20、71、72、78、144–150、153、165、353、354
田畑哲彦　256、362
田村紀雄　307、313、330、334–336、355
築地俊造　153、195、231、238、361
坪山豊　153、195、231、238
寺岡伸悟　3、9、281、306、328、347、352、355、358、361
豊山宗洋　132、179、181、183、238、257、259、261、356、361

【ナ行】
永井竜一　74–76、78、349
永田浩三　47、353

中路武士　143、361
中野惇夫　146、165
中野律紀　154、255
中原ゆかり　235、236、353
新元一文　258
西村浩子　125、193、194、354
昇曙夢　51、76、246、354

【ハ行】
バウマン（Bauman.Z）　292
芳賀日出男　25、71、114、115、119、135、350
間弘志　49、350
元ちとせ　144、151、152、165、180、181、196、238、244、245、249、255、263、277、280、350
浜田太　70、71、73、94、123、130、131、133、136、138、139、150
浜田百合子　70、71、123、130、361
久永美智子　245、248、249、251、362
宏洲一男　64
深田小次郎　275、362
深田剛　274、362
福田祥子　220、361
藤井勇夫　77–79、147
藤井令一　79
藤竹暁　325、349
麓憲吾　169、173、175、179、180、182、184、185、189、192、205、224、256–261、284、349、361

麓卑弥呼　275、362
古川柳子　168、200、201、350
古川義和　140
ホール（Holl.E）　324、325

【マ行】
前田守　268、362
前平彰信　77、361
牧宏育　64
松井輝美　55、361
松田幸治　117、118、120–125、135、138、139、145、149、234、353、361
松原治郎　326、332、353
丸田泰史　184、361
丸田一　337、353
三界稔　41、245–247
水間忠秀　65、361
南正五郎　242
宮崎鐵太郎　146、147
ミルズ（Mills.R）　319、320
向山ひろ子　211、361
向原祥隆　78、79、81、82、89、361
村田実夫　49、57、245–247
村山家國　56、57、238
村山裕嗣　272、361
恵大造　69、361
森田純一　254、255、353
森村元栄四郎　63
森本眞一郎　78、361

【ヤ行】
山下欣一　26、27、32、356

山田サカエ　248、250、251、362
山田米三　43、244、250–253

【ラ行】
レルフ（Relch.E）　293、294

【ワ行】
渡博文　210、215、361

著者プロフィール

加藤 晴明（かとうはるひろ）

1952年　新潟県に生まれる
1986年　法政大学大学院社会学専攻博士後期課程修了
修士（社会学）、中京大学教授
専門：メディア社会学、マスコミ学、地域メディア論
【主な著作】
『社会情報学のデザイン』（共著）福村出版、1988年
『《情報》の社会学』（共著）、1994年
『メディア文化の社会学』福村出版、2001年
『私の愛した地球博』（共著）リベルタ出版、2006年
『自己メディアの社会学』リベルタ出版、2012
URL：http://katosemi.seesaa.net/
メール：hkato@sass.chukyo-u.ac.jp

寺岡 伸悟（てらおかしんご）

1964年　奈良県に生まれる
1994年　京都大学大学院博士後期課程社会学専攻指導認定退学
博士（文学）、奈良女子大学教授
専門：地域社会学、観光社会学、地域メディア論
【主な著作】
『地域表象過程と人間—地域社会の現在と新しい視座—』行路社、2003年
『よくわかる観光社会学』（共編著）ミネルヴァ書房、2011年
『食と農のコミュニティ論—地域活性化の戦略—』（分担執筆）創元社、2013年
『観光メディア論』（共編著）ナカニシヤ出版、2014年

奄美文化の近現代史
──生成・発展の地域メディア学──

2017年3月20日 第1刷発行

著 者 加藤晴明、寺岡伸悟
発行者 向原祥隆
発行所 株式会社 南方新社
　　　　〒892-0873
　　　　鹿児島市下田町 292-1
　　　　電話 099-248-5455
　　　　振替口座 02070-3-27929
　　　　URL http://www.nanpou.com/
　　　　e-mail info@nanpou.com

印刷・製本　朝日印刷印刷
定価はカバーに表示しています
落丁・乱丁はお取り替えします
ISBN978-4-86124-358-5　C0036
ⓒKato Haruhiro, Teraoka Shingo 2017, Printed in Japan

奄美学　その地平と彼方
◎「奄美学」刊行委員会編
　　定価（本体 4,800 円＋税）

1974 年、「奄美人が奄美を認識し自己を規定していく奄美学」と、奄美学が初めて提唱されて以降、奄美の島々では歴史、考古、民俗の地道な研究が続けられてきた。あれから 30 年、27 名が結集し成果をまとめた。

写真集 奄美 静寂と怒濤の島
◎越間　誠
　　定価（本体 3,810 円＋税）

独自の歴史と文化が注目される奄美。初の報道写真集が誕生した。日本復帰から平成まで。復興工事、集団就職、反開発運動、荒れ狂う台風、皇室……。奄美現代の重要記録である。

奄美民謡総覧
◎セントラル楽器奄美民謡企画部
　（指宿正樹、指宿邦彦、小川学夫）編
　　定価（7,800 円＋税）

半世紀以上にわたって、奄美のシマジマの唄者を唯一録音してきたセントラル楽器。貴重な音源をもとに、シマ唄を初めて一冊に集大成する。全歌詞約 1000 曲、ハヤシコトバ、歌詞の反復も忠実に再現した。全曲目解説付き。

全記録 分離期・軍政下時代の奄美復帰運動、文化活動
◎間　弘志
　　定価（本体 3,800 円＋税）

1946 年から 53 年までの膨大な項目を、大島支庁、軍政府、復帰協議会、本土、国会、米国、沖縄……、あるいは報道、文学、演劇、映画などに区分。解説も加えられた、奄美戦後史の重要基礎資料。貴重な写真も多数収録。

奄美、もっと知りたい
◎神谷裕司
　　定価（本体 1,800 円＋税）

クロウサギと珊瑚礁の海だけが奄美ではない。大和と沖縄の狭間で揺れてきた歴史をはじめ、民俗、文化、風俗、自然、宗教等、独自の深さと広さをもつ。ガイドブックが書かない奄美の今を浮き彫りに。著者は朝日新聞記者。

奄美戦後史
◎鹿児島県地方自治研究所編
　　定価（本体 2,000 円＋税）

奄美の戦後史を特徴づける数々の事実がある。奄美独立憲法草案、二島分離返還、ワトキンス文書、象のオリ、奄振、マングース、枝手久闘争、奄美市誕生、本土の奄美人……。本書は、揺れる奄美の変容の諸相を記録する。

奄美ほこらしゃ
◎和眞一郎
　　定価（本体 4,800 円＋税）

「奄美の文化と島差別」ほか主要講演録、論文を収録。奄美に生まれ、奄美に育った和眞一郎。高校教師としてあらゆる差別と厳しく向き合ってきた。すべての子供たちが差別から解放されることを願って編纂された。

復刻 大奄美史
◎昇　曙夢
　　定価（本体 9,200 円＋税）

1949 年（昭和 24 年）刊行、初の奄美の通史。薩摩・琉球はもとより、日本・中国・朝鮮の古典を渉猟し、島に残る民俗文化を蒐集、探求し、本書を世に出した。以来、現在に至るまで、奄美史のバイブルとして燦然と光を放つ。

ご注文は、お近くの書店か直接南方新社まで（送料無料）
書店にご注文の際は必ず「地方小出版流通センター扱い」とご指定下さい。